COLLECTION
DES MÉMOIRES

RELATIFS

A L'HISTOIRE DE FRANCE.

MÉMOIRES DU CARDINAL DE RETZ, TOME III.

DE L'IMPRIMERIE DE A. BELIN.

COLLECTION
DES MÉMOIRES

RELATIFS

A L'HISTOIRE DE FRANCE,

DEPUIS L'AVÉNEMENT DE HENRI IV JUSQU'A LA PAIX DE PARIS
CONCLUE EN 1763;

AVEC DES NOTICES SUR CHAQUE AUTEUR,
ET DES OBSERVATIONS SUR CHAQUE OUVRAGE,

PAR M. PETITOT.

TOME XLVI.

PARIS,
FOUCAULT, LIBRAIRE, RUE DE SORBONNE, N°. 9.
1825.

MÉMOIRES

DU

CARDINAL DE RETZ,

ÉCRITS PAR LUI-MÊME

A MADAME DE ***.

SUITE DU LIVRE QUATRIÈME.

[1652] Vous vous imaginez sans doute que les affaires sont bien aigries ; et vous en serez encore bien plus persuadée quand je vous aurai dit que le 2 janvier suivant, c'est-à-dire le 2 janvier 1652, on donna encore, sur les conclusions des gens du Roi et sur l'avis que l'on eut que le cardinal avoit déjà passé Épernay ; l'on donna, dis-je, un second arrêt par lequel il fut ordonné de plus que l'on inviteroit tous les autres parlemens à donner un arrêt pareil à celui du 29 décembre ; que l'on enverroit deux conseillers (1), avec les quatre qui avoient été nommés, sur les rivières, avec ordre d'armer les communes ; que les troupes de M. le duc d'Orléans seroient commandées pour s'opposer à la marche du cardinal, et que les ordres seroient envoyés pour leur subsistance.

(1) *Deux conseillers* : Ces conseillers étoient Bitaut et Du Coudray. Cette mission les couvrit de ridicule.

N'est-il pas vrai qu'il y avoit apparence, après ces conclusions et après cet arrêt, que le parlement vouloit la guerre? Nullement. Un conseiller ayant dit que le premier pas pour cette subsistance étoit d'avoir de l'argent, et d'en prendre dans les parties casuelles ce qui étoit du droit annuel, fut rebuté avec indignation et avec clameur; et la même compagnie, qui venoit d'ordonner la marche des troupes de Monsieur pour s'opposer à celles du Roi, traita la proposition de prendre ces deniers avec la même religion et le même scrupule qu'elle eût pu avoir dans la plus grande tranquillité du royaume. Je dis, à la levée du parlement, à Monsieur, qu'il voyoit que je ne lui avois pas menti quand je lui avois tant répété qu'on ne faisoit jamais bien la guerre civile avec les conclusions des gens du Roi. Il dut s'en apercevoir, quoique d'une autre manière, le lendemain : car le parlement s'étant assemblé, et le marquis de Sablonières, mestre de camp du régiment de Valois, étant entré, et ayant dit à Monsieur que Du Coudray-Giviers, qui étoit l'un des commissaires pour armer les communes, avoit été tué, et que Bitaut, qui étoit l'autre, étoit prisonnier des ennemis, la commotion fut si générale dans tous les esprits, qu'elle n'eût pu être plus grande, quand il se seroit agi de l'assassinat du monde le plus noir et le plus horrible, médité et exécuté en pleine paix. Je me souviens que Bachaumont, qui étoit ce jour-là derrière moi, me dit à l'oreille, en se moquant de ses confrères : « Je vais acquérir une merveilleuse réputation, « car j'opinerai à écarteler M. d'Hocquincourt, qui a « été assez insolent pour charger des gens qui arment « les communes contre lui. » La colère que le parlement eut de cette prévarication de M. d'Hocquincourt, et contre laquelle il décréta en forme, fut cause, à mon opinion, que l'on ne refusa pas l'audience à un gentilhomme de M. le prince (1), qui apportoit une lettre et une requête de sa part : car je ne vois pas par quelle autre raison on eût pu recevoir ce paquet, envoyé au parlement après l'enregistrement de la déclaration, puisque ce même parlement avoit refusé de voir une lettre et une remontrance de M. le prince de cette même nature le 2 décembre, qui étoit un temps dans lequel il n'y avoit encore aucune procédure en forme qui eût été faite contre lui dans la compagnie. Je fis remarquer cette circonstance le soir du 11 à M. Talon, qui avoit conclu lui-même à entendre l'envoyé; et il me répondit ces propres mots : « Nous ne savons plus « tous ce que nous faisons : nous sommes hors des « grandes règles. » Il ne laissa pas d'insister, dans ses conclusions, à ce que l'on ne touchât point aux deniers du Roi, qu'il maintint devoir être sacrés, quoi qu'il pût arriver. Jugez, je vous prie, comme cela se pouvoit accorder avec l'autre partie des conclusions qu'il avoit données deux ou trois jours auparavant, par lesquelles il armoit les communes, et faisoit marcher les troupes pour s'opposer à celles du Roi ! J'ai admiré mille fois en ma vie le peu de sens de ces malheureux gazetiers qui ont écrit l'histoire de ce temps-là ; je n'en ai pas vu un seul qui ait seulement fait une réflexion légère sur ces contradictions, qui en sont pourtant les plus curieuses et les plus remarquables. Je ne pouvois concevoir dès ce temps-là celles que je remarquois dans la conduite de M. Talon, parce qu'il

(1) Le sieur de La Salle. (A. E.)

étoit effectivement homme d'un esprit ferme et d'un jugement solide; et je crus quelquefois qu'elles étoient affectées. Je me souviens que je perdis cette pensée après y avoir fait de grandes réflexions, et que j'eus des raisons, du détail desquelles je n'ai pas la mémoire assez fraîche, pour demeurer persuadé qu'il étoit emporté, comme tous les autres, par les torrens qui courent dans ces sortes de temps avec une impétuosité qui agite les hommes en un même moment de différens côtés.

Voilà justement ce qui arriva à M. Talon dans la délibération de laquelle nous parlons : car après qu'il eut conclu à faire entrer l'envoyé de M. le prince, et à lire sa lettre et sa requête, il ajouta qu'il falloit envoyer l'une et l'autre au Roi, et ne point délibérer que l'on n'eût sa réponse. La lettre de M. le prince au parlement n'étoit qu'une offre qu'il faisoit à la compagnie de sa personne et de ses armes contre l'ennemi commun; et la requête tendoit à ce qu'il fût sursis à l'exécution de la déclaration qui avoit été registrée contre lui, jusqu'à ce que les déclarations et arrêts rendus contre le cardinal eussent eu leur plein et entier effet.

On ne put achever la délibération, quoique l'on eût opiné jusqu'à trois heures après midi; elle fut consommée le lendemain, qui fut le 12; et arrêt fut donné, par lequel il fut dit que l'on redemanderoit M. Bitaut et M. Du Coudray, qui n'étoient que prisonniers, à M. d'Hocquincourt; et qu'en cas de refus on le rendroit responsable, lui et toute sa postérité, de tout ce qui leur pourroit arriver ; que la déclaration et l'arrêt contre le cardinal seroient exécutés; que défenses seroient faites à tous les sujets du Roi de reconnoître le maréchal d'Hocquincourt, et autres qui assistent le cardinal, en qualité de commandans des troupes de Sa Majesté; et qu'il seroit sursis à l'exécution de la déclaration et arrêt rendus contre M. le prince, jusqu'à ce que la déclaration et arrêts rendus contre le cardinal eussent été entièrement exécutés.

Ce qui se passa au parlement le 16 et le 19 janvier n'est d'aucune considération. M. de Nemours qui revenoit de Bordeaux, et qui passoit en Flandre pour en ramener des troupes que les Espagnols donnoient à M. le prince, arriva à Paris le soir du 19. Il est nécessaire de reprendre d'un peu plus haut le détail de ce qui concerne cette marche de M. de Nemours, qui donna beaucoup d'ombrage à Monsieur.

Je vous ai déjà dit, ce me semble, que M. le duc d'Orléans étoit cruellement embarrassé cinq ou six fois par jour, parce qu'il étoit persuadé que tout alloit à l'aventure, et qu'il étoit même impossible de faire bien. Il y avoit des momens où il prenoit de cette sorte de courage que le désespoir produit; et c'étoit dans ces momens où il disoit que le pis qui lui pourroit arriver seroit d'être en repos à Blois. Mais Madame, qui n'estimoit pas ce repos pour lui, troubloit souvent la douceur des idées qu'il s'en formoit, et lui donnoit par conséquent des appréhensions fréquentes des inconvéniens qu'il ne craignoit déjà que trop naturellement. La constitution où étoient les affaires n'aidoit pas à lui donner de la hardiesse : car, outre qu'il marchoit toujours sur des précipices, les allures qu'il étoit obligé d'y suivre et d'y prendre étoient d'une nature à faire glisser les gens qui eussent été les plus fermes et les plus assurés. Comme il ne pouvoit oublier le jeudi saint, et qu'il craignoit d'ailleurs extrêmement la dépendance dans laquelle il croyoit qu'il tomberoit infailliblement s'il s'unissoit absolument avec M. le prince, il se contraignoit lui-même dans toutes ses démarches à un point qu'il forçoit dix fois par jour les plus naturelles ; et dans le temps qu'il espéroit encore qu'on pourroit traverser le retour de M. le cardinal par d'autres moyens que ceux de la guerre civile, il s'accoutumoit si bien à garder les mesures qui étoient convenables à cette disposition, que quand il fut obligé de les changer il tomba dans une conduite hétéroclite, et toute pareille à celle du parlement.

Vous avez déjà vu en plusieurs occasions que cette compagnie dans une même séance commandoit à des troupes de marcher, et leur défendoit en même temps de pourvoir à leur subsistance ; qu'elle armoit les peuples contre les gens de guerre, qui avoient leurs commissions et leurs ordres en bonne forme de la cour ; et qu'elle éclatoit au même moment contre ceux qui proposoient qu'on licenciât les gens de guerre ; qu'elle enjoignoit aux communes de courre sus aux généraux des armées du Roi qui appuyoient le Mazarin ; et qu'elle défendoit au même instant, sur peine de la vie, de faire aucune levée sans commission expresse de Sa Majesté. Monsieur, qui se figuroit qu'en demeurant uni avec le parlement il fronderoit le Mazarin sans dépendance de M. le prince, se laissa couler par cette conjonction encore plus aisément dans la pente où il ne tomboit déjà que trop naturellement par son irrésolution. Elle l'obligeoit à tenir des deux côtés toutes

les fois qu'il avoit lieu de le faire. Ce qui étoit de son inclination lui devint nécessaire, par son union avec une compagnie qui n'agissoit jamais que sur le fondement d'accorder les ordonnances royaux avec la guerre civile. Ce ridicule est en quelque manière couvert dans le temps, à l'égard du parlement, par la majesté d'un grand corps que la plupart des gens croient infaillible. Il paroît toujours de bonne heure dans les particuliers, quels qu'ils soient, fils de France ou princes du sang. Je le disois tous les jours à Monsieur, qui en convenoit, et puis revenoit tous les jours à me dire en sifflant : « Qu'y a-t-il de mieux à faire ? » Je crois que ce mot servit de refrain plus de cinquante fois à tout ce qui se dit dans une conversation que j'eus avec lui le jour que M. de Nemours arriva à Paris. Monsieur me témoignant beaucoup de chagrin de ce que les troupes qu'il alloit querir en Flandre fortifieroient trop M. le prince, « qui s'en servira après, « ajouta-t-il, à ses fins et comme il lui plaira, » je lui dis que j'étois au désespoir de le voir dans un état où rien ne lui pouvoit donner de la joie, et où tout le pouvoit et le devoit affliger. « Si M. le prince est battu, ajou-
« tai-je, que ferez-vous avec le parlement, qui atten-
« droit les conclusions des gens du Roi quand le
« cardinal seroit avec une armée à la porte de la
« grand'chambre ? Que ferez-vous si M. le prince est
« victorieux, puisque vous êtes déjà en défiance de
« quatre mille hommes que l'on est sur le point de
« lui amener ? »

Quoique j'eusse été très-fâché, et par la raison de l'engagement que j'avois sur ce point avec la Reine, et par celle même de mon intérêt particulier, qu'il se fût uni intimement avec M. le prince, avec lequel d'ailleurs il ne pouvoit s'unir sans se soumettre même avec honte, vu l'inégalité des génies, je n'eusse pas laissé de souhaiter qu'il n'eût pas la foiblesse et d'envie et de crainte qu'il avoit à son égard, parce qu'il me sembloit qu'il y avoit des tempéramens à prendre, par lesquels il pouvoit faire servir M. le prince à ses fins, sans lui donner tous les avantages qu'il en appréhendoit. Je conviens que ces tempéramens étoient difficiles dans l'exécution, et par conséquent qu'ils étoient impossibles à Monsieur, qui ne reconnoissoit presque jamais de différence entre le difficile et l'impossible. Il est incroyable quelle peine j'eus à lui persuader que la bonne conduite vouloit qu'il fît ses efforts à ce que le parlement ne se déclarât pas contre ces troupes auxiliaires qui devoient venir à M. le prince. Je lui représentai avec force toutes les raisons qui l'obligeoient à ne les pas opprimer dans la conjoncture où étoient les affaires, et à ne pas accoutumer la compagnie à condamner les pas qui se faisoient contre le Mazarin. Je convins qu'il falloit blâmer publiquement l'union avec les étrangers pour soutenir la gageure, mais je soutenois qu'il falloit en même temps éluder les délibérations que l'on voudroit faire sur ce sujet ; et j'en proposois les moyens, qui par les diversions qui étoient naturelles, et par la foiblesse du président Le Bailleul, eussent été même comme imperceptibles. Monsieur demeura très-long-temps ferme à laisser aller la chose dans son cours, parce que, ajouta-t-il, M. le prince n'est déjà que trop fort ; et après que je l'eus convaincu par mes raisons, il fit tout ce que les hommes qui sont foibles ne manquent jamais de faire en pareilles occasions. Ils tournent si court quand ils changent de sentiment, qu'ils ne mesurent plus leurs allures. Ils sautent au lieu de marcher; et il prit tout d'un coup le parti, quoi que je lui pusse dire au contraire, de justifier la marche de ces troupes étrangères, et de la justifier dans le parlement par des illusions qui ne trompent personne, et qui ne servent qu'à faire voir que l'on veut tromper. Cette figure est la rhétorique de tous les temps : mais il faut avouer que celui du cardinal Mazarin l'a étudiée et pratiquée, et plus fréquemment et plus insolemment que tous les autres. Elle a été non-seulement journellement employée, mais consacrée dans les arrêts, dans les édits et dans les déclarations; et je suis persuadé que cet outrage public fait à la bonne foi a été, comme il me semble que je vous l'ai déjà dit dans la première partie de cet ouvrage, la principale cause de nos révolutions. Monsieur me dit, dans le parlement, qu'il prétendoit que ces troupes n'étoient point espagnoles, parce que les hommes qui les composoient étoient Allemands. Vous remarquerez, s'il vous plaît, qu'il y avoit trois ou quatre ans qu'elles servoient l'Espagne en Flandre, sous le commandement d'un cadet de Wirtemberg, qui étoit nommément à la solde du roi Catholique; et que beaucoup de gens de qualité, même du Pays-Bas, y étoient officiers. J'eus beau représenter à Monsieur que ce que nous blâmions le plus tous les jours dans la conduite du cardinal étoit cette manière d'agir et de parler, si contraire aux vérités les plus connues : je n'y gagnai rien; et il me répondit, en se moquant de moi, que je devois avoir observé que le monde veut être trompé. Ce mot est vrai, et se vérifia en cette occasion.

Je vous supplie de me permettre de faire ici une pause, pour observer qu'il n'est pas étrange que les historiens qui traitent des matières dans lesquelles ils ne sont pas entrés par eux-mêmes s'égarent si souvent, puisque ceux même qui en sont si proches ne se peuvent défendre, dans une infinité d'occasions, de prendre des apparences pour des réalités, quelquefois fausses dans toutes leurs circonstances. Il n'y eut pas un homme (je ne dis pas dans le parlement, mais dans le Luxembourg même) qui ne crût en ce temps-là que mon unique application auprès de Monsieur ne fût de rompre les mesures que M. le prince avoit avec lui. Je n'y eusse pas certainement manqué, si j'eusse seulement entrevu qu'il eût eu la moindre disposition à en prendre de bonnes et d'essentielles ; mais je vous assure qu'il étoit si éloigné de celles mêmes auxquelles l'état des affaires l'obligeoit, par toutes les règles de la bonne conduite, que j'étois forcé de travailler avec soin à lui persuader de demeurer, au moins avec quelque sorte de justesse, dans celle-ci, dans le moment même que tout le monde se figuroit que je ne songeois qu'à l'en détourner. Je n'étois pourtant pas fâché du bruit que les serviteurs de M. le prince répandoient du contraire, quoique ces bruits me coûtassent de temps en temps quelques bourrades, que l'on me donnoit en opinant dans les assemblées des chambres. J'entrepris, au commencement, de m'en pouvoir servir utilement pour entretenir la Reine. Elle ne s'y laissa pas amuser longtemps ; et comme elle sut que, bien que je lui tinsse fidèlement la parole que je lui avois donnée de ne me point accommoder avec M. le prince, je ne laissois pas de conseiller à Monsieur de ne me pas rompre avec lui, elle m'en fit faire des reproches par Brachet, qui vint à Paris dans ce temps-là. Je lui fis écrire sous moi un mémoire, qui justifioit clairement que je ne manquois en rien, comme il étoit vrai, à tout ce que je lui avois promis, parce que je ne m'étois engagé à quoi que ce soit qui fût contraire à ce que j'avois conseillé à Monsieur. Brachet me dit à son retour que la Reine en étoit convaincue, après qu'il lui eut fait peser mes raisons; mais que M. de Châteauneuf s'étoit récrié, en proférant ces propres paroles : « Je ne « suis pas, madame, non plus que le coadjuteur, de « l'avis du rappel de M. le cardinal; mais il est si « criminel à un sujet de dicter un mémoire pareil à « celui que je viens de voir, que si j'étois son juge, « je le condamnerois sans balancer sur cet unique « chef. » La Reine eut la charité de commander à Brachet de me raconter ce détail, et de me dire que M. le cardinal auroit plus de fidélité pour moi que ce scélérat, quoique je ne lui en donnasse pas sujet. Ce furent ses propres paroles. Je reviens au parlement.

Ce qui s'y passa, depuis le 12 janvier 1652 jusqu'au 24 du même mois, ne mérite pas votre attention, parce qu'on n'y parla presque que de l'affaire de messieurs Bitaut et Du Coudray, que l'on y traita toujours comme s'il se fût agi d'un assassinat qui eût été commis de sang-froid sur les degrés du Palais.

Le 24, M. le président de Bellièvre et les autres députés qui avoient été à Poitiers firent leur relation des remontrances qu'ils avoient faites au Roi, au nom du parlement, contre le retour du cardinal, avec toute la véhémence et toute la force imaginable. Ils dirent que Sa Majesté, après en avoir communiqué avec la Reine et son conseil, leur avoit fait répondre en sa présence, par M. le garde des sceaux, que quand le parlement avoit donné ses derniers arrêts, il n'avoit pas su sans doute que M. le cardinal Mazarin n'avoit fait aucune levée de gens de guerre que par les ordres exprès de Sa Majesté; qu'il lui avoit été commandé d'entrer en France, et d'y amener ses troupes, et qu'ainsi le Roi ne trouvoit pas mauvais ce que la compagnie avoit fait jusqu'à ce jour; mais qu'il ne doutoit pas aussi que quand elle auroit appris le détail dont il venoit de l'informer, et su de plus que M. le cardinal Mazarin ne demandoit que le moyen de se justifier, elle ne donnât à tous ses peuples l'exemple de l'obéissance qu'ils lui devoient. Jugez, s'il vous plaît, quelle commotion put faire dans le parlement une réponse si peu conforme aux paroles solennelles que la Reine lui avoit réitérées plus de dix fois! M. le duc d'Orléans ne l'appuya pas, en disant que le Roi lui avoit envoyé Ruvigny pour lui faire le même discours, et pour lui ordonner de renvoyer dans leurs garnisons les régimens qui étoient sous son nom. La chaleur fut encore augmentée par les arrêts des parlemens de Toulouse et de Rouen, donnés contre le Mazarin, dont on affecta la lecture dans ce moment, aussi bien que celle d'une lettre du parlement de Bretagne, qui demandoit à celui de Paris union contre les violences de M. le maréchal de La Meilleraye. M. Talon harangua, avec une véhémence qui avoit quelque chose de la fureur, contre le cardinal. Il tonna en faveur du parlement de Rennes contre le maréchal de La Meilleraye ; mais il conclut à des remontrances sur le retour du premier, et à des informations contre le désordre des troupes du maréchal d'Hocquincourt. Le feu s'exhala en paroles : midi sonna, et l'on remit la délibération au lendemain 25. Elle produisit un arrêt conforme à ces conclusions, que je viens de vous rapporter, avec une addition toutéfois qui y fut mise, particulièrement en vue du maréchal de La Meilleraye : qui étoit qu'il ne seroit procédé au parlement à la réception d'aucuns ducs et pairs et maréchaux de France, que le cardinal ne fût hors du royaume.

Le pur hasard fit un incident dans cette séance qui fut pris, par la plupart des gens, pour un grand mystère. M. le maréchal d'Etampes ayant dit en opinant, sans aucun dessein, que le parlement devoit s'unir avec Monsieur pour chasser l'ennemi commun, quelques conseillers le suivirent dans leurs avis, sans y entendre aucune finesse ; et les autres le contredirent, par ce pur esprit que je vous ai quelquefois dit être opposé à tout ce qui est ou paroît concerté dans ces sortes de compagnies. M. le président de Novion, qui étoit raccommodé intimement avec la cour, prit très-habilement cette conjoncture pour la servir ; et jugeant très-bien que la personne du maréchal d'Etampes, qui étoit domestique de Monsieur, lui donnoit lieu de faire croire qu'il y avoit de l'art à ce qui n'avoit été jeté à la vérité qu'à l'aventure, il s'éleva avec M. le président de Mesmes contre ce mot d'*union*, comme contre la parole du monde la plus criminelle. Il exagéra avec éloquence l'injure que l'on faisoit au parlement de le croire capable d'une jonction qui produiroit infailliblement la guerre civile. La tendresse de cœur pour l'autorité royale saisit tout d'un coup toutes les imaginations. L'on poussa les voix jusqu'à la clameur contre la proposition du pauvre maréchal d'Etampes, et on la rejeta avec fureur, de la même manière que si elle n'eût pas été avancée peut-être plus de cinquante fois depuis six semaines par trente conseillers; de la même manière que si le parlement n'eût pas remercié Monsieur, dans toutes les séances, des obstacles qu'il apportoit au retour du cardinal; et enfin de la même manière que si les gens du Roi même n'eussent pas conclu, en deux ou trois manières différentes, à le prier de faire marcher ses troupes pour cet effet. Il faut revenir à ce que je vous ai déjà dit quelquefois, que rien n'est plus peuple que les compagnies.

M. le duc d'Orléans, qui étoit présent à cette scène, en fut atterré; et ce fut ce qui le détermina à joindre ses troupes à celles de M. le prince. Il y avoit long-temps qu'il les lui faisoit espérer, et parce qu'il n'avoit pas la force de les lui refuser, et parce qu'il en étoit pressé au dernier point par M. de Beaufort, qui y avoit un intérêt personnel en ce qu'il les devoit commander. Mais il m'avoua, le soir du jour dans lequel ce ridicule acte se joua, qu'il avoit eu bien de la peine à s'y résoudre; mais qu'il confessoit que puisqu'il n'y avoit rien à espérer du parlement, qui se perdroit lui-même, et qui perdroit aussi tous ceux qui étoient embarqués avec lui, il ne falloit pas laisser périr M. le prince: et peu s'en fallut qu'il ne me proposât de me raccommoder même avec lui. Il n en vint pas toutefois jusque là, soit qu'il fît réflexion sur mes engagemens, qui ne lui étoient pas inconnus; soit (et c'est ce qui m'en parut) que la peur qu'il avoit de se mettre dans la dépendance de M. le prince fût plus forte dans son esprit que celle qu'il venoit de prendre de ce contre-temps du parlement. Vous verrez la suite de toutes ces dispositions après que je vous aurai rendu compte de ce qui se passa à la cour en ce temps-là.

Je vous ai déjà dit, ce me semble, que M. de Châteauneuf avoit à la fin pris le parti de s'expliquer clairement avec la Reine contre le rétablissement du cardinal: ce qu'il fit, à mon opinion, sans aucune espérance d'y réussir, et dans la seule vue de tirer mérite dans le public de sa retraite, qu'il voyoit inévitable, et qu'il étoit bien aise de faire au moins croire au peuple être la suite et l'effet de la liberté avec laquelle il avoit dissuadé le rappel du ministre. Il demanda son congé: il l'obtint.

M. le cardinal Mazarin arriva à la cour (1); où il fut reçu comme vous pouvez vous l'imaginer. Il y trouva M. Le Tellier, que M. de Châteauneuf et M. de Villeroy y avoient déjà fait revenir, pour je ne sais quelle fin dont on faisoit un mystère en ce temps-là, et le détail de laquelle je ne me puis remettre. Il détermina le Roi à prendre le chemin de Saumur, quoique beaucoup de gens lui conseillassent de marcher en Guienne pour achever de pousser M. le prince. Il crut qu'il étoit plus à propos d'opprimer d'abord M. de Rohan (2), qui, étant gouverneur d'Angers, s'é-

(1) *Arriva à la cour :* Le 28 janvier 1652. Le Roi, instruit qu'il approchoit de Poitiers, fit deux lieues pour aller au devant de lui. — (2) Henri

toit déclaré, avec la ville et le château, pour les princes. Angers, assiégé par messieurs de La Meilleraye et d'Hocquincourt, ne tint que fort peu, et ne coûta que peu de monde. Le Pont-de-Cé, où Beauveau commandoit pour les princes, fut pris d'abord, et presque sans résistance, par messieurs de Noailles et de Broglie. Le Roi partit de Saumur, et il alla à Tours, où M. l'archevêque de Rouen (1) jeta les premiers fondemens de sa faveur par les plaintes qu'il porta au Roi, au nom des évêques qui s'y trouvèrent, contre les arrêts qui avoient été rendus au parlement contre M. le cardinal Mazarin. Leurs Majestés se rendirent ensuite à Blois, où M. Servien les rejoignit. Le maréchal d'Hocquincourt s'en approcha avec l'armée, qui faisoit des désordres incroyables, faute de paiement. Nous verrons ses progrès, après que je vous aurai rendu compte de ce qui se passoit à Paris.

Je suis persuadé que je vous ennuierois si j'entrois dans le détail de ce qui se traita au parlement dans les assemblées des chambres, depuis le 25 de janvier jusqu'au 15 février. Il n'y en a qu'une ou deux tout au plus, qui ne furent employées qu'à donner des arrêts pour le rétablissement des fonds destinés au paiement des rentes de l'hôtel-de-ville, que la cour, selon sa louable coutume, retiroit aujourd'hui pour mettre la confusion dans Paris, et remettoit le lendemain, de peur de l'y mettre trop grande. Ce qui fut de plus considérable dans le Palais en ce temps-là

Chabot, duc de Rohan, pair de France et gouverneur d'Anjou, mort en 1655, âgé de trente-neuf ans. (A. E.)

(1) François Harlay de Chanvalon, archevêque de Rouen, et ensuite de Paris. Il mourut en 1695. (A. E.)

fut que la grand'chambre donna arrêt le 8 février, à la requête du procureur général, par lequel elle défendoit à qui que ce soit, sans exception, de lever des troupes sans commission du Roi. Jugez, je vous supplie, comment cela se pouvoit accorder avec sept ou huit arrêts que vous avez vus ci-dessus !

Le 15 de février, le parlement et la ville reçurent deux lettres de cachet, par lesquelles le Roi leur donnoit part, et de la rebellion de M. de Rohan, et de la marche des troupes d'Espagne que M. de Nemours amenoit, et en faisoit voir les inconvéniens, en les exhortant à l'obéissance. Monsieur prit la parole ensuite : il représenta que M. de Rohan ne s'étoit rendu maître de la ville et du château d'Angers que pour exécuter les arrêts de la compagnie, qui ordonnoient à tous les gouverneurs des places de s'opposer aux entreprises du cardinal ; que Boisleur, lieutenant général d'Angers et partisan passionné de ce ministre, en avoit une toute formée sur cette place ; et qu'ainsi M. de Rohan avoit été obligé de le prévenir, et de se saisir même de sa personne ; qu'il ne pouvoit concevoir comme l'on pouvoit concilier ce qui se passoit tous les jours au parlement ; que les chambres assemblées avoient donné sept ou huit arrêts consécutifs, portant injonction aux gouverneurs des provinces et des villes de se déclarer contre le cardinal ; et qu'il n'y avoit que deux jours que la tournelle, à la requête de l'évêque d'Angers, frère de Boisleur, avoit donné arrêt contre M. le duc de Rohan, qui n'étoit coupable que d'avoir exécuté ceux des chambres assemblées ; que la grand'chambre venoit d'en donner un par lequel elle défendoit de lever des troupes sans commission du Roi; et qu'il n'y avoit rien de plus contraire à la prière que le parlement en corps avoit faite et réitérée plusieurs fois, à lui duc d'Orléans, d'employer toutes ses forces pour l'exclusion du cardinal; qu'au reste il se croyoit obligé d'avertir la compagnie que tous les arrêts rendus n'avoient point encore été envoyés, ni aux bailliages, ni aux parlemens, ainsi qu'il avoit été ordonné. Il ajouta que M. de Damville l'étoit venu trouver de la part du Roi, et qu'il lui avoit apporté la carte blanche, pour l'obliger à consentir au rétablissement du cardinal ; mais que rien au monde ne l'y pourroit jamais obliger, non plus qu'à se séparer des sentimens du parlement, etc.

Messieurs les présidens Le Bailleul et de Novion soutinrent avec fermeté que les arrêts de la grand'-chambre et de la tournelle, dont Monsieur venoit de se plaindre, étoient juridiques, en ce qu'ils étoient rendus par des chambres où le nombre des juges étoit complet. Cette raison, aussi impertinente que vous la voyez, vu la matière, satisfit la plupart des vieillards, noyés ou plutôt abîmés dans les formes du Palais. La jeunesse, échauffée par Monsieur, s'éleva, et força M. de Bailleul à mettre la chose en délibération. M. Talon, avocat général, éluda finement de s'expliquer sur les deux arrêts de la grand'chambre et de la tournelle, par la diversion qu'il donna à la compagnie d'une déclamation qui lui fut fort agréable contre M. l'évêque d'Avranches, odieux et par l'infamie de sa vie, et par l'attachement d'esclave qu'il avoit au cardinal. Il s'égaya à ce propos sur la non résidence des évêques, contre laquelle il fit donner effectivement un arrêt sanglant ; et il conclut à ce qu'il fût fait défenses aux maires et échevins des villes, aussi bien qu'aux gouverneurs des places, de livrer passage aux troupes espagnoles, conduites par M. de Nemours.

Ce fut en cet endroit où Monsieur exécuta ce que je vous ai dit ci-devant qu'il avoit résolu, et même il y renchérit. Il soutint que ces troupes n'étoient point espagnoles : qu'il les avoit prises à sa solde. Ce discours, qui fut assez étendu, consuma du temps; l'heure sonna, et l'assemblée fut remise au lendemain 16. Il n'y en eut point toutefois, parce que Monsieur envoya dès le matin s'excuser, sur le prétexte d'une colique. Voici la véritable raison du délai.

Les derniers contre-temps du parlement l'avoient embarrassé au dessus de tout ce que je vous en puis exprimer; et je crois qu'il m'avoit dit cent fois en moins de deux jours : « C'est une chose cruelle que « de se trouver dans un état où l'on ne peut rien faire « qui soit bien ! Je n'y avois jamais fait d'attention : « je le sens, et je l'éprouve. » Son agitation, qui avoit, comme la fièvre, ses accès et ses redoublemens, ne fut jamais plus sensible que le jour qu'il commanda ou plutôt qu'il permit à M. de Beaufort de faire agir ses troupes. Et comme je lui représentois qu'il me sembloit qu'après les déclarations qu'il avoit tant de fois réitérées dans le parlement et partout ailleurs contre le Mazarin, le pas de donner du mouvement à ses troupes contre lui n'ajoutoit pas tant à la mesure du dégoût qu'il avoit déjà donné à la cour, qu'il le dût tant appréhender. Il me répondit ces mémorables paroles, sur lesquelles j'ai fait mille

et mille réflexions : « Si vous étiez né fils de France,
« infant d'Espagne, roi de Hongrie, ou prince de
« Galles, vous ne me parleriez pas comme vous faites.
« Sachez que nous autres princes nous ne comptons
« les paroles pour rien, mais que nous n'oublions
« jamais les actions. La Reine ne se ressouviendroit
« pas demain à midi de mes déclamations contre le
« cardinal, si je le voulois souffrir demain au matin.
« Si mes troupes tirent un coup de mousquet, elle ne
« me le pardonnera pas, quoi que je puisse faire d'ici
« à deux mille ans. » La conclusion générale que je tirai de ce discours fut que Monsieur étoit persuadé que tous les princes du monde, sur de certains chapitres, étoient faits les uns comme les autres ; et la particulière, qu'il n'étoit pas si animé contre le cardinal, qu'il ne pensât à ne pas rendre la réconciliation impossible en cas de nécessité. Il m'en parut toutefois, un quart-d'heure après cet apophthegme, plus éloigné que jamais : car M. de Damville étant entré dans le cabinet des livres, où il étoit seul avec Monsieur, et l'ayant extrêmement pressé, au nom et de la part de la Reine, de lui promettre de ne point joindre ses troupes à celles de M. de Nemours qui s'avançoient, Monsieur demeura inflexible dans sa résolution ; et il parla même sur ce sujet avec un fort grand sens, et avec tous les sentimens qu'un fils de France, qui se trouve forcé par les conjonctures à une action de cette nature, peut et doit conserver dans ce malheur. Voici le précis de ce qu'il dit : Qu'il n'ignoroit pas que le personnage qu'il soutenoit en cette occasion ne fût le plus fâcheux du monde ; vu qu'il ne pouvoit jamais lui rien apporter, et qu'il lui ôtoit par avance

et le repos et la satisfaction; qu'il étoit assez connu, pour ne laisser aucun soupçon que ce qu'il faisoit fût l'effet de l'ambition; que l'on ne pouvoit pas non plus l'attribuer à la haine, de laquelle l'on savoit qu'il n'avoit jamais été capable contre personne; que rien ne l'y avoit porté, que la nécessité où il s'étoit trouvé de ne pas laisser périr l'Etat entre les mains d'un ministre incapable, et abhorré du genre humain; qu'il l'avoit soutenu dans la première guerre de Paris contre le mouvement de sa conscience, par la seule considération de la Reine; qu'il l'avoit défendu quoiqu'avec le même scrupule, mais par la même raison, dans tout le cours des mouvemens de Guienne; que la conduite déplorable qu'il y tint dans un temps, et l'usage qu'il voulut faire dans l'autre des avantages que celle de lui, Monsieur, lui avoit procurés; l'usage, dis-je, qu'il en voulut faire contre lui-même l'avoit forcé de penser à sa sûreté; et qu'il avouoit, quoiqu'à sa confusion, que Dieu s'étoit servi de ce motif pour l'obliger à prendre le parti que son devoir lui dictoit depuis si long-temps; qu'il n'avoit point pris ce parti comme un factieux qui se cantonne dans un coin du royaume, et qui y appelle les étrangers; qu'il ne s'étoit uni qu'avec les parlemens, qui ont sans comparaison plus d'intérêt que personne à la conservation de l'Etat; que Dieu avoit béni ses intentions, particulièrement en ce qu'il avoit permis que l'on se défît de ce malheureux ministre sans y employer le feu et le sang; que le Roi avoit accordé aux larmes de ses peuples cette justice, encore plus nécessaire pour son service que pour la satisfaction de ses sujets; que tous les corps du royaume, sans en excepter aucun, en avoient témoigné leur joie par des arrêts, par des remercîmens, par des feux et des réjouissances publiques ; que l'on étoit sur le point de voir l'union rétablie dans la maison royale, qui auroit réparé en moins de rien les pertes que les avantages que les ennemis avoient tirés de la division y avoient causées ; que le mauvais démon de la France venoit de ressusciter ce scélérat pour remettre partout la confusion ; qu'elle étoit la plus dangereuse de toutes, parce que ceux qui avoient l'intention du monde la plus épurée de tous, les intérêts étoient ceux qui y pouvoient le moins remédier ; que dans la plupart des désordres qui étoient arrivés jusque là dans l'Etat, l'on en avoit pu espérer la fin, par la satisfaction que l'on pouvoit toujours essayer de donner à ceux qui les avoient causés par leur ambition : et qu'ainsi ce qui presque toujours en avoit fait le mal en avoit été au moins pour le plus souvent le remède ; que ce grand symptôme n'étoit pas de la même nature ; qu'il étoit arrivé par une commotion universelle de tout le corps ; que les membres étoient dans l'impuissance de s'aider en leur particulier pour leur soulagement, parce qu'il n'y avoit plus de remède que de pousser au dehors le venin qui avoit infecté tout le corps ; que le parlement y étoit si engagé, que quand lui, M. d'Orléans et M. le prince s'en relâcheroient, ils ne les pourroient pas ramener ; et que lui, M. d'Orléans et M. le prince y étoient si obligés pour leur sûreté, qu'ils se déclareroient contre les parlemens, s'ils étoient obligés de changer. « Me « conseilleriez-vous, Brion, disoit Monsieur (il ap-« peloit le plus souvent ainsi M. le duc de Damville,

« du nom qu'il portoit quand il étoit son premier
« écuyer), me conseilleriez-vous de me fier aux pa-
« roles du Mazarin, après ce qui s'est passé? Le con-
« seilleriez-vous à M. le prince? Et supposé que nous
« puissions nous y fier, croyez-vous que la Reine
« doive balancer à nous donner la satisfaction que
« toute la France ou plutôt que toute l'Europe de-
« mande avec nous? Nul ne sent plus que moi le
« déplorable état où je vois le royaume; et je ne puis
« regarder sans frémissement les étendards d'Espa-
« gne, quand je fais réflexion qu'ils sont sur le point
« de se joindre à ceux de Languedoc et de Valois.
« Mais le cas qui me force n'est-il pas de ceux qui
« ont fait dire, et qui ont fait dire avec justice, que
« nécessité n'a point de loi? Et me puis-je défendre
« d'une conduite qui est l'unique qui me puisse dé-
« fendre, moi et tous mes amis, de la colère de la
« Reine et de la vengeance de son ministre? Il a
« toute l'autorité royale en mains; il est maître de
« toutes les places; il dispose de toutes les vieilles
« troupes; il pousse M. le prince dans le coin du
« royaume; il menace le parlement de la capitale;
« il recherche lui-même la protection d'Espagne: et
« nous savons le détail de ce qu'il a promis en passant
« dans le pays de Liége à don Antonio Pimentel. Que
« puis-je faire en cet état, ou plutôt que ne dois-je
« point faire, si je ne me veux déshonorer, et passer
« pour le dernier, je ne dis pas des princes, mais des
« hommes? Quand j'aurai laissé opprimer M. le prince;
« quand j'aurai laissé subjuguer la Guienne; quand
« le cardinal sera avec une armée victorieuse aux
« portes de Paris, dira-t-on: Le duc d'Orléans est

« estimable d'avoir sacrifié sa personne, le parlement
« et la ville à la vengeance du Mazarin, plutôt que
« d'avoir employé les armes des ennemis de la cou-
« ronne ? Et ne dira-t-on pas au contraire : Le duc
« d'Orléans est un lâche et un innocent de prendre
« des scrupules qui ne conviendroient pas même à
« un capucin, s'il étoit aussi engagé que l'est le duc
« d'Orléans? »

Voilà ce que Monsieur dit à M. de Damville, avec ce torrent d'éloquence qui lui étoit naturel, toutes les fois qu'il parloit sans préparation. J'ai oublié de vous dire que ce don Antonio Pimentel lui fut envoyé par Fuensaldagne sous prétexte de l'escorter, et que le cardinal lui donna de grandes espérances d'une paix avantageuse au roi Catholique. Don Antonio m'a dit qu'il lui avoit parlé en ces propres termes : « *Grabu-*
« *gio fo per voi:* je fais ce grabuge pour vous. Payez-
« moi en ne faisant pour M. le prince que la moitié
« de ce que vous y pouvez faire, ou dites dès à pré-
« sent ce que vous voulez pour la paix. La France
« me traite d'une manière qui me donne lieu de vous
« pouvoir servir sans scrupule. »

Monsieur n'en fût pas apparemment demeuré là, si l'on ne fût venu l'avertir que M. le président de Bellièvre (1) étoit dans sa chambre. Il sortit du cabinet des livres, et il m'y laissa avec M. de Damville, qui m'entreprit en mon particulier avec une véhémence très-digne du bon sens de la maison de Ventadour, pour me persuader que j'étois obligé, et par la haine

(1) Pomponne de Bellièvre, second du nom, conseiller au parlement, président à mortier, et ensuite premier président. Il eut plusieurs ambassades. Il mourut en 1657. (A. E.)

que M. le prince avoit pour moi, et par les engagemens que j'avois pris avec la Reine, d'empêcher que Monsieur ne joignît ses troupes avec celles de M. de Nemours. Voici ce que je lui répondis en propres termes, ou plutôt ce que je lui dictai sur ses tablettes, avec prière de les faire lire à la Reine et à M. le cardinal :

« J'ai promis de ne me point accommoder avec
« M. le prince ; j'ai déclaré que je ne pouvois quitter
« le service de Monsieur, et que je ne pouvois par
« conséquent m'empêcher de le servir en tout ce
« qu'il feroit pour s'opposer au rétablissement de
« M. le cardinal. Voilà ce que j'ai dit à la Reine de-
« vant Monsieur ; voilà ce que j'ai dit à Monsieur de-
« vant la Reine ; et voilà ce que je tiens fidèlement.
« Le comte de Fiesque assure tous les jours M. de
« Brissac que M. le prince me donnera la carte blan-
« che quand il me plaira : ce que je reçois avec tout
« le respect que je dois, mais sans y faire aucune ré-
« ponse. Monsieur me commande de lui dire mon
« sentiment sur ce qu'il peut faire de mieux, sup-
« posé la résolution où il est de ne consentir jamais
« au retour du cardinal ; et je crois que je suis obligé
« en conscience et en honneur de lui répondre qu'il
« lui donnera tout l'avantage, s'il ne forme un corps
« de troupes assez considérable pour s'opposer aux
« siennes, et pour faire diversion de celles avec les-
« quelles il opprime M. le prince. Enfin je vous sup-
« plie de dire à la Reine que je ne fais que ce que je
« lui ai toujours dit que je ferois ; et qu'elle ne peut
« avoir oublié ce que je lui ai dit tant de fois, qui
« est qu'il n'y a aucun homme dans le royaume qui

« soit plus fâché que moi que les choses soient dans
« un état qui fasse qu'un sujet puisse et doive même
« parler ainsi à sa maîtresse. »

J'expliquai à ce propos à M. de Damville ce qui s'étoit passé autrefois sur cela dans les conversations que j'avois eues avec la Reine. Il en fut touché, parce que, dans la vérité, il étoit bien intentionné et passionné pour la personne du Roi; et il s'affecta si fort, particulièrement de l'effort que je lui dis que j'avois fait pour faire connoître à la Reine qu'il ne tenoit qu'à elle de se rendre maîtresse absolue de tous nos intérêts, et des miens encore plus que de ceux des autres, qu'il s'ouvrit bien plus qu'il n'avoit fait de tendresse pour moi, et qu'il me dit : « Ce misérable
« (en parlant du cardinal) va vous perdre; songez à
« vous, car il ne pense qu'à vous empêcher d'être
« cardinal; je ne puis vous en dire davantage. » Vous verrez dans peu que j'en savois plus sur ce chef que celui qui m'en avertissoit.

Comme nous étions sur ce discours, Monsieur rentra dans le cabinet des livres; et, en s'appuyant sur M. le président de Bellièvre, il dit à M. de Damville qu'il allât chez Madame, qui l'avoit envoyé chercher. Il s'assit, et il me dit : « Je viens de raconter à M. le
« président ce que j'ai dit devant vous à M. de Dam-
« ville : mais il faut que je vous dise à tous deux ce
« dont je n'ai eu garde de m'ouvrir devant lui. Je suis
« cruellement embarrassé : car je vois que ce que je
« lui ai soutenu être nécessaire, et ce qui l'est en
« effet, ne laisse pas d'être très-mauvais : ce que je
« crois n'être jamais arrivé en aucunes affaires du
« monde qu'en celle-ci. J'y ai fait réflexion toute ma

« vie ; j'ai rappelé dans ma mémoire toute l'intrigue
« de la Ligue, toute la faction des huguenots, tous
« les mouvemens du prince d'Orange, et je n'y ai
« rien trouvé de si difficile que ce que je rencontre
« dans toutes les heures, ou plutôt à tous les momens,
« devant moi. » Il ramassa et exagéra en cet endroit
tout ce que vous avez vu jusques ici répandu dans cet
ouvrage sur cette matière ; et je lui répondis aussi en
cet endroit tout ce que vous y avez pu remarquer de
mes pensées. Comme il est impossible de fixer une
conversation dont le sujet est l'incertitude même, il
se répondoit au lieu de me répondre : et ce qui arrive toujours en ce cas est que celui qui se répond
ne s'en aperçoit jamais, et ainsi on ne finit point. Je
suppliai Monsieur, par cette raison, de me permettre
que je misse par écrit mes sentimens sur l'état des
choses. Je lui dis qu'il ne falloit qu'une heure pour
cela. Je n'étois pas fâché, pour vous dire le vrai, de
trouver lieu, à tout événement, de lui faire confirmer par M. de Bellièvre ce que je lui avois avancé
dans les occasions. Il me prit au mot ; il passa dans la
galerie, où il y avoit une infinité de gens ; et j'écrivis
sur la table du cabinet des livres ce que vous allez
voir, dont j'ai encore l'original.

« Je crois qu'il ne s'agit pas présentement de dis-
« cuter ce que Son Altesse Royale a pu ou dû faire
« jusqu'ici ; et je suis même persuadé qu'il y a incon-
« vénient dans les grandes affaires à rebattre le passé,
« si ce n'est pour mémoire, et simplement autant
« qu'il peut avoir rapport à l'avenir. Monsieur n'a
« que quatre partis à prendre : ou à s'accommoder
« avec la Reine, c'est-à-dire avec le cardinal Maza-

« rin; ou à s'unir intimement avec M. le prince, ou à
« faire un tiers parti dans le royaume, ou à demeu-
« rer en l'état où il est aujourd'hui, c'est-à-dire à
« tenir un peu de tous les côtés : avec la Reine, en
« demeurant uni avec le parlement, qui, en frondant
« contre le cardinal, ne laisse pas de garder des me-
« sures, à l'égard de l'autorité royale, qui rompent
« deux fois par jour celles de M. le prince : avec
« M. le prince, en joignant ses troupes avec celles
« de M. de Nemours : avec le parlement, en parlant
« contre le Mazarin, et en ne se servant pas toute-
« fois de l'autorité que sa naissance et l'amour que le
« peuple de Paris a pour lui lui donnent, pour pous-
« ser cette compagnie plus loin qu'elle ne peut aller.
« De ces quatre partis, le premier, qui est de se rac-
« commoder avec le cardinal, a toujours été exclus
« des délibérations par Son Altesse Royale, parce
« qu'elle a supposé qu'il n'étoit ni de sa dignité ni
« de sa sûreté. Le second, qui est de s'unir absolu-
« ment et entièrement avec M. le prince, n'y a pas
« été reçu non plus, parce que Monsieur n'a pas vou-
« lu se pouvoir seulement imaginer qu'il eût été ca-
« pable de se proposer à soi-même (ce sont les ter-
« mes dont il s'étoit servi) de se séparer du parle-
« ment, et de s'abandonner par ce moyen, et à la
« discrétion de M. le prince, et au retour de M. de
« La Rochefoucauld. Le troisième parti, qui est celui
« d'en former un troisième dans le royaume, a été
« rejeté par Son Altesse Royale, et parce qu'il peut
« avoir des suites trop dangereuses pour l'Etat, et
« parce qu'il ne pourroit réussir qu'en forçant le par-
« lement à prendre une conduite contraire à ses ma-

« nières et à ses formes : ce qui est impossible, que par
« des moyens qui sont encore plus contraires à l'in-
« clination et aux maximes de Monsieur. Le qua-
« trième parti, qui est celui que Son Altesse Royale
« suit présentement, est celui-là même qui lui cause
« les peines et les inquiétudes où elle est, parce qu'en
« tenant quelque chose de tous les autres il a pres-
« que tous les inconvéniens de chacun, et n'a, à pro-
« prement parler, les avantages d'aucun. Pour obéir
« à Monsieur, je vais déduire mes sentimens sur tous
« les quatre. Quoique je pusse trouver en mon parti-
« culier mes avantages dans le raccommodement avec
« M. le cardinal, et quoique d'autre part je sois si
« fort déclaré contre lui que mes avis sur tout ce qui
« le regarde puissent et même doivent être suspects,
« je ne balance pas à dire à Son Altesse Royale qu'elle
« ne peut sans se déshonorer prendre de tempéra-
« ment sur cet article, vu la disposition de tous les
« parlemens, de toutes les villes et de tous les peu-
« ples ; et qu'elle le peut encore moins avec sûreté,
« vu la disposition des choses, celle de M. le prin-
« ce, etc. Les raisons de ce sentiment sautent aux
« yeux, et je ne les touche qu'en passant. Je supplie
« Monsieur de ne me point commander de m'expli-
« quer sur le second parti, qui est celui de s'unir en-
« tièrement avec M. le prince, pour deux raisons : dont
« la première est que les engagemens que j'ai pris en
« mon particulier, et même par son consentement,
« avec la Reine sur ce point, lui devroient donner lieu
« de croire que mes avis y pourroient être intéressés ;
« et la seconde est que je suis convaincu que s'il
« étoit résolu à se séparer du parlement, ce qui écher-

« roit à délibérer ne seroit pas s'il faudroit s'unir à
« M. le prince, mais ce qu'il faudroit que Monsieur fît
« pour se tenir M. le prince soumis à lui-même; et cette
« soumission de M. le prince à Son Altesse Royale
« est une des principales raisons qui m'avoient obligé
« de lui proposer le tiers parti, sur lequel il faut que
« je m'explique un peu plus au long, parce qu'il est
« nécessaire de le traiter conjointement avec le qua-
« trième, qui est celui de prendre quelque chose de
« tous les quatre. M. le prince a fait des pas vers
« l'Espagne qui ne se peuvent jamais accorder que
« par miracle avec la pratique du parlement; et lui
« ou ceux de son parti en font journellement vers la
« cour qui s'accordent encore moins avec la consti-
« tution présente de ce corps. Monsieur est inébran-
« lable dans la résolution de ne se point séparer de
« ce corps : ce qu'il seroit obligé de faire, s'il s'unis-
« soit de tout point avec un prince qui, d'un côté par
« ses négociations, ou au moins par celles de ses ser-
« viteurs avec le Mazarin, donne des défiances con-
« tinuelles à cette compagnie, et qui l'oblige en même
« temps une fois ou deux par jour, par sa jonction
« publique avec l'Espagne, à se déclarer ouverte-
« ment contre lui. Il se trouve que Monsieur, dans
« le même instant qu'il ne peut s'unir avec M. le
« prince par la considération que je viens de dire ; il
« se trouve, dis-je, qu'il est obligé d'empêcher que
« M. le prince périsse, parce que sa ruine donneroit
« trop de force au cardinal. Cela supposé, il ne reste
« plus de choix qu'entre le tiers parti et celui que
« Son Altesse Royale suit aujourd'hui. Il est donc à
« propos, avant que d'entrer dans le détail et dans

« l'explication du tiers parti, d'examiner les incon-
« véniens et les avantages de ce dernier. Le premier
« avantage que je remarque est qu'il a l'air de sagesse,
« qui est toujours bon, parce que la prudence est celle
« des vertus sur laquelle le commun des hommes
« distingue moins justement l'essentiel de l'appa-
« rent. Le second est que, comme il n'est pas déci-
« sif, il laisse ou paroît toujours laisser Son Altesse
« Royale dans la liberté du choix, et par conséquent
« dans la faculté de prendre ce qui lui pourra conve-
« nir dans le chapitre des accidens. Le troisième
« avantage de cette conduite est que tant que Mon-
« sieur la suivra, il ne renoncera pas à la qualité de
« médiateur, que sa naissance lui donne naturelle-
« ment, et laquelle toute seule lui peut donner lieu
« en un moment, pourvu qu'il soit bien pris, de re-
« venir avec fruit de tous les pas désagréables à la
« cour qu'il a faits jusqu'ici, et qu'il sera peut-être
« obligé de faire à l'avenir. Voilà, à mon sens, les
« trois sortes d'utilité qui se peuvent remarquer dans
« la conduite que Monsieur a prise. Pesons-en les
« inconvéniens : ils se présentent en foule, et ma
« plume auroit peine à les démêler. Je ne m'arrête
« qu'au capital, parce qu'il embrasse tous les autres.
« Son Altesse Royale offense tous les partis, en don-
« nant de la force à l'unique avec lequel il ne veut
« point de réconciliation, assez apparemment pour
« abattre le sien propre aussi bien que les autres, et
« trop même certainement pour obliger celui de
« M. le prince à s'accommoder avec la cour ; et cela
« justement dans le même moment qu'il lui en donne
« un prétexte très-spécieux, puisqu'il assiste tous les

« jours aux délibérations d'une compagnie qui con-
« damne ses armes, et qui enregistre sans balancer
« les déclarations contre lui. Monsieur voit et sent
« plus que personne l'importance de cet inconvé-
« nient; mais il croit au moins en des instans que la
« garantie du parlement et de Paris l'en peut dé-
« fendre en tout cas : ce que j'ai toujours pris la li-
« berté de lui contester avec tout le respect que je
« lui dois, parce qu'il ne se peut que le parlement,
« en continuant à se contenir dans ses formes, ne
« tombe à rien dans la suite d'une guerre civile; et
« que la ville que Monsieur laisse, dans le cours or-
« dinaire de sa soumission, au parlement, ne coure
« sa fortune, parce qu'elle suivra sa conduite. C'est
« proprement cette conduite qui, en dépit de toute
« la France et même de toute l'Europe, rétablira le
« cardinal, par les mêmes moyens par lesquels elle l'a
« déjà ramené dans le royaume. Il le vient de tra-
« verser avec quatre ou cinq mille aventuriers, quoi-
« que Monsieur ait un nombre de troupes considé-
« rables, au moins aussi bonnes et aussi aguerries
« que celles qui ont conduit ce ministre à Poitiers ;
« quoique la plupart des parlemens soient déclarés
« contre lui; quoiqu'il n'y ait presque pas une grande
« ville dans l'Etat de laquelle la cour se puisse as-
« surer ; quoique tous les peuples soient enragés
« contre le Mazarin. Ceci paroît un prodige : il n'est
« rien moins; car qu'y a-t-il de plus naturel, quand
« on fait réflexion que ce parlement n'agissant que
« par des arrêts qui, en défendant les levées et le
« divertissement des deniers du Roi, favorisent beau-
« coup plus le cardinal qu'ils ne lui font de mal en

« le déclarant criminel ; quand on pense que ces
« villes, dont le branle naturel est de suivre celui du
« parlement, font justement comme lui ; et quand on
« songe que ces gens de guerre n'ont de mouvement
« que par des ressorts qui, par la considération des
« égards que Son Altesse Royale observe vers le par-
« lement, ont une infinité de rapports avec un corps
« dont la pratique journalière est de condamner ce
« mouvement ? Il paroît aux étrangers que Monsieur
« conduit le parlement, parce que cette compagnie
« déclame comme lui contre le cardinal. Dans le vrai,
« le parlement conduit Monsieur, parce qu'il sait que
« Monsieur ne se sert que très-médiocrement des
« moyens qu'il a en main pour nuire au cardinal.
« L'appréhension de déplaire à ce corps est l'un des
« motifs qui l'ont empêché de faire agir ses troupes,
« et de travailler aussi fortement qu'il le pouvoit à en
« faire de nouvelles. La même politique voudra qu'il
« compense la jonction qu'il va faire de ses régimens
« avec l'armée de M. de Nemours, par la complai-
« sance et même par l'approbation qu'il donnera par
« sa présence à toutes les délibérations que l'on fera,
« même avec fureur, contre leur marche. Ainsi il
« offensera la Reine, il outrera le cardinal, il ne
« satisfera pas M. le prince, il ne contentera pas
« les frondeurs. Il sera agité par toutes ces vues,
« encore plus qu'il ne l'a été jusqu'ici, parce que
« les objets qui les lui donnent se grossiront à tous les
« instans ; et la catastrophe de la pièce sera le retour
« d'un homme dont la ruine est crue si facile, que
« le rétablissement n'en peut être que trop honteux.
« J'ai pris la liberté de proposer à Son Altesse Royale

« un remède à ces inconvéniens, et je l'expliquerai
« encore en ce lieu, pour ne manquer en rien de ce
« qu'elle m'a commandé de lui déduire. Elle m'a fait
« l'honneur de me dire plusieurs fois que l'obstacle le
« plus grand qu'elle trouve à se résoudre à un parti
« décisif, qu'elle avoue être nécessaire s'il est pos-
« sible, est qu'elle ne le peut faire par elle-même
« sans se brouiller avec le parlement, parce que le
« parlement n'en peut jamais prendre un de cette
« nature, par la raison de l'attachement qu'il a à ses
« formes ; et qu'elle le peut encore moins du côté de
« M. le prince, et par cette même considération, et
« par celle de la juste défiance qu'elle a des diffé-
« rentes cabales qui ne partagent pas seulement,
« mais qui divisent son parti. Ces deux vues sont as-
« surément très-sages et très-judicieuses ; et ce sont
« celles qui m'avoient obligé à proposer à Monsieur
« un moyen qui me paroissoit presque sûr pour
« remédier aux deux inconvéniens que l'on ne
« peut nier être très-considérables et très-dangereux.
« Ce moyen étoit que Monsieur formât un tiers
« parti composé des parlemens et des grandes villes
« du royaume, indépendant et même séparé, par
« profession publique, des étrangers et de M. le
« prince même, sous prétexte de son union avec
« eux. L'expédient qui me paroissoit propre à ren-
« dre ce moyen possible étoit que Monsieur s'ex-
« pliquât, dans les chambres assemblées, claire-
« ment et nettement de ses intentions, en disant à
« la compagnie que la considération qu'il avoit eue
« jusqu'ici pour elle l'avoit obligé d'agir contre ses
« vues, contre sa sûreté, contre sa gloire ; qu'il louoit

« son intention ; mais qu'il la prioit de considérer que
« la conduite ambiguë qu'elle produisoit anéantiroit
« celle à laquelle tout le royaume conspiroit contre
« le cardinal Mazarin ; que ce ministre, qui étoit l'ob-
« jet de l'horreur de tous les peuples, triomphoit de
« leurs haines avec quatre ou cinq mille hommes
« qui l'avoient conduit en triomphe à la cour, parce
« que le parlement donnoit tous les jours des arrêts
« en sa faveur, au moment même qu'il déclamoit
« avec le plus d'aigreur contre lui ; que lui Monsieur
« étoit demeuré, par la complaisance qu'il avoit pour
« ce corps, dans des ménagemens qui avoient en leur
« manière contribué aux mêmes effets ; que le mal
« s'augmentant, il ne pouvoit plus s'empêcher d'y
« chercher des remèdes ; qu'il n'en manquoit pas,
« mais qu'il étoit bien aise de les concerter avec la
« compagnie, qui devoit aussi, de son côté, prendre
« une bonne résolution, et se fixer, pour une bonne
« fois, aux moyens efficaces de chasser le Mazarin,
« puisqu'elle avoit jugé tant de fois que son expulsion
« étoit de la nécessité du service du Roi ; que l'uni-
« que moyen d'y parvenir étoit de bien faire la guerre,
« et que pour la bien faire il la falloit faire sans scru-
« pule ; que le seul qu'il prétendoit dorénavant d'y
« conserver étoit celui qui regardoit les ennemis de
« l'Etat, avec lesquels il déclaroit qu'il n'auroit ni
« union ni même commerce ; qu'il ne prétendoit pas
« qu'on lui eût grande obligation de ce sentiment,
« parce qu'il sentoit ses forces, et qu'il connoissoit
« qu'il n'avoit aucun besoin de leurs secours ; que par
« cette considération, et encore plus par celle du
« mal que la liaison avec les étrangers peut toujours

« faire à la couronne, il n'approuvoit ni ne concou-
« roit à rien de ce que M. le prince avoit fait à cet
« égard; mais qu'à la réserve de cet article il étoit
« résolu de ne plus garder de mesures, et de faire
« comme lui; de lever des hommes et de l'argent, de
« se rendre maître du bureau, de se saisir des de-
« niers du Roi, et de traiter comme ennemis ceux
« qui s'y opposeroient, en quelque forme et manière
« que ce pût être. Je croyois que Son Altesse Royale
« pouvoit ajouter que la compagnie n'ignoroit pas que
« le peuple de Paris étant aussi bien intentionné pour
« lui qu'il l'étoit, il lui étoit plus aisé d'exécuter ce
« qu'il proposoit que de le dire; mais que la consi-
« dération qu'il avoit pour elle faisoit qu'il vouloit
« bien lui donner part de sa résolution avant que
« de la porter à l'hôtel-de-ville, où il étoit résolu de
« la déclarer dès l'après-dînée, et d'y délivrer en même
« temps les commissions. Je supplie Monsieur de se
« ressouvenir que, lorsque je lui proposai ce parti,
« je pris la liberté de l'assurer sur ma tête que ce dis-
« cours étant accompagné des circonstances que je
« lui marquai en même temps, c'est-à-dire d'assem-
« blée de noblesse, de clergé, du peuple, ne recè-
« vroit pas un mot de contradiction. J'allai plus loin:
« et je me souviens que je lui dis que le parlement,
« qui n'y donneroit le premier jour que par étonne-
« ment, y donneroit le second du meilleur de son cœur.
« Les compagnies sont ainsi faites; et je n'en ai vu
« aucune dans laquelle trois ou quatre jours d'habi-
« tude ne fassent recevoir pour naturel ce qu'elles
« n'ont même commencé que par contrainte. Je re-
« présentai à Monsieur que quand il auroit mis ses

« affaires en cet état, il ne devroit plus craindre que le
« parlement se séparât de lui ; qu'il ne pourroit plus
« appréhender d'être livré à la cour par les négocia-
« tions des différentes cabales du parti des princes,
« puisque ceux du parlement qui étoient dans les in-
« térêts de la cour en auroient un trop personnel et
« trop proche pour laisser pénétrer leurs sentimens;
« et puisque M. le prince seroit lui-même si dépen-
« dant de Son Altesse Royale, que son principal soin
« seroit de le ménager : car il n'y auroit, à mon opi-
« nion, aucun lieu d'appréhender qu'il se fût rac-
« commodé à la cour si Monsieur eût pris ce parti, vu
« l'état des choses, la force de celui de Monsieur, la
« déclaration du public, et les mesures secrètes que
« Son Altesse Royale eût pu garder avec lui. Elle sait
« mieux que personne si elle n'est pas maîtresse ab-
« solue du peuple de Paris, et si, quand il lui plaira
« de parler décisivement en fils de France, et en fils
« de France qui est et qui se sent chef d'un grand
« parti, il y a un seul homme dans le parlement et
« dans l'hôtel-de-ville qui ose, je ne dis pas lui résis-
« ter, mais le contredire. Elle n'aura pas sans doute
« oublié que je lui avois proposé en même temps des
« préalables, pour le dehors, qui n'étoient ni éloignés
« ni difficiles : le ralliement du débris des troupes
« de M. de Montross, le licenciement de celles de
« Neubourg, la déclaration de huit ou dix des plus
« grandes villes du royaume. Monsieur n'a pas voulu
« entendre à ce parti, parce qu'il le croit d'une suite
« trop dangereuse pour l'Etat. Dieu veuille que celui
« qu'il a pris ne lui soit pas plus dangereux, et que
« la confusion où apparemment elle le jetera ne soit

« pas plus à craindre que la commotion dans laquelle
« il y auroit au moins un fils de France au gouver-
« nail! J'avois dans Paris trois cents officiers à moi,
« et le vicomte de Lameth avoit ménagé deux mille
« chevaux du licenciement de Neubourg. J'étois en-
« core assuré des villes de Limoges, de Marville, de
« Senlis et de Toulouse. »

Voilà ce que j'écrivis sur la table du cabinet des livres en moins de deux heures. Je le lus à Monsieur en présence de M. le président de Bellièvre, qui l'approuva, et l'appuya avec bien plus de force que je n'avois fait moi-même. La contestation s'échauffa, Monsieur soutenant que sans un fracas de cette nature (c'est ainsi qu'il l'appela) il empêcheroit bien que le parlement ne se déclarât contre la marche des troupes de M. de Nemours, qui étoit ce qu'il appréhendoit plus que toutes choses, parce qu'il y alloit joindre les siennes. Vous verrez qu'il ne se trompa pas dans cette vue. Il est vrai encore que je ne fus pas moins trompé sur un autre chef : car je soutins toujours à Monsieur avec le président de Bellièvre, qui étoit de mon avis, qu'il ne seroit pas en son pouvoir d'empêcher que le parlement ne procédât à l'exécution de la déclaration contre M. le prince, quoiqu'il eût donné arrêt par lequel il s'engageoit de ne le pas faire, jusqu'à ce que le cardinal fût hors du royaume : car la cour trouva si peu de jour à cette exécution du côté du parlement, qu'elle n'osa même la lui proposer.

Ces succès contribuèrent beaucoup à sa perte : car ils l'endormirent, et ils ne le sauvèrent pas. J'entrerai dans la suite de ce détail, après que je vous aurai rendu compte de ce qui se passa, dans cette conversation, touchant ma promotion au cardinalat, de cette promotion qui se fit justement en ce temps-là.

Monsieur, qui étoit l'homme du monde le plus éloigné de croire que l'on fût capable de parler sans intérêt, me dit, dans la chaleur de la dispute, qu'il ne concevoit pas celui que je pouvois m'imaginer dans un parti qui, en rompant toutes mesures avec la cour, feroit assurément révoquer ma nomination. Je lui répondis que j'étois à l'heure qu'il étoit cardinal, ou que je ne le serois de long-temps ; mais que je le suppliois d'être persuadé que quand ma promotion dépendroit de ce moment, je ne changerois en rien mes sentimens, parce que je les lui disois pour son service, et nullement pour mes intérêts. « Et vous
« n'avez, monsieur, ajoutai-je, pour vous bien per-
« suader de cette vérité, qu'à vous ressouvenir, s'il
« vous plaît, que le propre jour que la Reine m'a
« nommé, je lui ai déclaré à elle-même que je ne quit-
« terois jamais votre service, en vous donnant le con-
« seil que je croirois le plus conforme à votre gloire.
« Je crois que je lui tiens aujourd'hui fidèlement ma
« parole : et pour vous le faire voir, je supplie très-
« humblement Votre Altesse Royale de lui envoyer
« le mémoire que je viens d'écrire. »

Monsieur eut honte de ce qu'il m'avoit dit. Il me fit mille honnêtetés. Il jeta le mémoire dans le feu, et il sortit du cabinet tout aussi aheurté (me dit à l'oreille le président de Bellièvre) qu'il y étoit entré.

Je viens de vous dire que j'avois répondu à Monsieur que j'étois cardinal à l'heure où je lui parlois, ou que je ne le serois de long-temps. Je ne m'étois trompé que de peu : car je le fus effectivement cinq ou six jours après. J'en reçus la nouvelle le dernier de ce mois de février, par un courrier que le grand duc me dépêcha. Je vous dirai comme la chose se passa à Rome, après que je vous aurai fait des excuses de vous avoir sans doute autant ennuyée que j'ai fait, et par la longueur de ce dernier mémoire, et par celle du discours de Monsieur à M. de Damville, qui sont remplis de mille circonstances que vous aurez déjà trouvées comme semées dans les différens endroits de cet ouvrage. Mais comme la plupart de ces circonstances sont celles qui ont formé ce corps monstrueux et presque incompréhensible, même dans le genre du merveilleux historique, dans lequel il semble que tous les membres n'aient pu avoir aucuns mouvemens qui leur fussent naturels, et même qui ne fussent contraires les uns aux autres, j'ai cru qu'il étoit même heureux de rencontrer, dans le cours de cette narration, une matière qui m'obligeât de les ramasser toutes ensemble, afin que vous puissiez, avec plus de facilité, découvrir d'un coup d'œil ce qui, n'étant que répandu dans les lieux différens, offusque la vérité de l'histoire par des contradictions que rien ne peut jamais bien démêler, que l'assemblage des raisonnemens et des faits. Je reviens à ma promotion.

Vous avez vu, dans le second volume de cette histoire, que j'avois envoyé à Rome l'abbé Charrier, qui trouva la face de cette cour tout-à-fait changée, par la retraite plutôt que par la disgrâce de la signora Olympia (1), belle-sœur du pape Inno-

(1) Dona Olympia Maldachini, femme du seigneur Pamfilio, frère du pape Innocent X, qu'elle gouverna durant son pontificat. Les plaintes et les railleries qu'on fit du Pape à cette occasion l'obligèrent à éloi-

cent(1), qui s'étoit laissé toucher à des manières de réprimande que l'Empereur, à l'instigation des jésuites, lui avoit fait faire par son nonce à Vienne. Il ne voyoit plus la signora ; et il soulageoit le cruel ennui que l'on a toujours cru qu'il en avoit, par des conversations assez fréquentes avec la princesse de Rossane (2), femme de son neveu, qui, quoique très-spirituelle, n'approchoit pas du génie de la signora, mais qui, en récompense, étoit beaucoup plus jeune et beaucoup plus belle. Elle s'acquit effectivement du pouvoir sur son esprit, et au point que la signora Olympia en eut une cruelle jalousie, qui, en donnant encore de nouvelles lumières à son esprit, déjà extrêmement éclairé et habile par lui-même, lui fit enfin trouver le moyen de ruiner sa belle-fille auprès du Pape, et de rentrer dans sa première faveur. Ma nomination tomba justement dans ce temps où celle de madame la princesse de Rossane étoit la plus forte ; et il parut en cette occasion que la fortune voulut réparer la perte que j'avois faite en la personne de Pancirolle. C'est le seul endroit de ma vie où je l'aie trouvée favorable. Je vous ai dit ailleurs les raisons pour lesquelles j'avois lieu de croire que madame la princesse de Rossane me le pouvoit être, et sans comparaison davantage que la signora Olympia, qui ne faisoit rien qu'à force d'argent ; et vous croyez aisément qu'il n'eût pas été aisé de me résoudre à en donner pour un chapeau. L'abbé

gner cette dame. Dona Olympia mourut de la peste à Orviette en 1656. (A. E.)

(1) Jean-Baptiste Pamfilio, élu pape en 1643, à la place d'Urbain VIII, et mort en janvier 1655. (A. E.) — (2) Femme du prince Camillo, neveu du Pape. (A. E.)

Charrier trouva à Rome tout ce que j'y avois espéré de madame de Rossane ; et le premier avis qu'elle lui donna fut de se défier au dernier point de l'ambassadeur, qui joignoit, aux ordres secrets que la cour lui avoit donnés contre moi, la passion effrénée qu'il avoit lui-même pour la pourpre. L'abbé Charrier profita très-habilement de cet avis : car il joua toujours l'ambassadeur en lui témoignant une confiance abandonnée, et en lui faisant voir en même temps la promotion très-éloignée. La haine que le Pape avoit conservée depuis long-temps pour la personne de M. le cardinal Mazarin contribua à ce jeu ; et l'intérêt de monsignor Chigi, secrétaire d'Etat, qui a été depuis Alexandre VII, y concourut aussi avec beaucoup d'effet. Il étoit assuré du chapeau pour la première promotion, et il n'oublia rien de ce qui la pouvoit avancer. Monsignor Azolini, qui étoit secrétaire des brefs, et qui avoit été attaché à Pancirolle, avoit hérité de son mépris pour le cardinal, et de sa bonne volonté pour moi. Ainsi M. le bailli de Valancey fut amusé; et il ne fut même averti de la promotion qu'après qu'elle fut faite. Le pape Innocent m'a dit qu'il savoit de science certaine qu'il avoit dans sa poche la lettre du Roi pour la révocation de ma nomination, avec ordre toutefois de ne la pas rendre que dans la dernière nécessité, et à l'entrée du consistoire, où les cardinaux seroient déclarés ; et l'abbé Charrier m'avoit dépêché deux courriers pour me donner le même avis. Ce qui est constant, et que j'ai su depuis par Champfleury, capitaine des gardes de M. le cardinal, c'est qu'aussitôt qu'il eut reçu la nouvelle de ma promotion, qu'il apprit à Saumur, il lui commanda à lui Champfleury d'aller chez la Reine en diligence, et de la conjurer de sa part de se contraindre, et d'en faire paroître de la joie.

Je ne puis m'empêcher, dans cet endroit, de rendre honneur à la vérité, et de faire justice à mon imprudence, qui faillit à me faire perdre le chapeau. Je m'imaginai, et très-mal à propos, qu'il n'étoit pas de la dignité du poste où j'étois de l'attendre; et que ce petit délai de trois ou quatre mois, que Rome fut obligée de prendre pour régler une promotion de seize sujets, n'étoit pas conforme aux paroles qu'elle m'avoit données, ni aux recherches qu'elle m'avoit faites. Je me fâchai, et j'écrivis une lettre offensive à l'abbé Charrier, sur un ton qui n'étoit assurément ni du bon sens ni de la bienséance. C'est la pièce la plus passable, pour le style, de toutes celles que j'aie jamais faites : je l'ai cherchée pour l'insérer ici, et je ne l'ai pu trouver. La sagesse de l'abbé Charrier, qui la supprima à Rome, fit qu'elle me donna de l'honneur par l'événement, parce que tout ce qui est haut et audacieux est toujours justifié et même consacré par le succès. Il ne m'empêcha pas d'en avoir une véritable honte : je la conserve encore, et il me semble que je répare en quelque façon ma faute en la publiant. Je reprends le fil de ma narration.

J'en étois demeuré, ce me semble, au 16 février de l'année 1652. Il y eut, le lendemain 17, une assemblée des chambres, dans laquelle vous verrez, à mon avis, plus que suffisamment, comme dans un tableau raccourci, ce qui se passa dans toutes celles qui furent même assez fréquentes depuis ce jour jusqu'au premier avril. Monsieur y prit d'abord la parole, pour représenter à la compagnie que la lettre du Roi qui y avoit été lue le 15, et qui le taxoit de donner la main à l'entrée des ennemis dans le royaume, ne pouvoit être que l'effet des calomnies dont on le noircissoit dans l'esprit de la Reine ; que les gens de guerre que M. de Nemours amenoit étoient des Allemands auxquels on ne pouvoit pas donner ce nom. Voilà ce qui occupa proprement toutes les assemblées dont je viens de vous parler : le président de Bailleul, qui présidoit, les commençant presque toutes par l'exagération de la nécessité de délibérer sur la lettre de Sa Majesté ; les gens du Roi concluant toujours à commander aux communes de courre sus aux troupes de M. de Nemours ; et Monsieur ne se lassant point de soutenir qu'elles n'étoient point espagnoles, et qu'après la déclaration qu'il faisoit, qu'aussitôt que le cardinal seroit hors du royaume elles se mettroient à la solde du Roi, il étoit fort superflu d'opiner sur leur sujet. Cette contestation recommençoit presque tous les jours, même à différentes reprises ; et il est vrai, comme je viens de vous le dire, que Monsieur en éluda toujours la délibération. Mais il est vrai aussi que ce faux avantage l'amusa, et qu'il fut si aise d'avoir ce qu'on lui avoit soutenu qu'il n'auroit pas, qu'il ne voulut pas seulement examiner si ce qu'il avoit lui suffisoit : c'est-à-dire qu'il ne distingua pas assez entre la connivence et la déclaration du parlement. Le président de Bellièvre lui dit très-sagement, douze ou quinze jours après la conversation dont je viens de vous parler, que lorsque l'on a à combattre l'autorité royale...... peut-être très-pernicieuse par l'événement. Il lui expliqua ce *dictum* très-sensément. Vous.

en voyez la substance d'un coup d'œil. Hors la contestation dont je viens de vous rendre compte, dans laquelle il y eut toujours quelque grain de ce contradictoire que je vous ai tant de fois expliqué, il n'y eut rien dans toutes ces assemblées des chambres qui soit digne, à mon sens, de votre curiosité. On lut, en quelques-unes, les réponses que la plupart des parlemens de France firent en ce temps-là à celui de Paris, toutes conformes à ses intentions, en ce qu'ils lui donnoient part des arrêts qu'ils avoient rendus contre le cardinal. On employa les autres à pourvoir à la conservation des fonds destinés au paiement des rentes de l'hôtel-de-ville et des gages des officiers. On résolut, dans celle du 13 de mars, de faire sur ce sujet une assemblée des cours souveraines dans la chambre de Saint-Louis. Je ne me trouvai à aucunes de celles qui furent faites depuis le premier de mars, et parce que le cérémonial romain ne permet pas aux cardinaux de se trouver en aucunes cérémonies publiques jusqu'à ce qu'ils aient reçu le bonnet, et parce que cette dignité ne donnant aucun rang au parlement que lorsqu'on y suit le Roi, la place que je n'y pouvois avoir en son absence que comme coadjuteur, qui est au dessous de celle des ducs et pairs, ne se fût pas bien accordée avec la prééminence de la pourpre.

Je vous avoue que j'eus une joie sensible d'avoir un prétexte et même une raison de ne me plus trouver à ces assemblées, qui, dans la vérité, étoient devenues des cohues, non pas seulement ennuyeuses, mais insupportables. Je vous ferai voir que dans la suite elles n'eurent pas beaucoup plus d'agrément, après que j'aurai touché, le plus légèrement qu'il me sera possible, un petit détail qui concerne Paris, et quelque chose en général qui regarde la Guienne.

Vous vous pouvez ressouvenir que je vous ai parlé de M. de Chavigny dans le second volume de cet ouvrage, et que je vous ai dit qu'il se retira en Touraine un peu après que le Roi eut été déclaré majeur. Il ne trouva pas le secret de s'y savoir ennuyer, mais il s'y ennuya beaucoup en récompense, et au point qu'il revint à Paris aussitôt qu'il en eut un prétexte; et ce prétexte fut la nécessité qu'il trouva, dans les avis que M. de Gaucourt lui donna, de remédier aux cabales que je faisois auprès de Monsieur contre les intérêts de M. le prince. Ce M. de Gaucourt étoit homme de grande naissance : car il étoit de la maison de ces puissans et anciens comtes de Clermont en Beauvoisis, si fameux dans nos histoires. Il avoit de l'esprit et du savoir faire, mais il s'étoit trop érigé en négociateur : ce qui n'est pas toujours la meilleure qualité pour la négociation. Il étoit attaché à M. le prince, il avoit à Paris sa principale correspondance; et son principal soin fut, au moins à ce qui m'en parut, de me ruiner dans l'esprit de Monsieur. Comme il n'y trouvoit pas de facilité, il eut recours à M. de Chavigny, qui revint à Paris en diligence, ou par cette raison, ou sous ce prétexte. M. de Rohan qui y arriva dans ce temps-là, très-satisfait de la défense d'Angers, quoiqu'elle eût été très-médiocre, se joignit à eux pour ce même effet. Ils m'attaquèrent en forme, comme fauteur couvert du Mazarin ; et pendant que leurs émissaires gagnoient ceux de la lie du peuple qu'ils pouvoient corrompre par argent, ils n'oublièrent rien pour ébranler Monsieur par leurs calomnies, qui étoient appuyées de toute l'intrigue du cabinet, dans laquelle Ravay, Belloy et Goulas, partisans de M. le prince, n'étoient point ignorans. J'éprouvai en cette rencontre que les plus habiles courtisans peuvent être de fort grosses dupes, quand ils se fondent trop sur leurs conjectures. Celles que ces messieurs tirèrent de ma promotion au cardinalat furent que je n'avois obtenu le chapeau que par le moyen des engagemens que j'avois pris avec la cour. Ils agirent sur ce principe : ils me déchirèrent auprès de Monsieur sur ce titre. Comme il en savoit la vérité, il s'en moqua. Ils m'établirent dans son esprit au lieu de m'y perdre, parce qu'en fait de calomnie tout ce qui ne nuit pas sert à celui qui est attaqué; et vous allez voir le piége que les attaquans se tendirent à eux-mêmes à cette occasion. Je disois un jour à Monsieur que je ne concevois pas comme il ne se lassoit pas de toutes les sottises qu'on lui disoit tous les jours contre moi sur le même ton; et il me répondit : « Ne comptez-vous pour rien le plaisir que l'on a « à connoître tous les matins la méchanceté des gens « couverte du nom de zèle, et tous les soirs leurs sot- « tises déguisées en pénétrations? » Je dis à Monsieur que je recevois cette parole avec grand respect, et comme une grande et belle leçon pour tous ceux qui avoient l'honneur d'approcher des grands princes.

Ce que les serviteurs de M. le prince faisoient contre moi parmi le peuple faillit à me coûter plus cher. Ils avoient des criailleurs à gages, qui m'étoient plus incommodes en ce temps-là qu'ils ne l'avoient été auparavant, parce qu'ils n'osoient paroître devant la nombreuse suite de gentilshommes et de livrées qui m'accompagnoient. Comme je n'avois pas encore reçu le bonnet, que les cardinaux français ne prennent que de la main du Roi, à qui le courrier du Pape est dépêché à cet effet, je ne pouvois plus marcher qu'*incognito*, selon les règles du cérémonial; et ainsi lorsque j'allois au Luxembourg, c'étoit toujours dans un carrosse gris et sans livrées; et je montois même dans le cabinet des livres par le petit degré qui répond dans la galerie, afin d'éviter le grand escalier et le grand appartement. Un jour que j'y étois avec Monsieur, Bruneau y entra tout effaré, pour m'avertir qu'il y avoit dans la cour une assemblée de deux ou trois cents de ces criailleurs, qui disoient que je trahissois Monsieur, et qu'ils me tueroient.

Monsieur me parut consterné à cette nouvelle. Je le remarquai; et l'exemple du maréchal de Clermont (1) assommé entre les bras du Dauphin, qui tout au plus ne pouvoit pas avoir eu plus de peur que j'en voyois à Monsieur, me revenant dans l'esprit, je pris le parti que je crus le plus sûr, quoiqu'il parût plus hasardeux; parce que je ne doutai point que la moindre apparence que Son Altesse Royale laisseroit échapper à la frayeur ne me fît assassiner; et parce que je doutai encore moins que l'appréhension de déplaire à ceux qui crioient contre le Mazarin, dont il redoutoit le murmure jusqu'au ridicule, joint à son naturel

(1) *L'exemple du maréchal de Clermont:* En 1358, pendant la captivité du roi Jean, Etienne Marcel, prévôt des marchands, souleva le peuple de Paris contre le Dauphin; depuis Charles v, chargé de la régence. Les révoltés, ayant à leur tête le prévôt, pénétrèrent dans l'appartement du Dauphin, et massacrèrent en sa présence Robert de Clermont, maréchal de Normandie; et Jean de Conflans, maréchal de Champagne.

qui craignoit tout, ne lui en fît donner beaucoup plus qu'il n'en falloit pour me perdre. Je lui dis que je le suppliois de me laisser faire, et qu'il verroit dans peu quel mépris l'on devoit faire de ces canailles achetées à prix d'argent. Il m'offrit ses gardes, mais d'une manière à me faire juger que je lui faisois fort bien ma cour de ne les pas accepter. Je descendis, quoique M. le maréchal d'Etampes se fût jeté à genoux devant moi pour m'en empêcher; je descendis, dis-je, avec Château-Renaud et d'Hacqueville, qui étoient seuls avec moi, et j'allai droit à ces séditieux, en leur demandant qui étoit leur chef? Un gueux d'entre eux, qui avoit une vieille plume jaune à son chapeau, me répondit insolemment: « C'est moi. » Je me tournai du côté de la rue de Tournon, en disant: « Gardes de « la porte, que l'on me pende ce coquin à ces grilles. » Il me fit une profonde révérence; il me dit qu'il n'avoit pas cru manquer au respect qu'il me devoit; qu'il étoit venu seulement avec ses camarades pour me dire que le bruit couroit que je voulois mener Monsieur à la cour, et le raccommoder avec le Mazarin; qu'ils ne le croyoient pas; qu'ils étoient mes serviteurs, et prêts à mourir pour mon service, pourvu que je leur promisse d'être toujours bon frondeur. Ils m'offrirent de m'accompagner; mais je n'avois pas besoin de cette escorte pour le voyage que j'avois résolu, comme vous l'allez voir. Il n'étoit pas au moins fort long: car madame de La Vergne, mère de madame de La Fayette, et qui avoit épousé en secondes noces le chevalier de Sévigné, logeoit où loge présentement madame sa fille. Cette madame de La Vergne étoit honnête femme dans le fond, mais intéressée au dernier point, et plus susceptible de vanité pour toutes sortes d'intrigues sans exception, que femme que j'aie jamais connue. Celle dans laquelle je lui proposai ce jour-là de me rendre de bons offices étoit d'une nature à effaroucher d'abord une prude. J'assaisonnai mon discours de tant de protestations, de bonnes intentions et d'honnêtetés, qu'il ne fut pas rebuté; mais aussi ne fut-il reçu que sous les promesses solennelles que je fis de ne prétendre jamais qu'elle étendît les services que je lui demandois au delà de ceux que l'on peut rendre en conscience pour procurer une bonne, chaste, pure et sainte amitié. Je m'engageai à tout ce qu'on voulut. On prit mes paroles pour bonnes, et l'on se sut même très-bon gré d'avoir trouvé une occasion toute propre à rompre dans la suite le commerce que j'avois avec madame de Pommereux, que l'on ne croyoit pas si innocent. Celui dans lequel je demandai que l'on me servît ne devoit être que tout spirituel et tout angélique : car c'étoit celui de mademoiselle de La Loupe (1), que vous avez vue depuis sous le nom de madame d'Olonne. Elle m'avoit fort plu quelques jours auparavant, dans une petite assemblée qui s'étoit faite dans le cabinet de Madame; elle étoit jolie, précieuse par son air et sa modestie. Elle logeoit tout proche de madame de La Vergne; elle étoit amie intime de mademoiselle sa fille; elle avoit même percé une porte par laquelle elles se voyoient sans sortir du logis. L'attachement que M. le chevalier de Sévigné avoit pour moi, l'habitude que j'avois dans

---

(1) Catherine-Henriette d'Angennes, fille aînée de Charles d'Angennes, baron de La Loupe. Elle devint fameuse par ses galanteries, et c'est l'une des héroïnes de l'Histoire amoureuse des Gaules. (A. E.)

sa maison, et ce que je savois de sa femme, contribuèrent beaucoup à mes espérances. Elles se trouvèrent vaines par l'événement: car bien que l'on ne m'arrachât pas les yeux; bien que l'on ne m'étouffât pas à force de m'interdire les soupirs; bien que je m'aperçusse à de certains airs que l'on n'étoit pas fâché de voir la pourpre soumise, tout armée et tout éclatante qu'elle étoit, on se tint toujours sur un pied de sévérité ou plutôt de modestie qui me lia la langue, quoiqu'elle fût assez libertine : ce qui doit étonner ceux qui n'ont point connu mademoiselle de La Loupe, et qui n'ont ouï parler que de madame d'Olonne. Cette historiette n'est pas trop, comme vous voyez, à l'honneur de ma galanterie. Je passe pour un moment aux affaires de Guienne.

Comme je fais profession de ne vous rendre compte précisément que de ce que j'ai vu moi-même, je ne toucherai ce qui se passa en ce pays-là que fort légèrement et simplement, autant qu'il est nécessaire de le faire pour vous faire mieux entendre ce qui y a eu du rapport du côté de Paris. Je ne puis pas même vous assurer si je serai bien juste dans le peu que je vous en dirai, parce que je n'en parlerai que sur des mémoires qui peuvent ne l'être pas eux-mêmes. J'ai fait tout ce qui a été en moi pour tirer de M. le prince le détail de ses actions de guerre, dont les plus petites ont toujours été plus grandes que les plus héroïques des autres hommes; et ce seroit avec une joie sensible que j'en releverois et que j'en honorerois cet ouvrage. Il m'avoit promis de m'en donner un extrait; et il l'auroit fait, à mon sens, si l'inclination et si la facilité qu'il a à faire des merveilles n'étoient égalées par l'aversion et par la peine qu'il a à les raconter.

Je vous ai dit que M. le comte d'Harcourt, commandoit les armées du Roi en Guienne, et qu'il y avoit les troupes de l'Europe les plus aguerries. Toutes celles de M. le prince étoient de nouvelles levées, à la réserve de ce que M. de Marsin avoit amené de Catalogne, qui ne faisoit pas un corps assez considérable pour pouvoir s'opposer à celles du Roi. M. le prince, à le bien prendre, soutint les affaires par sa seule personne. Vous avez vu ci-dessus qu'il s'étoit saisi de Saintes. Il laissa pour y commander M. le prince de Tarente (1). Il retourna en Guienne, et se campa auprès de Bourg. Le comte d'Harcourt l'y suivit, et détacha le chevalier d'Aubeterre pour le reconnoître. Ce chevalier fut repoussé par le régiment de Balthazar, qui donna le temps à M. le prince de se poster sur une hauteur, où il fit paroître son corps si grand, quoiqu'il fût très-petit, que le comte d'Harcourt ne l'y osa attaquer. Il se retira à Libourne après cette action, qui fut d'un très-grand capitaine. Il y laissa quelque infanterie, et il alla à Bergerac, place fameuse par les guerres de religion, et il fit travailler à en relever les fortifications. M. de Saint-Luc (1), lieutenant de Roi en Guienne, crut qu'il pourroit surprendre M. le prince de Conti, qui étoit logé avec de nouvelles troupes à Caude-Coste près d'Agen ; et il s'avança de ce côté-là avec deux mille hommes de pied et sept cents chevaux, des meilleurs qui fussent dans l'armée du Roi. Il fut surpris lui-même par M. le

---

(1) *M. le prince de Tarente :* Henri-Charles de La Trémouille, mort en 1672. — (2) François d'Epinay, marquis de Saint-Luc, lieutenant de roi en Guienne, gouverneur de Périgord; mort en 1670. (A. E.)

prince, qui fut averti de son dessein, et qui fut au milieu de ses quartiers avant qu'il eût eu la première nouvelle de sa démarche. Il ne s'ébranla pas néanmoins : il se posta sur une hauteur, sur laquelle on ne pouvoit aller que par un défilé. On passa presque tout le jour à escarmoucher, pendant que M. le prince attendoit trois canons qu'il avoit mandés d'Agen. Il en avoit un pressant besoin : car il n'avoit en tout avec lui, en comptant les troupes de M. le prince de Conti, que cinq cents hommes de pied et deux mille chevaux, tous gens de nouvelle levée. La foiblesse ne donne pas, pour l'ordinaire, la hardiesse; celle de M. le prince fit plus en cette occasion, car elle lui donna de la vanité; et c'est, je crois, la seule fois de sa vie qu'il en a eu. Il se ressouvint que la frayeur que sa présence pourroit inspirer aux ennemis les pourroit ébranler. Il leur renvoya quelques prisonniers, qui leur rapportèrent qu'il étoit là en personne. Il les chargea en même temps : ils plièrent d'abord; et on peut dire qu'il les renversa moins par le choc de ses armes que par le bruit de son nom. La plupart de l'infanterie se jeta dans Miradoux, où elle fut assiégée incontinent. Les régimens de Champagne et de Lorraine, que M. le prince ne vouloit recevoir qu'à discrétion, défendirent cette méchante place avec une valeur incroyable, et ils donnèrent le temps à M. le comte d'Harcourt de la secourir. M. le prince envoya son artillerie et ses bagages à Agen; il mit des garnisons dans quelques petites places qui pouvoient incommoder les ennemis; et ensuite sur le soir il se rendit lui-même à Agen, ayant avec lui messieurs de La Rochefoucauld, de Marsin et de

Montespan, pour observer les desseins de M. le comte d'Harcourt, qui laissa de son côté quelques troupes au siége de Staffort, ce me semble, et de La Plume; et qui, avec les autres, fit attaquer quelques fortifications que l'on avoit commencées à l'un des faubourgs d'Agen, par messieurs de Lillebonne, le chevalier de Créqui, et Coudray-Montpensier. Ils se signalèrent à cette attaque, qui fut faite en présence de M. le prince; mais ils furent repoussés avec une vigueur extraordinaire, et le comte d'Harcourt alla se consoler de sa perte par la prise de ces deux ou trois petites places dont je vous ai parlé ci-dessus.

M. le prince, qui avoit fait le dessein de revenir à Paris pour les raisons que je vais vous dire, se résolut de laisser pour commander en Guienne M. le prince de Conti, et M. de Marsin en qualité de lieutenant général sous son frère; mais il crut qu'il seroit à propos, avant qu'il partît, de s'assurer tout-à-fait d'Agen, qui s'étoit à la vérité déclaré pour lui; mais qui, n'ayant point de garnison, pouvoit à tout moment changer de parti. Il gagna les jurats, qui consentirent qu'il fît entrer dans la ville le régiment de Conti. Le peuple, qui ne fut pas du sentiment de ces magistrats, se souleva, et il fit des barricades. M. le prince dit qu'il courut plus de fortune en cette occasion qu'il n'en auroit couru dans une bataille. Je ne me ressouviens pas du détail; et ce que je m'en puis remettre est que messieurs de La Rochefoucauld, de Marsillac et de Montespan haranguèrent dans l'hôtel-de-ville, et qu'ils calmèrent la sédition à la satisfaction de M. le prince. Je reviens à son voyage.

Messieurs de Rohan, de Chavigny et de Gaucourt

le pressoient par tous les courriers de ne pas s'abandonner si absolument aux affaires des provinces qu'il ne songeât à celles de la capitale, qui étoit en tout sens la capitale. M. de Rohan se servit de ce mot dans une de ses lettres que je surpris. Ces messieurs étoient persuadés que je rompois toutes leurs mesures auprès de Monsieur, qui, à la vérité, rejetoit tout ce qu'il ne vouloit pas faire pour les intérêts de M. le prince sur les ménagemens que le poste où j'étois à Paris l'obligeoit d'avoir pour moi. Il m'a confessé quelquefois, parlant à moi-même, qu'il se servoit de ce prétexte en certaines occasions ; et il y en eut même où il me força, à force de me persécuter, à donner des apparences qui pussent confirmer ce qu'il leur vouloit persuader. Je lui représentai plusieurs fois qu'il feroit tant par ses journées, qu'il obligeroit M. le prince de venir à Paris, qui étoit de toutes les choses du monde celle qu'il craignoit le plus. Mais comme le présent touche toujours sans comparaison davantage les ames foibles que l'avenir même le plus proche, il aimoit mieux s'empêcher de croire que M. le prince pût faire ce voyage dans quelque temps, que de se priver du soulagement qu'il trouvoit dans le moment même à rejeter sur moi les murmures et les plaintes que ses ministres lui faisoient sur mille choses à tous les instans. Ces ministres, qui se trouvèrent bien plus fatigués que satisfaits de ses méchantes défaites, pressèrent M. le prince au dernier point d'accourir lui-même au besoin pressant ; et leurs instances furent puissamment fortifiées par les nouvelles qu'il reçut en même temps de M. de Nemours, et qu'il est bon de traiter un peu en détail.

M. de Nemours entra en ce temps-là sans aucune résistance dans le royaume, toutes les troupes du Roi étant divisées; et quoique M. d'Elbœuf et messieurs d'Aumont, Digby et de Vaubecour (1) en eussent à droite et à gauche, il pénétra jusqu'à Mantes, et il y passa la Seine sur le pont qui lui fut livré par M. le duc de Lude, gouverneur de la ville, et mécontent de la cour parce que l'on avoit ôté les sceaux à son beau-père. Il campa à Houdan, et il vint à Paris avec M. de Tavannes, qui commandoit ce qu'il avoit conservé de troupes de M. le prince; et Clinchamp (2), qui étoit officier général dans les étrangers.

Voilà le premier faux pas que cette armée fit : car si elle eût marché sans s'arrêter, et que M. de Beaufort l'eût jointe avec les troupes de Monsieur comme il la joignit depuis, elle eût passé la Loire sans difficulté, et eût fort embarrassé la marche du Roi. Tout contribua à ce retardement : l'incertitude de Monsieur, qui ne pouvoit se déterminer pour l'action, même dans les choses les plus résolues; l'amour de madame de Montbazon, qui amusoit à Paris M. de Beaufort; la puérilité de M. de Nemours, qui étoit bien aise de montrer son bâton de général à madame de Châtillon; et la fausse politique de Chavigny, qui croyoit qu'il seroit beaucoup plus maître de l'esprit de Monsieur quand il lui éblouiroit les yeux par ce grand nombre d'écharpes de couleurs toutes différentes (ce fut le terme dont il se servit en parlant à Croissy, qui fut assez imprudent pour me le redire, quoiqu'il fût beaucoup plus dans les intérêts de M. le

---

(1) De Nettancourt de Vaubecour. (A. E.) — (2) Le marquis de Clinchamp. (A. E.)

prince que dans les miens). Je ne tins pas le cas secret à Monsieur, qui en fut fort piqué. Je pris ce temps pour le supplier de trouver bon que je fisse voir en sa présence à ces messieurs qu'ils n'étoient point en état d'éblouir des yeux sans comparaison moins forts en tous sens que les siens. Comme il me vouloit faire expliquer, on vint lui dire que messieurs de Beaufort et de Nemours étoient dans sa chambre. Je l'y suivis, quoique ce ne fût pas ma coutume, parce que je n'avois pas encore le bonnet; et comme on entra en conversation publique (car il y avoit du monde jusqu'à faire foule), je mis mon chapeau sur ma tête aussitôt qu'il eut mis le sien. Il le remarqua, et à cause de ce que je venois de lui dire, et à cause que je ne l'avois jamais voulu faire, quoiqu'il me le commandât toujours. Il en fut très-aise, et il affecta d'entretenir la conversation plus d'une grosse heure, après laquelle il me prit en particulier, et me ramena dans la galerie. Vous jugez bien qu'il falloit qu'il fût en colère: car je crois qu'il y avoit dans sa chambre plus de cinquante écharpes rouges, sans les isabelles. Cette colère dura tout le soir : car il me dit le lendemain que Goulas, secrétaire de ses commandemens, et intime de M. de Chavigny, étant venu lui dire avec un grand empressement que tous les officiers étrangers prenoient de grands ombrages des longues conversations que j'avois avec lui, il l'avoit rebuté avec une fort grande aigreur, en lui disant : « Allez au diable,
« vous et vos officiers étrangers! S'ils étoient aussi
« bons frondeurs que le cardinal de Retz, ils seroient
« à leurs postes, et ils ne s'amuseroient pas à ivrogner
« dans les cabarets de Paris. » Ils partirent enfin, et

en vérité plus par mes instances que par celles de Chavigny, qui croyoit toujours que je n'oubliois rien pour les retarder : car Monsieur répara bientôt, même avec soin, ce qu'il avoit laissé échapper dans la colère, parce qu'il lui convenoit (au moins se l'imaginoit-il ainsi) de me faire servir de prétexte quelquefois à ce qu'il faisoit, et presque toujours à ce qu'il ne faisoit point. Vous verrez quelle marche prirent ces troupes, après que je vous aurai rendu compte de ce qui se passa à Orléans dans ce même temps.

Il ne se pouvoit pas que cette importante ville ne fût très-dépendante de Monsieur, étant son apanage ; et de plus ayant été quelque temps son plus ordinaire séjour. D'ailleurs M. le marquis de Sourdis (1), qui en étoit gouverneur, étoit dans ses intérêts. Monsieur avoit envoyé outre cela M. le comte de Fiesque pour s'opposer aux efforts que M. Legras, maître des requêtes, faisoit pour persuader aux habitans d'ouvrir leurs portes au Roi, à qui, dans la vérité, elles eussent été d'une très-grande utilité. Messieurs de Beaufort et de Nemours, qui en voyoient encore de plus près la conséquence parce qu'ils avoient pris leurs marches de ce côté-là, écrivirent à Monsieur qu'il y avoit dans la ville une faction très-puissante pour la cour, et que sa présence y étoit très-nécessaire. Vous croyez facilement qu'elle l'étoit encore beaucoup plus à Paris. Monsieur ne balança pas un moment, et tout le monde, sans exception, fut de même avis sur ce point. Mademoiselle s'offrit d'y aller : ce que Monsieur ne lui accorda qu'avec beaucoup de peine, par la raison

(1) Charles d'Escoubleau, marquis de Sourdis, gouverneur de l'Orléanais; mort en 1666, âgé de soixante-dix-huit ans. (A. E.)

de la bienséance, et encore plus par celle du peu de confiance qu'il avoit à sa conduite. Je me souviens qu'il me dit, le jour qu'elle prit congé de lui : « Cette « chevalerie seroit bien ridicule, si le bon sens de « mesdames de Fiesque et de Frontenac ne la sou- « tenoit. » Ces deux dames allèrent effectivement avec elle, aussi bien que M. de Rohan et messieurs de Croissy et de Bermont, conseillers du parlement. Patru disoit un peu trop librement que comme les murailles de Jéricho étoient tombées au son des trompettes, celles d'Orléans s'ouvriroient au son des violons. M. de Rohan passoit pour les animer un peu trop violemment. Enfin tout ce ridicule réussit par la vigueur de Mademoiselle, qui fut à la vérité très-grande : car quoique le Roi fût très-proche avec des troupes, et que M. Molé, garde des sceaux et premier président, fût à la porte, qui demandoit à entrer de sa part, elle passa la rivière dans un petit bateau; elle obligea les bateliers, qui sont toujours en grand nombre sur le port, de démurer une petite poterne (1) qui étoit demeurée fermée depuis très-long-temps;

---

(1) On fit la chanson suivante sur l'entrée de Mademoiselle dans Orléans :

> Or, écoutez, peuples de France,
> Comme en la ville d'Orléans
> Mademoiselle, en assurance,
> A dit : « Je suis maître céans. »
>
> On lui voulut fermer la porte;
> Mais elle passa par un trou,
> S'écriant souvent de la sorte :
> « Il ne m'importe pas par où. »
>
> Deux jeunes et belles comtesses,
> Ses deux maréchales de camp,

et elle marcha, avec le concours et l'acclamation du peuple, droit à l'hôtel-de-ville, où les magistrats étoient assemblés pour délibérer si l'on recevroit M. le garde des sceaux. Vous pouvez croire qu'elle décida. Messieurs de Beaufort et de Nemours la vinrent joindre aussitôt, et ils résolurent avec elle de se saisir ou de Lorris ou de Gien, qui sont de petites villes, mais qui ont des ponts toutes deux sur la rivière de Loire. Celui de Gien fut vivement attaqué par M. de Beaufort; mais il fut encore mieux défendu par M. de Turenne, qui venoit de prendre le commandement de l'armée du Roi, qu'il partageoit toutefois avec M. le maréchal d'Hocquincourt. Celle de Monsieur fut obligée de quitter cette entreprise, après y avoir perdu le baron de Sirot, homme de réputation, et qui y servoit de lieutenant général. Il se vantoit (et je crois avec vérité) qu'il avoit fait le coup de pistolet avec le grand Gustave, roi de Suède, et le brave Christiern, roi de Danemarck.

M. de Nemours, qui avoit naturellement et aversion et mépris pour M. de Beaufort, quoique son beaufrère, se plaignit de sa conduite à Mademoiselle, comme s'il avoit été cause que le dessein sur Gien n'eût pas réussi. Ils eurent sur cela des paroles dans l'antichambre de Mademoiselle (1). Un prétendu dé-

Suivirent Sa Royale Altesse:
Dont on faisoit un grand cancan.

Fiesque, cette bonne comtesse,
Alloit baisant les bateliers,
Et Frontenac (quelle détresse!)
Y perdit un de ses souliers.

(A. E.)

(1) *Dans l'antichambre de Mademoiselle:* Ce ne fut pas dans l'anti-

menti que M. de Beaufort voulut assez légèrement, au moins à ce que l'on disoit dans ce temps-là, avoir reçu, produisit un prétendu soufflet que M. de Nemours ne reçut aussi, à ce que j'ai ouï dire à des gens qui y étoient présens, qu'en imagination. C'étoit au moins un de ces soufflets problématiques dont il a été parlé dans les petites lettres du Port-Royal. Mademoiselle accommoda, au moins en apparence, cette querelle; et après une grande contestation qui n'avoit pas servi à en adoucir les commencemens, il fut résolu que l'on iroit à Montargis, poste important dans la conjoncture, parce que de là l'armée des princes, qui seroit ainsi entre Paris et le Roi, pourroit donner la main à tout. M. de Nemours, qui souhaitoit avec passion de pouvoir secourir Montrond, opina qu'il seroit mieux d'aller passer la rivière de Loire à Blois, pour prendre par les derrières l'armée du Roi, qui, par la crainte d'abandonner trop pleinement les provinces de delà à celles de Monsieur, auroit encore plus de difficulté à se résoudre d'avancer vers Paris, qu'elle n'y en trouvoit par l'obstacle que Montargis lui pouvoit mettre. L'autre avis l'emporta dans le conseil de guerre, et par le nombre, et par l'autorité de Mademoiselle; et j'ai ouï dire même aux gens du métier qu'il le devoit emporter par la raison, parce qu'il eût été ridicule d'abandonner tout ce qui auroit été proche de Paris aux forces du Roi, dont l'on voyoit clairement que l'unique dessein étoit de s'en approcher, ou pour gagner la capitale, ou pour l'ébranler. Chavigny en parla à Monsieur en ces propres termes

chambre de la princesse que ce démêlé eut lieu, mais dans un cabaret du faubourg d'Orléans, où elle étoit allée présider un conseil de guerre.

en présence de Madame, qui me le rendit le lendemain ; et je ne comprends pas sur quoi se sont pu fonder ceux qui ont voulu s'imaginer qu'il y eût de la contestation sur cet article au Luxembourg. Monsieur n'eût pas manqué, si cela eût été, de me faire valoir qu'il n'eût pas déféré au conseil des serviteurs de M. le prince. Ils furent tous du même sentiment ; et Goulas pestoit même hautement contre la conduite de M. de Nemours, qui veut, disoit-il, sauver Montrond et perdre Paris. Je reviens au voyage de M. le prince.

Je vous ai déjà dit que ceux qui agissoient pour ses intérêts auprès de Monsieur le pressoient de revenir à Paris, et que leurs instances furent fortement appuyées par la nécessité qu'il crut à soutenir ou plutôt à réparer, par sa présence, ce que l'incapacité et la mésintelligence de messieurs de Beaufort et de Nemours diminuoient du poids que la valeur et l'expérience des troupes qu'ils commandoient devoient donner à leur parti. Comme M. le prince avoit à traverser presque tout le royaume, il lui fut nécessaire de tenir sa marche extrêmement couverte. Il ne prit avec lui que messieurs de La Rochefoucauld, de Marsillac, le marquis de Levy, Guitaut, Chavagnac, Gourville, et un autre, du nom duquel je ne me souviens pas. Il passa, avec une extrême diligence, le Périgord, le Limosin, l'Auvergne et le Bourbonnais. Il fut manqué de peu, auprès de Châtillon-sur-Loire, par Sainte-Maure, pensionnaire du cardinal, qui le suivit avec deux cents chevaux, sur un avis que quelqu'un qui avoit reconnu Guitaut en donna à la cour. Il trouva dans la forêt d'Orléans quelques officiers de ses troupes qui étoient en garnison à Lorris, et il fut reçu de toute l'armée avec toute la joie que vous vous pouvez imaginer. Il dépêcha Gourville à Monsieur pour lui rendre compte de sa marche, et pour l'assurer qu'il seroit à lui dans trois jours. Les instances de toute l'armée, fatiguée jusqu'à la dernière extrémité par l'ignorance de ses généraux, l'y retinrent davantage; et de plus il n'a jamais eu peine de demeurer dans les lieux où il a pu faire de grandes actions. Vous en allez voir une des plus belles de sa vie.

Il parut, au premier pas que M. le prince fit dès qu'il eut joint l'armée, que l'avis de M. de Nemours, duquel je vous ai parlé ci-dessus, n'étoit pas le bon : car il marcha droit à Montargis, qu'il prit sans coup férir, Maudreville, qui s'étoit jeté dans le château avec huit ou dix gentilshommes et deux cents hommes de pied, l'ayant rendu d'abord. Il y laissa garnison; et il marcha, sans perdre un moment, droit aux ennemis, qui étoient dans des quartiers séparés. Le Roi étoit à Gien, M. de Turenne avoit son quartier général à Briare, et celui de M. d'Hocquincourt étoit à Bleneau.

Comme M. le prince sut que les troupes du dernier étoient dispersées dans les villages, il s'avança vers Château-Renault, et il tomba comme un foudre au milieu de tous ces quartiers. Il tailla en pièces tout ce qui étoit de cavalerie de Maine, de Roque-Epine, de Beaujeu, de Bourlemont et de Moret, qui tâchoient de gagner le logement des dragons comme il leur avoit été ordonné, mais trop tard. Il força même, l'épée à la main, les quartiers des dragons, pendant que Tavannes traitoit de même celui des Cravates. Il poussa les fuyards jusqu'à Bleneau, où il trouva le maréchal d'Hocquincourt en bataille avec

sept cents chevaux, qui chargea avec vigueur les gens
de M. le prince, qui, dans l'obscurité de la nuit, s'é-
toient engagés et divisés, et qui de plus, malgré les
efforts de leur commandant, s'amusoient à piller un
village. M. le prince les rallia et les remit en bataille
à la vue des ennemis, quoiqu'ils fussent bien plus forts
que lui, et quoiqu'il fût obligé, par la grande résistance qu'il trouva, de tenir bride en main à la première charge, dans laquelle il eut un cheval tué sous
lui. Il les chargea avec tant de vigueur à la seconde
qu'il les renversa pleinement, et au point qu'il ne
fut plus au pouvoir de M. d'Hocquincourt de les rallier. M. de Nemours fut fort blessé en cette occasion, et messieurs de Beaufort, de La Rochefoucauld
et de Tavannes s'y signalèrent. M. de Turenne, qui
avoit averti dès le matin M. d'Hocquincourt que ses
quartiers étoient trop séparés et trop exposés, et que
M. le prince venoit à lui; M. de Turenne, dis-je,
sortit de Briare, et se mit en bataille auprès d'un village qu'on appelle, ce me semble, Oucoi. Il jeta cinquante chevaux dans un bois qui se trouvoit entre
lui et les ennemis, et par lequel on ne pouvoit passer
sans défiler. Il les en retira aussitôt pour obliger M. le
prince à s'engager dans ce défilé, par l'opinion qu'il
auroit que la retraite de ces cinquante maîtres eût été
un signe d'effroi. Son stratagême lui réussit : car M. le
prince jeta effectivement dans le bois trois ou quatre
cents chevaux qui, à la sortie, furent renversés par
M. de Turenne, et qui eussent eu peine à se retirer
si M. le prince n'eût fait avancer de l'infanterie, qui
arrêta sur eux ceux qui les suivoient. M. de Turenne
se posta sur une hauteur derrière le bois : il y mit son

artillerie, qui tua beaucoup de gens de l'armée des princes, et entre autres Maré, frère du maréchal de Grancé, domestique de Monsieur, et qui servoit de lieutenant général dans ses troupes. On demeura tout le reste du jour en présence, et sur le soir chacun se retira dans son camp. Il est difficile de juger qui eut plus de gloire en cette journée, ou de M. le prince, ou de M. de Turenne. On peut dire en général qu'ils y firent tous deux ce que les deux plus grands capitaines du monde y pouvoient faire. M. de Turenne y sauva la cour, qui, à la nouvelle de la défaite de M. d'Hocquincourt, fit charger son bagage, sans savoir précisément où il pourroit être reçu; et M. de Senneterre m'a dit depuis, plusieurs fois, que c'est le seul endroit où il ait vu la Reine abattue et affligée. Il est constant que si M. de Turenne n'eût soutenu l'affaire par sa grande capacité, et que si son armée eût eu le sort de celle de M. d'Hocquincourt, il n'y eut pas eu une ville qui n'eût fermé les portes à la cour. Le même M. de Senneterre ajoutoit que la Reine le lui avoit dit ce jour-là en pleurant.

L'avantage de M. le prince sur le maréchal d'Hocquincourt ne fut pas à beaucoup près d'une si grande utilité dans son parti, parce qu'il ne le poussa pas dans les suites jusqu'où sa présence l'eût vraisemblablement porté s'il fût demeuré à l'armée. Vous verrez ce qui s'y passa en son absence, après que je vous aurai rendu compte, et du premier effet du voyage de M. le prince à Paris, et d'un petit détail qui me regarde en mon particulier.

Vous avez vu ci-dessus que M. le prince avoit envoyé Gourville à Monsieur aussitôt qu'il eut joint

l'armée, pour lui dire qu'il seroit dans trois jours à Paris. Cette nouvelle fut un coup de foudre pour Monsieur. Il m'envoya querir aussitôt, et il s'écria en me voyant :
« Vous me l'aviez bien dit : quel embarras ! quel mal-
« heur ! Nous voilà pis que jamais. » J'essayai de le remettre, mais il me fut impossible; et tout ce que j'en pus tirer fut qu'il feroit bonne mine, et qu'il cacheroit son sentiment à tout le monde avec le même soin avec lequel il l'avoit déguisé à Gourville. Il s'acquitta très-exactement de sa parole : car il sortit du cabinet de Madame avec le visage du monde le plus gai. Il publia la nouvelle avec de grandes démonstrations de joie, et il ne laissa pas de me commander un quart-d'heure après de ne rien oublier pour troubler la fête, c'est-à-dire pour essayer de mettre les choses en état d'obliger M. le prince à ne faire que fort peu de séjour à Paris. Je le suppliai de ne me point donner cette commission, « laquelle, monsieur, lui
« dis-je, n'est pas de votre service pour deux raisons.
« La première est que je ne la puis exécuter qu'en
« donnant au cardinal un avantage qui ne vous con-
« vient pas; et l'autre, que vous ne la soutiendrez ja-
« mais, de l'humeur dont il a plu à Dieu de vous
« faire. » Cette parole, dite à un fils de France, vous paroîtra sans doute peu respectueuse; mais je vous prie de considérer que Saint-Rémi, lieutenant de ses gardes, la lui avoit dite à propos d'une bagatelle deux ou trois jours devant; que Monsieur avoit trouvé l'expression plaisante, et qu'il la redisoit depuis ce jour-là à toutes occasions. Dans la vérité elle n'étoit pas impropre pour celle dont il s'agissoit, comme vous le verrez dans la suite. La contestation fut assez forte :

je résistai long-temps. Je fus obligé de me rendre, et d'obéir. J'eus même plus de temps pour travailler à ce qu'il m'ordonnoit que je n'avois cru : car M. le prince, au devant duquel Monsieur alla même jusqu'à Juvisy le premier d'avril, dans la croyance qu'il arriveroit ce jour-là à Paris, n'y fut que le 11 ; de sorte que j'eus tout le loisir nécessaire pour ménager M. Le Fèvre, prévôt des marchands, qui me devoit sa charge, et qui étoit mon ami particulier. Il n'eut pas beaucoup de peine à persuader M. le maréchal de L'Hôpital, gouverneur de Paris, qui étoit très-bien intentionné pour la cour. Ils firent une assemblée dans l'hôtel-de-ville, dans laquelle ils firent résoudre que M. le gouverneur iroit trouver Son Altesse Royale, pour lui dire qu'il paroissoit à la compagnie qu'il étoit contre l'ordre qu'on reçût M. le prince dans la ville, avant qu'il se fût justifié de la déclaration du Roi qui avoit été vérifiée au parlement contre lui.

Monsieur, qui fut transporté de joie de ce discours, répondit que M. le prince ne venoit que pour conférer avec lui de quelques affaires particulières, et qu'il ne séjourneroit que vingt-quatre heures à Paris. Il me dit, aussitôt que le maréchal fut sorti de sa chambre : « Vous êtes un galant homme, *avete fatto polito ;* Chavigny sera bien attrapé. » Je lui répondis sans balancer : « Je ne vous ai jamais, monsieur, « si mal servi ; souvenez-vous, s'il vous plaît, de ce « que je vous dis aujourd'hui. » M. de Chavigny, qui apprit en même temps le mouvement de l'hôtel-de-ville et la réponse de Monsieur, lui en fit des réprimandes et des bravades qui passèrent jusqu'à l'insolence et à la fureur. Il déclara à Monsieur que M. le prince étoit en état de demeurer sur le pavé tant qu'il lui plairoit, sans être obligé de demander congé à personne. Il fit par le moyen de Pesch, fameux séditieux, une troupe de cent ou cent vingt gueux, sur le Pont-Neuf, qui faillirent à piller la maison de M. Du Plessis-Guénégaud ; et il effraya si fort Monsieur, qu'il l'obligea à faire une réprimande publique, et au maréchal de L'Hôpital, et au prévôt des marchands, parce qu'ils avoient enregistré dans le greffe de la ville la réponse que Son Altesse Royale leur dit ne leur avoir faite qu'en particulier et en confidence. Comme je voulus insinuer à Monsieur que j'avois eu raison de ne lui pas conseiller ce qui s'étoit fait, il m'interrompit brusquement, en me disant ces paroles : « Il ne faut pas juger par l'événement. J'avois « raison hier, vous l'avez aujourd'hui : que faire avec « tous ces gens-ci ? » Il devoit ajouter : « Et avec moi ? » Je le lui ajoutai de moi-même. Car comme je vis que, malgré toutes ces expériences, il continuoit dans la même conduite qu'il avoit mille fois condamnée en me parlant à moi-même depuis que M. le prince fut allé en Guienne, je me le tins pour dit, et je me résolus de demeurer tout le plus qu'il me seroit possible dans l'inaction, qui n'est à la vérité jamais bien sûre avec de certaines gens, dans les temps qui sont fort troublés ; mais que je me croyois nécessaire, et par les manières de Monsieur, que je ne pouvois redresser, et par la considération de l'état où je me trouvois dans le moment, que je vous supplie de me permettre que je vous explique un peu plus au long.

La vérité me force de vous dire qu'aussitôt que je

fus cardinal, je fus touché des inconvéniens de la pourpre, parce que j'avois fait plus de mille fois réflexion en ma vie que je l'avois trop été de l'éclat de la coadjutorerie. Une des sources de l'abus que les hommes font presque toujours de leurs dignités est qu'ils s'en éblouissent d'abord qu'ils en sont revêtus; et l'éblouissement est cause qu'ils tombent dans les premières fautes, qui sont les plus dangereuses par une infinité de raisons. La hauteur que j'avois affectée dès que je fus coadjuteur me réussit, parce qu'il parut que la bassesse de mon oncle l'avoit rendue nécessaire. Mais je connus clairement que sans cette considération, et même sans les autres assaisonnemens que la qualité des temps, plutôt que mon adresse, me donna lieu d'y mettre; je connus, dis-je, clairement qu'elle n'eût pas été d'un bon sens, ou au moins qu'elle ne lui eût pas été attribuée. Les réflexions que j'avois eu le temps de faire sur cela m'obligèrent d'avoir une attention particulière à l'égard du chapeau, dont la couleur de feu et éclatante fait tourner la tête à la plupart de ceux qui en sont honorés. La plus sensible, à mon opinion, et la plus palpable de ces illusions, est la prétention de précéder les princes du sang, qui peuvent devenir nos maîtres à tous les instans, et qui en attendant le sont presque toujours, par leurs considérations, de tous nos proches. J'ai de la reconnoissance pour les cardinaux de ma maison, qui m'ont fait sucer avec le lait cette leçon par leur exemple; et je trouvai une occasion assez heureuse de la débiter, le propre jour que je reçus la nouvelle de ma promotion. Châteaubriand, dont vous avez déjà vu le nom ci-devant, me dit, en présence d'une infinité de gens qui étoient dans ma chambre : « Nous ne saluerons plus les premiers « présentement. » Ce qu'il disoit, parce que bien que je fusse très-mal avec M. le prince, et que je marchasse presque toujours fort accompagné, je le saluois, comme vous pouvez croire, partout où je le rencontrois, avec tout le respect qui lui étoit dû par tant de titres. Je lui répondis : « Pardonnez-moi, « monsieur, nous saluerons toujours les premiers, et « plus bas que jamais. A Dieu ne plaise que le bonnet « rouge me fasse tourner la tête au point de disputer « le rang aux princes du sang! Il suffit à un gentil- « homme d'avoir l'honneur d'être à leur côté. » Cette parole, qui a depuis, à mon sens, comme vous le verrez dans la suite, conservé en France le rang au chapeau, par l'honnêteté de M. le prince et par son amitié pour moi; cette parole, dis-je, fit un fort bon effet, et elle commença à diminuer l'envie; ce qui est le plus grand de tous les secrets.

Je me servis encore pour cet effet d'un autre moyen. Messieurs les cardinaux de Richelieu et Mazarin, qui avoient confondu le ministériat dans la pourpre, avoient attaché à celle-ci de certaines hauteurs qui ne conviennent à l'autre que quand elles sont jointes ensemble. Il eût été difficile de les séparer en ma personne, au poste où j'étois à Paris. Je le fis de moi-même, en y mettant des circonstances qui firent qu'on ne le pouvoit attribuer qu'à ma modération; et je déclarai ouvertement que je ne recevrois publiquement que les honneurs qui avoient toujours été rendus aux cardinaux de mon nom. Il n'y a que manière à la plupart des choses du monde.

Je ne donnai la main à personne sans exception; je n'accompagnai les maréchaux de France, les ducs et pairs, le chancelier, les princes étrangers, les princes bâtards, que jusqu'au haut de mon degré; et tout le monde fut très-content.

Le troisième expédient auquel je pensai fut de ne rien oublier de tout ce que la bienséance me pourroit permettre, pour rappeler tous ceux qui s'étoient éloignés de moi dans les différentes partialités. Il ne se pouvoit qu'ils ne fussent en bon nombre, parce que ma fortune avoit été si variable et si agitée, qu'une partie des gens avoit appréhendé d'y être enveloppée en de certains temps, et qu'une partie s'étoit opposée à mes intérêts en quelques autres. Ajoutez à ceux-là ceux qui avoient cru qu'ils pourroient faire leur cour à mes dépens. Je vous ennuierois si j'entrois dans ce détail, et je me contenterai de vous dire que M. de Bercy vint chez moi à minuit; que je vis M. de Novion chez le père don Carouge, chartreux; que je vis aux Célestins M. le président Le Coigneux. Tout le monde fut ravi de se raccommoder avec moi, dans un moment où la mître de Paris recevoit un aussi grand éclat de la splendeur du bonnet. Je fus ravi de me raccommoder avec tout le monde, en un instant où mes avances ne se pouvoient attribuer qu'à générosité. Je m'en trouvai très-bien; et la reconnoissance de quelques-uns de ceux auxquels j'avois épargné le dégoût du premier pas m'a payé plus que suffisamment de l'ingratitude de quelques autres. Je maintiens qu'il est autant de la politique que de l'honnêteté de ceux qui sont les plus puissans de soulager la honte des moins considérables, et de leur tendre la main quand ils n'osent eux-mêmes la présenter.

La conduite que je suivis avec application sur ces différens chefs que je viens de vous marquer convenoit en plus d'une manière à la résolution que j'avois faite de rentrer, autant qu'il seroit en mon pouvoir, dans le repos que les grandes dignités que la fortune avoit assemblées dans ma personne pouvoient, ce me sembloit, même assez naturellement me procurer.

Je vous ai déjà dit que l'incorrigibilité, si j'ose ainsi parler, de Monsieur m'avoit rebuté à un point que je ne pouvois plus seulement m'imaginer qu'il y eût le moindre fondement du monde à faire sur lui. Voici un incident qui vous fera connoître que j'eusse été bien aveuglé, si j'eusse été capable de compter sur la Reine.

Vous vous pouvez souvenir de ce que je vous ai dit d'une imprudence de mademoiselle de Chevreuse, à propos du personnage que je jouois de concert avec madame sa mère à l'égard de la Reine. Elle en mit de part sa fille contre mon sentiment, laquelle d'abord entendit très-bien la raillerie; et je me souviens même qu'elle prenoit plaisir à me faire répéter la comédie de la Suissesse : c'est ainsi qu'elle appeloit la Reine. Il arriva un soir qu'y ayant beaucoup de monde chez elle, la plupart des gens se prirent à rire; et je ne sais à la vérité pourquoi je ne fis pas comme les autres. Mademoiselle de Chevreuse, qui étoit la personne du monde la plus capricieuse, le remarqua, et elle me dit qu'elle ne s'en étonnoit pas, après ce qu'elle avoit remarqué depuis quelque temps; et ce qu'elle avoit remarqué, s'imaginoit-elle, étoit que j'avois beaucoup de refroidissement pour elle, et que j'avois même un commerce avec la cour dont je ne lui disois rien. Je crus d'abord qu'elle se moquoit, parce qu'il n'y avoit pas seulement ombre d'apparence à ce qu'elle me disoit; et je ne connus qu'elle parloit tout de bon qu'après qu'elle m'eut dit qu'elle n'ignoroit rien de ce qu'un tel valet de pied de la Reine m'apportoit tous les jours. Il est vrai qu'il y avoit un valet de pied de la Reine qui, depuis quelque temps, venoit très-souvent chez moi : mais il est vrai aussi qu'il ne m'apportoit rien, et qu'il n'y venoit que parce qu'il étoit parent d'un de mes gens. Je ne sais par quel hasard elle sut cette fréquentation : je sais encore moins ce qui la put obliger à en tirer des conséquences. Enfin elle les tira : elle ne put s'empêcher de murmurer et de menacer. Elle dit en présence de Seguin, qui avoit été valet de chambre de madame sa mère, et qui avoit quelques charges chez le Roi ou chez la Reine, que je lui avois avoué mille fois que je ne concevois pas comment l'on eût pu être amoureux de cette Suissesse. Enfin elle fit si bien par ses journées que la Reine eut vent que je l'avois traitée de Suissesse, en parlant à mademoiselle de Chevreuse. Elle ne me l'a jamais pardonné, comme vous le verrez dans la suite ; et j'appris que ce mot obligeant avoit été jusqu'à elle, justement trois ou quatre jours avant que M. le prince arrivât à Paris. Vous concevez aisément que cette circonstance, qui ne marquoit pas que j'eusse lieu d'espérer qu'il pût y avoir à l'avenir beaucoup de douceur pour moi à la cour, n'affoiblissoit pas les pensées que j'avois déjà de sortir d'affaire. Le lieu de la retraite n'étoit pas trop affreux: l'ombre des tours de Notre-Dame y pouvoit donner du rafraîchissement, et le chapeau de cardinal la défendoit encore du mauvais vent. J'en concevois les avantages, et je vous avoue qu'il ne tint pas à moi de les prendre : il ne plut pas à la fortune. Je reviens à ma narration.

Le 11 avril, M. le prince arriva à Paris, et Monsieur fut au devant de lui à une lieue de la ville.

Le 12, ils allèrent ensemble au parlement. Monsieur prit la parole d'abord qu'il fut entré, pour dire à la compagnie qu'il amenoit monsieur son cousin pour l'assurer qu'il n'avoit ni n'auroit jamais d'autre intention que celle de servir le Roi et l'Etat; qu'il suivroit toujours les sentimens de la compagnie; et qu'il offroit de poser les armes aussitôt que les arrêts qui ont été rendus par elle contre le cardinal Mazarin auroient été exécutés. M. le prince parla ensuite sur ce même ton; et il demanda même que la déclaration publique qu'il en faisoit fût mise sur les registres.

M. le président Bailleul lui répondit que la compagnie recevoit toujours à honneur de le voir dans sa place; mais qu'elle ne lui pouvoit dissimuler la sensible douleur qu'elle avoit de lui voir les mains teintes du sang des gens du Roi qui avoient été tués à Bleneau. Un vent s'éleva à ce mot du côté des bancs des enquêtes, qui faillit à étouffer par ses impétuosités le pauvre président Bailleul. Cinquante ou soixante voix le désavouèrent d'une volée; et je crois qu'elles eussent été suivies de beaucoup d'autres, si M. le président de Nesmond n'eût interrompu et apaisé la cohue par la relation qu'il fit des remontrances qu'il avoit portées par écrit au Roi à Sully, avec les autres députés de la compagnie. Elles furent très-fortes et très-vigoureuses contre la personne et contre la conduite du cardinal. Le Roi leur fit répondre, par M. le garde des sceaux, qu'il les considéreroit après que la compagnie lui auroit envoyé les informations sur lesquelles il vouloit juger lui-même. Les gens du Roi entrèrent dans ce moment, et ils présentèrent une déclaration et une lettre de cachet qui portoit cet ordre au parlement, avec celui d'enregistrer sans délai la déclaration par laquelle il étoit sursis à celle du 6 septembre, et aux arrêts donnés contre M. le cardinal. Les gens du Roi, qui furent appelés aussitôt, conclurent, après une fort grande invective contre le cardinal, à de nouvelles remontrances pour représenter au Roi l'impossibilité où la compagnie se trouvoit d'enregistrer cette déclaration, qui, contre toute sorte de règles et de formes, soumettoit à de nouvelles procédures judiciaires, susceptibles de mille contredits, la déclaration du monde la plus authentique, et la plus revêtue de toutes les marques de l'autorité royale, et qui par conséquent ne pouvoit être révoquée que par une autre déclaration qui fût aussi solennelle, et qui eût les mêmes caractères. Ils ajoutèrent qu'il falloit que les députés se plaignissent à Sa Majesté de ce qu'on avoit refusé de lire les remontrances en sa présence ; qu'ils insistassent sur ce point, aussi bien que sur celui de ne point envoyer les informations que la cour demandoit ; et que l'on fît registre de tout ce qui s'étoit passé ce jour-là au parlement, dont la copie seroit envoyée à M. le garde des sceaux. Voilà les conclusions que M. Talon donna avec une force et avec une éloquence merveilleuse. On commença ensuite la délibération, laquelle, faute de temps, fut remise au 13. L'arrêt suivit, sans aucune contestation, les conclusions; et il y ajouta que la déclaration qui avoit été faite par M. le duc d'Orléans et par M. le prince seroit portée au Roi par les députés; que les remontrances et le registre seroient envoyés à toutes les compagnies souveraines de Paris, et à tous les parlemens du royaume, pour les convier de députer aussi de leur part; et qu'assemblée générale seroit faite incessamment à l'hôtel-de-ville, à laquelle M. le duc d'Orléans et M. le prince seroient conviés de se trouver, et de faire les mêmes déclarations qu'ils avoient faites au parlement; et que cependant la déclaration du Roi contre le cardinal Mazarin, et tous les arrêts rendus contre lui, seroient exécutés.

Les assemblées des chambres des 15, 17 et 18 ne furent presque employées qu'à discuter les difficultés qui se présentèrent pour le réglement de cette assemblée générale de l'hôtel-de-ville; par exemple, si Monsieur et M. le prince seroient présens à la délibération de l'hôtel-de-ville, ou s'ils se retireroient après avoir fait leurs déclarations; si le parlement pouvoit ordonner l'assemblée de l'hôtel-de-ville, ou s'il devoit simplement convier le prevôt des marchands et les autres officiers de la ville, et quelques principaux bourgeois de chaque quartier, de s'assembler.

Le 19, cette assemblée se fit, à laquelle les seize députés du parlement se trouvèrent. Monsieur et M. le prince y firent leurs déclarations toutes pareilles à celles qu'ils avoient faites au parlement; et après qu'ils se furent retirés, et que le procureur du Roi de la ville eut conclu à faire de très-humbles remontrances au Roi, de vive voix et par écrit, contre le cardinal Mazarin, M. Aubry, président aux comptes, et le plus ancien conseiller de la ville, prit la parole pour dire qu'il étoit tard de commencer à délibérer, et qu'il étoit nécessaire de remettre l'assemblée au lendemain. Il avoit raison en toutes manières : car sept heures étoient sonnées, et il avoit intelligence avec la cour.

Le 29, Monsieur et M. le prince allèrent au parlement, et Monsieur dit à la compagnie qu'il savoit que M. le maréchal de L'Hôpital, gouverneur de Paris, et M. le prévôt des marchands, avoient reçu une lettre de cachet qui leur défendoit de continuer l'assemblée ; que cette lettre n'étoit qu'une paperasse du Mazarin ; et qu'il prioit la compagnie d'envoyer chercher, sur l'heure, le prévôt des marchands et les échevins, et de leur enjoindre de n'y avoir aucun égard. On n'eut pas la peine de les mander : ils vinrent d'eux-mêmes à la grand'chambre pour y donner part de cette lettre de cachet, et pour dire en même temps qu'ils avoient indiqué une assemblée du conseil de la ville pour aviser à ce qu'il y auroit à faire. On opina, après les avoir fait sortir ; et on les fit rentrer aussitôt, pour leur dire que la compagnie ne désapprouvoit pas cette assemblée du conseil de ville, parce qu'elle étoit dans l'ordre et selon la coutume ; mais qu'elle les avertissoit qu'une assemblée générale, et faite pour des affaires de cette importance, ne devoit ni ne pouvoit être arrêtée par une simple lettre de cachet. On lut ensuite la lettre qui devoit être envoyée à tous les parlemens du royaume ; elle étoit courte, mais décisive et pressante. L'après-dînée du même jour, l'assemblée de l'hôtel-de-ville se fit, ainsi qu'elle avoit été résolue le matin par le conseil. Le président Aubry ouvrit celui des conclusions. Desnots, apothicaire, qui parla fort bien, ajouta qu'il falloit écrire à toutes les villes de France où il y avoit des parlemens, ou évêchés, ou présidiaux, pour les inviter à faire une pareille assemblée et de pareilles remontrances contre le cardinal. Cet avis, qui fut supérieur de beaucoup ce jour-là, ayant été embrassé de plus de sept voix, fut le moindre en nombre dans l'assemblée suivante, qui fut celle du 22. Quelques-uns ayant dit que cette union des villes étoit une espèce de ligue contre le Roi, la pluralité revint à celui de M. le président Aubry, qui étoit de se contenter de faire des remontrances au Roi pour lui demander l'éloignement de M. le cardinal Mazarin, et le retour de Sa Majesté à Paris. Ce même jour, messieurs les princes allèrent à la chambre des comptes, et ils firent enregistrer les mêmes protestations qu'ils avoient faites au parlement et à la ville. On y résolut aussi les remontrances contre le cardinal.

Le 23, Monsieur dit au parlement que l'armée du Mazarin s'étant saisie, sous prétexte de l'approche du Roi, de Melun et de Corbeil, contre la parole que le maréchal de L'Hôpital avoit donnée que les troupes ne s'avanceroient pas, du côté de Paris, plus près que de douze lieues, il étoit obligé de faire approcher les siennes. Il alla ensuite, accompagné de M. le prince, à la cour des aides, où les choses se passèrent comme dans les autres compagnies.

1. Quoique je vous puisse répondre de la vérité de

tous les faits que je viens de poser à l'égard des assemblées qui se firent en ce temps-là, c'est-à-dire depuis le premier de mars jusqu'au 23 avril, parce qu'il n'y en a aucun que je n'aie vérifié moi-même sur les registres du parlement ou sur ceux de l'hôtel-de-ville ; je n'ai pas cru qu'il fût de la sincérité de l'histoire que je m'y arrêtasse avec autant d'attention ou plutôt avec autant de réflexion que je l'ai fait, à propos des assemblées des chambres, auxquelles j'avois assisté en personne. Il y a autant de différence entre un récit que l'on fait sur des mémoires, quoique bons, et une narration de faits que l'on a vus soi-même, qu'il y en a entre un portrait auquel on ne travaille que sur des ouï-dire, et une copie que l'on tire sur les originaux : ce que j'ai trouvé dans ces registres ne peut tout au plus être que le corps. Il est au moins constant que l'on ne sauroit reconnoître l'esprit des délibérations, qui se discerne assez souvent beaucoup davantage par un coup d'œil, par un mouvement, par un air qui est même quelquefois presque imperceptible, que par la substance des choses qui paroissent les plus importantes, et qui sont toutefois les seules dont les registres nous doivent tenir compte. Je vous supplie de recevoir cette observation comme une marque de l'exactitude que j'ai et que j'aurai toute ma vie à ne manquer à rien de ce que je dois à l'éclaircissement d'une matière sur laquelle vous m'avez commandé de travailler. Le compte que je vais vous rendre de ce que je remarquois en ce temps-là du mouvement intérieur de toutes les machines est plus de mon fait, et j'espère que je serai assez juste.

Il n'est pas possible qu'après avoir vû le consentement uniforme de tous les corps conjurés à la ruine de M. le cardinal Mazarin, vous ne soyez très-persuadée qu'il est sur le bord du précipice, et qu'il faut un miracle pour le sauver. Monsieur le fut au sortir de l'hôtel-de-ville, et il me fit la guerre, en présence du maréchal d'Etampes et du vicomte d'Autel, de ce que j'avois toujours cru que le parlement et la ville leur manqueroient. Je confesse encore, comme je lui confessois à lui-même ce jour-là, que je m'étois trompé sur ce point, et que je fus surpris, au delà de tout ce que vous pouvez vous en imaginer, du pas que le parlement avoit fait. Ce n'est pas que la cour n'y eût contribué autant qu'il étoit en elle; et l'imprudence du cardinal, qui y précipita cette compagnie malgré elle, fut certainement plus que suffisante pour m'épargner ou du moins pour me diminuer la honte que je pouvois avoir de n'avoir pas eu bonne vue. Il s'avisa de faire commander au nom du Roi, au parlement, de révoquer et d'annuler, à proprement parler, tout ce qu'il avoit fait contre le Mazarin, justement au moment que M. le prince arrivoit à Paris; et l'homme du monde qui gardoit le moins de mesure et le moins de bienséance à l'égard des illusions, et qui les aimoit le mieux là où elles n'étoient pas nécessaires, affecta de ne s'en point servir dans une occasion où je crois qu'un fort homme de bien eût pu les employer sans scrupule.

Il est certain que rien n'étoit plus odieux en soi-même que l'entrée de M. le prince dans le parlement, quatre jours après qu'il eut taillé en pièces quatre quartiers de l'armée du Roi; et je suis convaincu que si la cour ne se fût point pressée, et qu'elle fût demeurée dans l'inaction ; à cet instant tous les corps de la ville, qui dans la vérité commençoient à se lasser de la guerre civile, auroient été fatigués dès le suivant d'un spectacle qui les y engageoit même ouvertement. Cette conduite eût été sage : la cour prit la contraire ; elle ne manqua pas aussi de faire un contraire effet : car, en désespérant le public, elle l'accoutuma en un quart-d'heure à M. le prince. Ce ne fut plus celui qui venoit de défaire les troupes du Roi : ce fut celui qui venoit à Paris pour s'opposer au retour du cardinal. Ces espèces se confondirent même dans l'imagination de ceux qui eussent juré qu'elles ne s'y confondoient pas. Elles ne se démêlent, dans les temps où tous les esprits sont prévenus, que dans les spéculations de philosophes qui sont peu en nombre, et qui de plus y sont toujours comptés pour rien, parce qu'ils ne mettent jamais en main la hallebarde. Tous ceux qui crient dans les rues, tous ceux qui haranguent dans les compagnies, se saisissent de ces idées. Voilà justement ce qui arriva par l'imprudence du Mazarin ; et je me souviens que Bachaumont, que vous connoissez, me disoit, le propre jour que les gens du Roi présentèrent au parlement la dernière lettre de cachet dont je vous ai parlé, que le cardinal avoit trouvé le secret de faire Boislève frondeur. C'étoit tout dire : car ce Boislève étoit le plus décrié de tous les mazarins.

Vous croyez sans doute que Monsieur et M. le prince ne manquèrent pas cette occasion de profiter de l'imprudence de la cour. Nullement. Ils n'en manquèrent aucune de corrompre, pour ainsi parler, celle-là ; et c'est particulièrement en cet endroit où il faut reconnoître qu'il y a des fautes qui ne sont pas tout-à-fait humaines. Vous ne serez pas surprise de celles de Monsieur; mais je le suis encore de celles de M. le prince, qui étoit dès ce temps-là l'homme du monde naturellement le moins propre à les commettre. Sa jeunesse, son élévation, son courage, lui pouvoient faire faire de faux pas d'une autre nature, desquels on n'eût pas eu sujet de s'étonner. Ceux que je vais marquer ne pouvoient avoir aucun de ces principes; on leur en peut encore moins trouver dans les qualités opposées, desquelles homme qui vive ne l'a jamais pu soupçonner. Et c'est ce qui me fait conclure que l'aveuglement dont l'Ecriture nous parle si souvent est même humainement sensible et palpable quelquefois dans les actions des hommes. Y avoit-il rien de plus naturel à M. le prince, ni plus selon son inclination, que de pousser sa victoire et d'en prendre les avantages qu'il eût pu apparemment tirer, s'il eût continué à faire agir en personne son armée? Il l'abandonna, au lieu de prendre son parti, à la conduite de deux novices; et les inquiétudes de M. de Chavigny, qui les rappelle à Paris sur un prétexte ou sur une raison qui au fond n'avoit point de réalité, l'emportent dans son esprit sur son inclination toute guerrière, et sur l'intérêt solide qui l'eût dû attacher à ses troupes. Y avoit-il rien de plus nécessaire à Monsieur et à M. le prince que de fixer, pour ainsi dire, le moment heureux dans lequel l'imprudence du cardinal venoit de livrer à leur disposition le premier parlement du royaume, qui avoit balancé à se déclarer jusque là, et qui avoit fait de temps en temps des démarches, non pas seulement foibles, mais ambiguës? Au lieu de se servir de cet instant, en achevant d'engager tout-à-fait le parlement, ils lui font de ces sortes de peurs qui ne manquent jamais de dégoûter dans les commencemens et d'effaroucher dans les suites les compagnies; et ils lui laissent de ces sortes de libertés qui les accoutument d'abord à la résistance, et qui la produisent infailliblement à la fin. Je m'explique : aussitôt que l'on eut la nouvelle de l'approche de M. le prince, il y eut des placards affichés, et une grande émeute sur le Pont-Neuf. Il n'y eut point de part, il n'y en put même avoir : car il n'étoit point encore arrivé à Paris lorsqu'elle arriva; ce qui fut le 2 de mars 1652. Il est vrai qu'elle fut commandée par Monsieur, comme je vous l'ai dit dans un autre lieu.

Le 15 avril, le bureau des entrées de la porte Saint-Antoine fut rompu et pillé par la populace; et M. de Cumont, conseiller du parlement, qui s'y trouva par hasard, l'étant venu dire à Monsieur dans le cabinet des livres, où j'étois, eut pour réponse ces propres paroles : « J'en suis fâché; mais il n'est « pas mauvais que le peuple s'éveille de temps en « temps. Il n'y a personne de tué; le reste n'est pas « grand'chose. »

Le 30 du même mois, le prevôt des marchands et d'autres officiers de la ville, qui revenoient de chez Monsieur, faillirent à être massacrés au bas de la rue de Tournon; et ils se plaignirent dès le lendemain, dans les chambres assemblées, qu'ils n'avoient reçu aucun secours, quoiqu'ils l'eussent fait demander et au Luxembourg et à l'hôtel de Condé.

Le 10 de mai, le procureur du Roi de la ville et

deux échevins eussent été tués dans la salle du Palais, sans M. de Beaufort, qui eut très-grande peine à les sauver.

Le 13, M. Quelin, conseiller du parlement et capitaine de son quartier, ayant mené sa compagnie au Palais pour la garde ordinaire, fut abandonné de tous les bourgeois qui la composoient, et qui crioient qu'ils n'étoient pas faits pour garder des mazarins. Et le 24 du même mois, M. Molé de Sainte-Croix porta sa plainte en plein parlement de ce que, le 20, il avoit été attaqué et presque mis en pièces par les séditieux.

Vous observerez, s'il vous plaît, que toute la canaille, qui seule faisoit tout ce désordre, n'avoit dans la bouche que le nom et le service de messieurs les princes, qui dès le lendemain la désavouoient dans des assemblées des chambres. Ce désaveu, qui se faisoit au moins pour l'ordinaire de très-bonne foi, donnoit lieu aux arrêts sanglans que le parlement donnoit en toute occasion contre les séditieux; mais il n'empêchoit pas que ce même parlement ne crût que ceux qui désavouoient la sédition ne l'eussent faite; et ainsi il ne diminuoit rien de la haine que beaucoup de particuliers en concevoient, et il accoutumoit le corps à donner des arrêts qui n'étoient pas, au moins à ce qu'il s'imaginoit, du goût de messieurs les princes. Je sais bien, comme je l'ai déjà dit ailleurs, que, dans les temps où il y a de la foiblesse et du trouble, ce malheur est inséparable des pouvoirs populaires: et nul ne l'a plus éprouvé que moi. Mais il faut avouer aussi que Monsieur et M. le prince n'eurent pas toute l'application nécessaire à sauver les apparences de ce qu'ils ne faisoient point en effet. Monsieur, qui étoit foible, craignoit de se brouiller avec le peuple, en réprimant avec trop de véhémence les criailleurs; et M. le prince, qui étoit intrépide, ne faisoit pas assez de réflexion sur les mauvais et puissans effets que ces émotions faisoient à son égard dans les esprits de ceux qui en avoient peur.

Il faut que je me confesse en cet endroit, et que je vous avoue que comme j'avois intérêt à affoiblir le crédit de M. le prince dans le public, je n'oubliai, pour réussir, aucune des couleurs que je trouvai sur ce sujet assez abondamment dans les manières de beaucoup de gens de son parti. Jamais homme n'a été plus éloigné que M. le prince de ces sortes de moyens. Il n'y en a jamais eu un seul sur qui il fût plus aisé d'en jeter l'envie et les apparences. Pesch étoit tous les jours dans la cour de l'hôtel de Condé, et le commandeur de Saint-Simon [1] ne bougeoit de l'antichambre. Il faut que ce dernier se soit mêlé d'un étrange métier, puisque, nonobstant sa qualité, je n'ai pas honte de le confondre avec un misérable criailleur de la lie du peuple. Il est certain que je me servis utilement de ces deux noms contre les intérêts de M. le prince, qui dans la vérité n'avoit de tort à cet égard que celui de ne pas faire assez d'attention à leur sottise. J'ose dire, sans manquer au respect que je lui dois, qu'il fut moins excusable en celle qu'il n'eut pas de s'opposer d'abord à de certaines libertés que des particuliers prirent dans tous les corps, de lui résister en face, et de l'attaquer même personnel-

---

[1] Louis de Saint-Simon, chevalier de Malte, commandeur et capitaine aux gardes; mort en 1679. (A. E.)

lement. Je sais bien que les douceurs naturelles de Monsieur, jointes à l'ombrage que monsieur son cousin lui donnoit toujours, l'obligeoient quelquefois à dissimuler; mais je sais bien aussi qu'il eut lui-même trop de douceur en ces rencontres; et que s'il eût pris les choses sur le ton qu'il les pouvoit prendre dans le moment que la cour lui donna si beau jeu, il eût soumis Paris et Monsieur même à sa volonté sans violence. La même vérité qui m'oblige à remarquer la faute m'oblige à en admirer le principe; et il est si beau à l'homme du monde du courage le plus héroïque d'avoir péché par excès de douceur, que ce qui ne lui a pas succédé dans la politique doit être au moins admiré et exalté par tous les gens de bien dans la morale. Il est nécessaire d'expliquer en peu de paroles ce détail.

M. le procureur général Fouquet, connu pour mazarin, quoiqu'il déclamât à sa place contre lui comme tous les autres, entra dans la grand'chambre le 17 avril; et, en présence de M. le duc d'Orléans et de M. le prince, requit, au nom du Roi, que M. le prince lui donnât communication de toutes les associations et de tous les traités qu'il avoit faits et dedans et dehors le royaume. Et il ajouta qu'en cas que M. le prince le refusât, il demandoit acte de sa réquisition, et de l'opposition qu'il faisoit à l'enregistrement de la déclaration que M. le prince venoit de faire, qu'il poseroit les armes aussitôt que M. le cardinal Mazarin seroit éloigné.

M. Menardeau opina publiquement, dans la grande assemblée de l'hôtel-de-ville qui fut faite le 10 avril, à ne point faire de remontrances contre le cardinal, qu'après que messieurs les princes auroient posé les armes.

Le 22 du même mois, messieurs les présidens des comptes, à la réserve du premier, ne se trouvèrent pas à la chambre, sous je ne sais quel prétexte qui parut en ce temps-là assez léger. Je ne me souviens pas du détail. M. Perroches, un instant après, soutint à messieurs les princes, en face, qu'il falloit donner arrêt qui portât défense de lever aucunes troupes sans la permission du Roi; et le même jour M. Amelot, premier président de la cour des aides, dit à M. le prince ouvertement qu'il s'étonnoit de voir sur les fleurs de lis un prince qui, après avoir si souvent triomphé des ennemis de l'Etat, venoit de s'unir à eux, etc. Je ne vous rapporte ces exemples que comme des échantillons. Il y en eut tous les jours quelques-uns de cette espèce; et il n'y en eut point, pour peu considérable qu'il parût sur l'heure, qui ne laissât dans les esprits une de ces sortes d'impressions qui ne se sentent pas d'abord, mais qui se réveillent dans la suite. Il est de la prudence d'un chef de parti de souffrir tout ce qu'il doit dissimuler: ce qui accoutume les corps ou les particuliers à la résistance. Monsieur, par son humeur et par l'ombrage que M. le prince lui faisoit à tous les instans, ne vouloit déplaire à qui que ce soit. M. le prince, qui n'étoit dans la faction que par force, n'étudioit pas avec assez d'application les principes d'une science dans laquelle l'amiral de Coligny disoit que l'on ne pouvoit jamais être docteur. Ils laissèrent non-seulement l'un et l'autre la liberté, mais encore la licence des suffrages, à tous les particuliers. Ils crurent, dans toutes les occasions dont je viens de parler, que le plus de voix qu'ils y avoient eu leur suffisoit : comme il leur auroit effectivement suffi, s'il ne s'étoit agi que d'un procès. Ils ne connurent pas d'assez bonne heure la différence qu'il y a entre la liberté et la licence des suffrages. Ils ne purent se persuader qu'un discours haut, sentencieux et décisif, fait à propos et dans des momens qui se trouvent quelquefois décisifs par eux-mêmes, eût pu faire et produire cette distinction sans la moindre ombre de violence : et ainsi ils laissèrent toujours dans Paris un certain air de parti contraire, qui ne manque jamais de s'épaissir quand il est agité par les vents qu'y jette l'autorité royale. S'il eût plu à Monsieur et à M. le prince de faire sortir de Paris, même avec civilité, le moindre de ceux qui leur manquèrent au respect dans ces rencontres, les compagnies mêmes dont ils étoient membres y eussent donné leurs suffrages. Le président Amelot fut désavoué publiquement par la cour des aides de ce qu'il avoit dit à M. le prince. Elle eût opiné à son éloignement, si M. le prince eût voulu ; elle l'en auroit remercié le jour même, et le lendemain elle auroit tremblé. Le secret, dans les grands inconvéniens, est d'y retenir les gens dans l'obéissance par des frayeurs qui ne leur soient causées que par les choses dont ils aient été eux-mêmes les instrumens. Ces peurs sont, pour l'ordinaire, les plus efficaces, et toujours les moins odieuses. Vous verrez ce que la conduite contraire produisit. Mais ce qui aida fort à produire la conduite contraire fut la démangeaison de négociation : c'est ainsi que le vieux Saint-Germain l'appeloit, qui, à proprement parler, étoit la maladie populaire du parti de M. le prince.

M. de Chavigny, qui avoit été dès son enfance nourri dans le cabinet, ne pensoit qu'à y rentrer par toutes voies. M. de Rohan, qui n'étoit, à proprement parler, bon qu'à danser, ne se croyoit lui-même que bon pour la cour. Goulas ne vouloit que ce que vouloit M. de Chavigny. Voilà des naturels bien susceptibles de propositions et de négociations. M. le prince étoit, par son inclination, par son éducation et par ses maximes, plus éloigné de la guerre civile qu'homme que j'aie jamais connu, sans exception. Et Monsieur, dont le caractère dominant étoit d'avoir toujours peur et défiance, étoit celui de tous ceux que j'aie jamais vus le plus capable de donner dans tous les faux pas, à force de les craindre tous. Il étoit en cela semblable aux lièvres. Voilà des esprits bien portés à recevoir des propositions de négociations! Le fort de M. le cardinal Mazarin étoit proprement de ravauder, de donner à entendre, de faire espérer, de jeter des lueurs, de les retirer ; de donner des vues, de les brouiller : voilà un génie tout propre à se servir des illusions que l'autorité royale a toujours abondamment en main pour engager à des négociations. Il y engagea, à la vérité, tout le monde ; et cet engagement fut ce qui produisit en partie, comme je viens de vous le dire, la conduite que je vous ai expliquée ci-dessus, en ce qu'elle amusa par de fausses espérances d'accommodement ; et ce fut encore ce qui acheva, pour ainsi dire, de la gâter et de la corrompre, en ce qu'il donna du courage à ceux qui, dans la ville et dans le parlement, avoient de bonnes intentions pour la cour, et qu'il l'ôta à ceux qui étoient de bonne foi dans ce parti. Je vous expliquerai ce détail après que je vous aurai rendu compte du mouvement des armées de l'un et de l'autre parti, et de celui que je fus obligé de me donner, contre mon inclination et contre ma résolution, dans ces conjonctures.

Le Roi, dont le dessein avoit toujours été de s'approcher de Paris, comme il me semble que je vous l'ai déjà dit, partit de Gien aussitôt après le combat de Bleneau; et il prit son chemin par Auxerre et par Melun jusqu'à Corbeil, pendant que messieurs de Turenne et d'Hocquincourt, qui s'avancèrent avec l'armée jusqu'à Moret, couvroient sa marche, et que messieurs de Beaufort et de Nemours, qui avoient été obligés de quitter Montargis faute de fourrages, s'étoient allés camper à Etampes. Leurs Majestés étoient passées jusqu'à Saint-Germain; M. de Turenne se posta à Palaiseau: ce qui obligea messieurs les princes de mettre garnison dans Saint-Cloud, au port de Neuilly et à Charenton. Vous voyez aisément que tous ces mouvemens de troupes ne se faisoient pas sans beaucoup de désordre et de pillage; et ce pillage, qui étoit trouvé tout aussi mauvais au parlement que celui des tireurs de laine sur le Pont-Neuf, donnoit tous les jours quelque scène qui n'auroit pas été indigne du *Catholicon* (1). Celle dans laquelle je jouois mon personnage au Luxembourg n'étoit pas assurément de la même nature. J'y allois tous les jours réglément, et parce que Monsieur le vouloit ainsi, pour faire

(1) *Du Catholicon :* L'un des titres des premières éditions de la Satire Ménippée étoit : *De la vertu du Catholicon d'Espagne.* On appeloit *catholicon* l'argent que cette puissance faisoit passer aux ligueurs.

voir à M. le prince qu'en cas de besoin il seroit toujours assuré de moi, et parce qu'il me convenoit aussi en mon particulier que le public vît que ce que les partisans de M. le prince publioient incessamment contre moi, de mon intelligence avec le Mazarin, n'étoit ni cru ni approuvé de Son Altesse Royale. J'étois toujours dans le cabinet des livres, parce que le défaut de bonnet, que je n'avois pas encore reçu de la main du Roi, faisoit que je ne paroissois pas en public. M. le prince étoit très-souvent en même temps dans la galerie ou dans la chambre. Monsieur alloit et venoit sans cesse de l'une à l'autre, et parce qu'il ne demeuroit jamais en place; et parce qu'il l'affectoit même quelquefois pour différentes fins. Le commun du monde, qui prend toujours plaisir à être mystérieux, vouloit que l'agitation qui lui étoit naturelle fût l'effet des différentes impressions que nous lui donnions. M. le prince m'attribuoit tout ce que Monsieur ne faisoit pas pour le bien du parti. Le peu d'ouverture que j'avois laissé aux offres de M. de Brissac, par le moyen de M. le comte de Fiesque, l'avoit encore tout fraîchement aigri. Il y eut même des rencontres où Monsieur crut qu'il lui convenoit qu'il ne s'adoucît pas à mon égard. Les libelles recommencèrent, j'y répondis; la trêve de l'écriture se rompit, et ce fut en cette occasion, ou du moins dans les suivantes, où je mis au jour quelques-uns de ces libelles, desquels je vous ai parlé dans le premier volume de cet ouvrage, quoique ce n'en fût pas le lieu, pour n'être pas obligé de retoucher une matière qui est trop légère en elle-même pour être rebattue tant de fois. Je me contenterai de vous dire que les *Contre-temps de M. de*

Chavigny, premier ministre de M. le prince, que je dictai en badinant à M. de Caumartin, touchèrent à un point cet esprit altier et superbe, qu'il ne put s'empêcher d'en verser des larmes en présence de douze ou quinze personnes de qualité qui étoient dans sa chambre. L'un de ceux-là me l'ayant dit le lendemain, je lui répondis, en présence de messieurs de Liancourt et de Fontenay : « Je vous supplie de dire à M. de Cha-
« vigny que, connoissant en sa personne autant de
« bonnes qualités que j'en connois, je travaillerois à
« son panégyrique encore plus volontiers que je n'ai
« fait au libelle qui l'a tant touché. ».

Je vous ai déjà dit ci-dessus que j'avois fait la résolution de demeurer tout le plus qu'il me seroit possible dans l'inaction, parce qu'il est vrai que j'avois beaucoup à perdre, et rien à gagner dans le mouvement. J'accomplis en partie cette résolution, parce qu'il est vrai que je n'entrai presque en rien de tout ce qui se fit dans ce temps-là, étant très-convaincu qu'il n'y avoit rien de beau à faire pour l'ordinaire, et que le bon même ne se feroit pas dans le peu d'occasions où il étoit possible, à cause des vues différentes et compliquées que chacun avoit, vu l'état des choses. Je m'enveloppai donc, pour ainsi dire, dans mes grandes dignités, auxquelles j'abandonnai les espérances de ma fortune ; et je me souviens qu'un jour M. le président Bellièvre me disant que je devois me donner plus de mouvement, je lui répondis sans balancer : « Nous sommes dans une grande tempête, où il
« me semble que nous voguons tous contre le vent.
« J'ai deux bonnes rames en main, dont l'une est la
« masse de cardinal, et l'autre la crosse de Paris. Je

« ne les veux pas rompre, et je n'ai présentement qu'à
« me soutenir. »

Je vous ai déjà dit que l'obligation de voir Monsieur très-souvent me força à ne pas garder toutes les apparences de cette inaction. Je me trouvai de nécessité à ne la pas même observer pleinement et entièrement, par les criailleries des partisans de M. le prince, qui m'attaquèrent par leurs libelles, comme fauteur du Mazarin. Je fus obligé d'y répondre : et cet éclat, joint à la cour assidue que je faisois au Luxembourg, qui paroissoit d'autant plus mystérieuse qu'elle sembloit couverte par la raison que vous avez déjà vue, quoiqu'elle fût publique; cet éclat, dis-je, fit trois effets très-mauvais contre moi. Le premier fut qu'il fit croire, même aux indifférens, que je ne pouvois demeurer en repos; le second, qu'il persuada à M. le prince que j'étois irréconciliable avec lui ; et le troisième, qu'il acheva d'aigrir au dernier point la cour contre moi, parce que je ne pouvois me défendre contre les libelles de M. le prince qu'en insérant dans les miens des choses qui ne pouvoient être agréables à M. le cardinal. Cet embarras n'étoit évitable que par des inconvéniens qui étoient encore plus grands que l'embarras. Je ne me pouvois défendre du premier que par une retraite entière, qui n'eût été ni de la bienséance, dans un temps où on l'eût attribuée à la peur que l'on eût cru que j'eusse eue de M. le prince, ni du respect et du service que je devois à Monsieur dans un moment où ma présence, au moins selon qu'il se l'imaginoit, lui étoit nécessaire. Je ne pouvois me parer du second qu'en me raccommodant avec M. le prince, ou en lui laissant prendre contre moi dans le public tous les avantages qu'il lui plaisoit. Ce dernier parti eût été d'un innocent : l'autre étoit impraticable; et par les engagemens que j'avois sur cet article particulier avec la Reine, et par la disposition de Monsieur, qui me vouloit toujours tenir en lesse pour me lâcher en cas de besoin. Je ne pouvois éviter le troisième sans faire des pas vers la cour, desquels M. le cardinal n'eût pas manqué de se servir pour me perdre. En voici un exemple :

Aussitôt que j'eus reçu la nouvelle de ma promotion, j'envoyai Argenteuil au Roi et à la Reine pour leur en rendre compte; et je lui donnai charge expresse de ne point voir M. le cardinal, auquel j'étois bien éloigné, comme vous avez vu, de m'en croire obligé, et que j'étois bien aise de plus de marquer, par une circonstance de cette nature, et dans le parlement et dans le peuple, pour mon ennemi. Monsieur eut l'honnêteté ou la prudence de me dire de lui-même qu'il avouoit que l'ordre que je donnois sur cela à Argenteuil étoit nécessaire; mais qu'il y falloit toutefois un *retentum* (ce fut son mot); et qu'en l'état où étoient les choses, et où elles seroient peut-être quand il arriveroit à Saumur, où la cour étoit à cette heure-là, il étoit à propos de lui laisser la bride plus longue, et de ne lui point ôter la liberté de conférer secrètement avec le cardinal s'il le souhaitoit, et si madame la palatine, à qui j'adressois Argenteuil pour le présenter à la Reine, croyoit qu'il y pût avoir quelque utilité. « Que savons-nous, ajouta
« Monsieur, si par l'événement cela ne pourra pas
« être bon à quelque chose, même pour le gros des
« affaires ? La bonne conduite veut que l'on ne perde

« pas les occasions naturelles d'amuser quand on a
« affaire à des amuseurs en titre d'office. Le Mazarin
« ne manquera jamais de dire la conférence : mais
« quel inconvénient? C'est un menteur fieffé que per-
« sonne ne croit; et il la dira, fausse comme véritable. »
Voilà les paroles de Monsieur : elles furent prophé-
tiques. M. le cardinal voulut voir Argenteuil, chez
madame la palatine, la nuit. Il lui dit, par excès de
tendresse pour moi, que si j'avois été assez malha-
bile pour lui avoir ordonné de le voir publiquement,
il y auroit suppléé, pour me servir par un refus public. Il entra bonnement dans tous mes égards et dans
tous mes intérêts; il lui voulut faire croire qu'il étoit
résolu de partager le ministériat avec moi.

Véritablement Argenteuil n'étoit pas encore revenu
à Paris, que Monsieur étoit averti par Goulas, non
pas de ce qui s'étoit passé réellement à l'égard de
cette visite, mais de tout ce qui s'y fût passé effectivement si elle eût été recherchée par moi, et faite à
l'insu de Son Altesse Royale et contre son service.
Cet échantillon vous fait voir les replis de la pièce
qui étoit sur le métier, et peut contribuer, ce me
semble, à justifier la conduite que j'eus en ce temps-là.

J'écris par votre ordre l'histoire de ma vie : et le
plaisir que je me fais de vous obéir avec exactitude
a fait que je m'épargne si peu moi-même. Vous avez
pu jusqu'ici vous apercevoir que je ne me suis pas
appliqué à faire mon apologie. Je m'y trouve forcé
en cette rencontre, parce que c'est là où l'artifice de
mes ennemis a rencontré le plus de facilité à surprendre la crédulité du vulgaire. Je savois que l'on
disoit en ce temps-là : Est-il possible que le cardinal

de Retz ne soit pas content d'être, à son âge, cardinal et archevêque de Paris? et comment se peut-il mettre dans l'esprit qu'on lui donnera, à force d'armes, la première place dans le conseil du Roi? Je sais qu'encore aujourd'hui les misérables gazettes de ce temps-là sont pleines de ces ridicules idées. Je conviens qu'elles l'eussent été encore sans comparaison davantage dans mes espérances et dans mes vues, qui en vérité en étoient très-éloignées, je ne dis pas seulement par la force de la raison, à cause des conjonctures, mais je dis même par mon inclination, qui me portoit avec tant de rapidité et aux plaisirs et à la gloire, que le ministériat qui trouble beaucoup ceux-là, et qui rend toujours l'autre odieuse, étoit encore moins à mon goût qu'à ma portée. Je ne sais si je fais mon apologie en vous parlant ainsi : je ne crois pas au moins vous faire mon éloge. Surtout je vous dois la vérité, qui ne me servira pas beaucoup dans l'esprit de la postérité pour ma décharge, mais qui au moins n'y sera pas inutile pour faire connoître que la plupart des hommes du commun qui raisonnent sur les actions de ceux qui sont dans les grands postes sont tout au moins des dupes présomptueuses. Je m'aperçois qu'il y a trop de prolixité dans cette digression : vous l'attribuerez peut-être à vanité; je ne le crois pas, et je sens que le plaisir que j'ai à pouvoir me justifier est uniquement l'effet de celui que je trouve à n'être pas désapprouvé de vous.

Il n'est pas possible que lorsque vous faites réflexion sur l'embarras où j'étois dans le temps que je viens de vous décrire, vous ne vous ressouveniez de ce que je vous ai déjà dit plus d'une fois, qu'il y en

est impossible de bien faire. Je crois que
me répétoit ces paroles cent fois par jour,
soupirs et des regrets incroyables de ne
pas cru quand je lui représentois, et qu'il
it en cet état, et qu'il y feroit tomber tout le
Il étoit encore aggravé à mon égard par les
emps, que je puis, ce me semble, appeler do-
es, qui m'arrivèrent dans ces conjonctures.
avez déjà vu que madame de Chevreuse,
tier et Laigues avoient commencé en quel-
n à faire bande à part; et que, sous le pré-
ne pouvoir entrer ni directement ni indirec-
lans les intérêts de M. le prince, ils étoient
ment séparés de ceux de Monsieur, quoiqu'ils
sent toujours les mesures de l'honnêteté et
ct. Celles qu'ils avoient avec la cour étoient
p plus étroites. L'abbé Fouquet avoit succédé
te négociation à Bertet; je l'appris par Mon-
me, qui m'obligea ou plutôt qui me força à
rer plus que je n'eusse fait sans son ordre
ar, dans la vérité, depuis ce qui s'étoit passé
de Chevreuse quand M. le cardinal rentra
oyaume, je n'y comptois plus rien; et je ne
is même à y aller que parce que je voyois
iselle de Chevreuse qui ne m'avoit pas man-
me sentois obligé à Monsieur de ce qu'il n'a-
té aucune foi aux mauvais offices que Chavi-
oulas me rendoient du matin au soir sur les
ndances de l'hôtel de Chevreuse avec la cour,
oient à la vérité un beau champ à me calom-
insi je me sentis aussi plus obligé moi-même
irer. Cette considération fit que, contre mon

inclination, je pris quelques mesures avec l'abbé Fouquet. Je dis contre mon inclination : car le peu qui m'avoit paru de cet esprit chez madame de Guémené, où il alloit voir assez souvent mademoiselle de Menessin, qui étoit sa parente, ne m'avoit pas donné du goût pour sa personne. Il étoit en ce temps-là fort jeune ; mais il avoit dès ce temps-là un je ne sais quel air d'emporté et de fou qui ne me revenoit pas. Je le vis deux ou trois fois sur la brune chez Le Fèvre de La Barre, qui étoit fils du prevôt des marchands, et son ami, sous prétexte de conférer avec lui pour rompre les cabales que M. le prince faisoit pour se rendre maître du peuple. Notre commerce ne dura pas longtemps, et parce que de mon côté j'en tirai d'abord les éclaircissemens qui m'étoient nécessaires, et parce que lui du sien se lassa bientôt des conversations qui n'alloient à rien. Il vouloit dès le premier moment que je fusse mazarin sans réserve comme lui. Il ne concevoit pas qu'il fût à propos de garder des mesures. Je crois qu'il peut être devenu depuis un habile homme ; mais je vous assure qu'en ce temps-là il ne parloit que comme un écolier qui ne fût sorti que de la veille du collége de Navarre. Je crois que cette qualité put ne lui pas nuire auprès de mademoiselle de Chevreuse, de laquelle il devint amoureux, et laquelle devint amoureuse de lui. La petite de Roye, qui étoit une Allemande fort jolie, et qui étoit à elle, m'en avertit. Je me consolai assez aisément avec la suivante de l'infidélité de la maîtresse, dont, pour vous dire le vrai, le choix ne m'humilia point. Je ne laissai pas de prendre la liberté de faire quelques railleries de l'abbé Fouquet, qui se persuada ou qui

voulut se persuader qu'elles avoient passé jeu, et que
j'avois dit que je lui ferois donner des coups de bâton.
Je n'y avois jamais pensé; et il en a eu le même ressentiment que si la chose eût été vraie. Il contribua
beaucoup à ma prison : et M. Le Tellier me dit à Fontainebleau, après que je fus revenu des pays étrangers, qu'il avoit proposé à la Reine plusieurs fois de
me tuer. Ma colère contre lui ne fut pas si grande :
elle se mesura à ma jalousie, qui ne fut que médiocre.
Mademoiselle de Chevreuse n'avoit que de la beauté,
de laquelle on se rassasie lorsqu'elle n'est pas accompagnée. Elle n'avoit de l'esprit que pour celui qu'elle
aimoit; mais comme elle n'aimoit jamais long-temps,
on ne trouvoit pas aussi long-temps qu'elle eût de
l'esprit. Elle s'indignoit contre ses amans comme
contre ses hardes. Les autres femmes s'en lassent:
elle les brûloit; et ses filles avoient toutes les peines
du monde de sauver une jupe, des coiffes, des
gants, un point de Venise. Je crois que si elle eût pu
mettre au feu ses amans quand elle s'en lassoit, elle
l'eût fait du meilleur de son cœur. Madame sa mère,
qui la vouloit brouiller avec moi quand elle se résolut
de s'unir entièrement à la cour, n'y put réussir, quoiqu'elle eût fait en sorte que madame de Guémené lui
eût fait lire un billet de ma main, par lequel je m'étois donné corps et ame à elle, comme les sorciers
se donnent au diable. Dans l'éclat qu'il y eut entre
l'hôtel de Chevreuse et moi, à l'entrée du cardinal
dans le royaume, elle éclata avec fureur en ma faveur; elle changea deux mois après à propos de rien,
et sans savoir pourquoi. Elle prit tout d'un coup de
la passion pour Charlotte, une fille de chambre fort

jolie qui étoit à elle, qui alloit à tout; elle ne lui dura que six semaines, après lesquelles elle devint amoureuse de l'abbé Fouquet, jusqu'au point de l'épouser s'il eût voulu. Ce fut dans ce temps-là que madame de Chevreuse se voyant assez hors d'œuvre à Paris, prit le parti d'en sortir, et de se retirer à Dampierre, sous l'espérance que Laigues, qui avoit fait un voyage à la cour, lui rapporta qu'elle y seroit très-bien reçue. Je déchargeai mon cœur à mademoiselle de Chevreuse, qui en vérité n'étoit pas fort gros; et je ne laissai pas de faire accompagner la mère et la fille, et au sortir de Paris, et même à la campagne jusqu'à Dampierre, par tout ce que j'avois auprès de moi et de noblesse et de cavalerie. Je ne puis finir ce léger crayon que je vous donne ici de l'état où je me trouvois à Paris, sans rendre la justice que je dois à la générosité de M. le prince. Angerville, qui étoit à M. le prince de Conti, vint de Bordeaux à dessein d'entreprendre sur moi; au moins M. le prince le crut-il ou le soupçonna-t-il. J'ai honte de n'être pas plus éclairci de ce détail, parce qu'on ne le peut jamais assez être des bonnes actions, et particulièrement de celles dont on doit avoir de la reconnoissance. M. le prince le rencontrant dans la rue de Tournon lui dit qu'il le feroit pendre s'il ne partoit dans deux heures pour aller retrouver son maître.

Quelques jours après M. le prince étant chez Prudhomme qui logeoit dans la rue d'Orléans, et ayant enfilé dans la rue sa compagnie de gardes et un fort grand nombre d'officiers, M. de Rohan y arriva tout échauffé, pour lui dire qu'il me venoit laisser en beau débat; que j'étois à l'hôtel de Chevreuse, très-mal accompagné ; et que je n'avois auprès de moi que le chevalier d'Humières, enseigne de mes gendarmes, avec trente maîtres. M. le prince lui répondit en souriant : « Le cardinal de Retz est trop fort ou trop « foible. » Marigny me raconta presque dans le même temps que s'étant trouvé dans la chambre de M. le prince, et ayant remarqué qu'il lisoit avec attention un livre, il avoit pris la liberté de lui dire qu'il falloit que ce fût un bel ouvrage, puisqu'il y prenoit tant de plaisir ; et que M. le prince lui répondit : « Il est vrai « que j'y en prends beaucoup : car il me fait connoître « mes fautes, que personne n'ose me dire. » Vous observerez, s'il vous plaît, que ce livre étoit celui qui est intitulé *le Vrai et le Faux du prince de Condé et du cardinal de Retz;* qui pouvoit piquer et fâcher M. le prince, parce que je reconnois de bonne foi que j'y avois manqué au respect que je lui devois. Ces paroles sont belles, hautes, sages, grandes, et proprement des apophthegmes, desquels le bon sens de Plutarque auroit honoré l'antiquité avec joie.

Je reprends le fil de ce qui se passoit en ce temps-là dans les chambres assemblées, dont vous avez déjà vu la meilleure partie dans ces observations, sur lesquelles il y a déjà quelque temps que je me suis même assez étendu. Je vous ai parlé de la démangeaison de négociation, comme de la maladie qui régnoit dans le parti des princes. M. de Chavigny en avoit une réglée, mais secrète, avec M. le cardinal ; par le canal de M. de Fabert [1]. Elle ne réussit pas parce que le cardinal ne vouloit point dans le fond d'accommodement, et il n'en recherchoit que les apparences,

[1] *Fabert :* Abraham, maréchal de France en 1646 ; mort en 1662.

pour décrier dans le parlement et dans le peuple M. le duc d'Orléans et M. le prince. Il employa pour cela le roi d'Angleterre, qui proposa au Roi à Corbeil une conférence. Elle fut acceptée à la cour, et elle le fut aussi à Paris par Monsieur et par M. le prince, auxquels la reine d'Angleterre en parla. Monsieur en donna part au parlement le 26 avril, et fit partir dès le lendemain messieurs de Rohan, de Chavigny et Goulas pour aller à Saint-Germain, où le Roi étoit allé de Corbeil. Je pris la liberté de demander le soir à Monsieur s'il avoit quelques certitudes, ou au moins quelques lumières, que cette conférence pût être bonne à quelque chose ; et il me répondit en sifflant : « Je ne le crois pas ; mais que faire ? Tout le « monde négocie, je ne veux pas demeurer tout « seul. » Permettez-moi, je vous supplie, de marquer cette réponse comme l'époque de toute la conduite que Monsieur tint à l'égard de toutes les négociations que vous verrez dans la suite. Il n'y eut jamais d'autre vue que celle-là ; il n'y apporta jamais ni plus de dessein, ni plus d'art, ni plus de finesse. Il ne me fit jamais d'autres réponses quand je lui représentois les inconvéniens de cette conduite : ce que je ne faisois pourtant jamais qu'il ne me l'eût commandé plus de cinq ou six fois.

Je crois que vous ne vous étonnerez plus de mon inaction ; elle vous surprendra encore moins quand je vous aurai dit qu'après la négociation de laquelle je viens de vous parler, qui n'alla à rien qu'à décrier le parti, comme vous l'allez voir, il y en eut cinq ou six autres, ou plutôt qu'il y en eut un tissu, que messieurs de Rohan, de Chavigny, Goulas, Gourville et mademoiselle de Châtillon tinrent à différentes reprises sur le métier. Ils ne travaillèrent pas tout seuls à l'ouvrage : je le brodai de tout ce qui en pouvoit rehausser les couleurs dans le public. Comme il me convenoit de rejeter sur ce parti-là la haine et l'envie du mazarinisme, dont il essayoit de me charger en toutes occasions, je n'oubliois rien de tout ce qui étoit en moi pour découvrir et pour faire éclater dans le monde les avantages que les particuliers qui le composoient n'oublioient pas de leur côté de rechercher dans les traités. Les propositions des gouvernemens de Guienne pour M. le prince, de la Provence pour monsieur son frère, de l'Auvergne pour M. de Nemours ; les cent mille écus que l'on demandoit pour M. de La Rochefoucauld, le bâton de maréchal de France pour M. Du Dognon, les lettres de duc pour M. de Montespan, la surintendance des finances pour M. Du Dognon, le pouvoir de faire la paix générale à Monsieur et à M. le prince, celui de nommer des ministres, y fut figuré de toutes les couleurs et de toute leur étendue. Je ne crus pas être imposteur en publiant que tout ce que je viens de vous dire avoit été proposé ; parce qu'il est vrai que les avis que j'avois de la cour me l'assuroient. Je ne voudrois pas jurer qu'il n'y eût dans ces avis de l'exagération sur de certains points. Ce que je sais de science certaine, c'est que M. le cardinal faisoit espérer tout ce que l'on prétendoit, et qu'il ne fut jamais un instant dans la pensée d'en tenir quoi que ce soit. Il se donna le plaisir de donner au public le spectacle de messieurs de Rohan, de Chavigny et de Goulas conférant avec lui et devant le Roi, et en particulier, au moment même que Monsieur et M. le prince disoient publiquement, dans les chambres assemblées, que le préalable de tous les traités étoit de n'avoir aucun commerce avec le Mazarin. Il joua la comédie en leur présence, dans laquelle il se fit retenir comme par force par le Roi, qu'il supplioit à mains jointes de lui permettre qu'il pût s'en retourner en Italie. Il se donna la satisfaction de montrer à toute la cour Gourville, qu'il ne laissoit pas de faire monter par un escalier dérobé. Il se donna la joie d'amuser Gaucourt, qui par sa profession de négociateur donnoit encore plus d'éclat à la négociation. Enfin les choses en vinrent au point que madame de Châtillon alla publiquement à Saint-Germain. Nogent disoit qu'il ne lui manquoit, en entrant dans le château, que le rameau d'olive à la main. Elle y fut reçue et traitée effectivement comme Minerve auroit pu l'être : la différence fut que Minerve auroit apparemment prévu le siége d'Etampes que M. le cardinal entreprit dans le même instant; et dans lequel il ne tint presque à rien qu'il n'ensevelît tout le parti de M. le prince. Vous verrez le détail de ce siége dans la suite ; et je ne le touche ici que parce qu'il servit de clôture à ces négociations que je viens de marquer, et que j'ai été bien aise de renfermer toutes ensemble dans ces deux ou trois pages, afin que je ne fusse point obligé d'interrompre si fréquemment le fil de ma narration.

Vous l'interrompez sans doute vous-même à l'heure qu'il est, en me disant qu'il falloit que M. le cardinal Mazarin fût bien habile pour jeter aussi utilement pour lui tant de faveurs apparentes d'accommodemens ; et je vous supplie de me permettre de vous répondre que toutes les fois que l'on dispose de l'autorité royale, l'on trouve des facilités incroyables à amuser ceux qui ont beaucoup d'aversion à faire la guerre au Roi. Je ne sais si j'excuse M. le prince, je ne sais si je le loue : je dis la vérité, que j'ai pris la liberté de lui dire. Il ne s'en fallut pas beaucoup qu'il n'y eût du bruit dans le parlement, le jour que Monsieur parla des conférences que messieurs de Rohan, de Chavigny et de Goulas avoient eues à Saint-Germain avec le cardinal.

Ce fut le 30 avril. Le murmure y fut si grand, que Monsieur, qui craignit l'éclat, dit publiquement qu'ils ne l'y reverroient jamais que le cardinal ne fût sorti. L'on y résolut aussi que M. le procureur général iroit à la cour pour solliciter les passeports nécessaires pour les députés qui devoient faire les nouvelles remontrances, et pour se plaindre des désordres que les gens de guerre commettoient aux environs de Paris.

Le 3 de mai, M. le procureur général fit la relation de ce qu'il avoit fait à Saint-Germain en conséquence des ordres de la compagnie. Il dit que le Roi entendroit les remontrances le lundi 6 du mois, et que Sa Majesté étoit très-fâchée que la conduite de Monsieur et de M. le prince l'obligeassent à tenir son armée si près de Paris. L'on commença ce jour-là la garde des portes, pour laquelle toutefois le corps de ville souhaita une lettre de cachet qui en portât le commandement. La cour l'envoya, parce qu'elle vit bien que Monsieur, à la fin, la feroit faire de son autorité. Elle étoit à la vérité plus que nécessaire, le désordre et le tumulte populaire croissant dans Paris à vue d'œil.

Le 6, les remontrances du parlement et de la chambre des comptes furent portées au Roi avec une grande force.

Le 7, celles de la cour des aides et de la ville se firent. La réponse du Roi aux unes et aux autres fut qu'il feroit retirer ses troupes quand celles des princes seroient éloignées. M. le garde des sceaux, qui parla au nom de Sa Majesté, ne proféra pas seulement le nom de M. le cardinal.

Le 10, il fut arrêté au parlement que l'on enverroit les gens du Roi à Saint-Germain, pour y demander réponse touchant l'éloignement du cardinal Mazarin, et pour insister encore sur l'éloignement des armées des environs de Paris.

Le 11, M. le prince vint au Palais, pour avertir la compagnie que le pont de Saint-Cloud étoit attaqué. Il fit prendre les armes à ce qu'il trouva de bourgeois de bonne volonté, et les mena jusqu'au bois de Boulogne, où il apprit que ceux qui avoient cru qu'ils emporteroient d'emblée le pont de Saint-Cloud y ayant trouvé de la résistance, s'étoient retirés. Il se servit de l'ardeur de ce peuple pour se saisir de Saint-Denis, où deux cents Suisses étoient en garnison. Il les prit l'épée à la main et sans aucune forme de siége, ayant passé le premier le fossé; et il vint le lendemain au matin à Paris, après y avoir laissé le régiment de Conti, ce me semble, pour le garder. Il fut inutile: car Semeville ou Saint-Mesgrin (je ne sais plus précisément lequel ce fut) le reprit deux jours après avec toute sorte de facilité, les bourgeois s'étant déclarés pour le Roi. La Lande, qui y commandoit pour M. le prince, fit une assez grande résistance dans les voûtes de l'église de l'abbaye, qu'il défendit deux ou trois jours.

Le 14, il y eut un grand mouvement au parlement; plusieurs voix confuses s'élevèrent pour demander que l'on délibérât sur les moyens que l'on pourroit tenir pour empêcher les séditions et les insolences qui se commettoient journellement dans la ville, et même dans la salle du Palais. Monsieur, qui en fut averti, et qui eut peur que sous ce prétexte les mazarins du parlement ne fissent faire à la compagnie quelque pas qui fût contraire à ses intérêts, vint au Palais assez à l'improviste, et il proposa qu'elle lui donnât un plein pouvoir. Ce discours, qui fut inspiré à Monsieur par M. de Beaufort à la chaude, sans dessein et très-légèrement, fit trois mauvais effets, dont le premier fut que tout le monde se persuada qu'il avoit été fait après une profonde délibération; le second, qu'il diminua beaucoup de la dignité de Monsieur, dont la naissance et le poste n'avoient pas besoin, vu les conjonctures, d'une autorité empruntée; le troisième, que les présidens en prirent tant de courage, qu'ils osèrent dire en face à Monsieur que personne n'ignoroit le respect qu'on lui devoit, et que par cette raison il n'étoit pas à propos de mettre cette proposition dans le registre. Il n'y a rien de si dangereux que les propositions qui paroissent mystérieuses et qui ne le sont pas; parce qu'elles allient toute l'envie, qui est inséparable du mystère, et qu'elles sont même un obstacle aux avantages que l'on prétend d'en tirer.

Le 15, Monsieur fit une fâcheuse expérience de cette vérité : car il eut le déplaisir de voir un ajournement personnel donné par les trois chambres à un imprimeur, qui avoit mis au jour un libelle qui portoit que le parlement avoit remis toute son autorité et celle de la ville entre les mains de Monsieur. Il me dit le soir, en jurant, qu'il ne s'étonnoit plus que M. de Mayenne, dans la Ligue, n'avoit pu souffrir les impertinences de cette compagnie ; et il se servit de cette expression, à laquelle il en ajouta une autre qui étoit encore plus licencieuse. Je lui répondis quelque chose dont je ne me souviens plus ; mais je sais qu'il le mit sur ses tablettes en riant, et en me disant : « Je « le paraphraserai à M. le prince. »

Le 16, M. le président de Nesmond fit la relation des remontrances que le Roi fit lire en la présence des députés. Après qu'il eut fait toutefois quelques difficultés, il lui répondit qu'il y feroit réponse par écrit dans deux ou trois jours. M. le procureur général fit ensuite rapport de sa députation ; et il dit qu'ayant demandé l'éloignement des troupes à dix lieues de Paris, et expliqué la déclaration que messieurs les princes avoient faite de faire aussi retirer celles qu'ils avoient au pont de Saint-Cloud et à Neuilly, le Roi avoit nommé de sa part M. le maréchal de L'Hôpital, et envoyé un passeport en blanc pour celui qui seroit envoyé par Monsieur, pour conférer ensemble des moyens de procéder à cet éloignement. Il ajouta que le comte de Béthune, qui avoit été choisi par Monsieur à cet effet, en avoit conféré avec messieurs de Bullion, de Villeroy et Le Tellier ; et que Sa Majesté se relâchoit, à la considération de sa bonne ville de Paris, à accorder cet éloignement, pourvu que messieurs les princes exécutassent ce à quoi ils s'étoient aussi engagés sur le même chef. M. le procureur général, qui étoit assisté de M. Bignon, avocat général, présenta ensuite à la compagnie un écrit signé *Louis*, et plus bas *Guénégaud*, qui portoit que le Roi manderoit au plus tôt deux présidens et deux conseillers de chaque chambre, pour leur faire entendre ses volontés à l'égard des remontrances. Le parlement en ordonna de nouvelles sur ces rapports, dans lesquelles le nom du cardinal fut encore pour ainsi dire réagravé.

Le 24 et le 28 de mai ne produisirent rien de considérable dans les chambres assemblées.

Le 29, les députés des enquêtes entrèrent dans la grand'chambre, et y demandèrent l'assemblée des chambres pour délibérer sur les moyens qu'il y auroit de faire la somme de cent cinquante mille livres, promise à celui qui représenteroit en justice le cardinal Mazarin. Le clerc de Courcelles, qui vit qu'à ce même moment le grand vicaire de M. de Paris entroit au parquet des gens du Roi, pour y conférer de la descente de la châsse de sainte Geneviève, dit assez plaisamment : « Nous sommes aujourd'hui en dévotion
« de fêtes doubles; nous ordonnons des processions,
« et nous travaillons à faire assassiner un cardinal. »
Il est temps de parler du siége d'Etampes.

Vous avez vu ci-dessus que l'on étoit convenu dans les deux partis que l'on éloigneroit de dix lieues les troupes des environs de Paris. M. de Turenne, qui avoit déjà, quelque temps auparavant, assez maltraité celles de messieurs les princes dans le faubourg d'Etampes, où les régimens de Bourgogne d'infanterie, et ceux de Wirtemberg et de Brow de cavalerie, avoient beaucoup souffert, se résolut de les opprimer toutes en gros dans la ville même; et la foiblesse de la place, jointe à la foiblesse de tous les généraux, lui fit croire que la chose n'étoit pas impraticable. Le comte de Tavannes, qui y commandoit pour M. le prince (car messieurs de Beaufort et de Nemours étoient à Paris), fit l'une des plus belles et des plus vigoureuses résistances qui se soient faites de nos jours. Il y eut beaucoup de sang répandu de part et d'autre : les chevaliers de La Vieuville et de Parabère y furent blessés; les attaques furent fréquentes et vives; la défense n'y fut pas moindre. Le petit nombre eût enfin cédé au plus fort, si M. de Lorraine (1) ne fût arrivé à propos, qui obligea M. de Turenne à lever le siége. Cette marche de M. de Lorraine mérite de vous être expliquée.

Il y avoit assez long-temps que les Espagnols le pressoient d'entrer en France, et de secourir messieurs les princes. Monsieur et Madame l'en sollicitoient avec empressement. Il ne répondit à ceux-là qu'en leur demandant de l'argent. Il ne répondit à ceux-ci qu'en leur demandant Jametz, Clermont et Stenay, qui avoient autrefois été de son domaine, et que le Roi avoit données depuis à M. le prince. Monsieur me força de dicter un jour à Fromont une instruction pour Le Grand, qu'il envoyoit à Bruxelles pour le persuader; et je puis dire avec vérité que c'a été le seul trait de plume que j'aie fait dans tout le cours de cette guerre. Je disois toujours à Monsieur que je me voulois conserver la satisfaction de pouvoir au moins penser dans moi-même que je n'étois en rien d'une affaire où tout alloit à *la peggio;* et je l'avois presque accoutumé à ne me plus demander même mon

(1) Charles IV, duc de Lorraine, mort âgé de soixante-onze ans cinq mois seize jours, en 1675, le 2 de septembre. (A. E.)

sentiment sur ce qui se passoit, en lui répondant toujours par monosyllabes. Il m'en grondoit un jour, et je lui ajoutai : « Et le monosyllabe, monsieur, est « unique : car c'est toujours non. » Je ne pus tenir la même conduite à l'égard de la marche de M. de Lorraine : car il voulut absolument, et Madame encore plus que lui, que je dressasse l'instruction dont je viens de parler. Je ne sais si elle le trouva ébranlé. Il marcha avec son armée, qui étoit composée de huit mille hommes de vieilles et bonnes troupes ; il les laissa à Lagny, et vint à Paris, où il entra à cheval, avec un applaudissement incroyable du peuple. Monsieur et M. le prince allèrent au devant de lui jusqu'à Bourget le dernier mai ; et ils y furent accompagnés de messieurs de Beaufort, de Nemours, de Rohan, de Sully, de La Rochefoucauld, de Gaucourt, de Chavigny, et de don Gabriel de Tolède. Il se trouva par hasard que ces deux derniers figurèrent ensemble dans cette entrée. Monsieur, qui haïssoit M. de Chavigny, me le dit le soir avec un emportement de joie ; et je lui répondis que j'étois surpris de ce qu'il me paroissoit étonné de cela ; que M. de Chavigny ne faisoit que ce que le président Jeannin, qui avoit été l'un des plus grands ministres de Henri IV, avoit fait autrefois ; que la différence n'étoit qu'en ce que le président Jeannin avoit escadronné avec les Espagnols avant qu'il fût ministre, et que M. de Chavigny n'y escadronnoit qu'après. Monsieur fut très-satisfait de l'apologie, et il la fit courir malicieusement dans le Luxembourg, à un tel point que je la trouvai sur les degrés et dans le Cours un quart-d'heure après. Je gardai beaucoup de mesure à l'égard de M. de Lorraine. Quoiqu'il fût frère de Madame, à laquelle j'étois très-particulièrement attaché, je me contentai de lui envoyer un gentilhomme, et de l'assurer de mes services. Monsieur souhaita que je le visse : en quoi il se trouva de la difficulté, parce que les ducs de Lorraine prétendent la main chez les cardinaux. Nous nous trouvâmes chez Madame, et après dans la galerie chez Monsieur, où il n'y a point de rang, et où de plus quand il y en auroit eu il ne se seroit point trouvé d'embarras, parce qu'il ne me disputoit point le pas en lieu tiers. Cette conférence ne se passa qu'en civilités et qu'en railleries, dans lesquelles il étoit inépuisable. Il lui vint deux ou trois jours après dans l'esprit une nouvelle manière de m'entretenir. Madame me commanda de le voir au noviciat des Jésuites. Je lui dis d'abord que j'étois très-fâché que le cérémonial romain ne m'eût pas permis de lui rendre mes devoirs chez lui, comme je l'aurois souhaité; et il me paya sur-le-champ en même monnoie, en me répondant qu'il étoit au désespoir que le cérémonial de l'Empire l'eût empêché de me rendre chez moi ce qu'il eût souhaité. Il me demanda ensuite, sans aucun préambule, si son nez me paroissoit propre à recevoir des chiquenaudes. Il pesta tout d'une suite contre l'archiduc, contre Monsieur et contre Madame, qui lui en faisoient recevoir douze ou quinze par jour, en l'obligeant de venir au secours de M. le prince, qui lui détenoit son bien. Il entra de là dans un détail de propositions et d'ouvertures auxquelles je vous proteste que je n'entendois rien. Je crus que je ne pouvois mieux lui répondre que par des discours auxquels je vous assure qu'il n'entendit pas grand'chose. Il s'en est ressouvenu toute sa vie; et lorsqu'il revint en Lorraine, le premier compliment qu'il me fit faire par M. l'abbé de Saint-Mihiel fut qu'il ne doutoit pas que nous nous entendrions dorénavant l'un et l'autre, bien mieux que nous ne nous étions entendus au noviciat à Paris. J'eusse eu tort, pour vous dire le vrai, de m'expliquer plus clairement que lui, sachant ce que je savois de ce qui se passoit de tous côtés à cet égard. J'étois très-bien averti que la cour lui donnoit à peu près la carte blanche; et je n'ignorois pas que, bien qu'il la pût remplir presque à sa mode, il ne laissoit pas d'écouter de simples propositions qui étoient bien au dessous de celles qu'on lui offroit.

Madame de Chevreuse, qui n'étoit pas encore sortie de Paris en ce temps-là, lui dit, plutôt en riant que sérieusement, qu'il pouvoit faire la plus belle action du monde, s'il faisoit lever le siége d'Etampes : en quoi il satisferoit pleinement et Monsieur et les Espagnols; et si au même moment il ramenoit ses troupes en Flandre : en quoi il plairoit au dernier point à la Reine, de qui il avoit fait en tout temps profession publique d'être serviteur particulier. Ce parti, qui tenoit comme des deux côtés, plut à son incertitude naturelle; il le prit sans balancer, et madame de Chevreuse s'en fit honneur à la cour, qui de sa part ne fut pas fâchée de couvrir la nécessité où elle se trouva de lever le siége d'Etampes de quelques apparences de négociations, qu'elle grossit dans le monde de mille et mille particularités que les raisonnemens du vulgaire honorent toujours de mille et mille mystères. Il n'y eut rien au monde de plus simple que ce qui se fit en ces rencontres; et quoique je ne fusse point du tout en ce temps-là du secret ni de la mère ni de la fille, comme vous avez vu ci-dessus, j'en fus assez instruit, malgré l'une et l'autre, pour vous pouvoir assurer pour certain ce que je vous en dis. La conduite que M. de Lorraine prit dès le lendemain est une marque que je ne me trompe pas, ou du moins une preuve que M. de Lorraine ne fut pas long-temps content de lui-même à l'égard de cette action. Car, quoiqu'il eût soutenu d'abord à Monsieur qu'il lui avoit rendu un service signalé en obligeant la cour à lever le siége d'Etampes, il me parut aussitôt après qu'il eut honte d'avoir fait ce traité, et que cette honte l'obligea à leur accorder ce qu'ils lui demandèrent : qui étoit de ne point s'en retourner encore, et de demeurer à Villeneuve-Saint-Georges jusqu'à ce que les troupes sorties d'Etampes fussent effectivement en lieu de sûreté.

M. de Turenne, voyant que M. de Lorraine ne tenoit pas la parole qu'il avoit donnée de reprendre le chemin des Pays-Bas, marcha à Corbeil, à dessein d'y passer la Seine et de le combattre. Il y eut des allées et des venues en explication de ce qui avoit été promis ou non promis, pendant lesquelles l'armée lorraine se retrancha. M. de Turenne s'étant avancé avec celle du Roi, ayant passé la rivière d'Yerre, et s'étant mis en bataille en présence des Lorrains, l'on n'attendoit de part et d'autre que le signal du combat, qui certainement eût été sanglant, vu la bonté des troupes qui composoient les deux armées, mais qui apparemment eût succédé à l'avantage des troupes du Roi, parce que les Lorrains n'avoient pas assez de terrain. Dans cet instant, que l'on peut appeler fatal, milord

Germain vint dire à M. de Turenne que M. de Lorraine étoit prêt d'exécuter ce dont l'on étoit convenu à telle et telle négociation. On négocia sur l'heure même. Le roi d'Angleterre, qui sur l'apparence d'une bataille avoit joint M. de Turenne, fit lui-même des allées et des venues; et l'on convint que M. de Lorraine sortiroit du royaume dans quinze jours, et des postes où il étoit dès le lendemain; qu'il remettroit entre les mains de M. de Turenne les bateaux qui lui avoient été envoyés de Paris pour faire un pont sur la rivière; et qu'aussi M. de Turenne ne pourroit se servir de ces bateaux pour passer la Seine, et pour empêcher le passage des troupes sorties d'Etampes; que celles de messieurs les princes qui étoient dans son camp pussent rentrer dans Paris en sûreté; et que le Roi fît fournir des vivres à l'armée lorraine dans sa retraite. Ces deux dernières conditions ne reçurent pas beaucoup de contradiction, M. de Turenne disant qu'il étoit très-persuadé que l'armée lorraine épargneroit au Roi, par le soin qu'elle prendroit de se pourvoir elle-même, la peine et la dépense que l'on stipuloit. Et pour ce qui étoit de la liberté que l'on demandoit pour les troupes des princes de se pouvoir rendre à Paris en sûreté, il la leur accordoit avec joie, parce qu'il étoit assuré que la ville en seroit beaucoup plus effrayée que rassurée. M. de Beaufort, qui avoit amené au camp cinq ou six cents bourgeois volontaires, dit le lendemain au soir à Monsieur qu'ils avoient été si épouvantés, qu'il avoit peur lui-même qu'ils ne donnassent l'alarme à toute la ville. M. le prince, qui étoit malade en ce temps-là, n'avoit pas été d'avis par cette raison que l'on les laissât sortir dans cette conjoncture. Je reviens au parlement. J'ai eu si peu de part dans les dernières assemblées et dans les dernières occasions desquelles je viens de parler, qu'il y a déjà quelque temps que je me fais un scrupule à moi-même de les insérer dans un ouvrage qui ne doit être, à proprement parler, qu'un simple compte que vous m'avez commandé de vous rendre de mes actions. Il est vrai que la nouvelle de ma promotion tomba justement sur un point où l'état des choses que je vous ai expliquées ci-devant eût fait de moi une figure presque immobile, quand même j'aurois continué d'assister aux délibérations du parlement. La pourpre qui m'en ôta la séance en fit une figure muette dans le Palais. Je vous ai dit qu'elle ne le fut guère moins au Luxembourg ; et je puis assurer de bonne foi qu'elle n'y eut presque qu'un mouvement imaginaire, et tel qu'il plut aux spéculatifs de se fantaisier. Mais comme il leur plut de se fantaisier toutes choses sur mon sujet, j'étois continuellement exposé à la défiance des uns, à la frayeur des autres, et au raisonnement de tous. Ce personnage, qui n'est jamais que de pure défensive, et encore tout au plus, est très-dangereux dans les temps dans lesquels on le joue. Il est très-incommode dans ceux dans lesquels on le décrit, parce qu'il a toujours beaucoup d'apparence de vaine gloire et d'amour-propre. Il semble que l'on s'incorpore soi-même dans tout ce qui s'est passé de considérable dans un État, quand, dans un ouvrage qui ne doit regarder que sa personne, l'on s'étend sur des matières auxquelles l'on n'a eu aucune part. Cette considération m'a fait chercher avec soin les moyens de démêler celles qui sont de cette nature, du reste de cette histoire, qui n'est que particulière ; et il m'a été impossible de les trouver, parce que la figure que j'ai faite, quoique médiocre, dans les temps qui ont précédé et qui ont suivi ceux dans lesquels je n'ai point agi, leur donne tant de rapport et tant d'enchaînement les uns avec les autres, qu'il seroit très-difficile que l'on pût vous les bien faire entendre, si on les délioit tout-à-fait. Voilà ce qui m'oblige à continuer le récit de ce qui se passa dans ce temps-là, que j'abrégerai toutefois le plus qu'il me sera possible, parce que ce n'est jamais qu'avec une extrême peine que j'écris sur les mémoires d'autrui. J'y poserai les faits, je n'y raisonnerai point, je déduirai ce qui m'y paroîtra le plus de poids, j'omettrai ce qui me semblera le plus léger ; et en ce qui regarde les assemblées du parlement, je n'observerai les dates qu'à l'égard de celles qui ont produit des délibérations considérables. Je ne parlerai pas seulement des autres ; et je suis persuadé que je vous les représente plus que suffisamment, en vous disant qu'elles ne furent presque employées qu'en déclamations contre le cardinal, en plaintes et en arrêts contre les insolences et les séditions du peuple, et en désaveux faits par messieurs les princes de ces séditions, qui dans la vérité n'étoient au moins pour la plupart que trop naturelles.

Le premier juin, Monsieur envoya au parlement pour savoir quelle place il donneroit à M. le duc de Lorraine dans l'assemblée des chambres. Il répondit tout d'une voix que M. de Lorraine étant ennemi de l'Etat, il ne lui en pouvoit donner aucune. Monsieur, qui me fit l'honneur de venir chez moi deux ou trois jours après, parce que j'étois malade d'une fluxion sur les yeux, me dit : « Eussiez-vous cru que le par- « lement m'eût fait cette réponse? » Et je lui répondis : « J'aurois bien moins cru, monsieur, que vous « eussiez hasardé de vous l'attirer. » Il me repartit en colère : « Si je ne l'eusse hasardé, M. le prince eût dit « que j'eusse été mazarin. » Vous voyez en ce mot le principe de tout ce que Monsieur faisoit dans ce temps-là.

Le 7, on fit un fort grand bruit au parlement de l'approche des troupes de Lorraine, qui avoient passé Lagny, et qui faisoient beaucoup de désordre dans la Brie; et l'on y parla de leur marche avec la même surprise et la même horreur que l'on auroit pu faire, s'il n'y avoit eu dans le royaume aucunes partialités.

Le 10, M. le président de Nesmond fit la relation de ce qui s'étoit passé à la députation vers le Roi, qui s'étoit avancé à Melun dès le commencement du siége d'Etampes. La réponse de Sa Majesté fut que la compagnie pouvoit envoyer qui il lui plairoit pour conférer avec ceux qu'elle voudroit choisir, et pour achever au moins de rétablir le calme dans le royaume. L'on opina ensuite, et l'on résolut de renvoyer à la cour les mêmes députés pour entendre la volonté du Roi, et y renouveler toutefois les remontrances contre le cardinal Mazarin. Monsieur et M. le prince n'avoient pas été de l'avis de l'arrêt, et ils avoient soutenu qu'il ne falloit recevoir aucunes propositions de conférence, dont le préalable ne fût l'éloignement réel et effectif du Mazarin.

Le 14, les plaintes se renouvelèrent contre l'approche des troupes de Lorraine; et elles furent au point que les gens du Roi furent mandés au parlement. Ils conclurent à ce que M. le duc d'Orléans fût prié de les faire retirer. Un conseiller, du nom duquel je ne me souviens pas, ayant dit qu'il ne concevoit pas comme on prétendoit qu'il fût utile à la compagnie qu'elles se retirassent en l'état où elle étoit avec la cour, Menardeau répondit que cette raison obligeant encore davantage le parlement à lever tous les prétextes que l'on pouvoit prendre pour le calomnier dans l'esprit du Roi, il étoit d'avis de donner arrêt par lequel il seroit enjoint aux communes de leur courir sus. L'on en demeura à dire que l'on en parleroit plus au long quand Monsieur seroit au Palais. Vous croyez apparemment que la retraite de M. de Lorraine, de laquelle je vous ai déjà parlé, et qui fut sue le 16 à Paris, ne fit pas une grande commotion dans les esprits, puisqu'elle avoit été souhaitée de tant de gens. Elle fut incroyable; et je remarquai que beaucoup de ceux qui avoient crié hautement contre son approche crièrent le plus hautement contre son éloignement. Il n'est pas étrange que les hommes ne se connoissent pas; il y a des temps même où l'on peut dire qu'ils ne se sentent point.

Le 20, le président de Nesmond fit la relation de ce qui s'étoit passé à sa députation à Melun, et la lecture de la réponse qui lui avoit été faite par le Roi : dont la substance étoit que bien que Sa Majesté ne pût ignorer que la demande que l'on faisoit de l'éloignement de M. le cardinal Mazarin ne fût qu'un prétexte, elle ne laisseroit peut-être pas de lui accorder ce qu'il demande tous les jours lui-même avec instance, après avoir réparé son honneur par des déclarations que l'on doit à son innocence, si elle étoit assurée qu'elle pût avoir de bonnes et réelles sûretés de la part de messieurs les princes, pour l'exécution des offres qu'ils ont faites en cas de son éloignement. Que Sa Majesté désire donc d'apprendre :

1. Si en ce cas ils renonceront à toutes les ligues et à toutes les associations faites avec les princes étrangers ;

2. S'ils n'auront plus aucunes prétentions ;

3. S'ils se rendront auprès de Sa Majesté ;

4. S'ils feront sortir les étrangers qui sont dans le royaume ;

5. S'ils licencieront leurs troupes ;

6. Si Bordeaux rentrera dans son devoir, aussi bien que M. le prince de Conti et madame de Longueville ;

7. Si les places que M. le prince a fortifiées se remettront en leur premier état.

Voilà les principales des douze questions sur lesquelles M. le duc d'Orléans s'emporta avec beaucoup d'émotion, en disant qu'il étoit inouï que l'on mît ainsi sur la sellette un fils de France et un prince du sang ; et que la déclaration qu'ils avoient faite l'un et l'autre qu'ils poseroient les armes aussitôt que le cardinal Mazarin seroit hors du royaume étoit plus que suffisante pour satisfaire la cour, si elle avoit de bonnes intentions. L'on opina ; mais la délibération n'ayant pu être achevée, elle fut remise au lendemain.

Le 21, Monsieur ne s'y étant pu trouver parce qu'il avoit eu la nuit une fort grande colique, l'on n'y traita en présence de M. le prince que d'un fonds que l'on cherchoit pour la subsistance des pauvres qui souffroient beaucoup à la ville, et de celui qui étoit né-

cessaire pour faire la somme de cent cinquante mille
livres pour la tête à prix. Il fut dit, à l'égard de ce
dernier chef, que l'on feroit incessamment inventaire de ce qui restoit des meubles du cardinal. M. de
Beaufort fit ce jour-là une lourderie digne de lui.
Comme il y avoit eu le matin une fort grande émeute
dans le Palais, dans laquelle messieurs de Vanau et
Partial auroient été massacrés sans lui, il crut qu'il
feroit mieux, pour détourner le peuple du Palais, de
l'assembler dans la place Royale. Il y donna un rendez-vous public pour l'après-dînée; il y amassa quatre
ou cinq mille gueux, à qui il est constant qu'il fit proprement un sermon, qui n'alloit qu'à les exhorter à
l'obéissance qu'ils devoient au parlement. J'en sus tout
le détail par des gens de croyance que j'y avois envoyés
moi-même exprès. La frayeur qui avoit déjà saisi la
plupart des présidens et des conseillers leur fit croire
que cette assemblée n'avoit été faite que pour les perdre. Ils firent parler M. de Beaufort de toutes les manières qui pouvoient redoubler leurs alarmes; et ils la
prirent si chaude qu'il ne fut pas au pouvoir de Monsieur ni de M. le prince de rassurer messieurs les présidens, qui ne purent jamais se résoudre d'aller au
Palais. Ce qui arriva le même jour à M. le président
de Maisons dans la rue de Tournon ne les rassura pas.
Il faillit à être tué par une foule de peuple, comme
il sortoit de chez Monsieur; et M. le prince et M. de
Beaufort eurent beaucoup de peine à le sauver. Cette
journée fit voir que M. de Beaufort ne savoit pas que
qui assemble un peuple l'émeut toujours. Il y parut :
car deux ou trois jours après ce beau sermon, la sédition fut plus forte qu'elle n'avoit encore été dans

la salle du Palais; et même M. le président de Novion fut poursuivi dans les rues, et courut tout le risque qu'un homme peut courir.

Le 25, messieurs les princes déclarèrent, dans les chambres assemblées, qu'aussitôt que M. le cardinal seroit hors du royaume, ils exécuteroient fidèlement tous les articles qui étoient portés dans la réponse du Roi, et enverroient ensuite des députés pour conclure ce qui resteroit à faire; et l'on donna ensuite arrêt par lequel il fut dit que les députés du parlement retourneroient incessamment à la cour pour porter cette déclaration au Roi.

Le 26, aucun président ne se trouva au parlement.

Le 27, M. le président de Novion y fut, et donna un sanglant arrêt contre les séditieux.

On n'employa les autres jours qu'à donner les ordres nécessaires pour la sûreté de la ville: à quoi l'on étoit très-embarrassé, parce que ceux de la garde étoient assez souvent ceux-là même qui se soulevoient. Il est temps, ce me semble, de reprendre ce qui est de la guerre.

M. le prince, qui avoit eu quelques accès de fièvre tierce, alla jusqu'à Linas recevoir ses troupes qui revenoient d'Etampes; et comme la cour n'avoit observé en façon du monde ce qu'elle avoit promis touchant l'éloignement des siennes des environs de Paris, il ne s'y crut pas plus obligé de son côté, et il posta sa petite armée à Saint-Cloud : poste considérable, parce que le pont lui donnoit lieu de la poster, en cas de besoin, où il lui plairoit.

M. de Turenne, qui étoit avec celle du Roi aux environs de Saint-Denis, où Sa Majesté étoit venue elle-même pour être plus proche de Paris, fit un pont de bateaux à Epinal, en intention de venir attaquer les ennemis avant qu'ils eussent le temps de se retirer. M. de Tavannes en eut avis, et il l'envoya dire aussitôt à M. le prince, qui se rendit au camp en toute diligence. Il se leva vers le soir, et marcha vers Paris, à dessein d'arriver au jour à Charenton, d'y passer la Marne, et d'y prendre un poste dans lequel il ne pourroit être attrapé. M. de Turenne ne lui en donna pas le temps : car il attaqua son arrière-garde dans le faubourg Saint-Denis. M. le prince en fut quitte pour quelques hommes qu'il perdit du régiment de Conti; et il manda à Monsieur, par le comte de Fiesque, qu'il lui répondoit qu'il gagneroit le faubourg Saint-Antoine, dans lequel il prétendoit qu'il auroit plus de lieu de se défendre. C'est en cet endroit où je regrette, plus que je n'ai jamais fait, que M. le prince ne m'ait pas tenu la parole qu'il m'avoit donnée de me donner le mémoire de ses actions. Celle qu'il fit en cette rencontre (1) est l'une des plus belles de sa vie. J'ai ouï dire à Laigues, qui est homme du métier, et qui ne le quitta point ce jour-là, qui pourtant étoit plus mécontent de lui que personne au monde, qu'il y eut quelque chose de surhumain dans sa valeur et dans sa capacité en cette occasion. Je serois inexcusable si j'entreprenois de décrire le détail de l'action du monde la plus grande et la plus héroïque, sur des mémoires qui courent les rues, et que j'ai ouï dire à des gens de guerre être très-mauvais. Je me conten-

---

(1) *Celle qu'il fit en cette rencontre :* Des détails très-étendus sur le combat de Saint-Antoine se trouvent dans les Mémoires de Mademoiselle, et dans ceux de La Rochefoucauld.

terai de vous dire qu'après le combat du monde le plus sanglant et le plus opiniâtre, il sauva ses troupes, qui n'étoient qu'une poignée de monde, et attaquées par M. de Turenne, renforcé de l'armée de M. le maréchal de La Ferté. Il y perdit le comte de Bossu, flamand ; La Roche-Giffart, Flamarin et d'Hacquest, du nom de Montmorency. Messieurs de La Rochefoucauld (1), de Tavannes, de Coigny, le vicomte de Melun et le chevalier de Fort y furent blessés. Esclainvilier le fut du côté du Roi, et messieurs de Saint-Mesgrin et Mancini tués. Je ne puis vous exprimer l'agitation de Monsieur dans le cours de ce combat. Tout le possible lui vint dans l'esprit ; et (ce qui arrive toujours en cette rencontre) tout l'impossible succéda dans son imagination à tout le possible. Jouy, qu'il m'envoya sept fois en moins de trois heures, me dit qu'il avoit peur un moment que la ville ne se révoltât contre lui ; qu'il craignoit un instant après qu'elle ne se déclarât trop pour M. le prince. Il envoya des gens inconnus pour voir ce qui se faisoit chez moi ; et rien ne le rassura véritablement, que le rapport qu'on lui fit que je n'avois que mon Suisse à la porte. Bruneau, de qui je le sus le lendemain, dit que le mal n'étoit pas grand dans la ville, puisque je ne me précautionnois

---

(1) *La Rochefoucauld*: Il fut blessé au visage au-dessus des yeux, et pendant quelque temps privé de la vue. Epris de madame de Longueville, il s'étoit appliqué les vers suivans de la tragédie d'Alcyonée :

Pour mériter son cœur, pour plaire à ses beaux yeux,
J'ai fait la guerre aux rois : je l'aurois faite aux dieux.

nstruit bientôt qu'elle le trompoit, il parodia ainsi ces vers :

Pour mériter son cœur, qu'enfin je connois mieux,
J'ai fait la guerre aux rois : j'en ai perdu les yeux.

pas davantage. Mademoiselle, qui avoit fait tous ses efforts pour obliger Monsieur à aller dans la rue Saint-Antoine pour faire ouvrir la porte à M. le prince, qui commençoit à être très-pressé dans le faubourg, prit le parti d'y aller elle-même. Elle entra dans la Bastille, où La Louvière (1) n'osa, par respect, lui refuser l'entrée. Elle fit tirer le canon sur les troupes du maréchal de La Ferté, qui s'avançoient pour prendre en flanc celles de M. le prince. Elle harangua ensuite la garde qui étoit à la porte Saint-Antoine. Elle s'ouvrit, et M. le prince y entra avec son armée, plus couverte de gloire que de blessures, quoiqu'elle en fût chargée. Ce combat si-fameux arriva le 2 juillet.

Le 4, l'assemblée générale de l'hôtel-de-ville, qui avoit été ordonnée le premier par le parlement pour aviser à ce qui étoit à faire pour la sûreté de la ville, fut tenue l'après-dînée. Monsieur et M. le prince s'y trouvèrent, sous prétexte de remercier la ville de ce qu'elle avoit donné l'entrée à leurs troupes le jour du combat; mais dans la vérité pour l'engager à s'unir encore plus étroitement avec eux : au moins voilà ce que Monsieur en sut. Voici le vrai, que je ne sus que long-temps depuis de la bouche même de M. le prince, qui me l'a dit trois ou quatre ans après à Bruxelles. Je ne me ressouviens pas précisément s'il me confirma ce qui étoit fort répandu dans le public, de l'avis que M. de Bouillon lui avoit donné que la cour ne songeroit jamais sincèrement et de bonne foi à se raccommoder avec lui, jusqu'à ce qu'elle connût clairement qu'il fût effectivement maître de Paris. Je sais bien que je lui demandai, à Bruxelles, si ce que l'on avoit

(1) Gouverneur de la Bastille, et fils de M. de Broussel. (A. E.)

dit sur cela étoit véritable ; mais je ne me puis remettre ce qu'il me répondit sur cet avis particulier de M. de Bouillon. Voici ce qu'il m'apprit du gros de l'affaire : Il étoit persuadé que je le desservois beaucoup auprès de Monsieur : ce qui n'étoit pas vrai, comme vous l'avez vu ci-devant ; mais il l'étoit aussi que je lui nuisois beaucoup dans la ville : ce qui n'étoit pas faux, par les raisons que je vous ai aussi expliquées ci-dessus. Il avoit observé que je ne me gardois nullement, et que je me servois même avec affectation du prétexte de l'*incognito*, auquel le cérémonial m'obligeoit, pour faire voir ma sécurité, et la confiance que j'avois en la bonne volonté du peuple, au milieu de ses plus grands mouvemens. Il résolut, et très-habilement, de s'en servir de sa part pour faire une des plus sages et des plus belles actions qui ait peut-être été pensée de tout le siècle. Il fit dessein d'émouvoir le peuple le matin du jour de l'assemblée de l'hôtel-de-ville ; de marcher droit à mon logis sur les dix heures, qui étoit justement l'heure où l'on savoit qu'il y avoit le moins de monde, parce que c'étoit celle où pour l'ordinaire j'étudiois ; de me prendre civilement dans mon carrosse, de me mener hors de la ville, et de me faire une défense en forme à la porte de n'y plus rentrer. Je suis convaincu que le coup étoit sûr, et qu'en l'état où étoit Paris, les mêmes gens qui eussent mis la hallebarde à la main pour me défendre, s'ils eussent eu loisir d'y faire réflexion, en eussent approuvé l'exécution : étant certain que dans les révolutions qui sont assez grandes pour tenir tous les esprits dans l'inquiétude, ceux qui priment sont toujours applaudis, pourvu que d'abord ils réussissent. Je n'étois point en défense. M. le prince se fût rendu maître du cloître sans coup férir, et j'eusse pu être à la porte de la ville avant qu'il y eût eu une alarme assez forte pour s'y opposer. Rien n'étoit mieux imaginé : Monsieur, qui eût été atterré du coup, y eût donné des éloges. L'hôtel-de-ville, auquel M. le prince en eût donné part sur l'heure même, en eût tremblé. La douceur avec laquelle M. le prince m'auroit traité auroit été louée et admirée. Il y auroit eu un grand déchet de réputation pour moi, à m'être laissé surprendre : comme en effet j'avoue qu'il y auroit eu beaucoup d'imprudence et de témérité à n'avoir pas prévu ce possible. La fortune tourna contre M. le prince ce beau dessein, et elle lui donna le succès le plus funeste que la conjuration la plus noire eût pu produire.

Comme la sédition avoit commencé vers la place Dauphine par des poignées de paille que l'on forçoit tous les passans de mettre à leur chapeau, M. de Cumont, conseiller au parlement et serviteur particulier de M. le prince, qui y avoit été obligé comme les autres qui avoient passé par là, alla en grande diligence au Luxembourg pour en avertir Monsieur, et le supplier d'empêcher que M. le prince, qui étoit dans la galerie, ne sortît dans cette émotion : laquelle apparemment, dit Cumont à Monsieur, est faite ou par les mazarins, ou par le cardinal de Retz, pour faire périr M. le prince. Monsieur courut aussitôt après monsieur son cousin, qui descendoit le petit escalier pour monter en carrosse et pour venir chez moi, et y exécuter son dessein. Il le retint par autorité, et même par force : il le fit dîner avec lui, et il le mena ensuite à l'hôtel-de-ville où l'assemblée, dont je vous ai parlé se devoit tenir. Ils en sortirent après qu'ils eurent remercié la compagnie, et témoigné la nécessité qu'il y avoit de songer aux moyens de se défendre contre le Mazarin. La vue d'un trompette qui arriva dans ce temps-là de la part du Roi, et qui porta ordre de remettre l'assemblée à la huitaine, échauffa les peuples (1) qui étoient dans la Grève, et qui crioient sans cesse qu'il falloit que la ville s'unît avec messieurs les princes. Quelques officiers que M. le prince avoit mêlés le matin dans la populace n'ayant point reçu l'ordre qu'ils attendoient, ne purent arrêter sa fougue : elle se déchargea sur l'objet le plus présent. On tira dans les fenêtres de l'hôtel-de-ville ; l'on mit le feu aux portes ; l'on entra dedans l'épée à la main ; on massacra M. Le Gras, maître des requêtes, et M. Miron, maître des comptes, un des plus hommes de bien et des plus accrédités dans le peuple qui fussent à Paris. Vingt-cinq ou trente bourgeois y périrent aussi ; et M. le maréchal de L'Hôpital ne fut tiré de ce péril que par un miracle, et par le secours de M. le président Barentin. Un garçon de Paris appelé Noblet (2), duquel je vous ai déjà parlé à propos de ce qui m'arriva avec M. de La Rochefoucauld dans le parquet des huissiers, eut encore le bonheur de servir le maréchal en cette occasion. Vous vous pouvez imaginer l'effet que le feu de l'hôtel-de-ville et le sang qui y fut répandu produisirent à Paris. La consternation y fut d'abord générale : toutes les boutiques y furent fermées en moins

---

(1) *Echauffa les peuples* : La principale cause de la sédition fut un propos inconsidéré que tinrent les princes en sortant de l'hôtel-de-ville. Ils dirent que la majorité de l'assemblée étoit dévouée à Mazarin. —
(2) Joly, dans ses Mémoires, l'appelle Noblet d'Auvilliers. (A. E.)

d'un clin d'œil. On demeura quelque temps en cet état ; l'on se réveilla un peu vers les six heures en quelques quartiers, où l'on fit des barricades pour arrêter les séditieux, qui se dispersèrent presque d'eux-mêmes. Il est vrai que Mademoiselle y contribua : elle alla elle-même, accompagnée de M. de Beaufort, à la Grève, où elle en trouva encore quelques restes qu'elle écarta. Ces misérables n'avoient pas rendu tant de respect au saint-sacrement que le curé de Saint-Jean leur présenta, pour les obliger d'éteindre le feu qu'ils avoient mis aux portes de l'hôtel-de-ville.

M. de Châlons vint chez moi au plus fort de ce mouvement ; et la crainte qu'il avoit pour ma personne l'emporta sur celle qu'il devoit avoir pour la sienne, dans un temps où les rues n'étoient sûres pour personne sans exception. Il me trouva avec si peu de précaution, qu'il m'en fit honte ; et je ne puis encore concevoir, à l'heure qu'il est, ce qui me pouvoit obliger à en avoir si peu dans une occasion où j'en avois, ou du moins où j'en pouvois avoir tant de besoin. C'est une de celles qui m'a persuadé, autant que chose du monde, que les hommes sont souvent estimés par les endroits par lesquels ils sont les plus blâmables. On loua ma fermeté : on devoit blâmer mon imprudence. Celle-ci étoit effective, l'autre n'étoit qu'imaginaire. La vérité est que je n'avois fait aucune réflexion sur le péril. Je n'y fus plus insensible quand on me l'eut fait faire. M. de Caumartin envoya sur-le-champ quérir chez lui mille pistoles (car je n'en avois pas vingt chez moi), avec lesquelles je fis quelques soldats. Je les joignis à des officiers réformés, que j'avois toujours conservés des restes du comte de Montross. Le marquis de Sablière, mestre de camp du régiment de Valois, m'en donna cent des meilleurs hommes, commandés par deux capitaines du même régiment, qui étoient mes domestiques. Querieux m'amena trente gendarmes de la compagnie du cardinal Antoine, qu'il commandoit. Bussy-Lameth m'amena quarante hommes choisis de la garnison de Mézières. Je garnis tout mon logis et toutes les tours de Notre-Dame de grenades; je pris mes mesures, en cas d'attaque, avec les bourgeois des ponts Notre-Dame et de Saint-Michel, qui m'étoient fort affectionnés. Enfin je me mis en état de disputer le terrain, et de n'être plus exposé à l'insulte.

Ce parti paroissoit plus sage que celui de l'aveugle sécurité dans laquelle j'étois auparavant. Il ne l'étoit pas davantage au moins par comparaison à celui que j'eusse choisi, si j'eusse su connoître mes véritables intérêts, et prendre l'occasion que la fortune me présentoit. Il n'y avoit rien de plus naturel, et à ma profession, et à l'état où j'étois, que de quitter Paris, après une émotion qui jetoit la haine publique sur le parti qui, dans ce temps-là, paroissoit m'être le plus contraire. Je n'eusse point perdu ceux des frondeurs qui étoient de mes amis, parce qu'ils eussent considéré ma retraite comme une résolution de nécessité. Je me fusse insensiblement rétabli, et sans presque qu'ils eussent pu s'en défendre eux-mêmes, dans l'esprit des pacifiques, parce qu'ils m'eussent regardé comme exilé pour une cause qui leur étoit commune. Monsieur n'eût pas pu se plaindre de ce que j'abandonnois un lieu où il paroissoit assez qu'il n'étoit plus le maître. M. le cardinal Mazarin même eût été obligé en ce cas, et par bienséance et par intérêt, de me ménager; et il ne se pouvoit même que naturellement l'aigreur que la cour avoit contre moi ne diminuât de beaucoup, par une conduite qui eût contribué à noircir celle de ses amis. Les circonstances dont j'eusse pu accompagner ma retraite eussent empêché facilement que je n'eusse participé à la haine publique que l'on avoit contre le Mazarin, parce que je n'avois qu'à me retirer au pays de Retz, sans aller à la cour ; ce qui eût même purgé le soupçon du mazarinisme pour le passé. Ainsi je fusse sorti de l'embarras journalier où j'étois, et de celui que je prévoyois pour l'avenir, et que je prévoyois sans en pouvoir jamais prévoir l'issue. Ainsi j'eusse attendu en patience ce qu'il eût plu à la Providence d'ordonner de la destinée des deux partis, sans courir aucun des risques auxquels j'étois exposé à tous les momens des deux côtés. Ainsi je me fusse approprié l'amour public, que l'horreur que l'on a d'une action violente concilie toujours infailliblement à celui qu'elle fait souffrir. Ainsi je me fusse trouvé, à la fin des troubles, cardinal et archevêque de Paris, chassé de son siége par le parti qui étoit publiquement joint avec l'Espagne, purgé de la faction par ma retraite hors de Paris, purgé du mazarinisme par ma retraite hors de la cour ; et le pis du pis qui m'en pouvoit arriver, après tous ces avantages, étoit d'être sacrifié par les deux partis, s'ils se fussent réunis contre moi à l'emploi de Rome, qu'ils eussent été ravis de me faire accepter, avec toutes les conditions que j'eusse voulu, et qui à un cardinal archevêque de Paris ne peut jamais être à charge, parce qu'il y a mille occasions dans lesquelles il a toujours lieu d'en revenir. J'eus toutes ces vues, et plus grandes et plus étendues qu'elles ne sont sur ce papier. Je ne doutai pas un instant que ce ne fussent les bonnes et les justes. Je ne balançai pas un moment à ne les pas suivre. L'intérêt de mes amis, qui s'imaginoient que je trouverois à la fin dans le chapitre des accidens lieu de les servir et de les élever, me représenta d'abord qu'ils se plaindroient de moi si je prenois un parti qui me tiroit d'affaire, et qui les y laissoit. Je ne me suis jamais repenti d'avoir préféré leur considération à la mienne propre : elle fut appuyée par mon orgueil, qui eût eu peine à souffrir que l'on eût cru que j'eusse quitté le pavé à M. le prince. Je me reproche et me confesse de ce mouvement, qui eut toutefois en ce temps-là un grand pouvoir sur moi. Il fut imprudent, il fut foible : car je maintiens qu'il y a autant de foiblesse que d'imprudence à sacrifier ses grands et solides intérêts à des pointilles de gloire, qui est toujours fausse, quand elle nous empêche de faire ce qui est plus grand que ce qu'elle nous propose. Il faut reconnoître de bonne foi qu'il n'y a que l'expérience qui puisse apprendre aux hommes à ne pas préférer ce qui les pique dans le présent, à ce qui les doit toucher bien plus essentiellement dans l'avenir. J'ai fait cette remarque une infinité de fois. Je reviens à ce qui regarde le parlement.

Je vous expliquerai en peu de paroles ce qui s'y passa depuis le 4 juillet jusques au 13. La face en fut très-mélancolique : tous les présidens à mortier s'étant retirés, et beaucoup des conseillers s'étant aussi absentés, par la frayeur des séditions, que le feu et le massacre de l'hôtel-de-ville n'avoient pas diminuées. Cette solitude obligea ceux qui restoient à donner un arrêt qui portoit défenses de désemparer : en quoi ils furent mal obéis. Il se trouvoit par la même raison fort peu de monde aux assemblées de l'hôtel-de-ville. Le prevôt des marchands, qui ne s'étoit sauvé de la mort que par un miracle le jour de l'incendie, n'y assistoit plus. M. le maréchal de L'Hôpital demeuroit clos et couvert dans sa maison. Monsieur fit établir en sa place, par une assemblée peu nombreuse, M. de Beaufort pour gouverneur, et M. de Broussel pour prevôt des marchands. Le parlement ordonna à ses députés, qui étoient à Saint-Denis, de presser leur réponse; et en cas qu'ils ne la pussent obtenir, de revenir dans trois jours reprendre leurs places.

Le 13, les députés écrivirent à la compagnie, et ils lui envoyèrent la réponse du Roi par écrit. En voici la substance : Que bien que Sa Majesté eût tout sujet de croire que l'instance que l'on faisoit pour l'éloignement de M. le cardinal Mazarin ne fût qu'un prétexte, elle vouloit bien lui permettre de se retirer de la cour, après que les choses nécessaires pour établir le calme dans le royaume auroient été réglées, et avec les députés du parlement qui étoient déjà présens à la cour, et avec ceux qu'il plairoit à messieurs les princes d'y envoyer. Messieurs les princes, qui avoient connu que le cardinal ne proposoit jamais de conférences que pour les décrier dans les esprits des peuples, se récrièrent à cette proposition; et Monsieur dit avec chaleur qu'elle n'étoit qu'un piége qu'on leur tendoit, et que ni lui ni monsieur son cousin n'avoient aucun besoin d'envoyer les députés en leur nom, puisqu'ils avoient toute confiance à ceux de la cour du parlement. L'arrêt qui suivit fut conforme au discours de Monsieur, et ordonna aux députés de continuer leurs instances pour l'éloignement du cardinal. Messieurs les princes écrivirent aussi au président de Nesmond, pour l'assurer qu'ils continueroient dans la résolution de poser les armes aussitôt que le cardinal seroit effectivement éloigné.

Le 17, les députés mandèrent au parlement que le Roi étoit parti de Saint-Denis pour aller à Pontoise; qu'il leur avoit commandé de le suivre; que sur la difficulté qu'ils en avoient faite, il leur avoit ordonné de demeurer à Saint-Denis.

Le 18, ils écrivirent qu'ils avoient reçu un nouvel ordre de Sa Majesté de se rendre à Pontoise. La compagnie s'émut beaucoup; et donna arrêt par lequel il fut dit que les députés retourneroient à Paris incessamment. Monsieur, M. le prince et M. de Beaufort sortirent eux-mêmes avec douze cents chevaux pour les ramener, et pour faire voir au peuple qu'on les tiroit d'un fort grand péril.

La cour ne s'endormoit pas de son côté: elle lâchoit à tous momens des arrêts du conseil, qui cassoient ceux du parlement. Elle déclara nul tout ce qui s'étoit fait, tout ce qui se faisoit et tout ce qui se feroit dans les assemblées de l'hôtel-de-ville; et elle ordonna même que les deniers destinés au paiement de ses rentes ne seroient portés dorénavant qu'aux lieux où Sa Majesté feroit sa résidence.

Le 19, M. le président de Nesmond fit la relation de ce qu'il avoit fait à la cour avec les autres députés. Cette relation, qui étoit toute remplie de dits et de

contredits, ne contenoit rien en substance de plus
que ce que vous en avez vu dans les précédentes : à
la réserve d'un article d'une lettre écrite par M. Servien aux députés, qui portoit qu'en cas que Monsieur
et M. le prince continuassent à faire difficulté d'envoyer des députés en leur nom, Sa Majesté consentoit qu'ils chargeassent ceux du parlement de leurs
intentions. Cette même lettre assuroit que le Roi éloigneroit M. le cardinal de ses conseils aussitôt que
l'on seroit convenu des articles qui pourroient être
contestés dans la conférence, et qu'il n'attendroit pas
même pour le faire qu'ils fussent exécutés. On opina
ensuite : mais l'on ne put finir la délibération que
le 20. Il passa à déclarer que le Roi étant détenu
prisonnier par le cardinal Mazarin, M. le duc d'Orléans seroit prié de prendre la qualité de lieutenant
général de Sa Majesté, et M. le prince convié à prendre sous lui le commandement des armées, tant et si
long-temps que le Mazarin ne seroit pas hors du
royaume ; que copie de l'arrêt seroit envoyée à tous
les parlemens du royaume, qui seroient priés d'en
donner un pareil. Ils ne déférèrent point à sa prière :
car, à la réserve de celui de Bordeaux, il n'y en eut
aucun qui en délibérât seulement ; et bien au contraire celui de Bretagne avoit mis surséance à ceux
qu'il avoit donnés auparavant, jusqu'à ce que les troupes espagnoles qui étoient entrées en France fussent tout-à-fait hors du royaume. Monsieur ne fut pas
mieux obéi sur ce qu'il écrivit de sa nouvelle dignité
à tous les gouverneurs des provinces : et il m'avoua
de bonne foi, quelque temps après, que pas un seul,
à l'exception de M. de Sourdis, ne lui avoit fait

réponse. La cour les avoit avertis de leur devoir, par un arrêt solennel que le conseil donna en cassation de celui du parlement, qui établissoit la lieutenance générale. Son autorité n'étoit pas même établie, au moins en la manière qu'elle le devoit être, dans Paris : car deux misérables ayant été condamnés à être pendus le 23, pour avoir mis le feu dans l'hôtel-de-ville, les compagnies des bourgeois qui furent commandées pour tenir la main à l'exécution refusèrent d'obéir.

Le 24, on ordonna qu'on feroit une assemblée générale à l'hôtel-de-ville, pour aviser aux moyens de trouver de l'argent pour la subsistance des troupes ; et que l'on vendroit les statues qui étoient dans le palais Mazarin, pour faire le fonds de la tête à prix.

Le 26, Monsieur dit dans les chambres assemblées que sa nouvelle qualité de lieutenant général l'obligeant à former un conseil, il prioit la compagnie de nommer deux de son corps qui y entrassent, et de lui dire aussi si elle n'approuvoit pas qu'il priât M. le chancelier d'y assister. Il passa à cet avis ; et M. Bignon même, avocat général, et le Caton de son temps, n'y fut pas contraire : car il dit dans ses conclusions, qui furent d'une force et d'une éloquence admirables, que le parlement n'avoit pas donné à Monsieur la qualité de lieutenant général ; mais qu'il la pouvoit prendre dans la conjoncture, comme l'ayant de droit par sa naissance, qui le constituoit naturellement le premier magistrat du royaume. Il allégua sur cela Henri-le-Grand, qui, étant premier prince du sang, s'étoit appelé ainsi dans un discours qu'il avoit fait dans le temps des troubles.

Le 27, le conseil fut établi par M. le duc d'Orléans ;

et il fut composé de Monsieur, de M. le prince, de messieurs de Beaufort, de Nemours, de Sully, de Brissac, de La Rochefoucauld et de Rohan; des présidens de Nesmond et de Longueil; Aubry et Larcher, présidens des comptes; Dorieux et Le Noir, de la cour des aides.

Le 29, il fut résolu dans l'assemblée de l'hôtel-de-ville de lever huit cent mille livres pour fortifier les troupes de Son Altesse Royale, et d'écrire à toutes les grandes villes du royaume pour les exhorter à s'unir avec la capitale. Le Roi ne manqua pas de casser, par des arrêts du conseil, tous ceux du parlement, et toutes ces délibérations de l'hôtel-de-ville.

Je crois que je me suis acquitté exactement de la parole que je vous ai donnée de ne vous guère importuner de mes réflexions sur tout ce qui se passa dans les temps que je viens de parcourir plutôt que de décrire. Ce n'est pas, comme vous le jugez aisément, faute de matière : il n'y en peut guère avoir qui en soit plus digne, ni qui en dût être plus féconde. Les événemens en sont bizarres, rares, extraordinaires; mais comme je n'étois pas proprement dans l'action, et que je ne la voyois même que d'une loge qui n'étoit qu'au coin du théâtre, je craindrois, si j'entrois trop avant dans le détail, de mêler dans mes vues mes conjectures; et j'ai tant de fois éprouvé que les plus raisonnables sont souvent fausses, que je les crois toujours indignes de l'histoire, et de l'histoire particulièrement qui n'est faite que pour une personne à laquelle on doit, par tant de titres, une vérité pleinement incontestable. En voici deux, sur cette matière, qui sont de cette nature.

L'une est que, bien que je ne puisse vous démêler en particulier les différens ressorts des machines que vous venez de voir sur le théâtre, parce que j'en étois dehors, je puis vous assurer que l'unique qui faisoit agir si pitoyablement Monsieur, c'étoit la persuasion où il étoit que tout étant à l'aventure, le parti le plus sage étoit de suivre toujours le flot (c'étoit son expression); et que ce qui obligeoit M. le prince à se conduire comme il se conduisoit, c'étoit l'aversion qu'il avoit à la guerre civile, qui fomentoit, réveilloit même à tous momens, dans le plus intérieur de son cœur, l'espérance de la terminer promptement par une négociation. Vous remarquerez, s'il vous plaît, qu'elles n'eurent jamais d'intermission. Je vous ai expliqué le détail de ces différens mouvemens dans ce que je vous ai expliqué ci-dessus : mais je crois qu'il n'est pas inutile de vous les marquer encore en général dans le cours d'une narration qui vous présente à tous les instans des incidens dont vous me demandez sans doute les raisons, que j'omets, parce que je n'en sais pas le particulier.

Je vous ai déjà dit que j'avois rebuté Monsieur par mes monosyllabes. Je m'y étois fixé à dessein, et je ne les quittai que lorsqu'il s'agit de la lieutenance générale. Je la combattis de toute ma force, parce qu'il me força de lui en dire mon sentiment. Je la lui traitai d'odieuse, de pernicieuse et d'inutile ; et je m'en expliquai si hautement et si clairement, que je lui dis que je serois au désespoir que tout le monde ne sût pas sur cela mes sentimens, et que l'on crût que ceux qui avoient mon caractère particulier dans le parlement fussent capables d'y donner leurs voix.

Je lui tins ma parole. M. de Caumartin s'y signala même par l'avis contraire. Je croyois devoir cette conduite au Roi, à l'Etat, et à Monsieur même. J'étois convaincu, comme je le suis encore, que les mêmes lois qui nous permettent quelquefois de nous dispenser de l'obéissance exacte nous défendent toujours de ne pas respecter le titre du sanctuaire, qui, en ce qui regarde l'autorité royale, est le plus essentiel. J'étois de plus en cet état, à vous dire le vrai, de soutenir ma maxime et mes démarches : car la contenance que j'avois tenue dans la résolution de l'hôtel-de-ville avoit saisi l'imagination des gens, et leur avoit fait croire que j'avois beaucoup plus de force que je n'en avois en effet. Ce qui la fait croire l'augmente. J'en avois fait l'expérience, et je m'en étois servi avec fruit, aussi bien que des autres moyens que je trouvai encore en abondance dans les dispositions de Paris qui s'aigrissoit tous les jours contre le parti des princes, et par les taxes desquels on se voyoit menacé, et par le massacre de l'hôtel-de-ville qui avoit jeté l'horreur dans tous les esprits, et par le pillage des environs, où l'armée, qui depuis le combat de Saint-Antoine étoit campée dans le faubourg Saint-Victor, faisoit des ravages incroyables. Je profitois de tous ces désordres : je les relevois d'une manière qui me rendoit agréable à tous ceux qui les blâmoient; je ramenois insensiblement et doucement à moi tous ceux des pacifiques qui n'étoient point attachés par profession particulière au Mazarin. Je réussis dans ce manège, au point que je me trouvai à Paris en état de disputer le pavé à tout le monde ; et qu'après m'être tenu sur la défensive trois semaines dans mon logis, avec les précautions que je vous ai marquées ci-dessus, j'en sortis avec pompe, nonobstant le cérémonial romain. J'allois tous les jours au Luxembourg; je passois au milieu des gens de guerre que M. le prince avoit dans le faubourg; et je crus que j'étois assez assuré du peuple pour croire que j'en pouvois user ainsi avec sûreté. Je ne m'y trompai pas, au moins par l'événement. Je reviens au parlement.

Le 6 d'août 1652, Buchifert, substitut du procureur général, apporta aux chambres assemblées deux lettres du Roi : l'une adressée à la compagnie, l'autre au président de Nesmond, avec une déclaration du Roi qui portoit la translation du parlement à Pontoise. La cour avoit pris cette résolution, après avoir connu que son séjour à Saint-Denis n'avoit pas empêché que le parlement et l'hôtel-de-ville n'eussent fait les pas que vous avez vus ci-devant. L'on s'émut fort dans l'assemblée des chambres à cette nouvelle : on opina, et il fut dit que les lettres et la déclaration seroient mises au greffe, pour y être fait droit après que le cardinal Mazarin seroit hors de France. Le parlement de Pontoise, composé de quatorze officiers, à la tête desquels étoient messieurs les présidens Molé, Novion et Le Coigneux, qui s'étoient un peu auparavant retirés de Paris en habits déguisés, fit des remontrances au Roi, tendantes à l'éloignement du cardinal Mazarin. Le Roi lui accorda ce qu'il lui demandoit, à l'instance même de ce bon et désintéressé ministre, qui sortit effectivement de la cour, et se retira à Bouillon. Cette comédie, très-indigne de la majesté royale, fut accompagnée de tout ce qui la pouvoit rendre encore plus ridicule. Les deux parlemens se foudroyèrent, par des arrêts sanglans qu'ils donnoient l'un contre l'autre.

Le 13 d'août, celui de Paris ordonna que ceux qui assisteroient à l'assemblée de Pontoise seroient rayés du tableau et du registre.

Le 17 du même mois, celui de Pontoise vérifia la déclaration du Roi, qui portoit injonction au parlement, à la chambre des comptes et à la cour des aides, que, vu l'éloignement du cardinal Mazarin, ils étoient prêts de poser les armes, pourvu qu'il plût à Sa Majesté de donner une amnistie, d'éloigner ses troupes des environs de Paris, retirer celles qui étoient en Guienne, donner une route et sûreté pour celles d'Espagne, et permettre à messieurs les princes d'envoyer vers Sa Majesté pour conférer de ce qui pourroit rester à ajuster. Ce parlement donna ensuite arrêt par lequel il fut ordonné que Sa Majesté seroit remerciée de l'éloignement du cardinal, et très-humblement suppliée de revenir en sa bonne ville de Paris.

Le 26, le Roi fit vérifier au parlement de Pontoise l'amnistie qu'il donna à tous ceux qui avoient pris les armes contre lui; mais avec des restrictions qui faisoient que peu de gens y pouvoient trouver leurs sûretés.

Le 29 et 31 d'août, et le 2 septembre, l'on ne parla presque à Paris, dans les chambres assemblées, que du refus que la cour avoit fait à Monsieur et à M. le prince des passeports qu'ils lui avoient demandés pour messieurs le maréchal d'Etampes, le comte de Fiesque et Goulas; et de la réponse que le Roi avoit faite à une lettre de Monsieur. Cette réponse étoit, en substance, qu'il s'étonnoit que M. le duc d'Orléans n'eût pas fait de réflexion qu'après l'éloignement de M. le cardinal Mazarin il n'avoit autre chose à faire, suivant sa parole et sa déclaration, qu'à poser les armes, renoncer à toutes associations et traités, faire retirer les étrangers: après quoi ceux qui viendroient de sa part seroient très-bien venus.

Le 2 septembre, l'on opina sur cette réponse du Roi; mais on n'eut pas le temps d'achever la délibération. Il fut seulement arrêté que défenses seroient faites aux lieutenans criminel et particulier de faire publier aucune déclaration du Roi sans ordre du parlement: ce qui fut ordonné, sur l'avis que l'on eut que ces officiers avoient reçu commandement du Roi de faire publier et afficher dans la ville celle d'amnistie qui avoit été vérifiée à Pontoise.

Le 3, l'on acheva la délibération sur la réponse du Roi à Monsieur. Il fut arrêté que les députés de la compagnie iroient trouver le Roi pour le remercier de l'éloignement du cardinal Mazarin, et pour le supplier de revenir en sa bonne ville de Paris; que M. le duc d'Orléans et M. le prince seroient priés d'écrire au Roi, et de l'assurer qu'ils mettroient bas les armes aussitôt qu'il auroit plu à Sa Majesté d'envoyer les passeports nécessaires pour la retraite des étrangers, et une amnistie en bonne forme, et qui fût vérifiée dans tous les parlemens du royaume; que Sa Majesté seroit suppliée de recevoir les députés de messieurs les princes; que la chambre des comptes et la cour des aides de Paris seroient conviées de faire la députation; qu'assemblée générale seroit faite dans l'hôtel-de-ville; et que l'on écriroit à M. le président de Mesmes, qui s'étoit aussi retiré à Pontoise, afin qu'il sollicitât les passeports.

Permettez-moi, je vous supplie, de faire une pause en cet endroit, et de considérer avec attention cette illusion scandaleuse et continuelle avec laquelle un ministre se joue effectivement du nom et de la parole sacrée d'un grand roi, et avec laquelle d'autre part le plus auguste parlement du royaume, la cour des pairs, se joue, pour ainsi parler, d'elle-même, par des contradictions perpétuelles, et plus convenables à la légèreté d'un collége qu'à la majesté d'un sénat! Je vous ai dit quelquefois que les hommes ne se sentent pas dans ces sortes de fièvres d'Etat, qui tiennent de la frénésie. Je connoissois en ce temps-là des gens de bien qui étoient persuadés jusqu'au martyre, s'il eût été nécessaire, de la justice de la cause de messieurs les princes. J'en connoissois d'autres, et d'une vertu désintéressée et consommée, qui fussent morts avec joie pour la défense de celle de la cour. L'ambition des grands se sert de ces dispositions comme il convient à leurs intérêts : ils aident à aveugler le reste des hommes, et ils s'aveuglent encore eux-mêmes après plus dangereusement que le reste des hommes.

Le bonhomme M. de Fontenay, qui avoit été deux fois ambassadeur à Rome, qui avoit de l'expérience, du bon sens, et l'intention sincère et droite pour l'Etat, déploroit tous les jours avec moi la léthargie dans laquelle les divisions domestiques font tomber même les meilleurs citoyens.

A l'égard du dehors de l'Etat, l'archiduc reprit cette année-là Gravelines et Dunkerque. Cromwell prit, sans déclaration de guerre, et avec une insolence in-

jurieuse à la couronne, sous je ne sais quel prétexte de représailles, une grande partie des vaisseaux du Roi. Nous perdîmes Barcelone, la Catalogne, et Casal, la clef de l'Italie. Nous vîmes Brisach révolté, sur le point de retomber entre les mains de la maison d'Autriche. Nous vîmes les drapeaux et les étendards d'Espagne voltigeant sur le Pont-Neuf; les écharpes jaunes de Lorraine parurent dans Paris avec la même liberté que les isabelles et les bleues. On s'accoutumoit à ces spectacles, et à ces funestes nouvelles de tant de pertes. Cette habitude, qui avoit de terribles conséquences, me fit peur, et certainement beaucoup plus pour l'Etat que pour ma personne. M. de Fontenay, qui en fut pénétré, et qui le fut même de ce qu'il m'en vit touché, m'exhorta à sortir moi-même de la léthargie « où vous êtes, me dit-il, à votre
« mode : car enfin si vous vous considérez tout seul,
« vous avez pris le bon parti. Mais si vous faites ré-
« flexion sur l'état où est la capitale du royaume, à la-
« quelle vous êtes attaché par tant de titres, croyez-
« vous n'être pas obligé à vous donner plus de mou-
« vement que vous ne vous en donnez? Vous n'avez
« aucun intérêt, vos intentions sont bonnes : faut-il
« que par votre inaction vous fassiez autant de mal à
« l'Etat que les autres en font par leurs mouvemens
« les plus irréguliers ? » M. de Sève-Châtignonville, que vous avez vu depuis dans le conseil du Roi, et qui étoit mon ami très-particulier et homme d'une grande intégrité, m'avoit fait depuis un mois ou six semaines, même avec empressement, des instances pareilles. M. de Lamoignon [1], qui est présentement

---

[1] *M. de Lamoignon :* Guillaume. Il étoit alors maître des requêtes.

premier président du parlement de Paris, et qui a eu
dès sa jeunesse toute la réputation que mérite une
aussi grande capacité que la sienne, jointe à une aussi
grande vertu, me faisoit tous les jours le même discours. M. de Valençay, conseiller d'Etat, qui n'avoit
pas à beaucoup près les talens des autres, mais qui
étoit aussi bien qu'eux colonel de son quartier, me
venoit dire tous les dimanches au matin à l'oreille :
« Sauvez l'Etat, sauvez la ville ! j'attends vos ordres. »
M. des Roches, chantre de Notre-Dame, et qui avoit
la colonelle du cloître, homme de peu de sens, mais
de bonne intention, pleuroit réglément avec moi deux
ou trois fois la semaine sur le même sujet. Ce qui me
toucha le plus sensiblement de toutes ces exhorta-
tions fut une parole de M. de Lamoignon, dont j'estimois autant le bon sens que la probité. « Je vois,
« monsieur, me dit-il un jour qu'il se promenoit avec
« moi dans ma chambre, qu'avec l'intention du monde
« la plus droite, vous allez tomber de l'amour public
« dans la haine publique. Il y a déjà quelque temps
« que les esprits qui étoient tous pour vous dans le
« commencement se sont partagés. Vous avez rega-
« gné du terrain par les fautes de vos ennemis : je vois
« que vous commencez à le reperdre. Que les fron-
« deurs croient que vous ménagez le Mazarin, et que
« les mazarins croient que vous appuyez les fron-
« deurs : je sais que cela n'est pas vrai, et je juge
« même qu'il ne peut être vrai ; mais ce qui me fait

Louis XIV, qui à peine sorti de l'enfance assistoit quelquefois au conseil,
vantoit la netteté et la droiture que montroit ce magistrat. « Je n'entends
« bien, disoit-il, que les affaires que M. de Lamoignon rapporte. »
Mort en 1677.

T. 46.

« peur pour vous, c'est qu'il commence à être cru par
« une espèce de gens dont l'opinion forma toujours
« avec le temps la réputation publique. Ce sont ceux
« qui ne sont ni frondeurs ni mazarins, et qui ne
« veulent que le bien de l'Etat. Cette espèce de gens
« ne peut rien dans le commencement des troubles :
« elle peut tout dans les fins. » Il n'y a rien, comme
vous voyez, de plus sensé que ce discours; mais comme
il ne m'étoit pas tout-à-fait nouveau, et que j'avois
déjà fait beaucoup de réflexions qui au moins en approchoient, il ne m'émut pas au point du dernier mot
par lequel il le termina. « Voici d'étranges conjonc-
« tures, ajouta-t-il. Il est d'un homme sage d'en sortir
« avec précipitation et même avec perte, parce que
« l'on court fortune d'y perdre tout son honneur,
« quoique l'on s'y conduise avec toute sorte de sa-
« gesse. Je doute fort que le connétable de Saint-
« Paul (1) ait été aussi coupable et ait eu d'aussi mau-
« vaises intentions qu'on nous le dit. » Cette dernière
parole, qui est d'un sens droit et profond, me pénétra d'autant plus que le père don Carouges, chartreux,
que j'avois été voir la veille dans sa cellule, m'avoit
dit, à propos de la conduite que je tenois : « Elle est
« si nette, elle est si haute, que tous ceux qui n'en
« seroient pas capables, au poste où vous êtes, y con-
« çoivent du mystère; et dans les temps embarrassés
« et malheureux, tout ce qui passe pour mystère est
« odieux. » Je vous rendrai compte de l'effet que tous

(1) *Le connétable de Saint-Paul :* Louis de Luxembourg. Il abandonna le service de Louis XI pour passer à celui de Charles, duc de Bourgogne. Ayant été livré au Roi par ce dernier, il eut la tête tranchée sur la place de Grève le 19 décembre 1475.

ces discours dont je viens de vous parler firent sur mon esprit, après que j'aurai touché, le plus brièvement qu'il me sera possible, quelques faits qui méritent de n'être pas oubliés.

Vous avez vu ci-dessus que le Roi, après qu'il eut établi son parlement à Pontoise, étoit allé à Compiègne. Il n'y mena pas M. de Bouillon, qui mourut en ce temps-là d'une fièvre continue ; mais il fit venir M. le chancelier, qui sortit de Paris déguisé, et qui préféra le conseil du Roi à celui de Monsieur, dans lequel il est vrai qu'il eut fort lieu de ne pas entrer. Il n'y a que la foiblesse qui puisse excuser un pas de cette nature à un chancelier de France ; mais je ne suis pas moins persuadé qu'il n'y a aussi que la mollesse du gouvernement du cardinal Mazarin qui eût pu remettre à la tête de tous les conseils et de toutes les justices du royaume un chancelier qui avoit été capable de le faire. L'un des plus grands maux que le ministériat de M. le cardinal Mazarin ait fait au royaume est le peu d'attention qu'il a eu à en garder la dignité. Le mépris qu'il en a fait lui a réussi ; et ce succès est un second malheur plus grand encore que le premier, parce qu'il couvre et qu'il pallie les inconvéniens qui arriveront infailliblement tôt ou tard à l'Etat, de l'habitude que l'on en a prise.

La Reine, qui avoit de la hauteur, eut assez de peine à se résoudre au rappel du chancelier ; mais le cardinal en étoit le maître, et au point que quand il s'entêta de M. de Bullion, entre les mains de qui il mit même les finances, il répondit à la Reine, qui l'avertissoit de ne se pas fier à un homme de cet esprit : « Il vous appartient bien, madame, de me donner

« des avis! » Je sus cette particularité trois jours après par Varennes, à qui M. de Bullion lui-même l'avoit dite.

Il ne seroit pas juste d'oublier en ce lieu la mort de M. de Nemours, qui fut tué en duel dans le Marché aux Chevaux, par M. de Beaufort (1). Vous vous pouvez souvenir de ce que je vous ai dit de leur querelle, à propos du combat de Gergeau. Elle se renouvela par la dispute de la préséance dans le conseil de Monsieur. M. de Nemours força presque M. de Beaufort à se battre ; il y périt sur-le-champ d'un coup de pistolet à la tête. M. de Villars, que vous connoissez, le servoit en cette occasion ; et il tua Héricourt, lieutenant des gardes de M. de Beaufort. Je reviens au Luxembourg.

Vous croyez aisément que la confusion de Paris n'aidoit pas à mettre l'ordre dans la cour de Monsieur. La mort de M. de Valois, qui arriva le jour de la Saint-Laurent, y mit la douleur, qui fait toujours la consternation quand elle tombe sur le point de l'incertitude et de l'embarras. Un avis donné à Monsieur justement dans ce temps par madame de Choisy, d'une négociation de M. de Chavigny avec la cour, du détail de laquelle je vous parlerai dans la suite, le toucha infiniment. Les nouvelles qui venoient de tous côtés, assez mauvaises pour le parti, le trouvant en cet état, agitoient encore plus son esprit qu'il ne l'étoit dans son assiette naturelle, quoiqu'elle ne fût jamais bien ferme. Persan avoit été obligé de rendre Montrond à Paluau, qui fut fait maréchal de France après cette expédition. M. le comte d'Harcourt avoit presque

(1) 30 juillet 1652. (A. E.)

toujours eu avantage dans la Guienne; et Bordeaux
même se trouvoit divisé en tant de folles partialités,
qu'il eût été difficile d'y faire aucun fondement. Marigny disoit assez plaisamment que madame la princesse et madame de Longueville, M. le prince de
Conti et Marsin, le parlement, les jurats et l'armée,
Marigny et Sarrazin, y avoient chacun leurs factions;
il avoit commencé une manière de catholicon de ce
qu'il avoit vu en ce pays-là, qui en faisoit une image
bien ridicule. Je n'en sais pas assez le détail pour vous
en entretenir; et je me contente de vous dire que ce
qui en étoit revenu à Monsieur ne contribuoit pas à
lui donner du repos dans ces agitations, et à lui faire
croire que le parti où il étoit engagé étoit bon.

La providence de Dieu, qui, par des secrets ressorts inconnus à ceux même qu'elle fait agir, dispose les moyens pour leur fin, se servit des exhor-
tations de ces messieurs que je viens de vous nommer,
pour me porter à changer ma conduite, justement au
moment dans lequel ce changement trouvoit Monsieur dans des dispositions susceptibles de celles que
je lui pourrois inspirer. La plus grande difficulté fut
de me l'inspirer à moi-même : car quoique je n'eusse
dans le vrai que de très-bonnes et de très-sincères
intentions pour l'Etat, et quoique je ne souhaitasse
que de sortir d'affaire avec quelque sorte d'honneur,
je ne laissois pas de vouloir conserver un certain dé-
corum, qu'il étoit assez difficile de rencontrer bien
juste dans la conjoncture présente. Je convenois avec
ces messieurs qu'il y avoit de la honte à demeurer les
bras croisés, et à laisser périr la capitale et peut-être
l'Etat; mais ils convenoient aussi avec moi qu'il y

avoit fort peu d'honneur à revenir d'aussi loin, que de contribuer au rétablissement d'un ministre odieux à tout le royaume, et dans la perte duquel je m'étois autant distingué. Nous ne pouvions douter, ni les uns ni les autres, que tous les pas que nous ferions pour la paix feroient cet effet infailliblement, quoiqu'indirectement; parce que nous ne pouvions ignorer que ce rétablissement étoit l'unique vœu de la Reine. M. de Fontenay me convainquit à la fin par ce raisonnement, qu'il me fit une après-dînée dans les Chartreux en nous promenant. « Vous voyez que le Ma-
« zarin n'est qu'une manière de godenot (1) qui se
« cache aujourd'hui, et qui se montrera demain :
« mais vous voyez aussi que, soit qu'il se cache, soit
« qu'il se montre, le filet qui l'avance et qui le retire
« est celui de l'autorité royale, lequel ne se rompra
« pas apparemment sitôt, de la manière que l'on s'y
« prend à le rompre. Beaucoup de ceux même qui
« lui paroissoient les plus contraires seroient bien
« fâchés qu'il pérît. Beaucoup d'autres seront très-
« consolés qu'il se sauve : personne ne travaille véri-
« tablement et entièrement à sa ruine; et vous-même,
« monsieur (il parloit à moi), vous n'y donnez que
« mollement, parce qu'il y a une infinité d'occasions
« dans lesquelles l'état où vous êtes avec M. le prince
« ne vous permet pas de vous étendre contre la
« cour aussi librement et aussi pleinement que vous
« le feriez sans cette considération. Je conclus qu'il
« est impossible que le cardinal ne se rétablisse pas,
« ou par une négociation avec M. le prince, qui en-

(1) *Godenot :* Petite figure ou marionnette dont se servoient les charlatans pour amuser le peuple.

« traînera Monsieur toutes les fois qu'il lui plaira de
« se raccommoder à la cour, ou par la lassitude des
« peuples, qui ne s'aperçoivent déjà que trop clai-
« rement que l'on ne sait faire dans ce parti ni la
« paix, ni la guerre. Dans tous ces deux cas, que je
« tiens pour infaillibles, vous perdrez beaucoup : car
« si vous ne vous tirez d'embarras avant que le mou-
« vement finisse par un accommodement de la cour
« avec M. le prince, vous aurez peine à vous démê-
« ler d'une intrigue dans laquelle et la cour et M. le
« prince songeront assurément à vous faire périr. Si
« la résolution vient par la lassitude des peuples, en
« êtes-vous mieux? et cette lassitude, de laquelle
« l'on se prend toujours à ceux qui ont le plus brillé
« dans le mouvement, ne peut-elle pas corrompre et
« tourner contre vous-même la sage inaction dans
« laquelle vous êtes demeuré depuis quelque temps?
« Voilà, ce me semble, ce que vous pouvez prévoir;
« mais voilà aussi ce que vous ne pouvez éviter,
« qu'en en trouvant l'issue avant que la guerre civile
« se termine par l'un ou l'autre de ces moyens que je
« viens de vous expliquer. Je sais bien que l'engage-
« ment où vous êtes avec Monsieur, et même avec
« le public, touchant le Mazarin, ne vous permet pas
« de travailler à son rétablissement; et vous savez
« que, par cette raison, je ne vous ai jamais rien pro-
« posé tant qu'il a été à la cour. Il n'y est plus; et
« quoique son éloignement ne soit qu'un jeu et
« qu'une illusion, il ne laisse pas de vous donner lieu
« de faire de certaines démarches qui conduisent na-
« turellement à ce qui vous est bon. Paris, tout sou-
« levé qu'il est, souhaite avec passion la présence du

« Roi; et ceux qui la demanderont les premiers
« seront ceux qui en auront l'agrément dans le peu-
« ple. J'avoue que le peuple, selon ce principe, ne
« sait ce qu'il demande : car cette présence contri-
« buera apparemment à y ramener plus tôt le Mazarin ;
« mais enfin il la demande : et comme le cardinal est
« éloigné, ceux qui la demanderont les premiers ne
« passeront pas pour mazarins. C'est votre unique
« compte : car comme vous n'avez pas d'intérêts par-
« ticuliers, et que vous ne voulez dans le fond que
« le bien de l'Etat et la conservation de votre répu-
« tation dans le public, vous faites l'un sans nuire à
« l'autre. Je conviens que si vous pouviez empêcher
« le rétablissement du cardinal, le parti que je vous
« propose ne seroit ni d'un politique ni d'un homme
« de bien : car ce rétablissement doit être considéré,
« par une infinité de raisons, comme une calamité
« publique. Mais supposé, comme vous le supposez
« vous-même, qu'il soit infaillible par la mauvaise
« conduite de ses ennemis, je ne conçois pas com-
« ment la vue d'une chose que vous ne pouvez em-
« pêcher vous peut empêcher vous-même de sortir
« de l'embarras où vous vous trouvez, par une porte
« qui vous ouvre un champ et de gloire et de liberté.
« Paris, dont vous êtes archevêque, gémit sous le
« poids; le parlement n'y est plus qu'un fantôme;
« l'hôtel-de-ville est un désert; Monsieur et M. le
« prince n'y sont maîtres qu'autant qu'il plaira à la
« canaille la plus insensée; les Espagnols, les Alle-
« mands et les Lorrains sont dans ses faubourgs, qui
« ravagent jusque dans les jardins. Vous qui en êtes le
« pasteur et le libérateur, en deux ou trois rencontres

« vous avez été obligé de vous garder dans votre
« propre maison trois semaines durant; et vous savez
« bien qu'encore aujourd'hui vos amis sont en peine
« quand vous n'y marchez pas armé. Ne comptez-vous
« pour rien de faire finir toutes ces misères? et man-
« querez-vous le moment unique que la Providence
« vous donne pour vous donner l'honneur de les
« terminer? Le cardinal, qui est un homme de con-
« tre-temps, peut revenir demain; et s'il étoit à la
« cour, le parti que je vous propose vous seroit plus
« impraticable qu'à homme qui vive. Ne perdez pas
« l'instant qui vous convient aussi, par la raison des
« contraires, plus qu'à homme qui vive; prenez avec
« vous votre clergé, menez-le à Compiègne; remer-
« ciez le Roi de l'éloignement du Mazarin; deman-
« dez-lui son retour dans sa capitale; entendez-vous
« avec ceux des corps qui ne veulent que le bien, qui
« sont presque tous vos amis particuliers, et qui vous
« considèrent déjà comme leur chef naturel, par votre
« dignité dans une occasion qui lui est si propre et
« si convenable. Si le Roi revient effectivement à la
« ville, le peuple de Paris vous en aura l'obligation;
« s'il vous le refuse, on ne laissera pas d'avoir de la
« reconnoissance de votre intention. Si vous pouvez
« gagner Monsieur sur ce point, vous sauvez tout
« l'Etat : parce que je suis persuadé que s'il savoit
« jouer son personnage en cette rencontre, il rame-
« neroit le Roi à Paris, et que le Mazarin n'y revien-
« droit jamais. Je suppose qu'il y revienne dans le
« temps : prévenez ce hasard, que je vois bien que
« vous craignez, à cause du reproche que le peuple
« vous en pourroit faire; prévenez, dis-je, ce hasard,

« par l'emploi de Rome, auquel vous m'avez dit plu-
« sieurs fois que vous étiez résolu, plutôt que de
« figurer avec lui. Vous êtes cardinal, vous êtes ar-
« chevêque de Paris; vous avez l'amour du public;
« vous n'avez que trente-sept ans : sauvez la ville,
« sauvez l'Etat! » Voilà en substance ce que M. de
Fontenay me dit, et ce qu'il me dit avec une rapidité
qui n'étoit nullement de sa froideur ordinaire; et il est
vrai que j'en fus touché : car quoiqu'il ne m'apprît
rien à quoi je n'eusse déjà pensé, comme vous l'avez
vu par les réflexions que j'avois faites à mon égard sur
l'incendie de l'hôtel-de-ville, je ne laissai pas de me
sentir plus ému de ce qu'il me représentoit sur cela,
que de tout ce qui m'en avoit été dit jusque là, et
même que de tout ce que je m'en étois moi-même
imaginé.

Il y avoit déjà assez long-temps que cette députation du clergé nous rouloit dans l'esprit à M. de Caumartin et à moi, et que nous en examinions et les
manières et les suites. Je dois à M. Joly la justice
de dire que ce fut lui qui le premier l'imagina, aussitôt que le cardinal Mazarin se fut éloigné. Nous joignîmes tous ensemble, à la substance, les circonstances que nous y jugeâmes les plus nécessaires et les
plus utiles. La première et la plus importante en tout
sens fut de porter Monsieur à approuver du moins
cette conduite; et les dispositions où je vous ai marqué ci-dessus qu'il étoit nous donnoient lieu de
croire que nous pourrions le tenter avec fruit. J'employai pour cet effet celles des raisons qui étoient le
plus à son goût, dans ce que je vous ai dit ci-dessus
à propos du sentiment de M. de Fontenay. J'y ajou-

tai les avantages qu'il se donneroit à lui-même, en procurant une amnistie bonne, véritable, non fallacieuse, et au parlement et à la ville, qu'on ne lui refuseroit pas certainement, s'il faisoit voir à la cour un desir sincère de s'accommoder. Je lui fis voir que quand sa retraite à Blois, après laquelle il soupiroit depuis si long-temps, auroit été précédée du soin qu'il auroit eu de chercher dans la paix les sûretés nécessaires et au public et aux particuliers, elle ne lui pourroit donner que de la gloire; et d'autant plus qu'elle ne seroit considérée que comme l'effet de la ferme résolution qu'il avoit prise de n'avoir aucune part au rétablissement du ministre. Que celle que je prétendois en mon particulier faire à Rome, avant que ce rétablissement s'effectuât, se pourroit attribuer à nécessité, parce que beaucoup de gens croiroient que j'y serois forcé par la crainte de ne pouvoir trouver ma sûreté dans les suites de ce rétablissement; que sa naissance le mettoit au dessus et de ces discours et de ces soupçons; et que s'il faisoit pour le public, avant que de se retirer, ce qui lui seroit assurément très-aisé du côté de la cour, il seroit à Blois avec quatre gardes, chéri, respecté, honoré et des Français et des étrangers, et en état de profiter, même pour le bien de l'Etat, toutes les fois qu'il lui plairoit, de toutes les fautes qui se feroient dans tous les partis.

Je vous prie d'observer que, quand je fis ce discours à Monsieur, j'étois averti de bonne part qu'il avoit eu la frayeur, cinq ou six jours avant la dernière, que je m'accommodasse avec M. le prince. Il me l'avoit lui-même assez témoigné, quoique indirectement;

mais Jouy, à qui il s'en étoit ouvert à fond, à propos d'un je ne sais quel avis qu'il avoit eu que M. de Brissac y travailloit de nouveau, m'avoit dit que Monsieur s'étoit écrié : « Si cela est, nous avons la guerre civile « pour l'éternité. » Vous jugez bien que cette circonstance ne me détourna pas de la résolution que j'avois prise de le tenter. Je n'eus pas lieu de m'en repentir : car aussitôt que je fus entré en matière, il entra lui-même dans tout ce que je lui disois. Il me railla sur la cessation des monosyllabes : ce qui étoit toujours signe en lui qu'il approuvoit ce dont on lui parloit. Il ajouta ensuite des raisons aux miennes : ce qui en est un certain à tout le monde ; et puis tout d'un coup il revint, comme s'il fût parti de bien loin (ce qui étoit son air, particulièrement quand il n'avoit bougé d'une place) ; et il me dit : « Mais que ferons-« nous de M. le prince ? » Je lui répondis : « C'est à « Votre Altesse Royale, monsieur, à savoir où elle « en est avec lui : car l'honneur est préférable à « toutes choses ; mais comme j'ai lieu de croire que « les négociations que l'on voit à droite et à gauche « se font en commun, je m'imagine que vous vous « pouvez entendre sur ce que je vous propose, comme « vous vous entendez sur le reste. — Vous vous jouez, « me dit-il ; mais je ne suis pas si embarrassé sur ce « point que vous croyez. M. le prince a plus d'impa« tience que vous d'être hors de Paris ; et il s'aime« roit mieux à la tête de quatre escadrons dans les « Ardennes, que de commander à douze millions « de gens tels que nous en avons ici, sans en ex« cepter le président Charton. » Cela étoit vrai ; et Croissy, qui étoit un des hommes du monde qui avoit le moins de secret (défaut qui est assez rare aux gens qui sont accoutumés aux grandes affaires), me disoit tous les jours que M. le prince séchoit d'ennui ; et qu'il étoit si las d'entendre parler de parlement, de cour des aides, de chambres assemblées, et d'hôtel-de-ville, qu'il disoit souvent que monsieur son grand-père n'avoit jamais été plus fatigué des ministres de La Rochelle.

Je ne laissai pas de connoître à ce discours de Monsieur qu'il cherchoit des raisons pour se satisfaire lui-même à l'égard de M. le prince. J'affectai, pour me satisfaire moi-même, de ne lui en fournir ni de lui en suggérer aucune. Je demeurai dans la règle des monosyllabes sur ce fait particulier, sur lequel il ne tint pas toutefois à Monsieur de me faire parler, non plus que sur les différentes négociations dont les bruits couroient toujours, faux ou vrais. Je me contentai de prendre ou plutôt de former ma mission. En voici la substance. Monsieur me commanda de faire une assemblée générale des communautés ecclésiastiques ; de faire députer à la cour de toutes ces communautés ; d'y mener et d'y présenter moi-même la députation, qui seroit à l'effet de supplier le Roi de donner la paix à ses peuples, et de revenir dans sa bonne ville de Paris ; de travailler, par le moyen de mes amis, dans les autres corps de ville pour le même effet ; de faire savoir à la cour par madame la palatine, sans aucune lettre toutefois au moins que l'on pût montrer, que Son Altesse Royale donnoit le premier branle à ce mouvement ; de ne rien négocier pourtant en détail que lorsque je serois moi-même à Compiègne, où je dirois à la Reine qu'elle voyoit bien que Monsieur ne feroit ni même ne souffriroit les démarches de tous les corps, s'il n'avoit de très-bonnes et de très-sincères intentions ; qu'il vouloit la paix, et qu'il la vouloit de bonne foi ; que les engagemens publics qu'il avoit pris contre M. le cardinal Mazarin ne lui avoient pas permis de la conclure, ni même de l'avancer, tant qu'il avoit été à la cour ; que présentement qu'il étoit dehors, il souhaitoit avec passion de faire connoître à Sa Majesté qu'il n'y avoit eu que cet obstacle qui l'eût empêché d'y travailler avec succès ; qu'il lui déclaroit par moi qu'il renonçoit à tous les intérêts particuliers ; qu'il n'en prétendoit ni pour lui ni pour aucun de son parti ; qu'il ne demandoit que la sûreté publique, pour laquelle il n'y avoit qu'à expliquer quelques articles de l'amnistie, et qu'à la revêtir de quelques formes qui se trouvoient être autant, par l'événement, du service du Roi que de la satisfaction des particuliers ; qu'après qu'il auroit eu celle de voir le Roi dans le Louvre, il se retireroit avec autant de joie que de promptitude à Blois, en résolution de n'y penser qu'à son repos et qu'à son salut ; et que tout ce qui se feroit après cela à la cour ne seroit plus sur son compte, pourvu qu'on voulût bien ne l'y pas mettre, et le laisser dans sa solitude, où il promettoit de demeurer de bonne foi. Cette dernière période étoit, comme vous voyez, substancielle. Monsieur ajouta à cette instruction un ordre précis et particulier d'assurer la Reine que si M. le prince ne se vouloit pas contenter de pouvoir demeurer en repos dans son gouvernement, avec la pleine jouissance de toutes ses pensions et de toutes ses charges, il l'abandonneroit. Comme je lui représentai qu'il me paroissoit qu'il pouvoit et qu'il devoit même adoucir cette expression : « Point « de fausse générosité, reprit-il en colère ; je sais « ce que je dis, et je saurai bien le soutenir et le jus- « tifier. »

Voilà précisément comme je sortis de chez Monsieur ; j'exécutai ses ordres à la lettre, et je ne rencontrai dans leur exécution aucunes difficultés que du côté duquel je n'en devois point attendre. Ce que je vais vous raconter est incroyable. Après que j'eus ménagé tous les préalables que je crus nécessaires aux points de cette nature, j'envoyai Argenteuil ou Joly à madame la palatine (je ne me ressouviens pas précisément lequel ce fut), pour en conférer avec elle. Elle l'approuva au dernier point ; mais elle m'écrivit que si je désirois effectivement qu'elle réussît, c'est-à-dire qu'elle obligeât le Roi de revenir à Paris, il étoit nécessaire que je surprisse la cour ; parce que si je lui donnois le loisir de consulter l'oracle, il ne lui répondroit que selon ce qui auroit été inspiré et soufflé par les prêtres des idoles, lesquels (me mandoit-elle par un chiffre que nous avions toujours cru indéchiffrable) aiment mieux que tout le temple périsse, que de vous laisser mettre seulement une pierre pour le réparer. Elle me demanda seulement cinq jours de délai, pour avoir le temps d'en donner elle-même avis au cardinal. Elle le tourna d'une manière qui le força, pour ainsi dire, à y donner les mains, et à écrire à la Reine qu'elle devoit au moins recevoir agréablement ma députation.

Dès que les Le Tellier, les Servien, les Ondedei et les Fouquet en eurent le vent, ils s'y opposèrent de toutes leurs forces, disant que ce ne pouvoit être qu'un piége dans lequel je voulois faire tomber la cour; que si mon intention avoit été droite et sincère, j'aurois commencé par une négociation, et non pas par une proposition qui forçoit le Roi de revenir à Paris sans avoir pris ses sûretés préalables, ou de s'attirer les plaintes de toute la ville en n'y revenant pas. Madame la palatine, qui avoit l'ordre du cardinal en main, se sentoit bien forte, et leur répondoit que quand j'aurois la meilleure volonté du monde, je ne pouvois pas me conduire autrement que je me conduisois; parce qu'il étoit beaucoup moins sûr pour moi de me commettre à une négociation dans laquelle on me pouvoit tendre à moi-même mille et mille piéges, qu'à une députation sur laquelle enfin le pis du pis étoit de faire connoître une bonne intention sans effet. Ondedei soutenoit que l'unique fin de ma proposition étoit de pouvoir aller en sûreté pour prendre mon bonnet. Madame la palatine répondit que la réception de ce bonnet, qui n'étoit qu'une pure cérémonie, m'étoit, comme il étoit vrai, de toutes les choses du monde la plus indifférente. L'abbé Fouquet revenoit à la charge, et soutenoit que les intelligences qu'il avoit dans Paris y rétabliroient le Roi au premier jour, sans qu'il en eût obligation à des gens qui ne proposoient de l'y mettre que pour être plus en état de s'y maintenir eux-mêmes contre lui. Messieurs Le Tellier et Servien, qui avoient été au commencement de leur avis, se rendirent sur la fin, et à l'ordre du cardinal, et aux fortes et solides raisons de la palatine; et la Reine, qui avoit tenu l'abbé Charrier, que j'avois envoyé pour obtenir les passeports, trois jours entiers

à Compiègne, même depuis la parole qu'elle avoit
donnée de les accorder, les fit expédier, et elle y
ajouta même beaucoup d'honnêteté. Je partis aussitôt
avec les députés de tous les corps ecclésiastiques de
Paris, et près de deux cents gentilshommes qui m'accompagnoient, entre lesquels j'avois avec moi cinquante gardes de Monsieur. J'eus avis à Senlis qu'on
avoit résolu à la cour de n'y pas loger mon cortége;
et Bautru même, qui s'étoit mis de mon cortége pour
pouvoir sortir de Paris, dont les portes étoient gardées, me dit qu'il me conseilloit de n'y pas entrer
avec tant de gens. Je lui répondis que je ne croyois
pas aussi qu'il me conseillât d'y aller seul avec des
curés, des chanoines et des religieux, dans un temps
où il y avoit à la campagne une infinité de coureurs
de tous les partis. Il en convint, et il prit les devants
pour expliquer à la Reine et cette escorte et ce cortége, que l'on lui avoit très-ridiculement grossi. Tout
ce qu'il put obtenir fut que l'on me donneroit logement pour quatre-vingts chevaux. Vous remarquerez,
s'il vous plaît, que j'en avois cent douze, seulement
pour les carrosses. Cette foiblesse ne me fit que pitié :
ce qui me donna de l'ombrage fut que je ne trouvai
point sur mon chemin l'escouade des gardes du corps,
qui avoient accoutumé en ce temps-là d'aller au devant des cardinaux la première fois qu'ils paroissoient
à la cour. Ma défiance se fût changée en appréhension, si j'eusse su ce que je n'appris qu'à mon retour
à Paris, que la cause pour laquelle l'on ne m'avoit
pas fait cet honneur étoit que l'on n'avoit pas encore
bien résolu de ce que l'on feroit de ma personne : les
uns soutenant qu'il me falloit arrêter, les autres qu'il

étoit nécessaire de me tuer ; et quelques-uns disant qu'il y avoit trop d'inconvéniens à violer en cette occasion la foi publique. M. le prince Thomas (1) fit dire à mon père, par le père Senault (2) de l'Oratoire, le propre jour que je retournai à Paris, qu'il avoit été de ce dernier avis ; qu'il ne nommoit personne, mais qu'il y avoit au monde des gens bien scélérats. Madame la palatine ne me témoigna pas que l'on eût été jusque là : mais elle me dit, dès le lendemain que je fus arrivé, qu'elle m'aimoit mieux à Paris qu'à Compiègne. La Reine me reçut pourtant fort bien : elle se fâcha devant moi contre l'exempt des gardes, qui ne m'avoit pas rencontré, et qui s'étoit égaré, disoit-elle, dans la forêt. Le Roi me donna le bonnet le matin du lendemain, et l'audience l'après-dînée. Je lui fis la harangue qui est imprimée (3).

La réponse du Roi fut honnête, mais générale ; et j'eus même beaucoup de peine à la tirer par écrit (4).

. . . .

Voilà ce qui parut à tout le monde de mon voyage de Compiègne : voici ce qui s'y passa dans le secret.

Je dis à la Reine, dans mon audience particulière qu'elle me donna dans un petit cabinet, que je ne venois pas seulement à Compiègne en qualité de député de l'Eglise de Paris, mais que j'en avois encore

---

(1) Thomas-François de Savoie, prince de Carignan, etc., mort en 1656. Il étoit fils de Charles-Emmanuel. (A. E.) — (2) *Le père Senault* : Jean-François. Il fut l'un des premiers prédicateurs qui donnèrent à l'éloquence sacrée la dignité qui lui convient. Ses talens et ses vertus le firent nommer général de l'Oratoire : fonctions qu'il exerça pendant dix ans. Il mourut en 1672. — (3) *La harangue qui est imprimée* : L'extrait de cette harangue se trouve dans la Notice. — (4) Il y a quelques lignes effacées dans cet endroit du manuscrit. (A. E.)

une autre que j'estimois beaucoup davantage, parce que je la croyois beaucoup moins inutile à son service que l'autre : que c'étoit celle d'envoyé de Monsieur, qui m'avoit commandé d'assurer Sa Majesté qu'il étoit dans la résolution de la servir réellement, effectivement, promptement et sans aucun délai : et en proférant ce dernier mot, je tirai de ma poche un petit billet signé *Gaston,* qui contenoit ces mêmes paroles. Le premier mouvement de la Reine fut d'une joie extraordinaire; et cette joie, à mon opinion, tira d'elle plus que de l'art (quoi que l'on ait voulu dire depuis) ces propres paroles : « Je savois bien, M. le car- « dinal, que vous me donneriez à la fin des marques « de l'affection que vous avez pour moi. » Comme je commençois d'entrer en matière, Ondedei (1) gratta à la porte; et comme je voulus me lever de mon siége pour l'aller ouvrir, la Reine me prit par le bras, et me dit : « Demeurez là, attendez-moi. » Elle sortit; elle entretint Ondedei près d'un quart-d'heure; elle revint, et me dit qu'Ondedei lui venoit de donner un paquet d'Espagne. Elle me parut embarrassée et changée dans sa manière de parler, au delà de tout ce que je vous puis dire. Bluet, dont je vous ai parlé dans cette histoire, m'a dit qu'Ondedei, qui avoit su que j'avois demandé à la Reine une audience particulière, l'étoit venu interrompre en lui disant qu'il avoit reçu ordre de M. le cardinal Mazarin de la con-

---

(1) Zongo Ondedei. Lorsqu'il fut devenu évêque, Gaumin, doyen des maîtres des requêtes, fit ces deux vers contre lui :

Nunc commissa lupo pastoris ovilia cernis,
Dedecus undè hominum, dedecus undè Dei.
(A. E.)

jurer de ne m'en donner aucune de cette nature, qui ne serviroit qu'à donner de l'ombrage à ses fidèles serviteurs. Ce Bluet m'a juré plus d'une fois qu'il avoit vu cette lettre en original entre les mains d'Ondedei, qui ne la reçut que justement dans le temps où j'étois enfermé avec la Reine dans le petit cabinet. Il est vrai aussi que j'observai que, quand elle y rentra, elle se mit auprès d'une fenêtre dont les vîtres descendent jusqu'au plancher, et qu'elle me fit mettre en lieu où tout ce qui étoit dans la cour la pouvoit voir, et moi aussi. Ce que je vous raconte est assez bizarre ; et j'aurois encore de la peine à le croire, si tout ce que j'observai dans la suite ne m'avoit fait connoître que la défiance étoit si généralement répandue à Compiègne et en tous les particuliers, et sur tous les particuliers, que qui ne l'a pas vu ne le peut concevoir. Messieurs Servien et Le Tellier se haïssoient cordialement. Ondedei étoit leur espion, comme il l'étoit de tout le monde; l'abbé Fouquet aspiroit à la seconde place dans l'espionnage; Bertet, Brachet, Ciron et le maréchal Du Plessis y étoient pour leur *vade*. Madame la palatine m'avoit informé de la carte du pays; mais je vous confesse que je ne me l'étois pu figurer au point que je la trouvai. La Reine toutefois ne put s'empêcher, nonobstant l'avis d'Ondedei, de me témoigner et joie et reconnoissance. « Mais
« comme, ajouta-t-elle, les conversations particu-
« lières feroient parler le monde plus qu'il ne con-
« vient à Monsieur et à vous-même, à cause des
« égards qu'il faut garder vers le peuple, voyez la
« palatine, et convenez avec elle de quelques heures
« secrètes où vous puissiez voir M. Servien. » Bluet

me dit depuis que c'étoit celui qu'Ondedei lui avoit suggéré pour parler d'affaires avec moi, parce que c'étoit celui qui avoit paru le plus mal intentionné pour moi ; et que Servien, qui craignoit les mauvais offices des subalternes, avoit refusé d'entrer en aucunes négociations particulières avec moi, à moins qu'il n'eût pour collègue, ou plutôt pour témoin, M. Le Tellier, « qui ne manquera pas, dit-il à la « Reine, de faire suggérer à M. le cardinal que je « prends des mesures avec le cardinal de Retz ; et « c'est pour cela, madame, que je supplie très-« humblement Votre Majesté qu'il en soit de part. » Je ne sais ce que je vous dis de cela que par Bluet, qui étoit à la vérité un assez bon auteur pour ce petit détail : car il étoit intime d'Ondedei. Ce qui me fait croire qu'il ne l'avoit pas inventé, c'est que je trouvai effectivement chez madame la palatine, où j'allai entre onze heures et minuit, M. Le Tellier avec M. Servien, dont je fus assez surpris, parce que je n'avois pas lieu de croire qu'il eût de fort bonnes dispositions pour moi. Je vous rendrai compte dans la suite des raisons que j'avois de le soupçonner.

Il me parut que ces messieurs avoient déjà été informés par la Reine de ce que j'avois à leur proposer. En voici la substance : que Monsieur étoit résolu de conclure la paix de bonne foi ; et que pour faire connoître à la Reine la sincérité de ses intentions, il avoit voulu, contre toutes les règles et tous les usages de la politique ordinaire, commencer par les effets ; qu'il eût été difficile d'en donner un plus efficace et plus essentiel qu'une députation aussi solennelle que celle de l'Eglise de Paris, résolue et exécutée à la face de

M. le prince, et des troupes d'Espagne logées dans les faubourgs; et qu'il offroit sans balancer, sans négocier, sans demander ni directement ni indirectement aucun avantage particulier, de se déclarer contre tous ceux qui s'opposeroient et à la paix et au retour du Roi à Paris, pourvu qu'on lui donnât pouvoir de promettre à M. le prince qu'on le laisseroit en paix dans ses gouvernemens, en renonçant de sa part à toute association avec les étrangers; et que l'on envoyât une amnistie pleine, entière et non captieuse, pour être vérifiée par le parlement de Paris.

Il eût été difficile de s'imaginer qu'une proposition de cette nature n'eût pas été, je ne dis pas reçue, mais applaudie; parce que supposé même qu'elle n'eût pas été sincère (ce qu'ils pouvoient soupçonner, au moins selon leurs maximes corrompues), ils en eussent pu toutefois tirer leurs avantages en plus d'une manière. Ce qui me fit juger que ce ne fut pas la défiance qu'ils eurent de moi qui les empêcha d'en profiter, mais celle qu'ils avoient l'un de l'autre, fit qu'ils se regardèrent, et qu'ils attendirent même assez long-temps qui s'expliqueroit le premier. La suite, et encore davantage l'air de la conversation qui ne se peut exprimer, me marquèrent plus que suffisamment que je ne me trompois pas dans ma conjecture. Je n'en tirai que des galimatias : et madame la palatine, qui, quoique très-connoissante de cette cour, en fut surprise au dernier point, m'avoua le lendemain au matin qu'il y avoit beaucoup de ce que j'avois soupçonné : « quoi-
« qu'à tout hasard, ajouta-t-elle, je suis résolue, si
« vous y consentez, de leur parler comme si j'étois
« persuadée que ce ne soit que la défiance qu'ils ont

« de vous qui les empêche d'agir comme des hom-
« mes; car il est vrai, continua-t-elle, que ce que j'en
« ai vu cette nuit n'est pas humain. » J'y donnai les
mains, pourvu qu'elle ne parlât que comme d'elle-
même : car il est vrai qu'après ce qui m'avoit paru de
leurs manières d'agir, je ne pouvois pas me résoudre
à aller aussi loin que je l'avois résolu, et que j'en avois
le pouvoir. Elle y suppléa : elle ne dit pas seulement
à la Reine ce qui s'étoit passé la nuit chez elle, mais
elle y ajouta ce qu'il n'avoit tenu qu'à ces messieurs
qui s'y fût passé. Enfin elle l'assura que, moyennant
ce que je vous ai marqué ci-dessus, Monsieur abandonneroit M. le prince et se retireroit à Blois; après
quoi il ne se mêleroit plus de ce qui pourroit arriver.
C'étoit là le grand mot, et qui devoit décider. La
Reine l'entendit, et même le sentit. Tous les subalternes entreprirent de le lui vouloir faire passer pour
un piége, en lui disant que Monsieur ne donnoit cette
lueur que pour attirer et tenir le Roi dans Paris, au
moment même que lui Monsieur s'y donneroit une
nouvelle autorité, par l'honneur qu'il s'y donnoit du
retour du Roi, très-agréable au public, et par la porte
que l'on voyoit qu'il affectoit de se réserver en ne
s'expliquant point sur celui de M. le cardinal Mazarin.
J'ai déjà remarqué que je connus clairement que ce
raisonnement étoit moins l'effet d'aucune défiance
qu'ils eussent en effet sur une matière qui commençoit à être éclaircie par l'état des choses, que de la
crainte que chacun d'eux avoit en son particulier de
faire quelques pas vers moi que son compagnon pût
interpréter auprès du cardinal; et il est aisé de juger
que si la conduite qu'ils tinrent en cette occasion

leur eût été inspirée par la défiance qu'eux-mêmes inspirèrent dans l'esprit de la Reine, ils eussent cherché des tempéramens qui auroient pu empêcher de tomber dans le piége qu'ils eussent appréhendé, et qui d'autre part auroient contribué à ne pas aigrir et les esprits et les affaires, dans ces momens où il étoit si nécessaire de les radoucir. L'événement, qui fut favorable à la cour, a justifié cette conduite; et je sais que les ministres ont dit depuis qu'ils étoient si assurés des dispositions de Paris, qu'ils n'avoient pas besoin de ces ménagemens. Jugez-en, je vous supplie, par ce que vous allez voir, après que je vous aurai encore suppliée d'observer une ou deux circonstances qui, quoique très-légères, vous marqueront l'état où tous ces espions de profession dont je vous ai parlé tantôt mettoient la cour.

La Reine leur étoit si soumise, et elle craignoit leur rapport à un tel point, qu'elle conjura la palatine de dire à Ondedei, sans affectation, qu'elle lui avoit fait de grandes railleries de moi; et elle lui dit à lui-même que je l'avois assurée que M. le cardinal étoit un honnête homme, et que je ne prétendois pas à sa place. Je vous puis assurer à mon tour que je ne lui avois dit ni l'une ni l'autre de ces sottises. Elle n'oublia pas non plus de faire sa cour à l'abbé Fouquet, en se moquant avec lui de la dépense que j'avois faite en ce voyage. Il est vrai qu'elle fut immense pour le peu de temps qu'elle dura. Je tenois sept tables servies en même temps, et j'y dépensois huit cents écus par jour. Ce qui est nécessaire n'est jamais ridicule. La Reine me dit, lorsque je reçus ses commandemens, qu'elle remercioit Monsieur; qu'elle se sentoit très-obligée;

qu'elle espéroit qu'il contribueroit à mettre les dispositions nécessaires au retour du Roi; qu'elle l'en prioit, et qu'elle ne feroit pas un pas sans concerter avec lui. Sur quoi je lui répondis : « Je crois, madame, qu'il « auroit été à propos de commencer dès aujourd'hui. » Elle rompit le discours.

J'eus sujet de me consoler des railleries de M. l'abbé Fouquet, par la manière dont je fus reçu à Paris. J'y entrai avec un applaudissement incroyable, et j'allai descendre au Luxembourg, où je rendis compte à Monsieur de ma négociation. Il faillit à tomber de son haut, il s'emporta, il pesta contre la cour, il entra vingt fois chez Madame, et il en sortit autant de fois; et puis il me dit tout d'un coup : « M. le prince s'en « veut aller, M. le comte de Fuensaldagne lui mande « qu'il a ordre de lui remettre entre les mains toutes « les forces d'Espagne; mais il ne le faut pas laisser « partir : ces gens-là nous viendront étrangler dans « Paris. Il faut que la cour y ait des intelligences que « nous ne connoissons pas. Pourroit-elle agir comme « elle fait, si elle ne sentoit ses forces? »

Voilà l'une des moindres périodes d'un discours de Monsieur, qui dura plus d'une grande heure. Je ne l'interrompis pas; et même quand il m'interrogeoit je ne répondois que par monosyllabes. Il s'impatienta à la fin, et me commanda de lui dire mon sentiment, en ajoutant : « Je vous pardonne vos monosyllabes, « quand je fais ce qu'il plaît à M. le prince contre vos « sentimens; mais quand je suis votre sentiment, « comme je l'ai fait en cette occasion, je veux que « vous me parliez à fond. — Il est juste, monsieur, lui « répondis-je, que je parle toujours ainsi à Votre Al-

« tesse Royale, quelque sentiment qu'il lui plaise de
« prendre. Je ne désavoue pas les miens en ce ren-
« contre ; je fais plus, car je ne m'en repens pas. Je
« ne considère point les événemens : la fortune en dé-
« cide ; mais elle n'a aucun pouvoir sur le bon sens.
« Le mien est moins infaillible que celui des autres,
« parce que je ne suis pas si habile ; mais pour cette
« fois, je le tiens aussi droit que s'il avoit bien réussi,
« et il ne me sera pas difficile de le justifier à Votre
« Altesse Royale. » Monsieur m'arrêta en cet endroit
même avec précipitation, et il me dit : « Ce n'est pas
« ce que j'ai voulu dire : je sais bien que nous avons
« eu raison ; mais enfin ce n'est pas assez d'avoir rai-
« son en ce monde, et c'est encore moins de l'avoir
« eu. Qu'est-il besoin de faire? nous allons être pris à
« la gorge. Vous voyez comme moi que la cour ne
« peut pas être aveuglée au point d'agir comme elle
« fait, et qu'il faut, ou qu'elle soit accommodée avec
« M. le prince, ou qu'elle soit maîtresse de Paris sans
« moi. » Madame, qui avoit impatience de savoir à
quoi se termineroit cette scène, entra à ce mot dans
le cabinet des livres ; et pour vous dire le vrai, j'en
eus une grande joie, parce qu'en tout où elle n'étoit
pas prévenue, elle avoit le sens droit, quoique son
esprit fût assez borné. Monsieur continuant devant
elle à me commander de lui dire mon sentiment, je le
suppliai de me permettre de le mettre par écrit : ce
qui étoit toujours le mieux avec lui, parce que sa vi-
vacité faisoit qu'il interrompoit à tout moment le fil
de ce qu'on lui disoit. Voici ce que j'ai transcrit sur
l'original, que je retrouvai par un fort grand hasard :

« Je crois que Son Altesse Royale doit supposer

« pour certain que la hauteur de la cour vient moins
« de la connoissance qu'elle a de ses forces, que de la
« confusion où l'absence du cardinal et la multitude
« de ses agens la met deux ou trois fois le jour. Mais
« comme une partie de la discussion dont il s'agit pré-
« sentement doit être fondée sur ce principe, il n'est
« pas juste que Monsieur m'en croie sur ma parole,
« qui enfin n'est fondée elle-même que sur ce que je
« crois en avoir vu à Compiègne, et en quoi par con-
« séquent je puis me tromper. Je le supplie, par cette
« raison, de prendre, comme préalable à toutes cho-
« ses, la résolution de s'éclaircir sur ce point, et de
« pénétrer si ce que je crois avoir vu à Compiègne est
« fondé; c'est-à-dire, pour me mieux expliquer, s'il
« est vrai que la cour ait véritablement la hauteur qui
« m'y a paru, et si cette hauteur est l'effet, ou de
« la confusion que je viens de marquer, ou de la dé-
« fiance et de l'aversion qu'elle a pour ma personne.
« Son Altesse Royale peut voir clair en ce détail en
« deux jours, par le canal de M. de Damville, et par
« celui de ceux de sa maison, qui sont plus agréables
« que moi à la Reine. Si j'ai vu faux, il ne me paroît
« rien de nouveau qui la doive empêcher de pousser
« sa pointe, et de travailler à la paix comme elle l'a-
« voit résolu, en se servant de gens qui seront écou-
« tés à la cour plus favorablement que moi. Si je ne
« me suis pas trompé dans ma conjecture, il s'agit
« de délibérer si Monsieur doit changer de pensée,
« ne plus songer à s'accommoder, et faire la guerre
« tout de bon, au risque de tout ce qui en peut arri-
« ver; ou se sacrifier lui-même au repos de l'Etat et à
« la tranquillité publique. Ceux à qui il commande

« de lui dire leurs sentimens sur cette matière sont
« fort embarrassés, parce qu'il n'y a rien moins pour
« eux que de passer ou pour des factieux qui veulent
« éterniser la guerre civile, ou pour des traîtres qui
« vendent leur parti, ou pour des idiots qui traitent
« dans le cabinet les affaires d'Etat comme ils traite-
« roient en Sorbonne des cas de conscience. Et le
« malheur est que ce ne sera pas leur bonne ou leur
« mauvaise conduite, ni leur bonne ou leur mauvaise
« intention, qui leur donneront ou qui les défen-
« dront de ces titres. Ce sera la fortune ou même la
« propre conduite de leurs ennemis. Cette observa-
« tion ne m'empêchera pas de parler à Son Altesse
« Royale en cette occasion avec la liberté que je me
« sentirois si je n'y mettois rien du mien, dans une
« conjoncture où je suis assuré que l'on ne peut rien
« dire qui ne soit mal, par la même raison qui fait que
« l'on n'y peut rien faire qui soit bien. Monsieur n'a,
« ce me semble, que deux partis à prendre, comme
« je viens de dire, supposé que la cour soit dans la
« disposition où je la crois; qui sont, ou de plier à
« tout ce qu'elle voudra, et de consentir qu'elle se ré-
« tablisse dans Paris par elle-même sans lui en avoir
« aucune obligation, et sans en avoir donné aucune
« sûreté au public, ou de s'y opposer avec vigueur et
« avec fermeté, et de l'obliger par une grande et forte
« résistance à entrer en traité, et à pacifier l'Etat par
« les mêmes moyens que l'on a toujours cherchés à
« la fin des guerres civiles. Si le respect que je dois à
« Son Altesse Royale me permettoit de me compter
« seulement pour un zéro dans une aussi grande af-
« faire que celle-ci, je prendrois la liberté de lui dire

« que le premier parti me seroit bon, parce qu'il me
« conduiroit (au travers, à la vérité, de quelques
« murmures qu'il élèveroit contre moi dans les com-
« mencemens) au poste que je suis persuadé ne m'ê-
« tre pas mauvais. Les frondeurs diroient d'abord que
« mes conseils auroient été foibles; les pacifiques,
« dont le nombre est toujours le plus grand dans la
« fin des guerres civiles, diroient qu'ils sont sages, et
« d'un homme de bien. Je serois sur le tout cardinal
« et archevêque de Paris, relégué, si vous voulez, à
« Rome; mais relégué pour un temps, et pour ce
« temps-là même dans les plus grands emplois. Les
« politiques se joindroient par l'événement aux paci-
« fiques. Le feu contre le Mazarin seroit, ou éteint,
« ou assoupi par son rétablissement. Les murmures
« qui se seroient élevés contre moi seroient oubliés,
« et l'on ne s'en ressouviendroit que pour faire dire
« encore davantage que je suis un habile et un galant
« homme, qui me serois tiré fort adroitement d'un
« mauvais pas. Voilà comment se traite, dans les es-
« prits des hommes, la réputation des particuliers. Il
« n'en va pas ainsi de celle des grands princes, parce
« que leur naissance et leur élévation étant toujours
« plus que suffisantes pour tirer leur personne et leur
« fortune du naufrage, ils n'en peuvent jamais sauver
« leur réputation par les mêmes excuses qui en pré-
« servent les subalternes. Quand Monsieur aura laissé
« transférer le parlement, interdire l'hôtel-de-ville,
« enlever les chanoines de Paris, exiler la moitié des
« compagnies souveraines, l'on ne dira pas: Qu'eût-il
« pu faire pour l'empêcher? il se fût peut-être perdu
« lui-même. On dira: Il ne tenoit qu'à lui de l'empê-

« cher ; ce n'étoit pas une affaire, il n'avoit qu'à le
« vouloir. L'on m'objectera par la même raison que
« quand il aura fait la paix, quand il sera retiré à Blois,
« quand le cardinal Mazarin sera rétabli ; l'on m'ob-
« jectera, dis-je, que l'on me fera les mêmes discours :
« mais je soutiens que la différence y sera très-grande
« et tout entière, en ce que Monsieur peut ne pas
« prévoir, au moins à l'égard des peuples, ce réta-
« blissement du Mazarin, et ne peut pas ne point voir,
« comme présente dès à cette heure, cette punition
« de Paris, qui, s'il ne s'y oppose, arrivera peut-être
« demain. J'appréhende, pour le gros de l'Etat, le
« rétablissement de M. le cardinal Mazarin : il ne
« me feroit pas de peine, au moins pour le présent,
« pour Paris. Ce n'est ni son humeur ni son intérêt
« de le châtier; et s'il étoit à la cour à l'heure qu'il
« est, je craindrois moins pour la ville que je ne
« crains. Ce qui me fait trembler pour elle, c'est l'ai-
« greur naturelle de la Reine, la violence de Ser-
« vien, la dureté du Tellier, l'emportement de l'abbé
« Fouquet, la folie d'Ondedei. Tout ce que ces gens-
« là conseilleront dans les premiers mouvemens d'une
« réduction, tout ce qu'ils exécuteront sera sur le
« compte de Monsieur, et de Monsieur qui sera en-
« core dans Paris, ou à la porte de Paris; au lieu que
« tout ce qui arriveroit après qu'il auroit fait un traité
« raisonnable, et qu'il auroit pris toutes les sûretés
« convenables à une affaire de cette nature, de con-
« cert même avec le parlement et avec les autres
« corps de la ville, et après qu'ensuite il se seroit re-
« tiré à Blois; au lieu, dis-je, que tout ce qui arri-
« veroit après cela (je dis tout, sans excepter même

« le retour du cardinal) seroit purement sur le
« compte de la cour, à la décharge et à l'honneur
« même de Monsieur. Voilà mes pensées touchant le
« premier parti; voici mes réflexions sur le second,
« qui est celui de continuer, ou plutôt de renou-
« veler la guerre.

« Monsieur ne le peut plus faire, à mon sens, qu'en
« retenant M. le prince auprès de lui. La cour a gagné
« beaucoup de terrain dans les provinces, particu-
« lièrement où l'ardeur des parlemens est beaucoup
« attiédie. Paris même n'est pas, à beaucoup près,
« comme il étoit; et quoiqu'il s'en faille beaucoup
« qu'il ne soit aussi comme on le veut persuader à la
« cour, il est constant qu'il est nécessaire de le sou-
« tenir, et que les momens même commencent à y
« devenir précieux. La personne de M. le prince n'y
« est pas aimée; sa valeur, sa naissance, ses troupes
« y sont toujours d'un très-grand poids; enfin je suis
« persuadé que si Monsieur prend le second parti,
« le premier pas qu'il doit faire est de s'assurer de
« monsieur son cousin. Le second, à mon avis, est
« de s'expliquer publiquement, sans délai, et dans le
« parlement et dans l'hôtel-de-ville, de ses intentions,
« et des raisons qu'il a de les avoir; d'y faire men-
« tion des avances qu'il a faites par moi à la cour,
« et du dessein formé qu'elle a de rentrer dans Paris
« sans donner aucunes sûretés, ni aux compagnies
« souveraines, ni à la ville; de la résolution que lui,
« Monsieur, a prise de s'y opposer de toute sa force,
« et de traiter comme ennemis tous ceux qui, direc-
« tement ou indirectement, auront le moindre com-
« merce avec elle. Le troisième pas, à mon opinion,

« est d'exécuter avec vigueur ces déclarations, et de
« faire la guerre comme si l'on ne devoit jamais pen-
« ser à faire la paix. Le pouvoir que Son Altesse Royale
« a dans le peuple me fait croire, même sans en dou-
« ter, que tout ce que je viens de proposer est pos-
« sible : mais j'ajoute qu'il ne le sera plus dès qu'elle
« n'y emploiera pas toute son autorité, parce que les
« démarches contraires qu'elle a laissées faire vers la
« cour ont rendu plus difficiles celles qui lui sont
« présentement nécessaires. C'est à elle à considérer
« ce qu'elle peut attendre de M. le prince, ce qu'elle
« en doit craindre, jusques où elle veut aller avec
« les étrangers, où elle s'en veut tenir avec le par-
« lement, ce qu'elle veut résoudre sur l'hôtel-de-
« ville : car, à moins que de se fixer sur tous ces
« points, d'y prendre des résolutions certaines, de
« ne s'en départir point, et de se résoudre à ne plus
« garder ces tempéramens qui prétendent l'impos-
« sible, et prétendent de concilier les contradictions,
« Monsieur retombera dans tous les inconvéniens où
« il s'est vu, et qui seront sans comparaison plus dan-
« gereux que par le passé, en ce que l'état où sont
« les choses fait qu'ils seront décisifs. Il ne m'appar-
« tient pas de décider sur une matière de cette con-
« séquence ; c'est à Monsieur à se résoudre. *Sola*
« *mihi obsequii gloria relicta est.* »

Voilà ce que j'écrivis à la hâte et presque d'un trait de plume sur la table du cabinet des livres du Luxembourg. Monsieur le lut avec application : il le porta à Madame ; on raisonna sur le fond tout le soir ; l'on ne conclut rien ; Monsieur balançant toujours, et ne choisissant point.

Au retour de cette conférence, je trouvai M. de Caumartin chez le président de Bellièvre, qui s'étoit fait porter, à cause d'une fluxion qu'il avoit sur l'œil, dans une maison du faubourg Saint-Michel. Je lui rapportai le précis du raisonnement que vous venez de voir. Il m'en gronda, en me disant ces propres paroles : « Je ne sais à quoi vous pensez : car vous vous « exposez à la haine des deux partis, en disant trop « la vérité de tous les deux. » Et je lui répondis : « Je sais bien que je manque à la politique, mais je « satisfais à la morale ; et j'estime plus l'une que « l'autre. » Le président de Bellièvre prit la parole, et dit : « Je ne suis pas de votre sentiment, même « selon la politique. M. le cardinal joue le droit du « jeu, en l'état où sont les affaires. Elles sont si incer- « taines, et particulièrement avec Monsieur, qu'un « homme sage n'en peut prendre sur soi la déci- « sion. »

Monsieur m'envoya querir deux heures après chez madame de Pommereux, et je trouvai à la porte du Luxembourg un page qui me dit de sa part de l'aller attendre dans la chambre de Madame. Il n'avoit pas voulu que je l'allasse interrompre dans le cabinet des livres, parce qu'il y étoit enfermé avec Goulas, qu'il questionnoit sur le sujet que vous allez voir. Il vint quelque temps après chez Madame, et me dit d'abord : « Vous m'avez tantôt dit que le premier pas « qu'il falloit que je fisse, en cas que je me résolusse « à la continuation de la guerre, seroit de m'assurer « de M. le prince : comment diable le puis-je faire ? « — Vous savez, lui répondis-je, que je ne suis pas « avec lui en état de répondre sur cela ; c'est à Votre

« Altesse Royale à savoir ce qu'elle y peut, et ce
« qu'elle n'y peut pas. — Comment voulez-vous que
« je le sache? reprit-il : Chavigny a un traité presque
« conclu avec l'abbé Fouquet. Vous souvient-il de
« l'avis que madame de Choisy me donna dernière-
« ment assez en général? J'en viens d'apprendre tout
« le détail. M. le prince jure qu'il n'est point de tout
« cela, et que Chavigny est un traître : mais qui le
« sait? » Ce détail est que Chavigny traitoit avec l'abbé
Fouquet, et qu'il promettoit à la cour de faire tous
ses efforts pour obliger M. le prince à s'accommoder
à des conditions raisonnables avec le cardinal Mazarin. Une lettre de M. l'abbé Fouquet à M. Le Tellier,
qui fut prise par un parti allemand, et qui fut apportée
à Tavannes, justifioit pleinement M. le prince de cette
négociation : car elle portoit en termes formels qu'en
cas que M. le prince ne voulût pas se mettre à la raison, lui, M. de Chavigny, s'engageoit à la Reine à
ne rien oublier pour le brouiller avec Monsieur.

M. le prince, qui eut en main l'original de cette
lettre, s'emporta contre lui au dernier point; il le
traita de perfide, en parlant à lui-même. M. de Chavigny, outré de ce traitement, se mit au lit, et il
n'en releva pas. M. de Bagnol, qui étoit de ses amis
et des miens aussi, me vint prier de l'aller voir. Je le
trouvai sans connoissance, et je rendis à sa famille
tout ce que j'aurois souhaité de rendre à sa personne.
Je me souviens que mademoiselle Du Plessis-Guénégaud étoit dans sa chambre, où il expira deux ou trois
jours après.

M. de Guise (1) revint presque en même temps de

(1) Henri de Lorraine, second du nom, fils de Charles de Lorraine,

sa prison d'Espagne ; et il me fit l'honneur de me
venir voir dès le lendemain qu'il fut arrivé. Je le suppliai de se modérer à ma considération dans les
plaintes très-aigres qu'il faisoit contre M. de Fontenay, qu'il prétendoit avoir mal vécu avec lui à l'égard
des révolutions de Naples dans le temps de son ambassade de Rome ; et il déféra à mon instance avec
une honnêteté digne d'un si grand nom.

J'avois aussi toujours réservé à traiter en ce lieu
de l'affaire de Brisach, que j'ai touchée dans le second volume de cette histoire, parce que ce fut à
peu près le temps où M. le prince d'Harcourt quitta
l'armée et le service du Roi pour se jeter dans cette
importante place. Mais comme je n'ai pu retrouver le
mémoire très-beau et très-fidèle que j'en avois, écrit de
la main d'un officier de la garnison, qui avoit du sens
et de la candeur, j'aime mieux en passer le détail sous
silence, et me contenter de vous dire que le bon génie
de la France défendit et sauva les fleurs de lis dans ce
poste fameux et important, en dépit de toutes les im-
prudences du cardinal, et de toutes les infidélités de
madame de Guébriant (1), par la bonne intention de
Charlevoix, et par les incertitudes du comte d'Harcourt. Je reprends le fil de mon discours.

L'irrésolution de Monsieur étoit d'une espèce toute
particulière : elle l'empêchoit souvent d'agir quand il
étoit le plus nécessaire d'agir ; et elle le faisoit quel-

---

né en 1614. Il alla au secours des rebelles de Naples en 1647. Les Espa-
gnols le prirent prisonnier en cette occasion, et le relâchèrent en 1652.
Il fit une seconde expédition à Naples en 1654, et mourut en 1664.
(A. E.) — Ses Mémoires font partie de cette série.

(1) Renée Du Bec, maréchale de Guébriant, morte à Périgueux en
1659. (A. E.)

quefois agir quand il étoit le plus nécessaire de ne point agir. J'attribue l'un et l'autre à son irrésolution, parce que l'un et l'autre venoient, à ce que j'en ai observé, des vues différentes et opposées qu'il avoit, et qui lui faisoient croire qu'il pouvoit se servir utilement, quoique différemment, de ce qu'il ne faisoit pas, selon les différens partis qu'il prendroit : mais il me semble que je m'explique mal, et que vous m'entendrez mieux par l'exposition des fautes que je prétends avoir été les effets de cette irrésolution. Je proposai à Monsieur, le premier ou le second jour de septembre, de travailler de bonne foi à la paix ; et je lui représentai que rien n'étoit plus important que de se tenir couvert au dernier point de ce dessein envers la cour même, pour les raisons que vous avez vues ci-devant. Il en convint. Il y eut le 5 une assemblée à l'hôtel-de-ville, que M. le prince procura lui-même pour faire croire au peuple qu'il n'étoit pas contraire au retour du Roi ; et le président de Nesmond, au moins à ce que l'on m'a dit depuis, fut celui qui lui persuada que cette démonstration lui étoit nécessaire. Je ne me suis jamais ressouvenu de lui en parler. Cette assemblée résolut de faire une députation solennelle au Roi, pour le supplier de revenir en sa bonne ville de Paris. Elle n'étoit nullement du compte de Monsieur, qui, ayant résolu de se donner l'honneur et le mérite de la députation de l'Eglise, ne devoit pas souffrir qu'elle fût précédée par celle de la ville, des suites de laquelle d'ailleurs il ne pouvoit pas s'assurer. Il s'engagea pourtant sans balancer, et non-seulement à la souffrir, mais à y assister lui-même. Je ne le sus que le soir, et je lui en parlai en

liberté, comme d'un pas de clerc. Il me répondit :
« Cette députation n'est qu'une chanson : qui ne sait
« que l'hôtel-de-ville ne peut rien ? M. le prince me
« l'a demandée : il croit que cela lui sera bon pour
« adoucir les esprits aigris par le feu de l'hôtel-de-
« ville ; mais de plus (voici le mot qui est à remar-
« quer) qui sait si nous exécuterons la résolution que
« nous avons faite pour la députation de l'Eglise ?
« Il faut aller au jour la journée en ces diables de
« temps, et ne pas tant songer à la cadence. » Cette
réponse vous explique, ce me semble, mon galimatias. En voici un autre exemple : Le Roi ayant refusé,
comme vous allez voir, cette députation de l'hôtel-
de-ville, le bonhomme Broussel, qui eut scrupule de
souffrir que son nom fût allégué comme un obstacle
à la paix, alla déclarer le 24, à l'hôtel-de-ville, qu'il
se départoit de sa magistrature. Comme j'en fus averti
d'assez bonne heure pour l'empêcher de faire cette
démarche, je l'allai dire à Monsieur qui pensa un peu,
puis il me dit : « Cela nous seroit bon si la cour avoit
« bien répondu à nos bonnes intentions ; mais je
« conviens que cela ne nous vaut rien pour le pré-
« sent. Mais il faut aussi que vous conveniez que si
« elle revient à elle, comme il n'est pas possible
« qu'elle demeure toujours dans son aveuglement,
« nous ne serions pas fâchés que ce bonhomme fût
« hors de là. » Vous voyez en ce discours l'image et
l'effet de l'incertitude. Je ne vous rapporte ces deux
exemples que comme des échantillons d'un long tissu
de procédés de cette nature, desquels Monsieur, qui
avoit assurément beaucoup de lumières, ne pouvoit
se corriger. Il faut encore avouer que la cour ne lui

donnoit pas lieu d'y faire beaucoup de réflexion, faute de ne pas savoir profiter de ses fautes. La fortune toute seule les tourna à son avantage; et si Monsieur et M. le prince se fussent servis, comme ils eussent pu, du refus qu'elle fit de recevoir la députation de l'hôtel-de-ville, elle eût couru grand risque de n'en avoir de long-temps. Elle répondit à Pietre, procureur du Roi, qui étoit allé demander audience pour les échevins et quarteniers, qu'elle ne la leur pouvoit accorder tant qu'on reconnoîtroit M. de Beaufort pour gouverneur, et M. de Broussel pour prevôt des marchands. Le président Viole me dit, aussitôt qu'il eut appris cette nouvelle : « Je n'approuvois pas cette députa-
« tion, parce que je croyois qu'il pouvoit y avoir plus
« de mal que de bien pour Monsieur et pour le prince.
« Tout y est bon pour eux présentement, par l'im-
« prudence de la cour. » L'abdication volontaire du bonhomme Broussel consacra, pour ainsi dire, cette imprudence. Ce qui est vrai, c'est qu'il y avoit des tempéramens à prendre, même en conservant la dignité du Roi, qui n'eussent pas aigri les esprits au point que ce refus les aigrit. Si l'on en eût fait l'usage qu'on en pouvoit faire, les ministres s'en fussent repentis pour long-temps, tant ils poussoient étourdiment cette affaire et toutes les autres.

Ce qui est admirable est que la cour se conduisoit comme je viens de vous l'expliquer, justement dans le moment que le parti de messieurs les princes se fortifioit même très-considérablement. M. de Lorraine, qui crut qu'il avoit satisfait, en sortant du royaume, au traité qu'il avoit fait avec M. de Turenne à Villeneuve-Saint-Georges, fit tirer deux coups de canon

aussitôt qu'il fut arrivé à Veneau-les-Dames, qui est
dans le Barrois. Il rentra ensuite en Champagne avec
toutes ses troupes, et un renfort de trois mille chevaux
allemands, commandés par le prince Ulric de Wirtemberg. M. le chevalier de Guise servoit sous lui de
lieutenant général; et le comte de Pas, duquel j'ai
déjà parlé en quelque lieu, y avoit joint, ce me semble, quelque cavalerie. M. de Lorraine marcha vers
Paris à petites journées, enrichissant son armée du
pillage, et se vint camper auprès de Villeneuve-Saint-
Georges, où les troupes de Monsieur commandées
par M. de Beaufort, celles de M. le prince qui étoit
malade à Paris commandées par messieurs le prince
de Tarente et le comte de Tavannes, et celles d'Espagne commandées par Clinchant, sous le nom de
M. de Nemours, le vinrent joindre. Ils résolurent
tous ensemble de s'approcher près de M. de Turenne,
qui tenant Corbeil, Melun, et tout le dessus de la rivière, ne manquoit de rien : au lieu que les con-
fédérés, qui étoient obligés de chercher à vivre aux
environs de Paris, pilloient les villages, et renchéris-
soient par conséquent les denrées de la ville. Cette
considération, jointe à la supériorité du nombre qu'ils
avoient sur M. de Turenne, les obligea à chercher les
occasions de le combattre. Il s'en défendit avec cette
capacité qui est connue et respectée de tout l'univers,
et le tout se passa en rencontres de partis et en petits
combats de cavalerie, qui ne décidèrent de rien. L'imprudence ou plutôt l'ignorance, et du cardinal et des
sous-ministres, fut sur le point de précipiter leur parti,
par une faute qui leur devoit être plus préjudiciable
sans comparaison que la défaite même de M. de Tu-

renne. Prevôt, chanoine de Notre-Dame et conseiller au parlement de Paris, autant fou qu'un homme le peut être, au moins de tous ceux à qui on laisse la clef de leur chambre, se mit dans l'esprit de faire une assemblée, au Palais-Royal, des véritables serviteurs du Roi (c'étoit le titre). Elle fut composée de quatre ou cinq cents bourgeois, dont il n'y en avoit pas soixante qui eussent des manteaux noirs. Prevôt dit donc qu'il avoit reçu une lettre de cachet du Roi, qui lui commandoit de faire main basse sur tous ceux qui auroient de la paille au chapeau, et qui n'y mettroient pas du papier. Il lut effectivement cette lettre : et voilà le commencement de la plus ridicule levée de boucliers qui se soit faite depuis la procession de la Ligue. Le progrès fut que toute cette compagnie fut huée comme l'on hue les masques en sortant du Palais-Royal, le 24 septembre; et que le 26 M. le maréchal d'Etampes, qui y fut envoyé par Monsieur, les dissipa par deux ou trois paroles. La fin de l'expédition fut qu'ils ne s'assembleroient plus, de peur d'être pendus: comme ils en furent menacés le même jour par un arrêt du parlement, qui porta défenses, sur peine de la vie, de s'assembler et de prendre aucune marque. Si Monsieur et M. le prince se fussent servis de cette occasion, comme ils le pouvoient, le parti du Roi étoit exterminé ce jour-là dans Paris pour très-long-temps. Le Maire, parfumeur, qui étoit un des conjurés, courut chez moi, pâle comme un mort, et tremblant comme la feuille. Je me souviens que je ne le pouvois rassurer, et qu'il se vouloit cacher dans la cave. Je pouvois moi-même avoir peur : car comme on savoit que je n'étois pas dans les intérêts de M. le prince, le soupçon pouvoit assez facilement tomber sur moi. Monsieur n'étoit pas, comme vous avez vu, dans les dispositions de se servir de ces conjonctures; et M. le prince étoit si las de tout ce qui s'appeloit peuple, qu'il n'y faisoit pas seulement de réflexion. Croissy m'a dit depuis qu'il ne tint pas à lui de le réveiller à ce moment, et de lui faire connoître qu'il ne le falloit pas perdre. Je ne me suis jamais souvenu de lui en parler. Voici une autre faute qui n'est pas moindre à mon opinion que la première. M. de Lorraine, qui aimoit beaucoup la négociation, y entra d'abord qu'il fut arrivé. Il me dit, en présence de Madame, que la négociation le suivoit partout; qu'il étoit sorti de Flandre las de travailler avec le comte de Fuensaldagne, et qu'il la retrouvoit à Paris malgré lui. « Car que faire « autre chose ici, dit-il, où il n'y a pas jusqu'au baron « Du Jour qui ne prétende faire son traité à part? » Ce baron Du Jour étoit une manière d'homme assez extraordinaire de la cour de Monsieur; et M. de Lorraine ne pouvoit pas mieux exprimer qu'il y avoit un grand cours de négociation, qu'en marquant qu'elle étoit venue jusqu'à ce baron Du Jour. Or ce qui lui faisoit croire encore que cette négociation étoit montée jusqu'à Monsieur, c'est qu'il avoit remarqué que depuis quelque temps il ne l'avoit pas pressé de s'avancer, comme il avoit fait auparavant. Son observation étoit vraie; et il est constant que Monsieur, qui vouloit la paix de bonne foi, craignoit, et avec raison, que M. le prince, se voyant renforcé d'un secours aussi considérable, n'y mît des obstacles invincibles.

Il fut très-aise par cette considération que M. de Lorraine fût dans la disposition de négocier aussi lui-même, et d'envoyer à la cour M. de Joyeuse-Saint-Lambert, « lequel, à ce que me dit Monsieur, n'aura « que le caractère de M. de Lorraine, et ne laissera « pas de pénétrer s'il n'y a rien à faire pour moi. » Je lui répondis ces propres paroles : « Il sera peut-« être, monsieur, plus heureux que moi; je le « souhaite, mais je ne le crois pas. » Je fus prophète : car ce M. de Joyeuse fut douze jours à la cour sans aucune réponse. Il en fit une, je pense, de sa tête, qui fut un galimatias auquel personne ne put rien entendre que la cour, qui le désavoua. M. le maréchal d'Etampes, que Monsieur y avoit encore envoyé dans l'espérance que Le Tellier avoit fait donner à Madame qu'il y seroit écouté comme particulier sur tout ce qu'il y pourroit dire de la part de Monsieur, en revint pour le moins aussi mal satisfait que M. de Joyeuse-Saint-Lambert.

Le 30 septembre, M. Talon acheva d'éclaircir Monsieur et le public des intentions de la Reine, en envoyant au parlement par M. Doujat, à cause de son indisposition, les lettres qu'il avoit reçues de M. le chancelier et de M. le premier président, en réponse de celles qu'il leur avoit écrites ensuite de la délibération du 26. Ces lettres portoient que le Roi ayant transféré son parlement à Pontoise, et interdit toutes fonctions à ses officiers dans Paris, il n'en pouvoit recevoir aucune députation jusqu'à ce qu'ils eussent obéi. Je ne vous puis exprimer la consternation de la compagnie : elle fut au point que Monsieur eut peur qu'elle ne l'abandonnât; et cette appréhension lui fit faire un très-méchant pas : car elle l'obligea à tirer une lettre de sa poche, par laquelle la Reine

lui écrivoit presque des douceurs. Cette lettre lui
étoit venue par le maréchal d'Etampes, qui, quoique très-bien intentionné pour la cour, ne l'avoit pas
prise pour bonne, non plus que Monsieur qui me
l'avoit montrée la veille, en me disant : « Il faut que
« la Reine me croie bien sot de m'écrire de ce style,
« dans le temps qu'elle agit comme elle fait! » Vous
voyez donc qu'il n'étoit pas la dupe de cette lettre,
ou plutôt qu'il ne l'avoit pas été jusque là; mais il
en devint effectivement la dupe quand il voulut la
faire voir au parlement, parce que le parlement se
persuada que Monsieur traitoit son accommodement
particulier avec la cour. Il jeta ainsi de la défiance
de sa conduite dans la compagnie, au lieu de s'y
donner de la considération. Il ne se put jamais défaire de cet air de mystère sur ce chef; et quoi que
Madame lui pût dire, il le crut toujours nécessaire
à sa sûreté, pour empêcher les gens, disoit-il, de
courir sans lui à l'accommodement. Cet air de négociation, joint aux apparences que le parti de M. le
prince en donnoit à tous les instans, fut ce qui fit,
à mon avis, la paix beaucoup plus tôt que les négociations les plus réelles et les plus effectives ne
l'eussent pu faire. Les grandes affaires consistent encore plus dans l'imagination que les petites. Celle
des peuples fait quelquefois toute seule la guerre
civile. Elle fit la paix en ce rencontre; mais on ne la
doit point attribuer à cette lassitude, parce qu'il s'en
falloit bien qu'elle fût au point de les obliger à rappeler ou à recevoir le Mazarin. Il est constant qu'ils
ne souffrirent son retour que quand ils se persuadèrent qu'ils ne le pouvoient plus empêcher; mais

quand le corps du public en fut persuadé, les particuliers y coururent : et ce qui en persuada les particuliers et le public fut la conduite des chefs.

La manière mystérieuse dont Monsieur parla dans ces dernières assemblées, pour faire paroître qu'il avoit encore de la considération à la cour, acheva ce qui étoit déjà bien commencé. Tout le monde crut la paix faite, et tout le monde la voulut faire pour soi. Aussitôt que l'on sut la négociation de M. de Joyeuse, qui retourna le 3 octobre 1652 de Saint-Germain où le Roi étoit revenu, le parlement mollit, et fit entendre publiquement que pourvu que le Roi donnât une amnistie pleine et entière, et qui fût vérifiée dans le parlement de Paris, il ne chercheroit point d'autres sûretés. Il n'expliqua pas ce détail par un arrêt : mais il fit presque le même effet, en suppliant M. le duc d'Orléans de s'en satisfaire lui-même, et de l'écrire au Roi.

Le 10, M. Sevin ayant représenté qu'il seroit à propos de prier le duc de Beaufort de se déporter du gouvernement de Paris, à cause du refus que le Roi avoit fait de recevoir les députés de l'hôtel-de-ville tant qu'il en retiendroit le titre ; M. Sevin, dis-je, qui auroit été presque étouffé dans un autre temps par les clameurs publiques, ne fut ni rebuté ni sifflé. Il fut même dit dans la même matinée que les conseillers du parlement, qui étoient officiers dans les colonels, iroient, s'il leur plaisoit, à Saint-Germain dans les députations de l'hôtel-de-ville. Ils ne faisoient toutefois, dans leurs instances adressées au Roi pour revenir dans sa bonne ville de Paris, aucune mention de la vérification de l'amnistie au parlement de Paris. Quel galimatias !

Le 11, Monsieur promit à la compagnie de tirer la démission du gouvernement de Paris de M. de Beaufort; et messieurs Doujat et Sevin y donnèrent la relation des plaintes qu'ils avoient faites la veille à M. le duc d'Orléans des désordres des troupes, contre la parole qui leur avoit été donnée de les faire retirer. M. de Lorraine, que je trouvai ce jour-là dans la rue Saint-Honoré, et qui avoit failli à être tué par les bourgeois de la garde de la porte Saint-Martin, parce qu'il vouloit sortir de la ville, releva de toutes ses couleurs l'uniformité de cette conduite. Il me dit qu'il travailloit à un livre qui porteroit ce titre, et qu'il le dédieroit à Monsieur. « Ma pauvre petite sœur en pleurera, « ajouta-t-il; mais qu'importe! elle s'en consolera « avec mademoiselle Claude (1). »

Le 12, Monsieur fit beaucoup d'excuses au parlement de ce que les troupes ne s'éloignoient pas avec autant de promptitude qu'elles auroient fait sans les mauvais temps. Vous êtes sans doute fort étonnée de ce que je parle en cette façon de ces mêmes troupes, qui huit ou dix jours auparavant étoient publiquement, avec leurs écharpes rouges et jaunes, sur le pavé, en état de combattre même avec avantage celles du Roi. Un historien qui écriroit les temps plus éloignés de son siècle chercheroit des liaisons à des incidens aussi peu vraisemblables et aussi contradictoires, si l'on peut parler ainsi, que le sont ceux-là. Il n'y eut pas plus d'intervalle que celui que je vous ai marqué entre les uns et les autres; il n'y eut pas plus de mystère. Tout ce que les politiques du vulgaire

(1) Claude de Lorraine. Elle avoit épousé le cardinal François de Lorraine; son cousin germain, frère de Charles IV. (A. E.)

sont voulu figurer pour concilier ces événemens n'est que fiction et chimère. J'en reviens toujours à mon principe, qui est que les fautes capitales font, par des conséquences presque inévitables, que ce qui paroît et est en effet le plus étrange et le plus extravagant est possible.

Le 13, les colonels reçurent ordre du Roi d'aller par députés à Saint-Germain : M. de Sève, le plus ancien, y porta la parole. Le Roi leur donna à dîner, et leur fit même l'honneur d'entrer dans la salle pendant le repas. Ce même jour, M. le prince partit de Paris avec une joie qui passoit tout ce que vous vous pouvez figurer; il en avoit le dessein depuis très-long-temps. Beaucoup de gens ont cru que l'amour de madame de Châtillon l'y avoit retenu ; beaucoup d'autres sont persuadés qu'il avoit espéré jusqu'à la fin de s'accommoder avec la cour. Je ne me puis remettre ce qu'il m'a dit sur ce point : car il n'est pas possible que dans les grandes conversations que j'ai eues avec lui sur le passé, je ne lui en aie parlé.

Le 14, M. de Beaufort fit un compliment court et mauvais au parlement, sur ce qu'il avoit remis le gouvernement de Paris.

Le 16, Monsieur déclara nettement au parlement que le Roi avoit désavoué en tout et partout M. de Joyeuse; mais il ajouta, selon son style ordinaire, qu'il attendoit quelques meilleures nouvelles d'heure en heure. Comme il vit que je m'étonnois de la continuation de cette conduite, il me dit : « Voudriez-vous « répondre d'un quart-d'heure à l'autre? Que sais-je « si dans un moment le peuple ne me livreroit pas au « Roi, s'il croyoit que je n'eusse aucunes mesures

« avec lui? Que sais-je si dans un instant il ne me li-
« vreroit pas à M. le prince, s'il lui prenoit fantaisie
« de revenir sur ses pas, et de se soulever? » Je crois
que vous êtes moins surprise de la conduite de Monsieur en voyant ces principes. On dit que l'on ne doit jamais combattre contre les principes; ceux de la peur se doivent et se peuvent encore moins attaquer que tous les autres : ils sont inabordables.

Le 19, Monsieur dit au parlement qu'il avoit reçu une lettre du Roi qui lui mandoit qu'il viendroit le 21 à Paris, qui étoit le lundi : à quoi il ajouta qu'il étoit fort surpris de ce que Leurs Majestés n'envoyoient pas au préalable une amnistie qui fût vérifiée dans le parlement de Paris. La consternation fut extrême. L'on opina, et l'on arrêta de supplier le Roi d'accorder cette grâce et au parlement et à ses peuples.

Cette lettre du Roi à Monsieur lui fut apportée le 18 au soir; il m'envoya querir aussitôt, et il me dit que la conduite de la cour étoit incompréhensible : qu'elle jouoit à perdre l'Etat, et qu'il ne tenoit à rien qu'il ne fermât les portes au Roi. Je lui répondis que pour ce qui étoit de la conduite de la cour, je la concevois fort bien; qu'elle ne hasardoit rien, connoissant comme elle faisoit ses bonnes et pacifiques intentions; qu'il me paroissoit qu'elle agissoit au moins dans ses fins avec beaucoup plus de prudence qu'elle n'avoit traité le passé, et bien plus finement qu'elle n'avoit agi dans les commencemens; que je ne voyois pas quelle difficulté elle pouvoit faire de revenir à Paris, après que Monsieur avoit promis, dès le 14 de ce mois, le rétablissement du prevôt des marchands et des échevins, ordonné et exécuté sans aucun concert avec lui. Mon-

sieur jura cinq ou six fois de suite; et, après avoir un peu rêvé, il me dit : « Allez, je veux demeurer deux « heures tout seul; revenez à ce soir sur les huit « heures. » Je le trouvai alors dans le cabinet de Madame qui le catéchisoit, ou plutôt qui l'exhortoit: car il étoit dans un emportement inconcevable; et l'on eût dit, de la manière dont il parloit, qu'il étoit à cheval armé de toutes pièces, et prêt à couvrir de sang et de carnage les campagnes de Saint-Denis et de Grenelle. Madame étoit épouvantée; et je vous avoue que quoique je connusse assez Monsieur pour ne me pas donner avec précipitation des idées si cruelles de ses discours, je ne laissai pas de croire en effet qu'il étoit plus ému qu'à son ordinaire : car il me dit d'abord : « Eh bien! qu'en dites-vous? Y a-t-il sûreté à « traiter avec la cour? — Nulle, monsieur, lui répon-
« dis-je, à moins que de s'aider soi-même par de bon-
« nes précautions; et Madame sait que je n'ai jamais
« parlé autrement à Votre Altesse Royale. — Non, as-
« surément, reprit Madame. — Mais ne m'aviez-vous
« pas dit, continua Monsieur, que le Roi ne viendroit
« pas à Paris sans prendre des mesures avec moi?—
« Je vous avois dit, monsieur, lui repartis-je, que la
« Reine me l'avoit dit; mais que les circonstances
« avec lesquelles elle me l'avoit dit m'obligeoient à
« avertir Votre Altesse Royale qu'elle n'y devoit faire
« aucun fondement. » Madame prit la parole : « Il ne
« vous l'a que trop dit, mais vous ne l'avez pas cru. »
Monsieur reprit : « Il est vrai, je ne me plains que de
« cette maudite Espagnole. — Il n'est pas temps de se
« plaindre, reprit Madame; il est temps d'agir d'une
« façon ou de l'autre. Vous vouliez la paix, quand il

« ne tenoit qu'à vous de faire la guerre ; vous voulez
« la guerre, quand vous ne pouvez plus faire ni la
« guerre ni la paix.—Je ferai demain la guerre, reprit
« Monsieur d'un ton guerrier, et plus facilement que
« jamais. Demandez-le à M. le cardinal de Retz. » Il
croyoit que je lui allois disputer cette thèse. Je m'aperçus qu'il le vouloit, pour pouvoir dire après qu'il
auroit fait des merveilles, si on ne l'avoit retenu. Je
ne lui en donnai pas lieu, car je lui répondis froidement et sans m'échauffer : « Sans doute, monsieur.—
« Le peuple n'est-il pas toujours à moi? reprit Mon-
« sieur.—Oui, lui repartis-je.—M. le prince ne re-
« viendra-t-il pas, si je le mande?—Je le crois, mon-
« sieur, lui dis-je.—L'armée d'Espagne ne s'avancera-
« t-elle pas, si je le veux?—Toutes les apparences y
« sont, lui répliquai-je. » Vous attendez après cela,
ou une grande résolution, ou du moins une grande
délibération : rien moins ; et je ne saurois mieux vous
expliquer l'issue de cette conférence, qu'en vous suppliant de vous ressouvenir de ce que vous avez vu
quelquefois à la Comédie italienne. La comparaison
est peu respectueuse, et je ne prendrois pas la liberté
de la faire, si elle étoit de mon invention ; ce fut Madame elle-même à qui elle vint dans l'esprit aussitôt
que Monsieur fut sorti du cabinet, et elle la fit moitié
en riant, moitié en pleurant. « Il me semble, dit-elle,
« que je vois Trivelin qui dit à Scaramouche : *Que*
« *je t'aurois dit de belles choses, si tu avois eu assez*
« *d'esprit pour me contredire!* » Voilà comment finit
la conversation. Monsieur concluant que bien, qu'il
fût très-fâcheux que le Roi vînt à Paris sans concert
avec lui, et sans une amnistie vérifiée au parlement,

il n'étoit pas toutefois de son devoir ni de sa réputation de s'y opposer, parce que personne ne pouvoit ignorer qu'il ne le pût s'il le vouloit ; et qu'ainsi tout le monde lui feroit justice, en reconnoissant qu'il n'y avoit que la considération et le repos de l'Etat qui l'obligeât à prendre une conduite qui, pour son particulier, lui devoit faire de la peine. Madame, qui dans le fond étoit pourtant de son avis, au moins pour l'opération, par les raisons que vous avez vues ci-devant, ne lui put laisser passer pour bonne cette expression. Elle lui dit avec fermeté et même avec colère : « Ce « raisonnement, monsieur, seroit bon à M. le cardinal « de Retz, et non pas à un fils de France ; mais il ne « s'agit plus de cela, et il ne faut songer qu'à aller de « bonne grâce au devant du Roi. » Il se récria à ce mot, comme si elle lui eût proposé de s'aller jeter dans la rivière. « Allez-vous-en donc, monsieur, tout à « cette heure, reprit-elle. — Et où diable irai-je ? ré- « pondit-il. » Il se tourna à ce mot, et rentra chez lui, où il me commanda de le suivre. Ce fut pour me demander si la palatine ne m'avoit rien fait savoir du retour du Roi. Je lui dis que non, comme il étoit vrai ; mais il ne fut pas vrai long-temps : car une heure après j'en reçus un billet, qui portoit que la Reine lui avoit commandé de m'en faire part, et de m'écrire que Sa Majesté ne doutoit point que je n'achevasse en cette occasion ce que j'avois si bien et si heureusement commencé à Compiègne. Madame la palatine me faisoit beaucoup d'excuses, dans un billet séparé et écrit en chiffre, de ce qu'elle m'en avoit donné l'avis si tard. « Vous connoissez le terrain, ajouta-t-elle : on est à « Saint-Germain comme à Compiègne. » C'étoit assez dire pour moi. Tout ce que je viens de vous dire se passa le 20 d'octobre 1652.

Le 21, le Roi, qui avoit couché à Ruel, revint à Paris, et il envoya de Ruel même Nogent et M. de Damville à Monsieur, pour le prier de venir au devant de lui. Il ne s'y put jamais résoudre, quoiqu'ils l'en pressassent extrêmement. Ils avoient raison, et je suis encore persuadé que Monsieur n'avoit pas tort. Ce n'est pas qu'il y eût aucun dessein contre sa personne, au moins à ce que j'ai ouï dire depuis à M. le maréchal de Villeroy : mais je crois que s'il eût été au devant du Roi, et que le Roi eût voulu s'en assurer, il y eût pu réussir, vu la disposition où étoit le peuple. Ce n'est pas qu'elle ne fût dans le fond très-bonne pour Monsieur, et sans comparaison meilleure que pour la cour ; mais il y avoit une agitation et un égarement dans les esprits qui se pouvoient, à mon sens, tourner à tout ; et je ne sais si l'éclat de la majesté royale, tombant tout d'un coup sur cette agitation et sur cet égarement, ne l'eût pas emporté. Je dis que je ne le sais pas, parce qu'il est constant que, dans la constitution où étoient les esprits, la pente du menu peuple, et même celle du moyen, étoit encore tout entière pour Monsieur : mais enfin il y avoit, à mon sens, raison et fondement pour l'empêcher de se hasarder, particulièrement hors des murailles. Je m'étonnois bien plus que les ministres exposassent la personne du Roi au mécontentement, à la défiance et à la frayeur de Monsieur; aux craintes d'un parlement qui avoit sujet de croire qu'on le venoit étrangler, et au caprice d'un peuple qui avoit toujours de l'attachement pour des gens desquels le cardinal étoit bien loin d'être assuré. L'événement a tellement justifié la conduite que la cour tint en cette occasion, qu'il est presque ridicule de la blâmer. J'estime qu'elle fut imprudente, aveugle et téméraire au delà de ce qu'on s'en peut imaginer. Je ne dirai pas, sur ce chef comme sur l'autre, que je ne sais pas; je dirai que je sais, et de science certaine, que si Monsieur eût voulu, la Reine et les sous-ministres étoient ce jour-là séparés du Roi.

Les courtisans se laissent toujours amuser aux acclamations du peuple, sans considérer qu'elles se font presque également pour tous ceux pour qui elles se font. J'entendis ce soir-là des gens dans le Louvre, qui flattoient la Reine sur ces acclamations; et M. de Turenne, qui étoit derrière moi au cercle, me disoit à l'oreille : « Ils en firent presque autant dernière-
« ment pour M. de Lorraine. » Je l'eusse bien étonné, si je lui eusse répondu : « Il y a bien des gens qui, au
« milieu de ces acclamations, ont proposé à Monsieur
« de supplier le Roi d'aller loger à l'hôtel-de-ville. »
Cela étoit vrai : M. de Beaufort même l'en avoit pressé, avec douze ou quinze conseillers du parlement. Il y en a de certains qui vivent encore, et desquels, si je les nommois, on seroit bien étonné. Monsieur n'y voulut point entendre, et je m'y opposai de toute ma force, quand Monsieur me dit qu'on lui avoit fait cette proposition. Elle étoit, à mon opinion, possible quant au succès présent, étant certain qu'il n'y avoit pas un officier dans les colonelles qui n'eût été massacré par ses soldats, s'il eût seulement fait mine de branler contre le nom de Monsieur : mais respect, conscience et tout ce que vous vous pouvez imaginer

sur cela à part, la proposition étoit écervelée, vu les circonstances et les suites. Vous voyez d'un coup d'œil les uns et les autres dans ce que je vous ai dit ci-dessus. Ce ne fut assurément que par le principe de mon devoir que je n'y donnai pas : car je me croyois beaucoup plus en péril que je ne m'y suis cru de ma vie. J'allai attendre le Roi au Louvre, où je demeurai deux ou trois heures, avant qu'il arrivât, avec madame de Lesdiguières et M. de Turenne, qui me demanda bonnement et avec inquiétude si je me croyois en sûreté. Je lui serrai la main, parce que je m'aperçus que Frelai, qui étoit un grand mazarin, l'avoit entendu; et je lui répondis : « Oui, mon-« sieur, et en tout sens. Madame de Lesdiguières sait « bien que j'ai raison. » Je ne l'avois pourtant pas : car je suis persuadé que si l'on m'avoit arrêté ce jour-là, il n'en fût rien arrivé. Ce que je vous dis de ces possibilités de l'un et de l'autre côté vous paroît sans doute contradictoire ; et j'avoue qu'il ne se peut concevoir que par ceux qui ont vu les choses, et encore qui les ont vues pour le dedans.

La Reine me reçut admirablement : elle dit au Roi de m'embrasser, comme celui auquel il devoit particulièrement son retour à Paris. Cette parole, qui fut entendue de beaucoup de gens, me donna une véritable joie, parce que je crus que la Reine ne l'auroit pas dite publiquement si elle avoit eu dessein de me faire arrêter. Je demeurai au cercle jusqu'à ce que l'on allât au conseil. Comme je sortois, je rencontrai dans l'antichambre Jouy, qui me dit que Monsieur me l'avoit envoyé pour savoir s'il étoit vrai que l'on m'eût fait prendre place au conseil, et pour m'ordonner d'aller chez lui. Je rencontrai, comme j'y entrois, M. d'Aligre qui en sortoit, et qui lui venoit commander de la part du Roi de sortir de Paris dès le lendemain, et de se retirer à Limours. Cette faute a encore été consacrée par l'événement; mais elle est, à mon sens, une des plus grandes et des plus signalées qui ait jamais été commise dans la politique. Vous me direz que la cour connoissoit Monsieur : et je vous répondrai qu'elle le connoissoit si peu en cette occasion, qu'il ne s'en fallut rien qu'il ne prît ou plutôt qu'il n'exécutât la résolution qu'il prit en effet de s'aller poster dans les halles, d'y faire des barricades, de les pousser jusqu'au Louvre, et d'en chasser le Roi. Je suis convaincu qu'il y eût réussi même avec facilité s'il l'eût entrepris, et que le peuple n'eût balancé en rien, voyant Monsieur en personne, et Monsieur ne prenant les armes que pour s'empêcher d'être exilé. On m'a accusé d'avoir beaucoup échauffé Monsieur dans cette rencontre. Voici la vérité :

Lorsque j'entrai au Luxembourg, il me parut consterné, parce qu'il s'étoit mis dans l'esprit que le commandement que M. d'Aligre venoit de lui porter de la part du Roi n'étoit que pour l'amuser, et lui faire croire que l'on ne pensoit pas à l'arrêter. Il étoit dans une agitation inconcevable : il s'imaginoit que toutes les mousquetades que l'on tiroit (et l'on en tiroit toujours beaucoup ces jours de réjouissances) étoient celles du régiment des Gardes, qui marchoit pour l'investir. Tous ceux qu'il envoyoit lui rapportoient que tout étoit paisible, et que rien ne branloit; mais il ne croyoit personne, et il mettoit à tout moment la tête à la fenêtre pour mieux entendre si le tambour ne battoit pas. Enfin il prit un peu de courage, ou au moins il en prit assez pour me demander si j'étois à lui. A quoi je ne lui répondis que par ce demi-vers du Cid : « *Tout autre que mon père....* » Ce mot le fit rire : ce qui étoit fort rare quand il avoit peur. « Donnez-« m'en une preuve, continua-t-il ; raccommodez-vous « avec M. de Beaufort.—Très-volontiers, monsieur, « lui repartis-je. » Il m'embrassa et alla ouvrir la porte de la galerie, qui répond à la porte de la chambre où il couchoit, et où il étoit alors. J'en vis sortir M. de Beaufort qui se jeta à mon cou, et qui me dit : « Deman-« dez à Son Altesse Royale ce que je viens de lui dire « sur votre sujet : je connois les gens de bien. Allons, « monsieur, chassons les mazarins à tous les diables « pour une bonne fois. » La conversation commença ainsi ; Monsieur la soutint par un discours amphibologique, qui, dans la bouche de Gaston de Foix (1), eût paru un grand exploit ; mais qui, dans celle de Gaston de France, ne me présagea qu'un grand rien. M. de Beaufort appuya de toute sa force la nécessité et la possibilité de la proposition qu'il faisoit, qui étoit que Monsieur marchât à la petite pointe du jour droit aux halles, et qu'il y fît les barricades, qu'il pousseroit après où il lui conviendroit. Monsieur se tourna vers moi en me disant, comme l'on fait au parlement : « Votre avis, M. le doyen ? » Voici en propres termes ce que je lui répondis. Je l'ai transcrit sur l'original que je dictai à Montrésor chez moi au retour de chez Monsieur, et que j'ai encore de sa main.

(1) Gaston de Foix, duc de Nemours, tué à la bataille de Ravennes sous le règne de Louis XII, le jour de Pâques de l'année 1512, âgé d'environ vingt-trois ans. (A. E.)

« Je crois, monsieur, que je devrois en effet parler
« à cette occasion comme M. le doyen : mais comme
« M. le doyen quand il opina à faire des prières de
« quarante heures. Je ne sache guère d'occasions où
« l'on en ait eu plus de besoin. Elles me seroient en-
« core, monsieur, bien plus nécessaires qu'à un autre,
« parce que je ne puis être d'aucun avis qui n'ait des
« apparences cruelles, et même des inconvéniens ter-
« ribles. Si mon sentiment est que vous souffriez le
« traitement injurieux que l'on vous fait, le public,
« qui va toujours au mal, n'aura-t-il pas un sujet ou
« prétexte de dire que je trahis vos intérêts, et que
« mon avis ne sera que la suite de tous les obstacles
« que j'ai mis au dessein de M. le prince ? Si j'opine
« à ce que Votre Altesse Royale désobéisse et suive
« les vues de M. de Beaufort, pourrois-je m'empê-
« cher de passer pour un homme qui souffle de la
« même bouche le chaud et le froid ; qui veut la paix
« quand il espère d'en tirer ses avantages en la trai-
« tant ; qui veut la guerre quand on n'a pas voulu
« qu'il la traitât ; qui conseille de mettre Paris à feu
« et à sang, et d'attacher ce feu à la porte du Louvre,
« en entreprenant sur la personne du Roi ? Voilà,
« monsieur, ce que l'on dira, et ce que vous-même
« pourrez croire en de certains momens. J'aurois
« lieu, après avoir prédit à Votre Altesse Royale,
« peut-être plus de mille fois, qu'elle tomberoit
« par ses incertitudes en l'état où elle se voit ; j'au-
« rois, dis-je, lieu de la supplier, avec tout le res-
« pect que je lui dois, de me dispenser de lui parler
« sur une matière qui est moins en son entier à mon
« égard, qu'à l'égard d'homme qui vive. Je ne me

« servirai toutefois que de la moitié de ce droit :
« c'est-à-dire que, quoique je ne fasse pas état
« de me déterminer moi-même sur le sentiment que
« Votre Altesse Royale doit préférer, je ne lais-
« serai pas de lui exposer les inconvéniens de tous
« les deux, avec la même liberté que si je croyois me
« pouvoir fixer moi-même à l'un ou à l'autre. Si elle
« obéit, elle est responsable à tout le public de tout
« ce qu'il souffrira dans la suite. Je ne juge point
« du détail de ce qu'il souffrira : car qui peut juger
« d'un futur qui dépend des vétilles d'un cardi-
« nal, de l'impétuosité d'Ondedei, de l'impertinence
« de l'abbé Fouquet, de la violence d'un Servien?
« Mais enfin vous répondrez de tout ce qu'ils feront
« au public, parce qu'il sera persuadé qu'il n'a tenu
« qu'à vous de l'empêcher. Si vous n'obéissez pas,
« vous courez fortune de bouleverser l'Etat. » Monsieur m'interrompit à ce mot, et me dit, même avec
précipitation : « Ce n'est pas de quoi il s'agit : il s'agit
« de savoir si je suis en état, c'est-à-dire en pouvoir,
« de ne pas obéir. Je le crois, monsieur, lui répon-
« dis-je ; car je ne vois pas comment la cour s'y pourra
« prendre à vous faire obéir. Il faudra que le Roi
« marche en personne au Luxembourg : et ce sera
« une grosse affaire. » M. de Beaufort exagéra l'impossibilité qu'il y trouveroit, et au point que je
m'aperçus que Monsieur commençoit à s'en persua-
der ; et il étoit tout propre, supposé cette persuasion, à prendre le parti de demeurer chez lui les
bras croisés, parce que de sa pente il alloit toujours
à ne point agir. Je crus que j'étois obligé, par toutes
sortes de raisons, à lui éclaircir cette thèse : ce que je

fis, en lui représentant qu'elle méritoit d'être considérée et traitée avec distinction ; que je convenois que le peuple ne souffriroit pas apparemment que l'on allât prendre Monsieur au Luxembourg, à moins que le Roi n'eût mis à cette entreprise de certains préalables que le temps pourroit amener ; que s'il accoutumoit les peuples à reconnoître son autorité, je ne doutois point qu'il n'y pût réussir, et même bientôt, parce que je ne doutois pas qu'il ne les y accoutumât en peu de temps par sa prudence ; que tous les instans l'augmenteroient ; qu'il en avoit déjà plus à dix heures du soir qui venoient de sonner à la montre de Monsieur, qu'il n'en avoit à cinq ; et que la preuve en étoit palpable, en ce qu'il s'étoit saisi de la porte de la Conférence, qu'il faisoit garder paisiblement, et sans que personne en murmurât, par le seul régiment des Gardes, qui n'en auroit pas sûrement approché, s'il avoit plu à Monsieur de la faire fermer seulement un quart-d'heure entre trois et quatre ; que si Son Altesse Royale laissoit prendre tous les postes de Paris comme celui-là, et maltraiter le parlement comme on le maltraiteroit peut-être le lendemain au matin, je ne croyois pas qu'il y eût grande sûreté pour lui, peut-être dès l'après-dînée. Ce mot remit la frayeur dans le cœur de Monsieur, et il s'écria :
« C'est-à-dire que je ne puis rien pour la défensive.
« —Non, monsieur, lui répondis-je ; vous pouvez tout
« aujourd'hui et demain au matin. Je n'en voudrois
« point répondre demain au soir. » M. de Beaufort, qui crut que mon discours alloit à proposer et à appuyer l'offensive, vint à la charge, comme pour me soutenir ; mais je l'arrêtai tout court, en lui disant :

« Je vois bien, monsieur, que vous ne comprenez pas
« ma pensée : je ne parle à Son Altesse Royale comme
« je fais, que parce que j'ai vu qu'il croyoit qu'il pou-
« voit demeurer au Luxembourg en toute sûreté mal-
« gré le Roi. Je ne serai jamais d'aucun avis dans l'é-
« tat où les affaires sont réduites. C'a toujours été à
« Monsieur à décider; c'est même à lui à proposer,
« et à nous à exécuter. Il ne sera jamais dit que je lui
« aie conseillé, ni de souffrir le traitement qu'il re-
« çoit, ni de faire demain au matin les barricades. Je
« lui ai tantôt dit les raisons que j'ai pour cela : il m'a
« commandé de lui expliquer les inconvéniens que je
« crois aux deux partis, et je m'en suis acquitté. »
Monsieur me laissa parler tant que je voulus ; et après
qu'il eut fait trois ou quatre tours de chambre, il revint à moi, et il me dit : « Si je me résous à disputer
« le pavé, vous déclarerez-vous pour moi ? — Oui,
« monsieur, et sans balancer ; je le dois, je suis at-
« taché à votre service ; je n'y manquerai pas certai-
« nement, et vous n'avez qu'à commander : mais j'en
« serai au désespoir, parce qu'en l'état où sont les
« choses, un homme de bien ne peut pas n'y pas
« être, quoi que vous fassiez. » Monsieur, qui n'a-
voit qu'une bonté de facilité, mais qui n'étoit pas
tendre, ne laissa pas d'être ému de ce que je lui disois. Les larmes lui vinrent aux yeux : il m'embrassa,
et puis me demanda tout d'un coup si je croyois qu'il
pût se rendre maître de la personne du Roi. Je lui
répondis qu'il n'y avoit rien au monde de plus impossible, la porte de la Conférence étant gardée
comme elle l'étoit. M. de Beaufort lui en proposa des
moyens qui étoient impraticables en tous sens. Il

offroit de s'aller poster à l'entrée du Cours avec la maison de Monsieur. Enfin il dit maintes folies, à ce qu'il me paroissoit. Je persistai dans ma manière de parler et d'agir; et je connus, avant que de sortir du Luxembourg (et pour vous dire le vrai avec plaisir), que Monsieur prendroit le parti d'obéir: car je lui vis une joie sensible de ce que je m'étois défendu d'appuyer l'offensive. Il ne laissa pas de nous en entretenir tout le reste du soir, et de nous commander même de faire tenir nos amis tout prêts, et de nous trouver dès la pointe du jour au Luxembourg. M. de Beaufort s'aperçut comme moi que Monsieur avoit pris sa résolution, et il me dit en descendant l'escalier : « Cet homme n'est pas capable d'une action de « cette nature. — Il est encore bien moins capable de « la soutenir, lui répondis-je; et je crois que vous êtes « enragé de la lui proposer en l'état où sont les affaires. — Vous ne le connoissez pas encore, repartit-il; si je ne le lui avois proposé, il me le reprocheroit d'ici à dix ans. »

Je trouvai en arrivant chez moi Montrésor qui m'y attendoit, et qui se moqua fort de mes scrupules : car il appela ainsi tous les égards qu'il remarqua dans l'écrit que vous venez de voir, et que je lui dictai. Il m'assura fort que Monsieur avoit plus d'envie d'être à Limours que la Reine n'en avoit de l'y envoyer; et sur le tout il convint que la cour avoit fait une faute terrible de l'y pousser, parce que la peur de n'y pas être en sûreté lui pouvoit aisément faire entreprendre ce à quoi il n'eût jamais pensé si on l'eût ménagé le moins du monde. L'événement a encore justifié cette imprudence, qui étoit d'autant plus grande que la cour, qui avoit sujet de me croire outré et en défiance, ne me faisoit pas, à mon sens, la justice de croire que j'eusse pour l'Etat d'aussi bons sentimens que je les avois en effet. Je suis convaincu que, vu l'humeur de Monsieur, incorrigible de tout point, la division du parti irrémédiable par une infinité de circonstances, et le dégingandement (si l'on peut se servir de ce mot) passé, présent et à venir de tous ces partis, l'on n'eût pu soutenir ce que l'on eût entrepris; et que par cette raison, toutes les autres même à part, il n'y en eût point eu à conseiller à Monsieur d'entreprendre. Mais je ne suis pas moins persuadé que s'il l'eût entrepris, il eût réussi pour ce moment, et qu'il eût poussé le Roi hors de Paris. Ce que je dis paroîtra à beaucoup de gens un paradoxe: mais toutes les grandes choses qui ne sont pas exécutées paroissent toujours impraticables à ceux qui ne sont pas capables des grandes choses; et je suis assuré que tel ne s'est point étonné des barricades de M. de Guise, qui s'en fût moqué comme d'une chimère, si l'on les lui eût proposées un quart-d'heure avant qu'elles fussent élevées. Je ne sais si je n'ai pas déjà dit en quelque endroit de cet ouvrage que ce qui a le plus distingué les hommes est que ceux qui ont fait de grandes actions ont vu devant les autres le point de leur possibilité.

Je reviens à Monsieur. Il partit pour Limours un peu avant la pointe du jour, et il affecta même de sortir une heure plus tôt qu'il ne nous l'avoit dit à M. de Beaufort et à moi. Il nous fit dire par Jouy qu'il nous attendroit à la porte du Luxembourg; qu'il avoit eu ses raisons pour cette conduite; que nous les saurions un jour ; que nous nous accommodassions avec la cour, s'il nous étoit possible. Je n'en fus pas surpris en mon particulier ; M. de Beaufort en pesta beaucoup.

Le 22, le Roi tint son lit de justice au Louvre. Il y fit lire quatre déclarations : la première fut celle de l'amnistie ; la seconde, celle du rétablissement du parlement à Paris ; la troisième portoit un ordre à M. de Beaufort de sortir de Paris, aussi bien qu'à messieurs de Rohan, Viole, de Thou, Broussel, Portail, Bithaud, Croissy, Machaut, Fleury, Martinau et Perrault. Par la même déclaration, il étoit défendu au parlement de se mêler dorénavant d'aucunes affaires d'Etat. La quatrième établissoit une chambre des vacations. On avoit arrêté le matin, avant que le Roi fût entré, que l'on feroit instance auprès de Sa Majesté pour le rétablissement des exilés. Ils obéirent tous le même jour. J'allai l'après-dînée chez la Reine, qui, après avoir été quelque temps au cercle, me commanda d'entrer avec elle dans son petit cabinet. Elle me traita parfaitement bien : elle me dit qu'elle savoit que j'avois adouci, autant qu'il m'avoit été possible, et les affaires et les esprits ; qu'elle croyoit que je l'aurois fait encore et plus promptement et plus publiquement, si je n'avois été obligé d'observer plusieurs égards avec mes amis, qui n'étoient pas tous de même opinion ; qu'elle me plaignoit : qu'elle vouloit m'aider à sortir de l'embarras où je me trouvois. Voilà, comme vous voyez, bien des honnêtetés et même bien de la bonté en apparence. Voici le fond : elle étoit plus animée contre moi que jamais, parce que Beloy, qui étoit domestique de Monsieur, mais qui étoit toujours en secret à quelque autre, et qui avoit repris des mesures avec la cour depuis que les affaires de M. le prince étoient en déclin, l'avoit fait avertir le matin, dès qu'elle fut éveillée, que j'avois offert à Monsieur de faire ce qu'il me commanderoit. Il ne savoit rien du détail de ce qui s'étoit passé le soir entre Monsieur, M. de Beaufort et moi; mais comme il entra dans sa chambre aussitôt que nous en fûmes sortis avec Jouy, Monsieur, qui étoit dans l'agitation et dans le trouble, leur dit : « Si je voulois, je ferois bien danser l'Espagnole. » Beloy, ou malicieusement ou par curiosité, lui répondit : « Mais, monsieur, Votre Altesse Royale est-« elle bien assurée de M. le cardinal de Retz? — Le « cardinal de Retz, dit Monsieur, est homme de bien; « il ne me manquera pas. » Jouy, qui l'avoit entendu, me le rapporta fidèlement le matin; et je ne doutai pas que Beloy ne l'eût aussi rapporté à la Reine, qui d'ailleurs ne pouvoit pas savoir qu'au même moment que j'avois fait à Monsieur l'offre à laquelle mon honneur m'obligeoit, je n'avois rien oublié de tout ce que ce même honneur me permettoit, pour empêcher le bouleversement de l'Etat. Je fis, à l'instant même que Jouy me donna cet avis, une grande réflexion sur les scrupules dont Montrésor m'avoit tant fait la guerre la veille. Il est vrai qu'ils ne réussissent pas dans les cours, au moins pour l'ordinaire; mais il y a des gens qui préfèrent au succès la satisfaction qu'ils trouvent dans eux-mêmes.

Vous vous seriez étonnée de la manière dont je répondis à la Reine, si je ne vous avois au préalable rendu compte de ce petit détail, qui comprend la raison que j'eus de lui parler comme je fis. Je dis que

j'eus depuis : car vous avez vu qu'auparavant même je lui parlois presque toujours avec la même sincérité. Je lui dis donc que j'avois une joie sensible d'avoir enfin rencontré le moment que j'avois souhaité si passionnément depuis long-temps, de la pouvoir servir sans restriction ; que tant que Monsieur avoit été engagé dans les mouvemens, je n'avois pu suivre mon inclination, par la raison de mes engagemens avec lui, par lesquels elle savoit que je ne l'avois jamais trompée; que si j'avois eu l'honneur de la voir en particulier la veille du jour où je lui parlois, j'en aurois usé à mon ordinaire, parce que je n'en aurois pas pu user autrement avec honneur; que Monsieur étant sorti de Paris dans la pensée et la résolution de ne plus entrer dans aucunes affaires publiques, m'avoit rendu ma liberté, c'est-à-dire qu'il m'avoit proprement remis dans mon naturel; dont j'avois une joie que je ne pouvois assez exprimer à Sa Majesté. Elle me répondit le plus honnêtement du monde ; mais je m'aperçus qu'elle me voulut faire parler sur les dispositions de Monsieur. Elle eut contentement : car je l'assurai, et avec beaucoup de vérité, qu'il étoit fort résolu à demeurer en repos dans sa solitude. « Il ne l'y faut pas laisser, re-
« prit-elle : il peut être utile au Roi et à l'État ; il faut
« que vous l'alliez querir, et que vous nous le rame-
« niez. » Je faillis à tomber de mon haut : car je vous avoue que je ne m'attendois pas à ce discours. Je le compris pourtant bientôt, non pas qu'elle me l'expliquât clairement; mais elle me fit entendre que la dignité du Roi étant satisfaite par l'obéissance que Monsieur lui avoit rendue, il ne tiendroit qu'à lui de se rétablir plus que jamais dans ses bonnes grâces, en

couronnant la bonne conduite qu'il venoit de prendre par des complaisances justes, raisonnables, et dans lesquelles même il pourroit trouver son compte.

Vous voyez que ces expressions n'étoient pas autrement obscures. Quand la Reine vit que je n'y répondois que par des termes généraux, elle se referma, non pas seulement sur la matière, mais encore sur la manière dont elle m'avoit traité auparavant. Elle rougit, et me parla plus froidement : ce qui étoit toujours en elle un signe de colère. Elle se remit pourtant un peu après, et me demanda si j'avois toujours confiance en madame de Chevreuse. A quoi je répondis que j'étois toujours beaucoup son serviteur. Elle reprit brusquement cette parole, et il me parut qu'elle la reprit avec joie, en me disant : « J'entends bien ; vous en
« avez davantage en la palatine, et vous avez raison.
« — J'en ai beaucoup, madame, lui répondis-je, en
« madame la palatine ; mais je supplie Votre Majesté
« de me permettre que je n'en aie plus qu'à elle-même.
« — Je le veux bien, me dit-elle assez bonnement.
« Adieu. Toute la France est là dedans qui m'attend. »

Je vous supplie de trouver bon que je vous rende compte en cet endroit d'un détail qui est nécessaire, et qui vous fera connoître que ceux qui sont à la tête des grandes affaires ne trouvent pas moins d'embarras dans leur propre parti que dans celui de leurs ennemis. Les miens, quoique tout puissans dans l'Etat, l'un par sa naissance, par son mérite et par sa faction, et l'autre par sa faveur, n'avoient pu avec tous leurs efforts m'obliger à quitter mon poste ; et je puis dire sans vanité que je l'aurois conservé, et même avec dignité, en lâchant seulement un peu la voile, si les différens intérêts ou plutôt les différentes visions de mes amis ne m'eussent forcé à prendre une conduite qui me fit périr, par la pensée qu'elle donna que je voulois tenir contre le vent. Pour vous faire entendre ce détail, qui est assez curieux, il est, à mon avis, nécessaire que je vous fasse celui qui concerne un certain nombre de gens que l'on appeloit mes amis; je dis que l'on appeloit, parce que tous ceux qui passoient pour tels dans le monde ne l'étoient pas.

Par exemple, je n'avois pas rompu avec madame de Chevreuse ni avec Laigues; Noirmoutier n'avoit rien oublié des avances qu'il m'avoit pu faire pour se raccommoder avec moi, et les instances de tous mes amis m'avoient obligé de le recevoir, et de vivre civilement avec lui. Montrésor, qui à toutes fins m'avoit déclaré cent fois en sa vie qu'il n'étoit dans mes intérêts qu'avec subordination avec ceux de la maison de Guise, ne laissoit pas de prétendre droit à pouvoir entrer dans mes affaires, parce qu'enfin il avoit été du secret de quelques-uns. Ce droit, qui est proprement celui de s'intriguer pour négocier, lui étoit commun avec ces autres que je viens de vous nommer immédiatement devant lui. Il ne s'en servit pas en cette dernière occasion comme les autres, quoiqu'il en parlât autant et plus qu'eux : il se contenta de prôner chez moi les soirs sur un ton fâcheux; mais il ne fit point de mauvais pas du côté de la cour, comme fit M. de Noirmoutier, qui pour se faire valoir à M. le cardinal Mazarin, qu'il alla voir sur la frontière, lui montra une lettre de moi avec une fausse date, par laquelle je l'avois chargé autrefois d'une commission qu'il rapportoit au temps présent. M. le cardinal se douta de la fourbe, sur je ne sais quelles circonstances dont je ne me souviens pas présentement; et il ne la lui a jamais pardonnée. Madame de Chevreuse n'en usa pas ainsi; mais comme elle n'avoit pas trouvé à la cour ni la considération ni la confiance qu'elle en avoit espérée, elle cherchoit fortune : et elle eût bien voulu se mêler, au retour du Roi dans Paris, d'une affaire qui paroissoit grosse, parce qu'on la regardoit comme un préalable nécessaire à celui de M. le cardinal à la cour. Laigues, qui m'avoit traité assez familièrement avant mon départ, recommença à me voir soigneusement, et presque sur l'ancien pied; et mademoiselle de Chevreuse même, par l'ordre de madame sa mère, si je ne suis fort trompé, me fit des avances pour se raccommoder avec moi. Elle avoit les plus beaux yeux du monde, et un art à les tourner qui étoit admirable, et qui lui étoit particulier. Je m'en aperçus le soir qu'elle arriva à Paris; mais je dis simplement que je m'en aperçus. J'en usai honnêtement avec la mère, avec la fille et avec Laigues, et rien de plus. On pourroit croire qu'il n'y auroit eu en ces rencontres qu'à en user ainsi pour me tirer d'affaires : mais cela n'est pas vrai, parce que les avances que ceux qui s'adoucissent font aux puissans tournent toujours infailliblement au désavantage de celui qui les désavoue en ne les suivant pas; et de plus, il est bien difficile que ceux qui sont désavoués n'en conservent pas toujours quelque ressentiment, et ne donnent, au moins dans la chaleur, quelque coup de dent. Je sais que Laigues m'en donna même grossièrement, et à droite et à gauche. Je n'ai rien su sur cela de madame de Chevreuse, qui d'ailleurs a de la bonté, ou plutôt une facilité naturelle,

Pour mademoiselle de Chevreuse, elle ne me pardonna pas ma résistance à ses beaux yeux; et l'abbé Fouquet, qui servoit en ce temps-là son quartier auprès d'elle, a dit depuis sa mort à un homme de qualité, de qui je le sais, qu'elle me haïssoit autant qu'elle m'avoit aimé. Je puis jurer, avec toute sorte de vérité, que je ne lui en avois jamais donné le moindre sujet. La pauvre fille mourut d'une fièvre maligne qui l'emporta en vingt-quatre heures, avant que les médecins se fussent seulement doutés qu'il pût y avoir le moindre péril à sa maladie. Je la vis un moment avec madame sa mère, qui étoit au chevet de son lit, et qui ne s'attendoit à rien moins qu'à la perte qu'elle en fit le lendemain matin à la pointe du jour.

J'avois une deuxième espèce d'amis, c'est-à-dire des gens qui se tenoient fourrés dans le parti de la Fronde, et qui, dans les subdivisions de partis, s'étoient joints particulièrement à moi : et de ceux-là les volées étoient différentes. Elles s'accordoient toutes en un point, qui étoit qu'ils espéroient beaucoup, pour leur intérêt particulier, de mon accommodement : ce qui étoit une disposition toute prochaine à croire que je n'aurois pu faire tout ce que je n'aurois pas fait pour eux. Ces sortes de gens sont très-fâcheux, parce que dans les grands partis ils font une multitude d'hommes auxquels, pour mille différens respects, l'on ne se peut ouvrir de ce que l'on peut ou de ce que l'on ne peut pas, et auprès desquels par conséquent on ne se peut jamais justifier. Ce mal est sans remède, et il est de ceux-là où il ne faut chercher que la satisfaction de sa conscience. Je l'ai eue toute ma vie plus tendre sur cet article qu'il ne

convient à un homme qui s'est mêlé d'aussi grandes
affaires que moi. Il n'y a guère de matières où le scrupule soit plus inutile. Je n'en souffris pas en effet par
l'événement, dans l'occasion dont il s'agit; mais j'en
avois déjà assez souffert par la prévoyance.

La troisième espèce d'amis que j'avois en ce temps-
là étoit un nombre choisi de gens de qualité, qui
étoient unis avec moi et d'intérêt et d'amitié, qui
étoient de mon secret, et avec lesquels je concertois
de bonne foi ce que j'avois à faire. Ceux-là étoient
messieurs de Brissac, de Bellièvre et de Caumartin;
parmi lesquels M. de Montrésor, comme je vous l'ai
déjà dit, se mêloit, par la rencontre de beaucoup
d'affaires précédentes auxquelles il avoit eu part. Il
n'y en avoit pas un dans ce petit nombre qui ne fût
en droit d'y prétendre. La qualité de M. de Brissac,
et l'attachement qu'il avoit pour moi dans les affaires
les plus épineuses, m'obligeoient à préférer ses intérêts aux miens propres; et d'autant plus qu'il n'avoit
pas profité de ce qu'il avoit stipulé pour lui, quand
messieurs les princes furent arrêtés, touchant le gouvernement d'Anjou. Ce ne fut à la vérité ni la faute
de la cour ni la mienne, le traité qu'il en avoit commencé n'ayant manqué que par le défaut d'argent,
qu'il ne put fournir : mais enfin il n'avoit rien, et il
étoit juste, au moins à mon égard, qu'il fût pourvu.
M. le président de Bellièvre avoit dès ce temps-là des
vues pour la première présidence; mais comme il
étoit homme de bon sens, il n'y pensa plus dès qu'il
vit que la cour prenoit le dessus; et dès le jour que
Monsieur et M. le prince envoyèrent à Saint-Germain
messieurs de Rohan, de Chavigny et Goulas, il me

dit ces propres paroles : « Je vais rentrer dans ma « coquille, il n'y a plus rien à faire ; je ne veux plus « être nommé à rien. » Il me tint parole. Une grande et dangereuse fluxion qu'il eut effectivement sur un œil lui en donna même le prétexte, et lui en facilita le moyen.

M. de Caumartin s'étoit allé marier en Poitou, un mois ou cinq semaines avant que le Roi revînt; et il étoit encore chez lui quand la cour arriva à Paris. Il avoit eu certainement plus de part que personne dans le secret des affaires : il y avoit agi avec plus de bonne foi et plus de capacité, et il n'y avoit eu même d'intérêt particulier que celui que son honneur l'obligea d'y prendre, dans une occasion où il savoit mieux qu'homme qui fût au monde qu'il n'en pouvoit avoir aucun qui fût effectif. L'injustice qu'on lui a faite sur ce sujet m'oblige à en expliquer le détail.

Vous avez vu dans cette histoire que Monsieur fut entraîné par M. le prince à demander à la Reine l'éloignement des sous-ministres, et qu'il ne tint pas à moi que Monsieur ne fît point ce pas, qui dans la vérité n'étoit bon à rien en aucune manière, et à lui moins qu'à personne. Laigues, qui les crut perdus, et qui étoit l'homme du monde qui se capricioit le plus de ces nouveaux arrêts, se mit dans l'esprit de procurer la charge de secrétaire de la guerre, qui est celle de M. Le Tellier, à de Nouveau. Madame de Chevreuse s'ouvrit de cette vision devant le petit abbé de Bernai, qui le dit à M. de Caumartin. Il ne le trouva pas bon, et il eut raison. Il vint chez moi ; il me demanda si ce dessein étoit venu jusqu'à moi. Je me mis à sourire, et à lui dire que je pensois qu'il

me croyoit fou; qu'il n'ignoroit pas que je savois mieux que personne que nous n'étions pas en état de faire des secrétaires d'Etat; et que de plus, si nous étions en cet état, ce ne seroit pas pour M. de Nouveau que nous travaillerions. Il s'emporta contre madame de Chevreuse et contre Laigues, et il n'avoit pas tort. « Car quoique je sache bien, dit-il, que
« leur proposition est impertinente, elle marque
« toujours que je ne dois pas prendre confiance en
« leur amitié. — Il est vrai, répondis-je; et je leur
« en dirai dès demain mon sentiment. » J'ajoutai : « A
« l'instant que je fais tous mes efforts auprès de
« Monsieur pour l'empêcher de pousser M. Le Tel-
« lier, ces gens-là font par leur conduite qu'il croira
« que c'est moi qui le veux précipiter. »

Je fis dès le lendemain de grands reproches à madame de Chevreuse et à Laigues : ils nièrent le fait. Cet éclaircissement fit du bruit; ce bruit alla à M. Le Tellier, qui crut qu'on disputoit déjà sa charge. Il m'a paru qu'il ne l'a jamais pardonné, ni à M. de Caumartin, ni à moi. La plupart des inimitiés qui sont dans les cours ne sont pas mieux fondées; et j'ai observé que celles qui ne sont pas bien fondées sont les plus opiniâtres. La raison en est claire : comme les offenses de cette espèce ne sont que dans l'imagination, elles ne manquent jamais de croître et de grossir dans un fond qui n'est toujours que trop fécond en mauvaises humeurs qui les nourrissent. Pardonnez-moi, je vous prie, cette petite digression, qui même n'est pas inutile au sujet que je traite, puisqu'elle vous marque l'obligation que j'avois encore plus grande à tirer d'affaire M. de Caumartin, en m'accommodant. Ce ne fut pourtant pas lui qui embarrassa mon accommodement: il connoissoit fort bien qu'il n'y avoit plus assez d'étoffe pour en faire un trafic considérable. Il m'avoit dit plusieurs fois, avant qu'il partît pour aller en Poitou, qu'il étoit rude, mais qu'il étoit nécessaire, que nous pâtissions même de la mauvaise conduite de nos ennemis; qu'il n'y auroit plus d'avantage à tirer pour les particuliers; qu'il ne falloit plus songer qu'à sauver le vaisseau dans lequel il pourroit se remettre à la voile selon les occasions; et que ce vaisseau, qui étoit moi, ne pouvoit se sauver, en l'état où les affaires étoient tombées par l'irrésolution de Monsieur, qu'en prenant le large et se jetant à la mer du côté du levant, c'est-à-dire de Rome. Je me souviens qu'il ajouta, le propre jour qu'il me dit adieu, ces propres paroles : « Vous ne vous soutenez plus que sur la pointe d'une « aiguille; et si la cour connoissoit ses forces à votre « égard, elle vous pousseroit comme elle va pousser « les autres. Votre courage vous fait tenir une con-« tenance qui la trompe et qui l'émeut. Servez-vous « de cet instant pour en tirer ce qui vous est bon « pour votre emploi de Rome; elle fera sur cela tout « ce que vous voudrez. »

Il ne restoit donc que M. de Montrésor, qui disoit du matin au soir qu'il ne prétendoit rien, et qui avoit même tourné en ridicule une lettre par laquelle Chandenier lui avoit écrit de la province qu'il ne doutoit pas que je ne le rétablisse dans sa charge, et que je ne le fisse duc et pair en cette occasion. Ce fut toutefois ce M. de Montrésor même qui troubla toute la fête, et qui la troubla sans aucun intérêt, et par un pur travers d'esprit. Un soir que nous étions tous ensemble chez moi auprès du feu, Joly, qui y étoit présent, à propos de je ne sais quoi qui se rencontra dans le cours de la conversation, dit qu'il avoit reçu une lettre de Caumartin. Il la lut, et cette lettre portoit même avec force ce que je viens de vous dire de ses sentimens. Je remarquai que Montrésor, qui ne l'aimoit pas d'inclination, fit une mine de mystère mêlée de chagrin; et comme je connoissois extrêmement ses manières et son humeur, je jetai quelques paroles pour l'obliger à s'expliquer. Il n'y eut pas de peine : car il s'écria tout d'un coup, même en jurant: « Nous ne sommes pas des gens à manger des pois « au veau : schelme qui dira que Son Eminence se « doive et puisse accommoder avec honneur, sans « y faire trouver à ses amis leurs avantages! Qui le « dira les y voudra trouver pour lui seul. » Ces paroles, jointes à un chagrin que je lui avois vu depuis quelques jours contre la palatine, me firent voir « qu'il « croyoit que Caumartin, qui étoit son ami particu- « lier, eût ménagé quelque chose avec elle pour son « profit à l'insu des autres. » Je fis tout mon possible pour l'en détromper : je n'y réussis pas. Il réussit mieux à tromper les autres; car il jeta le même soupçon dans l'esprit de M. Brissac, qui étoit un homme de cire, et plus susceptible qu'aucun que j'aie jamais connu des premières impressions. M. de Brissac réveilla là-dessus madame de Lesdiguières, qui l'aimoit de tout son cœur dans ce temps-là. On ne manque jamais, quand on est dans ces sortes d'indispositions, à les fortifier de toutes les idées qui peuvent faire croire que les partis qui sont contraires à celui que l'on craint que l'on ne prenne sont non-seulement possibles, mais aisés. Cette imagination se glisse dans tous les esprits, elle coule jusqu'aux subalternes; l'on s'en parle à l'oreille; ce secret ne produit au commencement qu'un petit murmure : ce murmure devient un bruit qui fait trois ou quatre effets pernicieux, et à l'égard de son propre parti, et à l'égard de celui même auquel on a affaire. Voilà justement ce qui m'arriva; et je fus étonné que tous mes amis se partagèrent sur ce que je ferois ou ne ferois pas, sur ce que je pouvois ou ne pouvois pas, et que la cour me regarda comme un homme qui prétendoit ou partager le ministère, ou en faire acheter bien chèrement l'abdication. Je connus, je sentis le péril et l'inconvénient de ce poste : je me résolus d'en courir les risques, et je m'y résolus par ce même principe qui m'a fait toute ma vie prendre trop sur moi. Il n'y a rien de plus mauvais, selon les maximes de la politique. Le monde ne nous en a, le plus souvent, aucune obligation. Les bonnes intentions se doivent moins outrer que quoi que ce soit. Je me suis très-mal trouvé de n'avoir pas observé cette règle, et dans les grandes affaires, et dans les domestiques : mais il faut avouer que nous ne nous corrigeons guère de ce qui flatte notre morale et notre inclination ensemble. Je n'ai guère pu me repentir de cette conduite, quoiqu'elle m'ait coûté ma prison et toutes les suites de ma prison, qui n'ont pas été médiocres. Si j'eusse suivi le contraire; si j'eusse accepté les offres de M. Servien; si je me fusse tiré d'embarras, j'aurois évité tous les malheurs qui m'ont presque accablé. Je n'aurois pu me défendre d'abord de celui qui est inévitable à tous ceux qui sont à la tête des grandes affaires, et qui en sortent sans faire trouver des avantages à ceux qui y sont engagés avec eux. Le temps auroit assoupi ces plaintes, que la fortune même auroit pu tourner par de bons événemens en ma faveur. Je conçois fort bien ces vérités, mais je ne les regrette pas, et je me suis satisfait moi-même en me conduisant autrement. Et comme, à la réserve de la religion et de la bonne foi, tout doit être, à mon opinion, égal aux hommes, je crois que je puis raisonnablement être content de ce que j'ai fait. Je refusai donc les propositions de M. Servien, qui étoient que le Roi me donnoit la surintendance de ses affaires en Italie, avec cinquante mille écus de pension; que l'on paieroit jusqu'à la somme de cent mille écus de mes dettes, et que l'on me délivreroit comptant celle de cinquante mille pour mon ameublement; que je demeurerois trois ans à Rome, après lesquels il me seroit loisible de venir faire à Paris mes fonctions. Je ne rebutai pourtant pas M. Servien de but en blanc : j'en usai toujours honnêtement avec lui. Il me vit chez moi, je lui rendis sa visite : nous négociâmes; mais il jugea bien que je ne voulois rien conclure, parce qu'il n'entroit en rien de ce qui concernoit les intérêts de mes amis, quoique je l'eusse tâté sur ce chef, auquel dans le fond il étoit contraire. Madame la palatine, à laquelle j'avois beaucoup plus de confiance, n'étoit pas au commencement tout-à-fait persuadée que l'on ne pût rien faire pour eux. Elle s'aperçut même de pis, et que les mauvais offices de Servien et de l'abbé Fouquet alloient à plus qu'à rompre mes négociations. Elle m'en avertit, et me déclara même qu'elle ne vouloit plus se trouver chez Joly, où elle avoit accoutumé de me venir trouver en chaise par une porte de derrière, entre dix et onze heures du soir. Elle me fit connoître qu'il y avoit du péril pour moi en ces conférences secrètes, et elle me dit naturellement que je devois conclure, ou que je devois traiter avec le cardinal ; parce que tous les subalternes, l'un par un principe, l'autre par un autre, m'étoient contraires. Madame de Lesdiguières me donnoit avis que je n'avois qu'à faire bonne mine, qu'à demeurer chez moi ; que le cardinal, qui s'amusoit sur la frontière à vétiller proprement dans l'armée de M. de Turenne, où vous pouvez vous imaginer qu'il n'étoit pas fort nécessaire ; que le cardinal, dis-je, qui mouroit d'impatience de revenir à Paris, et qui n'osoit y entrer tant que j'y serois, me feroit un pont d'or pour en sortir, et qu'il m'accorderoit tout ce que je lui demanderois. M. le premier président fit à madame de Lesdiguières un discours de la même nature, en lui disant qu'il savoit que l'on brûloit d'envie de s'accommoder avec moi ; et je me souviens que Joly me disoit alors à l'oreille : « Encore une contusion ! » C'en étoit une effectivement : car quoique tous ces bruits ne me persuadassent pas, ils me retenoient, ils m'empêchoient de conclure, et ils m'obligèrent à la fin à croire madame la palatine, et à traiter avec M. le cardinal. J'écrivis à M. de Châlons que je le priois de l'aller trouver, de lui expliquer nettement mes pensées, et d'en tirer pour M. de Brissac en récompense le gouvernement d'Anjou, et quelques postes aussi pour messieurs de Montmorency, d'Argenteuil, de Châteaubriand, etc. Il n'y eut pas une ombre de difficulté à l'égard de ces derniers, et je suis persuadé qu'il n'y en eût eu guère davantage pour M. de Brissac. Langlade, qui passa en ce temps-là à Châlons, retarda le voyage de M. de Châlons sans y penser, en lui disant que M. le cardinal devoit être en un tel lieu un tel jour. Ce délai causa ma prison, parce que Servien et l'abbé Fouquet la précipitèrent, en faisant voir à la Reine qu'il y avoit trop de péril à demeurer en l'état où l'on étoit. Ils lui disoient sans cesse que je continuois à ménager et à échauffer les rentiers, à cabaler dans les colonelles, etc. Il arriva un incident, le 13 novembre, qui contribua infiniment à aigrir la cour. Le Roi tint son lit de justice au parlement, pour y faire enregistrer une déclaration par laquelle il déclaroit M. le prince criminel de lèse-majesté; et il m'envoya la veille Saintot, lieutenant des cérémonies, pour me commander de sa part de m'y trouver. Je répondis à Saintot que je suppliois très-humblement Sa Majesté de me permettre de lui représenter que je croyois qu'il ne seroit ni de la justice ni de la bienséance qu'en l'état où j'étois avec M. le prince, je donnasse ma voix dans une délibération dans laquelle il s'agissoit de le condamner. Saintot me repartit que quelqu'un ayant prévu en présence de la Reine que je m'en excuserois par cette raison, elle avoit répondu qu'elle ne valoit rien; et que M. de Guise, qui devoit sa liberté aux instances de M. le prince, s'y trouvoit bien. Sur quoi je dis à Saintot que si j'étois de la profession de M. de Guise, j'aurois une extrême joie de pouvoir l'imiter dans les belles actions qu'il venoit de faire à Naples. Vous ne sauriez vous imaginer à quel point la Reine s'emporta contre mon excuse. On la lui expliqua, comme un indice convaincant des ménagemens que j'avois pour M. le prince : et ce que je ne faisois dans le vrai que par un pur principe d'honnêteté, à laquelle je suis encore persuadé que j'étois obligé, passa dans son esprit pour une conviction des mesures que j'avois prises avec lui, ou que j'allois prendre. Rien n'étoit plus faux, mais rien n'étoit plus cru; et il le fut au point que la Reine se résolut de jouer à quitte ou à double, et de me faire périr.

Touteville, capitaine aux gardes, l'un des satellites de l'abbé Fouquet, loua une maison assez proche de celle de madame de Pommereux, dans laquelle il pût poster des gens pour m'attaquer. Du Fay, officier dans l'artillerie, et l'un de ces ridicules conjurés du Palais-Royal, fit des tentatives auprès de Pean, qui étoit à cette heure-là mon contrôleur, et que vous avez vu depuis mon maître d'hôtel, pour l'obliger à lui donner avis des heures nocturnes dans lesquelles l'on croyoit que je sortois. Pradelle eut un ordre, signé de la main du Roi, de m'attaquer dans les rues, et de me prendre mort ou vif. Celui qui fut donné au maréchal de Vitry, lorsqu'il tua le maréchal d'Ancre, n'étoit pas plus précis. Je n'ai su celui de Pradelle que depuis mon retour en France des pays étrangers, par le moyen de M. l'archevêque de Reims, qui dit, il y a deux ou trois ans, à messieurs de Châlons et de Caumartin, qu'il l'avoit vu en original. J'eus quelque vent, dans le temps même, du dessein de Touteville; et je ne le considérois que comme une vision d'un écervelé qui se plaignoit de moi, parce que j'avois servi contre lui un de mes amis, pour la recherche d'une certaine madame Darmet. Je devois au

moins faire plus de réflexion sur les offres que Du Fay
avoit faites à mon contrôleur ; mais je ne les regardai
que comme des inquiétudes des subalternes, qui faisoient espionner mes actions. M. de Brissac me dit un
jour qu'il seroit bon que je prisse garde à moi avec
plus de précaution; qu'on lui donnoit avis de tous
les côtés; et qu'il venoit même de recevoir un billet
par lequel celui qui l'écrivoit, sans se nommer, le
conjuroit de faire en sorte que je n'allasse pas ce jour-
là à Rambouillet, où l'on avoit pris fantaisie de se
promener, quoique l'on fût bien avant dans le mois
de novembre. Je ne doutai point que ce billet ne
vînt de quelqu'un de la cour, qui avoit eu la curiosité de sonder et mon cœur et mes forces. J'y allai
avec deux cents gentilshommes, et j'y trouvai un fort
grand nombre d'officiers des gardes, et entre autres
Rubantel, affidé confident de l'abbé Fouquet. Je ne
sais s'ils avoient dessein de m'attaquer; mais je sais
bien que je n'étois pas en état d'être attaqué. Ils me
saluèrent avec de profondes révérences ; j'entrai en
conversation avec quelques-uns d'eux que je connoissois, et je revins chez moi, tout aussi satisfait de
ma personne que si je n'eusse pas fait une sottise.
C'en étoit une effectivement, qui n'étoit bonne qu'à
aigrir la cour de plus en plus contre moi. On se pique,
on s'emporte ; et, dans la passion, il est très-difficile
de conserver une conduite qui ne déborde pas. Voici
en quoi la mienne ne fut pas juste :

Je faisois état de prêcher au moins les dimanches
et les fêtes de l'avent dans les plus grandes églises de
Paris, et je commençai le jour de la Toussaint à Saint-
Germain, paroisse du Roi. Leurs Majestés me firent

l'honneur d'assister au sermon, et je les en allai remercier le lendemain. Comme depuis ce temps-là les avis que l'on me donnoit de toutes parts se multiplièrent, je n'allai plus au Louvre : en quoi, à mon sens, je fis une faute ; car je crois que cette circonstance détermina plus la Reine à me faire arrêter, que toutes autres. Je dis seulement que je le crois, parce que, pour le bien savoir, il seroit nécessaire de savoir au préalable si M. le cardinal Mazarin avoit ordonné que l'on m'arrêtât; ou si simplement il l'approuva, quand il vit qu'on y avoit réussi. Je ne le sais pas précisément, les gens de la cour m'en ayant parlé depuis fort différemment. Lyonne m'a toujours assuré le second ; et quelque autre, dont je ne me souviens pas, m'a assuré qu'il avoit ouï le contraire de M. Le Tellier. Ce qui est constant, c'est que, sans une circonstance que vous allez voir, je n'eusse pas été au Louvre : je me fusse tenu sur mes gardes; et que, nonobstant les ordres de M. de Pradelle, j'eusse apparemment embarrassé le théâtre, au moins assez long-temps pour attendre des nouvelles de M. le cardinal Mazarin. Tout le monde me le conseilloit ; et je me souviens que M. d'Hacqueville (1) me dit un soir avec colère : « Vous avez bien gardé votre maison « trois semaines pour M. le prince : est-il possible « que vous ne la puissiez garder trois jours pour le « Roi ? »

Voici ce qui m'en empêcha. Madame de Lesdi-

---

(1) *M. d'Hacqueville :* Il fut par la suite l'ami et le confident de madame de Sévigné. Il étoit d'une activité extraordinaire, et sembloit se multiplier pour servir ceux qu'il aimoit. Madame de Sévigné l'appeloit *les d'Hacqueville, l'ami inépuisable.*

guières, que j'avois sujet de croire très-bien avertie,
et qui l'étoit en effet très-bien d'ordinaire, me pressa
extrêmement d'aller au Louvre, en me disant que si
j'y pouvois aller en sûreté, il falloit que je convinsse
que ce seroit beaucoup le meilleur pour moi, par la
raison de la bienséance, etc. Je convins de la proposition, mais je ne convins pas de la sûreté. « N'y a-
« t-il que cette considération qui vous empêche? re-
« prit-elle. — Non, lui répondis-je. — Allez-y donc
« demain, me dit-elle, car nous savons le dessous
« des cartes. » Ce dessous des cartes étoit qu'on avoit
tenu un conseil secret, dans lequel, après de grandes
contestations, il avoit été résolu qu'on s'accommode-
roit avec moi, et qu'on me donneroit même satisfaction pour mes amis. Je suis très-assuré que madame
de Lesdiguières ne me trompoit pas ; je ne le suis pas
moins que M. le maréchal ne trompoit point madame
de Lesdiguières. Il fut trompé lui-même ; et, par cette
raison, je ne lui en ai jamais voulu parler. J'allai
ainsi au Louvre le 19 décembre 1652, et je fus arrêté
dans l'antichambre de la Reine par M. de Villequier,
qui étoit capitaine des gardes de quartier. Il s'en
fallut très-peu que M. d'Hacqueville ne me sauvât.
Comme j'entrai dans le Louvre, il se promenoit dans
la cour ; il me joignit à la descente de mon carrosse,
et il vint avec moi chez madame la maréchale de Villeroy, où j'allai attendre qu'il fût jour chez le Roi. Il
m'y quitta pour aller en haut, où il trouva Montmège,
qui lui dit que tout le monde disoit que j'allois être
arrêté. Il descendit en diligence pour m'en avertir,
et pour me faire sortir par la cour des cuisines, qui
répondoit justement à l'appartement de madame de

Villeroy. Il ne m'y trouva plus; mais il ne m'y manqua que d'un moment, et ce moment m'eût infailliblement donné la liberté. J'en ai la même obligation à M. d'Hacqueville; mais je suis assuré que de l'humeur et de la cordialité dont il est, il n'en eut pas la même joie. M. de Villequier me mena dans un appartement, où les officiers de la bouche m'apportèrent à dîner. On trouva très-mauvais à la cour que j'eusse bien mangé : tant l'iniquité et la lâcheté des courtisans est extrême. Je ne trouvai pas bon que l'on m'eût fait retourner mes poches, comme on fait aux coupeurs de bourse. M. de Villequier eut ordre de faire cette cérémonie, qui n'étoit pas ordinaire. On n'y trouva qu'une lettre du roi d'Angleterre, qui me chargeoit de tenter, du côté de Rome, si l'on ne pourroit pas lui donner quelque assistance d'argent. Ce nom de lettre du roi d'Angleterre se répandit dans la basse-cour : il fut relevé par un homme de qualité, au nom duquel je me crois obligé de faire grâce, à la considération de l'un de ses frères, qui est de mes amis. Il crut faire sa cour de le gloser d'une manière qui fut odieuse; il sema le bruit que cette lettre étoit du Protecteur. Quelle bassesse! On me fit passer, sur les trois heures, toute la grande galerie du Louvre, et l'on me fit descendre par le pavillon de Madame. Je trouvai un carrosse du Roi, dans lequel M. de Villequier monta avec moi, et cinq ou six officiers des gardes du corps. Le carrosse fit douze ou quinze pas du côté de la ville; mais il retourna tout d'un coup à la porte de la conférence. Il étoit escorté par M. le maréchal d'Albret, à la tête des gendarmes; par M. de La Vauguyon, à la tête des chevau-légers; et par

M. de Vennes, lieutenant colonel du régiment des Gardes, qui y commandoit huit compagnies. Comme on vouloit gagner la porte Saint-Antoine, il y en avoit deux ou trois autres devant lesquelles il falloit passer. Il y avoit à chacune un bataillon de Suisses, qui avoient les piques baissées vers la ville. Voilà bien des précautions, et des précautions bien inutiles. Rien ne branla dans la ville ; la douleur et la consternation y parurent : mais elles n'allèrent pas jusqu'au mouvement, soit que l'abattement du peuple fût en effet trop grand, soit que ceux qui étoient bien intentionnés pour moi perdissent le courage, ne voyant personne à leur tête. On m'en a parlé depuis diversement. Le Houx, boucher, mais homme de crédit dans le peuple, et de bon sens, m'a dit que toute la boucherie de la place aux Veaux fut sur le point de prendre les armes ; et que si M. de Brissac ne lui eût dit que l'on me feroit tuer si on les prenoit, il eût fait les barricades dans ce quartier-là avec toute sorte de facilité. L'Espinal m'a confirmé la même chose de la rue Montmartre. Il me semble que M. le marquis de Château-Renaud, qui se donna bien du mouvement ce jour-là pour émouvoir le peuple, m'a dit qu'il n'y avoit pas trouvé jour : et je sais bien que Malclerc, qui courut pour le même dessein les ponts de Notre-Dame et de Saint-Michel, qui étoient fort à moi, y trouva les femmes en larmes, mais les hommes dans l'inaction et la frayeur. Personne au monde ne peut juger de ce qui fût arrivé, s'il y avoit eu une épée tirée. Quand il n'y en a point de tirée dans ces rencontres, tout le monde juge qu'il n'y pourroit rien avoir ; et s'il n'y eût point eu de barricades à la prise

15.

de M. de Broussel, l'on se seroit moqué de ceux qui auroient cru qu'elles eussent été seulement possibles. J'arrivai à Vincennes entre huit et neuf heures du soir; et M. le maréchal d'Albret m'ayant demandé, à la descente du carrosse, si je n'avois rien à faire savoir au Roi, je lui répondis que je croirois manquer au respect que je lui devois si je prenois cette liberté.

On me mena dans une grande chambre où il n'y avoit ni tapisserie ni lit; celui que l'on y apporta sur les onze heures du soir étoit de taffetas de la Chine, peu propre pour un ameublement d'hiver. Je dormis très-bien : ce que l'on ne doit pas attribuer à la fermeté, parce que le malheur fait naturellement cet effet en moi. J'ai éprouvé en plus d'une occasion qu'il m'éveille le jour, et qu'il m'assoupit la nuit. Ce n'est pas force d'esprit, et je l'ai connu après que je me suis bien examiné moi-même; parce que j'ai senti que ce sommeil ne vient que de l'abattement où je suis, dans les momens où la réflexion que je fais sur ce qui me chagrine n'est pas divertie par les efforts que je fais pour m'en garantir. Je trouve une satisfaction sensible à me développer, pour ainsi parler, moi-même, et à vous rendre compte des mouvemens les plus cachés et les plus intérieurs de mon ame.

Je fus obligé de me lever le lendemain sans feu, parce qu'il n'y avoit point de bois pour en faire; et les trois exempts que l'on avoit mis auprès de moi eurent la bonté de m'assurer que je n'en manquerois pas le lendemain. Celui qui demeura seul à ma garde le prit pour lui; et je fus quinze jours, à Noël, dans une chambre grande comme une église, sans me chauffer. Cet exempt s'appeloit Croisat; il étoit Gascon, et il avoit été, au moins à ce que l'on disoit, valet de chambre de M. Servien. Je ne crois pas qu'on eût pu trouver encore sous le ciel un autre homme fait comme celui-là. Il me vola mon linge, mes habits, mes souliers; et j'étois quelquefois obligé de demeurer huit ou dix jours dans le lit, faute d'avoir de quoi m'habiller. Je ne crus pas que l'on me pût faire un traitement pareil sans un ordre supérieur, et sans un dessein formé de me faire mourir de chagrin. Je m'armai contre ce dessein, et je me résolus au moins de ne point mourir de cette sorte de mort. Je me divertis au commencement à faire la vie de mon exempt, qui, sans exagération, étoit aussi fripon que Lazarille de Tormes et que Buscon. Enfin je l'accoutumai à ne me plus tourmenter, à force de lui faire connoître que je ne me tourmentois de rien. Je ne lui témoignai jamais aucun chagrin, je ne me plaignis de quoi que ce soit; et je ne lui laissai pas seulement voir que je m'aperçusse de ce qu'il disoit pour me fâcher, quoiqu'il ne proférât pas un mot qui ne fût à cette intention. Il fit travailler à un petit jardin de deux ou trois toises qui étoit dans la cour du donjon; et comme je lui demandois ce qu'il en prétendoit faire, il me répondit que son dessein étoit d'y planter des asperges. Vous remarquerez qu'elles ne viennent qu'au bout de trois ans. Voilà une de ses plus grandes douceurs: il en avoit tous les jours une vingtaine de cette force. Je les avalois toutes avec douceur, et cette douceur l'effarouchoit, parce qu'il disoit que je me moquois de lui.

Les instances du chapitre et des curés de Paris, qui firent pour moi tout ce qui étoit en leur pouvoir, quoi que mon oncle, qui étoit le plus foible des hommes, et jaloux de moi jusqu'au ridicule, ne les appuyât que très-mollement; leurs instances, dis-je, obligèrent la cour à s'expliquer des causes de ma prison par la bouche de M. le chancelier, qui, en la présence du Roi et de la Reine, dit à tous ces corps que Sa Majesté ne m'avoit fait arrêter que pour mon propre bien, et pour m'empêcher d'exécuter ce que l'on avoit sujet de croire que j'avois dans l'esprit. M. le chancelier m'a dit, depuis mon retour en France, que ce fut lui qui fit trouver bon à la Reine qu'il donnât ce tour à son discours, sous prétexte d'éluder plus spécieusement la demande que faisoit l'Eglise de Paris en corps, ou que l'on me fît mon procès, ou que l'on me rendît la liberté; et il ajoutoit que son véritable dessein avoit été de me servir, en faisant que la cour avouât ainsi mon innocence, au moins pour les faits passés.

Il est vrai que mes amis prirent un grand avantage de cette réponse, qui fut relevée de toutes ses couleurs en deux ou trois libelles très-spirituels. M. de Caumartin fit, dans cette occasion et dans les suivantes, tout ce que l'amitié la plus véritable et tout ce que l'honneur le plus épuré peuvent produire. M. d'Hacqueville y redoubla ses soins et son zèle pour moi. Le chapitre de Notre-Dame fit tous les jours chanter une antienne publique et expresse pour ma liberté; aucun des curés ne me manqua, à la réserve de celui de Saint-Barthelemy. La Sorbonne se signala : il y eut même beaucoup de religieux qui se signalèrent et se déclarèrent. M. de Châlons échauffoit les cœurs et les esprits, et par sa réputation et par son exemple. Ce soulèvement obligea la cour à me traiter un peu mieux que dans le commencement. On me donna des livres, mais par compte, et sans papier ni encre, et l'on m'accorda un valet de chambre et un médecin : à propos de quoi je suis bien aise de ne pas omettre une circonstance qui est remarquable. Ce médecin, qui étoit homme de mérite et de réputation dans sa profession, et qui s'appeloit Vacherot, me dit, le jour qu'il entra à Vincennes, que M. de Caumartin l'avoit chargé de me dire que Goiset, avocat qui avoit prédit la liberté de M. de Beaufort, l'avoit assuré que j'aurois la mienne dans le mois de mars ; mais qu'elle seroit imparfaite, et que je ne l'aurois entière et pleine qu'au mois d'août. Vous verrez par la suite que le présage fut juste.

Je m'occupai fort à l'étude dans tout le cours de ma prison de Vincennes, qui dura quinze mois, et au point que les jours ne me suffisoient point, et que j'y employois même les nuits. Je fis une étude particulière de la langue latine, qui me fit connoître que l'on ne peut jamais trop s'y appliquer, parce que c'est une étude qui comprend toutes les autres ; je travaillai sur la grecque, et sur la neuvième décade de Tite-Live, que j'avois fort aimée autrefois, et à laquelle je retrouvai encore un nouveau goût. Je composai, à l'imitation de Boëce, une *Consolation de la Théologie,* par laquelle je prouvois que tout homme qui est prisonnier doit essayer d'être le *vinctus in Christo* dont parle saint Paul. Je ramassai, dans une manière de *silva,* beaucoup de matières différentes, et entre autres une application, à l'usage de l'Eglise de Paris, de ce qui étoit contenu dans le livre des Actes de celle de Milan, et j'intitulai cet ouvrage : *Partus Vincen-*

narum (1). Mon exempt n'oublioit rien pour troubler la tranquillité de mes études, et pour tenter de me donner du chagrin. Il me dit un jour que le Roi lui avoit commandé de me faire prendre l'air, et de me mener sur le haut du donjon. Comme il crut que j'y avois du divertissement, il m'annonça, avec une joie qui paroissoit dans ses yeux, qu'il avoit reçu un contre-ordre. Je lui répondis qu'il étoit venu tout à propos, parce que l'air, qui étoit trop vif au dessus du donjon, m'avoit fait mal à la tête. Quatre jours après il me proposa de descendre au jeu de paume pour y voir jouer mes gardes. Je le priai de m'en dispenser, parce qu'il me sembloit que l'air y devoit être trop subtil; mais il m'y força en me disant que le Roi, qui avoit plus de soin de ma santé que je ne croyois, lui avoit commandé de me faire faire exercice. Il me pria ensuite de l'excuser de ce qu'il ne m'y faisoit plus descendre, « pour quelques considérations, ajouta-t-il, « que je ne vous puis dire. » A la vérité, je m'étois mis assez au dessus de toutes ces chicaneries, qui ne me touchoient point dans le fond, et pour lesquelles je n'avois que du mépris; mais je vous confesse que je n'avois pas la même supériorité d'ame pour la substance de la prison, si l'on peut se servir de ce terme : et la vue de me trouver tous les matins en me réveillant entre les mains de mes ennemis me faisoit sentir que je n'étois rien moins que stoïque. Ame qui vive ne s'aperçut de mon chagrin; mais il fut extrême par cette unique raison. C'est un effet de l'orgueil

---

(1) *Partus Vincennarum* : Joly, dans ses Mémoires, prétend que le cardinal avoit donné ce titre au commencement d'une histoire latine de sa vie, écrite dans sa prison de Vincennes.

humain; et je me souviens que je me disois vingt fois le jour à moi-même que la prison d'Etat étoit la plus sensible de toutes sans exception.

Vous avez déjà vu que je divertissois mon ennui par mon étude : j'y joignis quelquefois du relâchement. J'avois des lapins sur le haut du donjon ; j'avois des tourterelles dans une des tourelles ; j'avois des pigeons dans l'autre. Les continuelles instances de l'Eglise de Paris faisoient que l'on m'accordoit de temps en temps ces petits divertissemens ; mais on les troubloit toujours par mille chicanes. Ils ne laissoient pas de m'amuser ; et d'autant plus agréablement, que je les avois aussi prévus mille fois, en faisant réflexion à quoi je pourrois m'occuper, si jamais j'étois arrêté. Je ne m'occupois pourtant pas si fort à ces diversions, que je ne songeasse avec une extrême application à me sauver ; et le commerce que j'eus toujours au dehors et sans discontinuation me donnoit lieu d'y pouvoir penser, et avec espérance et avec fruit.

Le neuvième jour de ma prison, un garde appelé Carpentier s'approcha de moi comme son camarade dormoit (il y en avoit toujours un d'eux qui me gardoit à vue, et même la nuit), et il me mit un billet dans la main, que je reconnus d'abord pour être de celle de madame de Pommereux ; il n'y avoit dans ce billet que ces paroles : « Faites-moi réponse, fiez-« vous au porteur. » Ce porteur me donna un crayon et un petit morceau de papier, dans lequel j'assurai la réception du billet. Madame de Pommereux avoit trouvé habitude avec la femme de ce garde, et elle lui avoit donné cinq cents écus pour ce premier billet. Le mari étoit accoutumé à cette manière de trafic, et il n'avoit pas été inutile à la liberté de M. de Beaufort. Il est mort, lui et toute sa famille ; et j'en parle par cette considération plus librement. Comme tout ce qui est écrit peut être vu par des accidens imprévus, permettez-moi de ne point entrer dans le détail de tous les autres commerces que j'eus après celui-là, et dans lesquels il faudroit nommer des gens qui vivent encore. Il suffit que je vous dise que nonobstant le changement de trois exempts et de vingt-quatre gardes du corps qui se succédèrent pendant le cours de quinze mois les uns aux autres, mon commerce ne fut jamais interrompu.

Madame de Pommereux et messieurs de Caumartin et d'Hacqueville m'écrivoient réglément deux fois la semaine. Voici les différentes matières de ce commerce : elles tendoient toutes à ma liberté ; la voie la plus courte étoit celle de se sauver de prison. Je fis deux entreprises, dont l'une me fut suggérée par mon médecin, qui étoit homme de mathématiques. Il eut la pensée de limer la barre qui étoit à la grille d'une petite fenêtre qui étoit dans la chapelle où j'entendois la messe, et d'y attacher une espèce de machine avec laquelle je fusse, à la vérité, descendu assez facilement du troisième étage du donjon ; mais comme ce n'eût été que la moitié du chemin fait, et qu'il eût fallu remonter l'enceinte, de laquelle d'ailleurs l'on n'auroit pu redescendre, il quitta cette pensée, qui étoit en effet impraticable ; et nous nous réduisîmes à une autre, qui ne manqua que parce qu'il ne plut pas à la Providence de la faire réussir. J'avois remarqué, dans le temps qu'on me menoit sur la tour, qu'il y avoit tout au haut un creux dont je n'ai jamais pu deviner l'usage. Il étoit plein à demi, mais l'on pouvoit y descendre et s'y cacher. Je pris sur cela la pensée de choisir le temps que mes gardes seroient allés dîner, et que Carpentier seroit de jour; et d'enivrer son camarade, qui étoit un vieillard appelé Tourville. Il tomboit comme mort dès qu'il avoit bu deux verres de vin : ce que Carpentier avoit éprouvé plus d'une fois. Je me servis de ce moment pour monter au haut de la tour sans que l'on s'en aperçût, et pour me cacher dans le trou dont je viens de vous parler, avec quelques pains et quelques bouteilles d'eau et de vin. Carpentier convenoit de la possibilité et même de la facilité de ce premier pas, qui en effet étoit d'autant plus aisé que les deux gardes qui le devoient relever, lui et son camarade, avoient toujours eu l'honnêteté de ne pas entrer dans ma chambre, et de demeurer à la porte jusqu'à ce qu'ils pussent juger que j'étois éveillé : car je m'étois accoutumé à dormir l'après-dînée, ou même à faire semblant de dormir. Carpentier devoit donc attacher deux cordes à la fenêtre de la galerie par laquelle M. de Beaufort s'étoit sauvé, et jeter dans le fossé une machine de tissu que M. Vacherot avoit travaillée la nuit dans sa chambre, par le moyen de laquelle on eût pu croire que je me fusse élevé au dessus de la petite muraille qu'on y avoit faite depuis la sortie de M. de Beaufort. Il devoit en même temps donner l'alarme, comme s'il m'avoit vu passer dans la galerie; et montrer son épée teinte de sang, comme si même il m'eût blessé en me poursuivant. Toute la garde fût accourue au bruit; l'on eût trouvé les cordes à la fenêtre; on eût vu la machine et du sang dans le fossé ; huit ou dix cavaliers eussent paru le pistolet à la main dans le bois, comme pour me recevoir. Il y en eût eu un qui fût sorti des portes avec une calotte rouge sur la tête. Ils se seroient séparés, et celui qui auroit eu la calotte rouge auroit tiré du côté de Mézières. On eût tiré le canon de Mézières trois ou quatre jours après, comme si je fusse effectivement arrivé. Qui eût pu s'imaginer que j'eusse été dans ce trou ? On n'eût pas manqué de lever la garde du bois de Vincennes, et de n'y laisser que des mortes-paies ordinaires, qui eussent fait voir pour deux sous à tout Paris et la fenêtre et les cordes, comme ils firent celles de M. de Beaufort. Mes amis y fussent venus par curiosité, comme tous les autres ; ils m'eussent habillé en femme, en moine, comme il vous plaira ; et j'en fusse sorti sans qu'il y eût eu seulement ombre de soupçon. Je ne crois pas qu'il y eût eu rien au monde de plus ridicule pour la cour, si elle eût été attrapée en cette manière. Elle est si extraordinaire, qu'elle en paroît impossible : elle étoit pourtant facile, et je suis convaincu qu'elle auroit infailliblement réussi, si un garde appelé l'Escarmouche ne l'eût pas rompue par un incident que la pure fortune y jeta. On l'envoya à la place d'un autre qui tomba malade ; et comme c'étoit un homme dur, vieux et exact, il dit à l'exempt qu'il ne concevoit point comment il ne faisoit pas mettre une porte à l'entrée du petit escalier qui monte à la tour. Elle y fut mise le lendemain au matin, et ainsi mon entreprise se rompit. Ce même garde m'assura le soir en bonne amitié qu'il m'étrangleroit, s'il plaisoit à Sa Majesté de le lui commander.

. Je n'étois pas si attaché aux moyens de me tirer moi-même de la tour de Vincennes, que je ne pensasse aussi à ceux qui pouvoient obliger mes ennemis à m'en tirer. L'abbé Charier, qui partit pour Rome dès le lendemain que je fus arrêté, y trouva le pape Innocent irrité jusqu'à la fureur, et sur le point de lancer les foudres sur les auteurs d'une action sur laquelle les exemples des cardinaux de Guise et d'autres marquoient ses devoirs. Il s'en expliqua avec un très-grand ressentiment à l'ambassadeur de France. Il envoya M. Marini, archevêque d'Avignon, en qualité de nonce extraordinaire, pour ma liberté. Le Roi prit de son côté l'affaire avec hauteur : il défendit à monsignor Marini de passer à Lyon. Le Pape craignit d'exposer son autorité et celle de l'Eglise à la fureur d'un insensé. Il usa de ce mot en parlant à l'abbé Charier, et en lui ajoutant : « Donnez-moi une armée, et je vous donnerai un légat. » Il étoit difficile de lui donner cette armée ; mais il n'eût pas été impossible, si ceux qui étoient obligés d'être mes amis en cette occasion ne m'eussent pas manqué.

[1653] Vous avez vu dans le second volume de cet ouvrage que Mézières étoit dans mes intérêts par l'amitié que Bussy-Lameth avoit pour moi; et que Charleville et le Mont-Olympe y devoient être, parce que M. de Noirmoutier tenoit ces deux places de moi. Vous avez vu aussi que ce dernier m'avoit manqué, lorsque M. le cardinal Mazarin rentra en France. Il crut se justifier, en disant à tout le monde qu'il me serviroit envers tous et contre tous en ce qui me seroit personnel ; et comme il y a peu de chose qui le soit davantage que la prison, il se joignit publiquement avec Bussy-Lameth aussitôt que je fus arrêté; et ils écrivirent ensemble une lettre au cardinal, par laquelle ils lui déclaroient qu'ils ne pourroient s'empêcher de se porter à toutes sortes d'extrémités, si l'on me tenoit plus long-temps en prison. Ces places, qui sont inattaquables quand elles sont d'un même parti, étoient d'une extrême importance dans un temps où M. le prince, qui, dès la première nouvelle qu'il eut de ma détention, déclara qu'il feroit sans exception tout ce que mes amis souhaiteroient pour ma liberté; où M. le prince, dis-je, offrit à ces deux gouverneurs de faire marcher toutes les forces d'Espagne à leur secours; où Belle-Isle, dont M. de Retz étoit le maître, n'étoit pas à mépriser à cause de l'Angleterre, dont la France n'étoit nullement assurée en ce moment-là, et où Bordeaux et Brouage tenoient encore pour M. le prince. Beaucoup de gens sont persuadés qu'il y avoit de quoi former une affaire très-considérable, c'est-à-dire qu'il y avoit assez d'étoffe, et en ce que vous venez d'en voir, et en beaucoup de choses de cette nature: par exemple en la disposition du comte d'Autel qui étoit dans Béthune, et qui auroit assurément branlé pour moi s'il eût vu la partie bien faite. Le malheur fut qu'il n'y eut personne qui sût bien tailler cette étoffe. M. le duc de Retz avoit bonne intention, mais il n'étoit pas capable d'un grand dessein; et de plus sa femme et son beau-père le retenoient. M. de Brissac, qui avoit eu commandement de se retirer chez lui, ne savoit primer en rien. M. le duc de Noirmoutier eût été le plus entreprenant; mais il fut gagné d'abord par madame de Chevreuse et par Laigues, auxquels le cardinal (1) dit en termes exprès qu'ils lui répondroient des actions de leurs amis; et que s'ils tiroient un coup de pistolet, ils verroient l'un et l'autre ce qui leur en arriveroit. M. de Noirmoutier, qui n'avoit pas d'ailleurs, comme vous avez vu, trop d'amitié pour moi, se rendit aux instances de ses amis et à celles de sa femme, qui n'est pas une des meilleures de son sexe; et il donna parole (2) à la cour qu'il ne me donneroit que des apparences, et qu'il ne feroit rien en effet.

Il tint sa parole: il ne traversa en rien le siége de Stenay, que le Roi fit en ce temps-là; il éluda toutes les propositions de M. le prince, et il se contenta de parler et d'écrire toujours en ma faveur, et de tirer force coups de canon lorsque l'on buvoit à ma santé. Il eût eu pourtant peine à soutenir long-temps ce personnage, si Bussy-Lameth, qui avoit de l'esprit et de la décision, eût vécu. Celui-ci dit à Malclerc, qui y avoit été envoyé de la part de mes amis, ces propres mots: « Noirmoutier veut amuser le tapis; mais je « le ferai parler français, ou je lui surprendrai sa « place. » Le pauvre homme mourut d'apoplexie la nuit même. Le chevalier de Lameth, qui étoit le major dans la place, y étant demeuré le maître par cette mort, le vicomte son frère aîné s'y jeta, et il y demeura très-fidèlement dans mes intérêts. L'abbé de Lameth, leur cousin et le mien, et qui étoit mon

(1) *Le cardinal*: Ce ministre étoit rentré en triomphe à Paris le 3 février 1653. — (2) M. le maréchal de Villeroy donna avis de cet engagement avec la cour à madame de Lesdiguières, le quatorzième jour de ma prison. (A. E.)

maître de chambre, n'en bougea, et il m'y servit aussi avec tout le zèle possible; mais enfin une place ne pouvant rien sans l'autre, on n'agit point, et Mézières, Charleville et le Mont-Olympe furent pour moi, mais ne firent rien pour moi. Il ne laissa pas de m'en coûter une bonne somme de deniers, que M. de Retz prêta pour la subsistance de la garnison. J'en ai payé depuis et le capital et les intérêts.

 Vous jugez bien que tout ce détail, dont j'étois informé ponctuellement, n'étoit pas la moindre de mes occupations : mais cependant l'une de mes principales occupations dans ma prison étoit de cacher que j'en fusse informé; et je me souviens que M. de Pradelle, qui commandoit les compagnies des gardes suisses et françaises qui étoient dans le château, et qui avoit permission de me voir, aussi bien que M. de Maupeou de Noisy, qui étoit aussi capitaine aux gardes; je me souviens, dis-je, que M. de Pradelle me dit un jour qu'il étoit au désespoir d'être obligé de m'apprendre une nouvelle qui m'affligeroit, qui étoit la mort de M. de Bussy-Lameth. Quoique je le susse aussi bien que lui, j'en fis le surpris. Ce M. de Pradelle eut la bonté de me consoler, dans la même conversation, de l'appréhension que j'avois qu'on ne fît quelque chose à Mézières contre le service du Roi; et il m'assura que la place étoit entre les mains du commandant que Sa Majesté y avoit envoyé. Vous observerez, s'il vous plaît, que j'avois reçu un billet la veille du vicomte de Lameth, qui me marquoit qu'il en étoit le maître, et qu'il m'en rendroit bon compte. Je reçus toutefois pour bon ce qu'il plut à Pradelle de me dire sur cela, et la plupart des discours de cette nature que l'on fait aux prisonniers d'Etat : je dis la plupart, parce qu'il y en eut quelques-uns à l'égard desquels je ne pus agir ainsi. Par exemple, Pradelle, qui ne me parloit pour l'ordinaire que du beau temps et des choses qui étoient arrivées avant que j'eusse été arrêté, s'avisa un jour de m'annoncer l'heureux retour du cardinal Mazarin à Paris : il embellit son récit de tous les ornemens qu'il crut qui me pouvoient déplaire, et il exagéra même avec emphase la réception magnifique qui lui avoit été faite à l'hôtel-de-ville. Je la savois déjà, et que M. Vedeau l'avoit harangué avec une bassesse incroyable. Je répondis à M. de Pradelle que je n'en étois point surpris. Il reprit : « Et vous n'en serez pas même fâché, « monsieur, quand vous saurez l'honnêteté que M. le « cardinal a pour vous : il m'a commandé de vous « venir assurer de ses très-humbles services, et de « vous supplier de croire qu'il n'oubliera rien pour « vous servir. » Je ne fis pas semblant d'avoir pris garde à ce compliment, et je lui fis je ne sais quelle question sur un sujet qui n'avoit aucun rapport à celui-là. Il y revint ; et comme il me pressa de lui répondre, je lui dis que dès la première parole je lui aurois témoigné ma reconnoissance, si je n'étois persuadé que le respect qu'un prisonnier doit au Roi ne lui permet pas de s'expliquer de quoi que ce soit qui regarde sa liberté, que lorsqu'il a plu à Sa Majesté de la lui rendre. Il m'entendit : il m'exhorta à répondre à M. le cardinal plus obligeamment, mais il ne me persuada pas.

Les avis que le cardinal Mazarin avoit de Rome, et l'émotion des esprits, qui paroissoit et qui croissoit même en Poitou et à Paris, touchant ma prison, l'obligèrent à donner au moins quelques démonstrations touchant ma liberté; et il se servit, pour cet effet, de la crédulité de monsignor Bagni, nonce en France, homme de bien, et d'une naissance très-relevée, mais facile, et tout propre à être trompé. Il me l'envoya, accompagné de messieurs de Brienne et Le Tellier, pour me proposer ma liberté et de grands avantages, en cas que je voulusse donner ma démission de la coadjutorerie de Paris. Comme j'avois été averti par mes amis de cette démarche, je la reçus avec un discours très-étudié et très-ecclésiastique, qui fit même honte à monsignor Bagni, et qui lui attira ensuite une fort rude réprimande de Rome. Ce discours, qui m'avoit été envoyé par M. de Caumartin, et qui étoit fort beau et fort juste, fut imprimé dès le lendemain. La cour en fut touchée au vif: elle changea et mon exempt et mes gardes; mais ce changement n'altéra point du tout mon commerce.

Les instances du chapitre de Notre-Dame obligèrent la cour à permettre à un de son corps d'être auprès de moi; et l'on choisit pour cet endroit un chanoine de la famille de M. de Bragelonne, qui avoit été nourri au collége avec moi, et auquel même j'avois donné ma prébende. Il s'ennuya trop dans la prison, quoiqu'il s'y fût enfermé avec joie pour l'amour de moi. Il y tomba malade d'une profonde mélancolie. Je m'en aperçus, et je fis ce qui étoit en moi pour l'en faire sortir; mais il ne voulut jamais m'écouter sur cela. La fièvre double-tierce le saisit, et il se coupa la gorge avec un rasoir au quatrième accès. On eut l'honnêteté de me cacher le genre de sa mort dans tout le temps que je fus à Vincennes ; mais le tragique en fut commenté par mes amis, et ne diminua pas la pitié du peuple à mon égard. Cette pitié ne diminuoit point non plus les frayeurs de M. le cardinal : elles le portèrent jusqu'à prendre la pensée de me transférer à Amiens, à Brest, au Havre-de-Grâce. J'en fus averti ; je fis le malade. On envoya Vesou pour voir si effectivement je l'étois. On m'a parlé différemment de son rapport. Ce qui empêcha ma translation fut la mort de M. l'archevêque, qui émut à ce point tous les esprits, que la cour pensa plus à les adoucir qu'à les effaroucher. La manière dont je fus servi en ce rencontre a du prodige.

[1654] Mon oncle mourut (1) à quatre heures du matin : à cinq, l'on prit possession de l'archevêché en mon nom (2), avec une procuration de moi en très-bonne forme ; et M. Le Tellier, qui vint à cinq et un quart dans l'église pour s'y opposer de la part du Roi, y eut la satisfaction d'entendre que l'on fulminoit mes bulles dans le jubé. Tout ce qui est surprenant émeut les peuples. Cette scène l'étoit au dernier point, n'y ayant rien de plus extraordinaire que l'assemblage de toutes les formalités nécessaires à une action de cette nature, dans un temps où l'on ne croyoit pas qu'il fût possible d'en observer une seule. Les curés s'échauffèrent encore plus qu'à leur ordinaire : mes amis souffloient le feu ; les peuples ne voyoient plus leur archevêque ; le nonce, qui croyoit avoir été doublement joué par la cour, parloit fort haut et menaçoit de censures. Un petit-livre fut mis au jour, qui prou-

(1) *Mon oncle mourut* : Le 21 mars 1654. (A. E.) — (2) Ce fut Caumartin qui en fit prendre possession. (A. E.)

voit qu'il falloit fermer les églises. M. le cardinal eut peur ; et comme ses peurs alloient toujours à négocier, il négocia. Il n'ignoroit pas l'avantage que l'on trouve à négocier avec des gens qui ne sont point informés ; il croyoit la moitié du temps que j'étois de ce nombre : il le crut en celui-là, et il me fit jeter cent et cent vues de permutations, d'établissemens de gros clochers, de gouvernemens, de retours dans les bonnes grâces du Roi, de liaisons solides avec le ministre. Pradelle et mon exempt ne parloient du soir au matin que sur ce ton. On me donnoit bien plus de liberté qu'à l'ordinaire ; on ne pouvoit plus souffrir que je demeurasse dans ma chambre, pour peu qu'il fît beau sur le donjon. Je ne faisois pas semblant de faire seulement réflexion sur ces changemens, parce que je savois, par mes amis, le dessous des cartes. Ils me mandoient que je me tinsse couvert, et que je ne m'ouvrisse en façon du monde, parce qu'ils étoient informés, à n'en pouvoir douter, que quand l'on viendroit à fondre la cloche l'on ne trouveroit rien de solide ; et que la cour ne songeoit qu'à me faire expliquer sur la possibilité de ma démission, afin de refroidir et le clergé et le peuple. Je suivis ponctuellement l'instruction de mes amis ; et au point que M. de Noailles, capitaine des gardes en quartier, m'étant venu trouver de la part du Roi, et m'ayant fait un discours très-éloigné de ses manières et de son inclination honnête et douce (car le Mazarin l'obligea de me parler en aga des janissaires, beaucoup plus qu'en officier d'un roi chrétien), je le priai de trouver bon que je lui fisse ma réponse par écrit. Je ne me ressouviens pas des paroles : mais je sais bien qu'elles marquoient un souverain mépris pour les menaces et pour les promesses, et une résolution inviolable de ne point quitter l'archevêché de Paris.

Je reçus, dès le lendemain, une lettre de mes amis qui me marquoit l'effet admirable que ma réponse, qu'ils firent imprimer toute la nuit, avoit fait dans les esprits; et qui me donnoit avis que M. le président de Bellièvre devoit, le jour suivant, faire une seconde tentative. Il y vint effectivement, et il m'offrit, de la part du Roi, les abbayes de Saint-Lucien de Beauvais, de Saint-Médard de Soissons, de Saint-Germain d'Auxerre, de Barbeau, de Saint-Martin de Pontoise, de Saint-Aubin d'Angers, et d'Orcan, « pourvu, ajouta-t-il, que vous renonciez à l'archevê-
« ché de Paris, et que.... » Il s'arrêta à ce mot en me regardant, et en me disant : « Jusqu'ici je vous ai
« parlé comme ambassadeur de bonne foi; je vais
« commencer à me moquer du Sicilien, qui est assez
« sot pour m'employer à une proposition de cette
« sorte; et pourvu donc, continua-t-il, que vous don-
« niez douze de vos amis pour caution que vous rati-
« fierez votre démission dès le premier moment que
« vous serez en liberté. Ce n'est pas tout, ajouta-t-il :
« il faut que je sois de ces douze, qui seront mes-
« sieurs de Retz, de Brissac, de Montrésor, de Cau-
« martin, d'Hacqueville, etc. Ecoutez-moi, reprit-il
« tout d'un coup, et ne me répondez point, je vous
« supplie, que je ne vous aie parlé tant qu'il m'aura
« plu. La plupart de vos amis sont persuadés que
« vous n'avez qu'à tenir ferme, et que la cour vous
« donnera votre liberté, en se contentant de se dé-

« faire de vous, et de vous envoyer à Rome. Abus :
« elle veut *in ogni modo* votre démission. Quand je
« dis la cour, j'entends Mazarin : car la Reine est au
« désespoir que l'on pense seulement de vous donner
« la liberté. Le Tellier dit qu'il faut que le cardinal
« ait perdu le sens; l'abbé Fouquet est enragé, et
« Servien n'y consent que parce que les autres sont
« d'un avis contraire. Il faut donc supposer comme
« incontestable qu'il n'y a que le Mazarin qui veuille
« votre liberté, et qu'il ne la veut que parce qu'il
« croit qu'il se venge suffisamment en vous faisant
« perdre l'archevêché de Paris. C'est au moins l'ex-
« cuse qu'il prend; car dans le fond ce n'est pas ce
« qui le détermine : ce n'est que la peur qu'il a dans
« ce moment du nonce, du chapitre, des curés, du
« peuple : je dis, dans ce moment, de la mort de
« M. l'archevêque, qui tout au plus peut produire
« un soulèvement, qui, n'étant point appuyé, tom-
« bera à rien. Je soutiens de plus qu'il n'en produira
« point; que le nonce menacera, et ne fera rien; que
« le chapitre fera des remontrances, et qu'elles se-
« ront inutiles; que les curés prôneront, et qu'ils en
« demeureront là; que le peuple criera, et qu'il ne
« prendra point les armes. Je vois tout cela de près;
« et que ce qui en arrivera sera d'être transféré ou
« au Havre ou à Brest, et de demeurer entre les
« mains et à la disposition de vos ennemis, qui en
« useront dans les suites comme il leur plaira. Je sais
« bien que le Mazarin n'est pas sanguinaire : mais je
« tremble quand je pense que Noailles vous a dit que
« l'on étoit résolu d'aller vite, et de prendre les voies
« dont les autres États avoient donné tant d'exemples.

« Et ce qui me fait trembler, c'est la résolution qu'on
« a eue de parler ainsi. Les grandes ames disent quel-
« quefois, pour leurs fins, de ces sortes de choses sans
« les faire : les basses ont plus de peine à les dire qu'à
« les faire. Vous croyez que la conclusion que je veux
« tirer de ce que je viens de vous dire sera qu'il faut
« que vous donniez votre démission : nullement. Je
« suis venu ici pour vous dire que vous êtes désho-
« noré si vous donnez votre démission; que c'est en
« cette occasion où vous êtes obligé de remplir, au
« péril de votre vie et de votre liberté, que vous es-
« timez assurément plus que votre vie, la grande at-
« tente où tout le monde est sur votre sujet. Voici
« l'instant où vous devez plus que jamais mettre en
« pratique les apophthegmes dont nous vous avons
« tant fait la guerre. Je compte le fer et le poison pour
« rien; rien ne me touche que ce qui est dans moi; on
« meurt également partout. Voilà justement comme
« il faut répondre à ceux qui vous parleront de votre
« démission. Vous vous en êtes dignement acquitté
« jusqu'ici, et l'on auroit tort de s'en plaindre : je n'en
« aurois pas moins, si je prétendois vous obliger à
« changer de sentiment. Ce n'est pas ce que je vous
« demande : ce que je souhaite est que vous me di-
« siez bonnement si, en cas que vous puissiez avoir
« votre liberté pour une feuille de chêne, vous con-
« sentez à l'accepter. » Je souris à cette parole. « At-
« tendez, me dit-il ; je vais vous faire avouer que cela
« n'est pas impossible. Une démission de l'archevêché
« de Paris, datée du bois de Vincennes, est-elle bonne ?
« —Non, lui répondis-je; mais vous voyez aussi que
« l'on ne s'en contente pas, et que l'on veut des cau-

« tions pour la ratification. — Et si je vois jour, reprit
« le président, à ce que l'on ne vous demande plus de
« cautions, qu'en dites-vous ? — Je donnerai demain
« ma démission, lui répondis-je. » Il m'expliqua en
cet endroit tout ce qu'il avoit fait : il me dit qu'il ne
s'étoit jamais voulu charger d'aucunes propositions
jusqu'à ce qu'il eût connu clairement que l'intention
véritable du cardinal étoit de me donner la liberté, et
que sa disposition étoit pareillement de se relâcher des
conditions qu'il avoit demandées pour la sûreté de ma
démission ; qu'il n'y en avoit aucune qui ne lui fût
venue dans l'esprit ; que la première pensée avoit été
d'exiger une promesse par écrit du chapitre, des
curés et de la Sorbonne, qui s'engageassent à ne me
plus reconnoître, en cas que je refusasse de la ratifier
lorsque je serois en liberté ; que la seconde avoit été
de me faire mener au Louvre, d'y assembler tous les
corps ecclésiastiques de la ville, de m'obliger de
donner ma parole au Roi en leur présence. « Enfin
« il n'y a sorte de moyens, ajouta-t-il, dont il ne
« se soit avisé pour satisfaire à sa défiance. Vous le
« voyez par ce que je viens de vous en dire, qui ne
« fait pourtant pas la moitié de ce que j'en ai vu.
« Comme je le connois, je ne lui contredis sur rien.
« Toutes ses ridicules visions se sont évanouies d'el-
« les-mêmes : celle des douze cautions, qui est à la
« vérité plus praticable que les autres, subsiste en-
« core ; mais elle se dissipera comme les autres,
« pourvu que vous demeuriez ferme à ne la pas ac-
« cepter. Je la disputerai avec opiniâtreté contre
« vous, vous la refuserez avec fermeté comme croyant
« qu'elle vous est honteuse ; et nous ferons venir le

« Sicilien à un autre expédient, qu'il prendra, parce
« qu'il le croira très-propre à vous tromper. Cet ex-
« pédient est de vous confier ou à d'Hocquincourt ou
« à M. le maréchal de La Meilleraye, jusqu'à ce que
« le Pape ait reçu votre démission. Le cardinal croira
« qu'elle est sûre, si le Pape l'accepte; et il est si
« ignorant de nos mœurs, qu'il me le disoit encore
« hier. »

Je pris la parole en cet endroit, et je dis à M. le président que l'expédient ne valoit rien, parce que le
Pape ne l'accepteroit pas. « Qu'importe, me repartit-
« il ? c'est le pis qui nous puisse arriver; et pour re-
« médier à ce pis, il faut, quand on vous fera cette
« proposition, que vous stipuliez que, quoi qu'il ar-
« rive, vous ne pourrez jamais être remis entre les
« mains du Roi que sur mon billet; et j'en prendrai
« un bien signé de celui qui se chargera de votre
« garde. Vous devez vous fier à moi. Mettez-vous en
« l'état que je vous marque; j'ai un pressentiment que
« Dieu pourvoira au reste. »

Nous discutâmes à fond la matière, nous examinâ-
mes tout ce qui se pouvoit imaginer sur le choix qui
se devoit faire de M. d'Hocquincourt ou de M. de La
Meilleraye; nous convînmes de tous nos faits, et il
sortit de Vincennes les larmes aux yeux, en disant à
M. de Pradelle : « Je trouve une opiniâtreté invinci-
« ble : je suis au désespoir. Ce n'est pas l'archevê-
« ché qui le tient : il ne s'en soucie plus; mais il croit
« que son honneur est blessé par les propositions
« qu'on lui fait de cautions de garantie. Il ne se ren-
« dra jamais; je ne veux plus me mêler de tout ceci;
« il n'y a rien à faire. »

Pradelle, qui étoit bien plus à l'abbé Fouquet qu'au cardinal, et qui savoit que l'abbé Fouquet ne vouloit en aucune manière ma liberté, lui porta en diligence cette bonne nouvelle ; et il reçut aussi en même temps la commission de me faire entrevoir sans affectation, dans les conversations qu'il avoit avec moi, l'archevêché de Reims et des récompenses immenses, afin que lorsqu'on m'en proposeroit de moindres je me tinsse plus ferme, et que ma fermeté aigrît encore davantage le Mazarin. Je m'aperçus de ce jeu avec assez de facilité, en joignant ce que je savois de sûr par M. de Bellièvre et mes amis, à ce que j'apprenois de différent par Pradelle et par d'Avanton, qui étoit mon exempt. Celui-ci, qui étoit uniquement dépendant de M. de Noailles son capitaine, qui n'y entendoit aucune finesse, et qui n'alloit qu'au service du Roi, ne me grossissoit rien. L'autre, dont le but étoit de m'empêcher d'accepter le parti que l'on me feroit, par l'espérance qu'il me feroit concevoir d'en obtenir de plus considérables, continuoit à me jeter des lueurs éclatantes. Je me résolus de répondre par l'art à l'artifice. Je dis à d'Avanton que je ne concevois pas la manière d'agir de la cour : que quoique je fusse dans les fers, je ne les trouvois pas assez pesans pour souhaiter de les rompre par toutes voies ; qu'enfin il falloit agir avec sincérité avec tout le monde, et avec les prisonniers comme avec les autres ; que l'on me faisoit en même temps des propositions tout opposées ; que M. le premier président m'offroit sept abbayes ; que M. de Pradelle me montroit des archevêchés. D'Avanton, qui dans le vrai ne vouloit que le bien de l'affaire, ne manqua pas de rendre compte à son capitaine de mes plaintes. M. le cardinal Mazarin, qui avoit pris une frayeur mortelle des curés et des confesseurs de Paris, et qui par cette considération brûloit d'impatience de finir, en fut outré contre Pradelle : il l'en gourmanda au dernier point. Il soupçonna le vrai, qui étoit qu'il agissoit par les ordres de l'abbé Fouquet : et le chagrin qu'il eut de trouver dans les siens mêmes des obstacles à ses volontés contribua beaucoup, à ce que M. de Bellièvre me dit dès le lendemain, à le faire conclure à ce que je donnasse ma démission datée du donjon de Vincennes; que le Roi me pourvût des sept abbayes que je vous ai nommées, et que je fusse remis entre les mains de M. le maréchal de La Meilleraye pour être gardé par lui dans le château de Nantes, et pour être mis en liberté aussitôt qu'il auroit plu à Sa Sainteté d'accepter ma démission; que, quoi qu'il pût arriver de cette démission, je ne pourrois jamais être remis entre les mains de Sa Majesté qu'après que M. le président de Bellièvre auroit écrit de sa main à M. le maréchal de La Meilleraye qu'il l'agréoit; et que, pour plus grande sûreté de cette dernière clause, le Roi signeroit de sa main un papier, par lequel il permettoit à M. le maréchal de La Meilleraye de donner cette promesse par écrit à M. le président de Bellièvre. Tout cela fut exécuté; et le lundi suivant l'un et l'autre me vinrent prendre à Vincennes, et me menèrent ensemble dans un carrosse du Roi jusqu'au Port-à-l'Anglais.

Comme le maréchal étoit tout estropié de la goutte, il ne put monter jusqu'à ma chambre : ce qui donna le temps à M. de Bellièvre, qui m'y vint prendre, de me dire, en descendant les degrés, que je me gardasse bien de donner une parole que l'on m'alloit demander. Le maréchal, que je trouvai au bas de l'escalier, me la demanda effectivement : c'étoit de ne me point sauver. Je lui répondis que les prisonniers de guerre donnoient des paroles, mais que je n'avois jamais ouï dire qu'on en exigeât des prisonniers d'Etat. Le maréchal se mit en colère, et il me dit nettement qu'il ne se chargeoit donc pas de ma personne. M. de Bellièvre, qui n'avoit pas pu devant mon exempt, devant Pradelle et devant mes gardes, s'expliquer avec moi du détail, prit la parole, et dit : « Vous ne vous « entendez pas : M. le cardinal ne vous refuse pas de « vous donner sa parole si vous voulez vous y fier « absolument, et ne lui donner auprès de lui aucune « garde. Mais si vous le gardez, monsieur, à quoi « vous serviroit cette parole? car tout homme que « l'on garde en est quitte. » Le premier président jouoit à jeu sûr : car il savoit que la Reine avoit fait promettre au maréchal qu'il me feroit toujours garder à vue. Il regarda M. de Bellièvre, et il lui dit : « Vous « savez si je puis faire ce que vous me proposez. Al« lons, continua-t-il en se tournant vers moi, il faut « donc que je vous garde; mais ce sera d'une ma« nière de laquelle vous ne vous plaindrez jamais. » Nous sortîmes ainsi escortés de gendarmes, de chevau-légers et de mousquetaires du Roi; et les gardes de M. le cardinal Mazarin, qui à mon sens n'eussent pas dû être de ce cortége, y parurent même avec éclat.

Nous quittâmes le premier président au Port-à-l'Anglais, et nous continuâmes notre route jusqu'à

Beaugency, où nous nous embarquâmes, après avoir changé d'escorte. La cavalerie retourna à Paris; et Pradelle, qui avoit pour enseigne Morel, qui est présentement, ce me semble, à Madame, se mit dans notre bateau, avec une compagnie du régiment des Gardes, qui suivoit dans un autre. L'exempt, les gardes du corps, la compagnie du régiment, me quittèrent le lendemain que je fus arrivé à Nantes. Je demeurai purement à la garde de M. le maréchal de La Meilleraye, qui me tint parole : car l'on ne pouvoit rien ajouter à la civilité avec laquelle il me garda. Tout le monde me voyoit : on me cherchoit même tous les divertissemens possibles; j'avois presque tous les soirs la comédie. Toutes les dames s'y trouvoient, elles y soupoient souvent. Madame de La Vergne, qui avoit épousé en secondes noces M. le chevalier de Sévigné, et qui demeuroit en Anjou avec son mari, m'y vint voir, et y amena mademoiselle sa fille, qui est présentement madame de La Fayette (1). Elle étoit fort jolie et fort aimable, et elle avoit de plus beaucoup d'air de madame de Lesdiguières. Elle me plut beaucoup; et la vérité est que je ne lui plus guère, soit qu'elle n'eût pas d'inclination pour moi, soit que la défiance que sa mère et son beau-père lui avoient donnée dès Paris même, avec application, de mes inconstances et de mes différentes amours, la missent en garde contre moi. Je me consolai de sa cruauté

(1) *Madame de La Fayette :* Marie-Madeleine Pioche de La Vergne, célèbre par l'étendue et les grâces de son esprit. Ses deux romans de la Princesse de Clèves et de Zaïde passèrent pour des modèles de style, et firent cesser l'engouement qu'on avoit pour les volumineux ouvrages de mademoiselle de Scudéry. Les Mémoires de madame de La Fayette font partie de cette série. Elle mourut en 1693.

avec la facilité qui m'étoit assez naturelle, et la liberté que M. le maréchal de La Meilleraye me laissoit avec les dames de la ville, qui, étant à la vérité très-entière, m'étoit d'un fort grand soulagement. Ce n'est pas que l'exactitude de la garde ne fût égale à l'honnêteté : on ne me perdoit jamais de vue que quand j'étois retiré dans ma chambre ; et l'unique porte qui étoit à cette chambre étoit gardée par six gardes jour et nuit. Il n'y avoit qu'une fenêtre très-haute, qui répondoit de plus dans la cour, dans laquelle il y avoit toujours un grand corps de garde ; et celui qui m'accompagnoit toutes les fois que je sortois, composé de ces six hommes dont j'ai parlé ci-dessus, se postoit sur la terrasse d'une tour d'où il me regardoit, quand je me promenois dans un petit jardin qui est sur une manière de bastion ou de ravelin qui répond sur l'eau. M. de Brissac qui se trouva dans le château de Nantes à la descente du carrosse, et messieurs de Caumartin, de Hacqueville, abbé de Pontcarré, et Amelot, qui y vinrent bientôt après, furent plus étonnés de l'exactitude de la garde qu'ils ne furent satisfaits de la civilité, quoiqu'elle fût très-grande. Je vous confesse que j'en fus moi-même fort embarrassé, particulièrement quand j'appris, par un courrier de l'abbé Charier, que le Pape ne vouloit pas agréer ma démission : ce qui me fâcha beaucoup, parce que l'agrément du Pape ne l'eût pas validée, et m'eût toutefois donné ma liberté. Je dépêchai en diligence à Rome Malclerc, qui a l'honneur d'être connu de vous, et je le chargeai d'une lettre par laquelle j'expliquois au Pape mes véritables intérêts ; je donnai de plus une instruction très-ample à Malclerc, par laquelle je lui marquois tous les expédiens de concilier la dignité du Saint-Siége avec l'acceptation de cette démission. Rien ne put persuader Sa Sainteté : elle demeura inflexible. Elle crut qu'il y alloit trop de sa réputation de consentir même pour un instant à une violence aussi injurieuse à toute l'Eglise ; et elle dit ces propres paroles à l'abbé Charier et à Malclerc, qui pressoient le Pape les larmes aux yeux : « Je sais « bien que mon agrément ne valideroit pas une dé- « mission qui a été extorquée par la force ; mais je « sais bien aussi qu'il me déshonoreroit, quand on « diroit que je l'ai donné à une démission qui est « datée d'une prison. »

Vous croyez aisément que cette disposition du Pape m'obligeoit à de sérieuses réflexions, qui furent même dans la suite encore plus éveillées par la disposition du maréchal de La Meilleraye, qui étoit de tous les hommes le plus bas à la cour. La nourriture qu'il avoit prise à celle de M. le cardinal de Richelieu avoit fait de si fortes impressions dans son esprit, que, bien qu'il eût beaucoup d'aversion pour le cardinal Mazarin, il trembloit dès qu'il entendoit nommer son nom. Ses frayeurs redoublèrent à la première nouvelle qu'il eut que l'on incidentoit à Rome. Il m'en parut ému au delà même de ce que la bienséance eût pu permettre. Quand le cardinal lui eut mandé qu'il savoit de science certaine que la difficulté que faisoit le Pape venoit de moi, il ne se put contenir : il m'en fit des reproches ; et au lieu de recevoir mes raisons, qui étoient fondées sur la pure et simple vérité, il affecta de croire que je la lui déguisois. Je ne doutai plus alors qu'il ne préparât

des prétextes pour me rendre à la cour quand il lui conviendroit de le faire. Cette conduite est ordinaire à tous ceux qui ont plus d'artifice que de jugement; mais elle n'est pas sûre à ceux qui ont plus d'impétuosité que de bonne foi. Je fis expliquer au maréchal ses intentions, en l'échauffant insensiblement : il se trahit soi-même en me les découvrant avec beaucoup d'imprudence, en présence de tout ce qui étoit avec nous dans la cour du château. Il me lut une lettre, par laquelle on lui écrivoit que l'on avoit donné avis à la cour que je promettois à Monsieur, qui étoit à Blois, de lui ménager M. le maréchal de La Meilleraye, et au point que je ne désespérois pas qu'il ne lui donnât retraite au fort Louis. Je lui dis qu'il auroit toujours de ces tracasseries, et que la cour, qui n'avoit songé qu'à apaiser Paris en m'éloignant, ne songeroit plus qu'à me tirer de ses mains par ses artifices. Il se tourna de mon côté comme un possédé, et il me dit d'une voix haute et animée :
« En un mot, monsieur, je veux bien que vous sa-
« chiez que je ne ferai pas la guerre au Roi pour
« vous. Je tiendrai fidèlement ma parole; mais aussi
« faudra-t-il que M. le président tienne celle qu'il a
« donnée au Roi. »

Cependant je me résolus de penser tout de bon à me sauver. M. le président, à qui la cour avoit déjà fait une manière de tentative, m'en pressoit; et Montrésor me fit donner un petit billet par le moyen d'une dame de Nantes, où il y avoit : « Vous devez « être conduit à Brest dans la fin du mois, si vous ne « vous sauvez. » La chose étoit très-difficile. Le préalable fut d'amuser le maréchal. Joly lui faisoit voir des déchiffremens qui paroissoient fort naturels; et je connus alors que les gens les plus défians sont très-souvent les plus dupes. Je m'ouvris à M. de Brissac, qui faisoit de temps en temps des voyages à Nantes, et qui me promit de me servir. Comme il avoit un fort grand équipage, il marchoit toujours avec beaucoup de mulets. Cette quantité de coffres me donna la pensée qu'il ne seroit pas impossible que je me fourrasse dans l'un de ces bahuts. On le fit faire exprès un peu plus grand qu'à l'ordinaire; on fit un trou par le dessous, afin que je pusse respirer : je l'essayai même, et il me parut que ce moyen étoit praticable et simple. M. de Brissac fit un voyage de trois ou quatre jours à Machecoul, qui le changea absolument. Il s'ouvrit de ce projet à madame de Retz et à monsieur son beau-père : ils l'en dissuadèrent : celle-là par la haine qu'elle avoit pour moi; et celui-ci par le tour de son esprit, qui alloit toujours au mal. M. de Brissac revint donc à Nantes, convaincu, à ce qu'il disoit, que j'étoufferois dans ce bahut, et touché, à la vérité, du scrupule qu'on lui avoit donné que s'il faisoit une action de cette nature, il violeroit le droit de l'hospitalité trop ouvertement. Je n'oubliai rien pour lui persuader qu'il violeroit aussi beaucoup celui de l'amitié, s'il me laissoit transférer à Brest. Il en convint, et il me donna parole qu'il me serviroit pour ma liberté en tout ce qui ne regarderoit pas le dedans du château : nous prîmes toutes nos mesures sur un plan que je me fis à moi-même, aussitôt que le premier m'eut manqué.

Je vous ai déjà dit que je m'allois quelquefois promener sur une manière de ravelin qui donnoit sur la rivière; et j'avois observé que, comme nous étions au mois d'août, elle ne battoit pas contre la muraille, et laissoit un petit espace de terre jusqu'au bastion. J'avois aussi remarqué qu'entre le jardin qui étoit sur ce bastion, et la terrasse sur laquelle mes gardes demeuroient quand je me promenois, il y avoit une porte que Chalucet y avoit fait mettre, pour empêcher les soldats d'y aller. Je formai sur ces observations mon dessein, qui fut de tirer, sans faire semblant de rien, cette porte après moi, qui, étant à jour par des treillis, n'empêcheroit pas les gardes de me voir, mais qui les empêcheroit au moins de pouvoir venir à moi, de me faire descendre par une corde que mon médecin et l'abbé Rousseau, frère de mon intendant, me tiendroient; et de faire trouver des chevaux au bas du ravelin, et pour moi, et pour quatre gentilshommes que je faisois état de mener avec moi. Ce projet étoit d'une exécution très-difficile: il étoit extraordinaire; et tout ce qui l'est ne paroît possible qu'après l'exécution à ceux qui ne sont capables que de l'ordinaire. Je l'ai observé cent et cent fois; et il me semble que Longin, ce fameux chancelier de Zénobie, l'a observé avant moi dans son livre *De sublimi genere*. Enfin il n'y eût rien eu de plus remarquable en notre siècle que le succès d'une évasion comme la mienne, s'il se fût terminé à me rendre maître de la capitale du royaume, en brisant mes fers. Caumartin me donna cette pensée : je l'embrassai avec ardeur. M. le président de Bellièvre l'approuva; et aussitôt que M. le chancelier et Servien, qui étoient à Paris, surent que je marchois, ils ne pensèrent qu'à me quitter la place et à se sauver.

Ce fut le premier mot que Servien, qui n'étoit pas timide, proféra quand il reçut la lettre de M. le maréchal de La Meilleraye. Joignez à cela le *Te Deum* qui fut chanté pour ma liberté à Notre-Dame, et les feux de joie qui furent faits en plusieurs quartiers de la ville, quoique l'on ne me vît pas ; et jugez de l'effet que j'avois lieu d'espérer de ma présence ! En voilà assez pour répondre à ceux qui ont blâmé mon entreprise ; et je les supplie de s'examiner eux-mêmes, et de se demander dans leur intérieur s'ils eussent cru que la déclaration que je fis en plein parlement contre M. le cardinal Mazarin, le lendemain de la bataille de Rethel, eût réussi comme elle fit, si on la leur eût proposée un quart-d'heure avant qu'elle réussît. Je suis persuadé que presque tout ce qui s'est entrepris de grand est de cette espèce ; je le suis, de plus, qu'il est souvent nécessaire de le hasarder : mais je le suis encore qu'il étoit judicieux dans l'occasion dont il s'agit, parce que le pis du pis étoit de faire une action de grand éclat, que j'eusse poussée si j'y eusse trouvé lieu, et à laquelle j'eusse donné un air de modération et de sagesse, si le terrain ne m'eût pas paru aussi ferme que je me l'étois imaginé : car mon projet étoit de n'entrer à Paris qu'avec toutes les apparences d'un esprit de paix ; de déclarer et au parlement et à l'hôtel-de-ville que je n'y allois que pour prendre possession de mon archevêché ; de prendre effectivement cette possession dans mon église ; de voir ce que ce spectacle produiroit dans l'esprit d'un peuple échauffé par l'état des choses : car Arras étoit assiégé par M. le prince. Le Roi, qui m'eût vu dans Paris, n'eût pas apparemment fait attaquer les lignes, comme il fit ; les serviteurs de M. le prince, qui étoient en bon nombre dans la ville, se seroient certainement joints à mes amis ; la fuite de M. le chancelier et de M. Servien auroit fait perdre cœur aux mazarins ; la collusion de M. le président de Bellièvre m'auroit été d'un avantage signalé. M. Nicolaï, premier président de la chambre des comptes, a dit depuis que comme il n'y avoit pas eu contre moi une seule ombre de formalités observée, sa compagnie n'auroit pas hésité un moment à faire, à l'égard de ma possession, tout ce qui dépendoit d'elle. J'aurois connu, en faisant ces premières démarches, jusqu'où j'aurois dû et pu porter les secondes. Si, comme je l'ai dit ci-dessus, j'eusse rencontré le chemin plus embarrassé que je l'aurois cru, je n'aurois eu qu'à faire un pas en arrière, à traiter purement l'affaire en ecclésiastique, et me retirer, après ma prise de possession, à Mézières, où deux cents chevaux m'eussent passé avec toute sorte de facilité, toutes les troupes du Roi étant éloignées. Le vicomte de Lameth étoit dedans ; et Noirmoutier même, quoique accommodé sous main à la cour, comme vous, avez vu ci-devant, eût été obligé de garder de grandes mesures avec moi pour ne se pas déshonorer tout-à-fait dans le monde, et par la considération même de son intérêt particulier, parce que Charleville et le Mont-Olympe ne sont que comme un rien sans Mézières. Il avoit, de plus, renoué en quelque façon avec moi depuis que j'étois sorti de Vincennes ; et comme il croyoit que j'aurois au premier jour ma liberté, il avoit pris cet instant pour se raccommoder avec moi, et pour m'envoyer Blanchecour, capitaine d'infanterie dans la garnison de Mézières. Il m'apporta une lettre signée de lui et du vicomte de Lameth, et ils m'écrivoient tous deux comme étant et ayant toujours été dans mes intérêts, et y voulant vivre et mourir. Un billet séparé du vicomte me marquoit que M. le duc de Noirmoutier affectoit de faire le zélé pour moi plus que jamais, pour couvrir le passé par un éclat qui, dans l'état où étoient les choses, ne le pouvoit plus, au moins selon son opinion, commettre avec la cour. Cependant comme Mézières n'est pas considérable sans Charleville et sans le Mont-Olympe, je n'y eusse pu rien faire de grand, dans la défiance où j'étois de Noirmoutier : mais j'y eusse toujours trouvé de quoi me retirer ; et c'étoit justement ce dont j'avois le plus besoin dans l'occasion de laquelle je vous parle.

Tout ce plan fut renversé en un moment, quoiqu'aucune des machines sur lesquelles il étoit bâti n'eût manqué. Je me sauvai [1] un samedi 8 d'août à cinq heures du soir ; la porte du petit jardin se referma après moi presque naturellement ; je descendis très-heureusement au bas du bastion, qui avoit quarante pieds de haut, la corde entre les jambes. Un valet de chambre, qui est encore à moi, amusa mes gardes en les faisant boire. Ils s'amusèrent eux-mêmes à regarder un jacobin qui se baignoit, et qui de plus se noyoit. Le sentinelle, qui étoit à vingt pas de moi, n'osa me tirer, parce que lorsque je le vis compasser la mèche je lui criai que je le ferois pendre s'il tiroit ; et il avoua, à la question ; qu'il crut sur cette menace

---

(1) *Je me sauvai* : Les détails circonstanciés de cette évasion se trouvent dans les Mémoires de Joly.

que le maréchal étoit de concert avec moi. Deux petits pages qui se baignoient, et qui, me voyant suspendu à la corde, crièrent que je me sauvois, ne furent pas écoutés, parce que tout le monde s'imagina qu'ils appeloient les gens au secours du jacobin qui se baignoit. Mes quatre gentilshommes sé trouvèrent à point nommé au bas du ravelin, où ils avoient fait semblant de faire abreuver leurs chevaux : je fus à cheval moi-même avant qu'il y eût eu seulement la moindre alarme ; et comme j'avois quarante relais posés entre Nantes et Paris, je serois arrivé infailliblement le mardi à la pointe du jour, sans un accident que je puis dire avoir été le fatal et le décisif du reste de ma vie. Je vous en rendrai compte, après que je vous aurai parlé d'une circonstance importante.

J'avois un chiffre avec madame la palatine : nous l'appelions *l'indéchiffrable,* parce qu'il nous avoit toujours paru qu'on ne le pouvoit pénétrer qu'en sachant le mot dont on seroit convenu. Ce fut par ce chiffre que j'écrivis à M. le président que je me sauverois le 8 d'août ; ce fut par ce chiffre qu'il me manda que je me sauvasse à toutes risques ; ce fut par ce chiffre que je donnai les ordres nécessaires pour régler et pour placer mes relais ; ce fut par ce chiffre que nous convînmes, Annery, Laillevaux et moi, du lieu où la noblesse du Vexin me devoit joindre pour entrer avec moi à Paris. M. le prince, qui avoit un des meilleurs déchiffreurs du monde, qui, si je m'en souviens, s'appeloit Martin, me tint ce chiffre six semaines à Bruxelles ; et il me le rendit, en m'avouant que cet homme lui avoit confessé qu'il étoit indéchiffrable. Voilà de grandes preuves pour la qualité d'un chiffre. Cependant Joly, quoiqu'il ne fût pas déchiffreur, en trouva la clef en rêvant. Pardonnez-moi, je vous prie, cette petite digression, qui ne sera pas inutile. Je reprends le fil de ma narration.

Aussitôt que je fus à cheval, je pris la route de Mauve, qui est, si je ne me trompe, à cinq lieues de Nantes sur la rivière, et où nous étions convenus que M. de Brissac et M. le chevalier de Sévigné m'attendroient avec un bateau pour la passer. La Ralde, écuyer de M. le duc de Brissac, qui marchoit devant moi, me dit qu'il falloit galoper d'abord, pour ne pas donner le temps aux gardes du maréchal de fermer la porte d'une petite rue du faubourg où étoit leur quartier, et par laquelle il falloit nécessairement passer. J'avois un des meilleurs chevaux du monde, et qui avoit coûté mille écus à M. de Brissac. Je ne lui abandonnai pas toutefois la main, parce que le pavé étoit trop mauvais, et très-glissant ; mais un de mes gentilshommes, nommé Boisguérin, ayant crié de mettre le pistolet à la main, parce qu'il voyoit deux gardes du maréchal qui ne songeoient pourtant pas à nous, je l'y mis effectivement, en le présentant à la tête de celui de ces gardes qui étoit le plus près de moi, pour l'empêcher de se saisir de la bride de mon cheval. Le soleil, qui étoit encore haut, donna dans la platine ; la réverbération fit peur à mon cheval, qui étoit vif et vigoureux. Il fit un grand sursaut, et il retomba des quatre pieds. J'en fus quitte pour l'épaule gauche, qui se rompit contre la borne d'une porte. Un autre de mes gentilshommes, nommé Beauchêne, me releva, et me remit à cheval ; et quoique je souffrisse des douleurs effroyables, et que je fusse obligé de me tirer les cheveux de temps en temps pour m'empêcher de m'évanouir, j'achevai ma course de cinq lieues, avant que le grand-maître, qui, si l'on en veut croire la chanson de Marigny, me suivoit à toute bride avec tous les coureurs de Nantes, m'eût pu joindre. Je trouvai au lieu destiné M. de Brissac et le chevalier de Sévigné avec le bateau. Je m'évanouis en y entrant : on me fit revenir en me jetant un verre d'eau sur le visage. Je voulus remonter à cheval quand nous eûmes passé la rivière : mais les forces me manquèrent, et M. de Brissac fut obligé de me faire mettre dans une grosse meule de foin, où il me laissa avec un de mes gentilshommes, qui me tenoit entre ses bras. Il emmena avec lui Joly, et il tira droit à Beaupréau, à dessein d'y assembler la noblesse pour me venir tirer de ma meule de foin.

Je me sens obligé de vous raconter deux ou trois actions de mes domestiques, qui méritent bien de n'être pas oubliées. Paris, docteur de Navarre, qui avoit donné le signal avec son chapeau aux quatre gentilshommes qui me servirent en cette occasion, fut trouvé sur le bord de l'eau par Coulon, écuyer du maréchal, qui le prit en lui donnant quelques gourmades. Le docteur ne perdit point le jugement, et il dit à Coulon d'un ton niais et normand : « Je le di-
« rai à M. le maréchal que vous vous amusez à bat-
« tre un pauvre prêtre, parce que vous n'osez vous
« prendre à M. le cardinal, qui a de bons pistolets à
« l'arçon de sa selle. » Coulon prit cela pour bon, et lui demanda où j'étois. « Ne le voyez-vous pas, ré-
« pondit le docteur, qui entre dans ce village ? »
Vous remarquerez, s'il vous plaît, qu'il m'avoit vu

passer l'eau. Il se sauva ainsi, et il faut avouer que
cette présence d'esprit n'est pas commune. En voici
une de cœur qui n'est pas moindre. Celui pour qui le
docteur me vouloit faire passer, quand il dit à Coulon que j'entrois dans un village qu'il lui montroit,
étoit ce Beauchêne dont je vous ai parlé. Son cheval
étoit outré, et il n'avoit pu me suivre. Coulon le prenant pour moi courut à lui; et comme il se voyoit
soutenu par beaucoup de cavaliers qui étoient près
de le joindre, il l'aborda le pistolet à la main. Beauchêne s'arrêta sur eux en la même posture, et il eut
la fermeté de s'apercevoir dans cet instant qu'il y
avoit un bateau à dix ou douze pas de lui. Il se jeta
dedans; et pendant qu'il arrêtoit Coulon en lui montrant un de ses pistolets, il mit l'autre à la tête du
batelier, et le força de passer la rivière. Sa résolution
ne le sauva pas seulement, mais elle contribua à me
faire sauver moi-même, parce que le grand-maître
ne trouvant plus ce bateau fut obligé d'aller passer
l'eau beaucoup plus bas.

Voici une autre action qui n'est pas de même espèce, mais qui servit encore davantage à ma liberté.
Je vous ai déjà dit qu'aussitôt que l'abbé Charier
m'eut mandé que le Pape refusoit d'admettre ma démission, je dépêchai Malclerc pour en solliciter l'a-
grément. La cour lui joignit Gaumont, qui portoit l'o-
riginal de cette démission à M. le cardinal d'Est, avec
ordre de la solliciter, parce qu'il n'y avoit plus d'ambassadeur de France à Rome. Gaumont s'étant trouvé
fatigué à Lyon, et ayant pris la résolution de s'aller
embarquer à Marseille, Malclerc continua dans celle
de prendre la route des montagnes : et comme elle

est la plus courte, Gaumont jugea à propos de lui remettre le paquet adressé à M. le cardinal d'Est. Sa simplicité fut grande, comme vous voyez; et il n'avoit pas étudié de plus la maxime que j'ai toujours pratiquée, et que j'ai toujours enseignée à mes gens, de ne jamais compter dans les grandes affaires les fatigues, le péril et la dépense pour quelque chose. Il s'en trouva mal en ce rencontre. L'original de la démission ne se trouva plus dans ce paquet, qui se trouva néanmoins très-bien fermé. Quand Gaumont s'en plaignit, Malclerc, qui étoit d'ailleurs plus brave que lui, se plaignit lui-même de son méchant artifice. Ce contre-temps donna lieu au Pape de laisser en doute le cardinal d'Est si l'inaction de Rome procédoit, ou de la mauvaise volonté de Sa Sainteté envers la cour, ou du défaut de l'original de la démission. Malclerc avoit ordre de supplier le Pape en mon nom, en cas qu'il ne la voulût pas admettre, d'amuser le tapis, afin de me donner le temps de me sauver. Il lui en donna de plus, comme vous voyez, un beau prétexte. Le cardinal d'Est, qui fut amusé lui-même, amusa aussi lui-même le Mazarin. Les instances de celui-ci vers le maréchal, pour me remettre entre les mains du Roi, en furent moins fréquentes et moins vives; et j'eus la satisfaction de devoir au zèle et à l'esprit de deux de mes gens (car l'abbé Charier eut aussi part à cette intrigue) le temps que j'eus, par ce moyen, tout entier de songer et de pourvoir à ma liberté.

Je reviens à la meule de foin. J'y demeurai caché plus de sept heures, avec une incommodité que je ne puis vous exprimer. J'avois l'épaule rompue et dé-

mise; j'y avois une contusion terrible. La fièvre me
prit sur les neuf heures du soir, et l'altération qu'elle
me donnoit étoit encore cruellement augmentée par
la chaleur du foin nouveau. Quoique je fusse sur le
bord de la rivière, je n'osois boire; parce que si nous
fussions sortis de la meule, Montet et moi, nous n'eussions eu personne pour raccommoder le foin qui eût
paru remué, et qui eût donné lieu par conséquent à
ceux qui couroient après moi d'y fouiller. Nous n'entendions que des cavaliers qui passoient à droite et à
gauche: nous reconnûmes même Coulon à sa voix.
L'incommodité de la soif est incroyable et inconcevable
à qui ne l'a pas éprouvée. M. de La Poise Saint-Offange, homme de qualité du pays, que M. de Brissac
avoit averti en passant chez lui, vint sur les deux
heures après minuit me prendre dans cette meule,
après qu'il eut remarqué qu'il n'y avoit plus de cavaliers aux environs. Il me mit sur une civière à fumier,
et il me fit porter par deux paysans dans la grange
d'une maison qui étoit à lui, à une lieue de là. Il m'y
ensevelit encore dans le foin; mais comme j'y avois
de quoi boire, je m'y trouvai mieux.

M. et madame de Brissac me vinrent prendre au
bout de sept ou huit heures, avec quinze ou vingt
chevaux; et ils me menèrent à Beaupréau, où je trouvai l'abbé de Belebat qui les y étoit venu voir, et où
je ne demeurai qu'une nuit, jusqu'à ce que la noblesse fût assemblée. M. de Brissac étoit fort aimé
dans tout le pays: il mit ensemble, dans ce peu de
temps, plus de deux cents gentilshommes. M. de
Retz, qui l'étoit encore plus dans son quartier, le
joignit à quatre lieues de là avec trois cents. Nous

passâmes presque à la vue de Nantes, d'où quelques gardes du maréchal sortirent pour escarmoucher. Ils furent repoussés vigoureusement jusque dans la barrière, et nous arrivâmes heureusement à Machecoul, qui est dans le pays de Retz, avec toute sorte de sûreté. Je ne manquai pas, dans ce bonheur, de chagrins domestiques. Madame de Brissac, qui s'étoit portée en héroïne dans tout le cours de cette action, me dit en me quittant, et en me donnant une bouteille d'eau impériale : « Il n'y a que votre malheur qui « m'ait empêchée d'y mettre du poison. » Elle se prenoit à moi de la perfidie que M. de Noirmoutier m'avoit faite sur son sujet, et de laquelle je vous ai parlé ci-devant. Il est impossible que vous conceviez combien je fus touché de cette parole ; et je sentis, au delà de tout ce que je vous en puis exprimer, qu'un cœur bien tourné est sensible, jusqu'à l'excès de la foiblesse, aux plaintes d'une personne à laquelle il croit être obligé. Je ne le fus pas, à beaucoup près, tant à la dureté de madame de Retz et de monsieur son père. Ils ne purent s'empêcher de me témoigner leur mauvaise volonté dès que je fus arrivé. Elle se plaignit de ce que je ne lui avois pas confié mon secret, quoiqu'elle ne fût partie de Nantes que la veille que je me sauvai. Celui-ci pesta assez ouvertement contre l'opiniâtreté que j'avois à ne me pas soumettre aux volontés du Roi ; et il n'oublia rien pour persuader à M. de Brissac de me porter à envoyer à la cour la ratification de ma démission. La vérité est que l'un et l'autre mouroient de peur du maréchal de La Meilleraye, qui, enragé qu'il étoit, et de mon évasion, et encore plus de ce qu'il avoit été abandonné de toute la noblesse, menaçoit de mettre tout le pays de Retz à feu et à sang. Leur frayeur alla jusqu'au point de s'imaginer ou de vouloir faire croire que mon mal n'étoit que délicatesse, qu'il n'y avoit rien de démis, et que j'en serois quitte pour une contusion. Le chirurgien affidé de M. de Retz le disoit à qui le vouloit entendre; et qu'il étoit bien rude que j'exposasse pour une délicatesse toute ma maison, qui alloit être investie au premier jour dans Machecoul. J'étois cependant dans mon lit, où je sentois des douleurs incroyables, et où je ne pouvois pas seulement me tourner. Tous ces discours m'impatientèrent au point que je pris la résolution de quitter ces gens-là et de me jeter dans Belle-Ile, où je pouvois au moins me faire transporter par mer. Le trajet étoit fort délicat, parce que M. le maréchal de La Meilleraye avoit fait prendre les armes à toute la côte. Je ne laissai pas de le hasarder. Je m'embarquai au port de La Roche, qui n'est qu'à une petite demi-lieue de Machecoul, sur une chaloupe que La Gisclaye, capitaine de vaisseau et bon homme de mer, voulut piloter lui-même. Le temps nous obligea de mouiller au Croisil, où nous courûmes fortune d'être découverts par une chaloupe qui nous vint reconnoître la nuit. La Gisclaye, qui savoit la langue et le pays, s'en démêla fort bien. Nous remîmes à la voile le lendemain à la pointe du jour, et nous découvrîmes quelque temps après une barque longue de Biscayens qui nous donnèrent la chasse. Nous prîmes la fuite à la considération de M. de Brissac, qui n'eût pas pris plaisir d'être mené en Espagne, parce qu'il ne se sauvoit pas de prison comme moi, et que l'on eût pu par conséquent lui tourner en crime ce voyage.

Comme la barque longue faisoit force de vent sur nous, et que même elle nous le gagnoit, nous crûmes que nous ferions mieux de nous jeter à terre dans l'île de Ré. La barque fit quelque mine de nous y suivre : elle bordeya assez long-temps à notre vue; après quoi elle reprit la mer. Nous nous y remîmes la nuit, et nous arrivâmes à Belle-Ile à la petite pointe du jour.

Je souffris tout ce que l'on peut souffrir dans ce trajet, et j'eus besoin de toute la force de ma constitution pour défendre et pour sauver de la gangrène une contusion aussi grande que la mienne, et à laquelle je n'appliquai jamais d'autre remède que du sel et du vinaigre. Je ne trouvai pas à Belle-Ile le même dégoût qu'à Machecoul ; mais je n'y trouvai pas dans le fond beaucoup plus de fermeté. On s'imagina au pays de Retz que le commandeur de Neufchaise, qui étoit à La Rochelle, auroit ordre au premier jour de m'investir dans Belle-Ile. On y apprit que le maréchal faisoit appareiller deux barques longues à Nantes. Ces avis étoient bons et véritables; mais il s'en falloit bien qu'ils fussent si pressans qu'on les croyoit. Il falloit du temps pour les rendre tels, et plus qu'il n'en eût fallu pour me remettre. La frayeur qui étoit à Machecoul inspira de l'indisposition à Belle-Ile ; et je m'en aperçus en ce que l'on commença à croire que je n'avois pas en effet l'épaule démise, et que la douleur que je recevois de ma contusion faisoit que je m'imaginois que mon mal étoit plus grand qu'il ne l'étoit en effet. On ne peut s'imaginer le chagrin que l'on a de ces sortes de murmures, quand on sent qu'ils sont injustes. Le chevalier de Sévigné, homme de cœur, mais intéressé, craignoit que l'on ne lui rasât sa maison ; et M. de Brissac, qui croyoit avoir suffisamment réparé la paresse plutôt que la foiblesse qu'il avoit témoignée dans le cours de ma prison, étoit bien aise de finir, et de ne pas exposer son repos à une agitation à laquelle on ne voyoit plus de fin. Je n'avois pas moins d'impatience qu'eux de les voir hors d'une affaire à laquelle ils n'étoient plus engagés que pour l'amour de moi. La différence est que je ne croyois pas le péril si pressant ni pour eux ni pour moi, que je ne pusse, au moins à mon sens, prendre le temps et de me faire traiter, et de me pourvoir d'un bâtiment raisonnable pour naviguer. Ils me voulurent persuader de passer en Hollande sur un vaisseau de Hambourg qui étoit à la rade; et je ne crus pas que je dusse confier ma personne à un inconnu qui me connoissoit, et qui pouvoit me mener à Nantes comme en Hollande. Je leur proposai de me faire venir cette barque de corsaire de Biscaye, qui étoit mouillée à notre vue à la pointe de l'île; et ils appréhendèrent de criminaliser par ce commerce avec l'Espagnol. Je m'embarquai enfin sur une barque de pêcheurs, où il n'y avoit que cinq mariniers de Belle-Ile, Joly, deux de mes gentilshommes, et un valet de chambre que mon frère m'avoit prêté. La barque étoit chargée de sardines : ce qui nous vint assez à propos, parce que nous n'avions que fort peu d'argent. Mon frère m'en avoit envoyé, mais l'homme qui le portoit avoit été arrêté par les garde-côtes. Monsieur son beau-père n'avoit pas eu l'honnêteté de m'en offrir. M. de Brissac me prêta quatre-vingts pistoles, et celui qui commandoit dans Belle-Ile quarante.

Nous quittâmes nos habits, nous prîmes de méchans haillons de quelques soldats de la garnison, et nous nous mîmes à la mer à l'entrée de la nuit, à dessein de prendre la route de Saint-Sébastien, qui est dans le Guipuscoa. Ce n'est pas qu'elle ne fût assez longue pour un bâtiment de cette nature : car il y a de Belle-Ile à Saint-Sébastien quatre-vingts lieues fort grandes; c'étoit le lieu le plus proche de tous ceux où je pouvois aborder avec sûreté. Nous eûmes un fort gros temps toute la nuit. Il calma à la pointe du jour : mais ce calme ne nous donna pas beaucoup de joie, parce que notre boussole, qui étoit unique, tomba dans la mer par je ne sais quel accident. Nos mariniers, qui se trouvèrent fort étonnés, et qui d'ailleurs étoient fort ignorans, ne savoient où ils étoient, et ne prirent de route que celle qu'un vaisseau qui nous donna la chasse nous força de courir. Ils reconnurent à son garbe qu'il étoit turc, et de Salé. Comme il brouilla ses voiles sur le soir, nous jugeâmes qu'il craignoit la terre, et que par conséquent nous n'en pouvions être loin. Les petits oiseaux qui venoient se percher sur notre mât nous le marquoient d'ailleurs assez. La question étoit quelle terre ce pouvoit être : car nous craignions autant celle de France que celle des Turcs. Nous bordeyâmes toute la nuit dans cette incertitude : nous y demeurâmes tout le lendemain; et un vaisseau dont nous voulûmes nous approcher pour nous en éclaircir nous tira pour toute réponse trois volées de canon. Nous avions fort peu d'eau, et nous appréhendions d'être chargés en cet endroit par un gros temps, auquel il y avoit déjà quelque apparence. La nuit fut assez douce; et nous aperçûmes à la pointe du jour une chaloupe à la mer. Nous nous en approchâmes avec beaucoup de peine, parce qu'elle appréhendoit que nous ne fussions corsaires. Nous parlâmes espagnol et français à trois hommes qui étoient dedans; mais ils n'entendoient ni l'une ni l'autre langue. L'un d'eux se mit à crier *San-Sebastien!* pour nous donner à connoître qu'il en étoit; nous lui montrâmes de l'argent, et nous lui répondîmes *San-Sebastien!* pour lui faire connoître que c'étoit où nous voulions aller. Il se mit dans notre barque, et il nous y conduisit : ce qui lui fut aisé, parce que nous n'en étions pas bien éloignés.

Nous ne fûmes pas plus tôt arrivés qu'on nous demanda notre charté-partie, qui est si nécessaire à la mer que tout homme qui navigue sans l'avoir est pendable, sans autre forme de procès. Le patron de notre barque n'avoit pas fait cette réflexion, croyant que je n'en avois pas besoin. Le défaut de ce papier, joint aux méchans habits que nous avions, obligea les gardes du port à nous dire que nous avions la mine d'être pendus le lendemain au matin. Nous leur répondîmes que nous étions connus de M. le baron de Vateville, qui commandoit pour le roi d'Espagne dans le Guipuscoa. Ce mot fit que l'on nous mit dans une hôtellerie, et que l'on nous donna un homme qui mena Joly à M. de Vateville, qui étoit au Passage, et qui d'abord jugea, par ses habits tout déchirés, qu'il étoit un imposteur. Il ne le lui témoigna pourtant pas à tout hasard, et il vint me voir dès le lendemain à mon hôtellerie. Il me fit alors un fort grand compliment, mais embarrassé, et d'un homme qui avoit accoutumé, au poste où il étoit, de voir souvent des trompeurs. Ce qui commença à le rassurer fut l'arrivée de Beauchêne, que j'avois dépêché à Paris de Beaupréau, et que mes amis me renvoyèrent en diligence, aussitôt qu'ils surent que je m'étois embarqué pour Saint-Sébastien. Il le trouva si bien informé des nouvelles, qu'il eut lieu de croire que ce n'étoit pas un courrier supposé ; et il l'en trouva même beaucoup mieux instruit qu'il n'eût souhaité : car ce fut lui qui lui apprit que l'armée de France avoit forcé celle d'Espagne dans les lignes d'Arras (1) ; et cet avis, que M. de Vateville fit passer en diligence à Madrid, fut le premier que l'on y eut de cette défaite. Beauchêne me l'apporta avec une diligence incroyable, sur une frégate de corsaire biscayen, qu'il trouva à la pointe de Belle-Ile, et qui fut ravi de se charger de sa personne et de son passage, sachant qu'il me venoit chercher à Saint-Sébastien. Mes amis me l'envoyèrent, pour m'exhorter à prendre le chemin de Rome plutôt que celui de Mézières, où ils appréhendoient que je ne voulusse me jeter. Cet avis étoit certainement le plus sage : il ne fut pas le plus heureux par l'événement. Je le suivis sans hésiter, quoique ce ne fût pas sans peine. Je connoissois assez la cour de Rome pour savoir que le poste d'un réfugié et d'un suppliant n'y est pas agréable ; et mon cœur, qui étoit piqué au jeu contre le cardinal Mazarin, étoit plein de mouvemens qui m'eussent porté avec plus de gaieté dans les lieux où j'eusse pu donner un champ plus libre à mes ressentimens. Je n'ignorois pas que je ne pouvois

(1) *Dans les lignes d'Arras :* Le prince de Condé, avec l'armée du roi d'Espagne, faisoit le siége d'Arras. Turenne força les lignes le 25 août 1654, battit les Espagnols, et leur fit lever le siége.

point espérer de M. le duc de Noirmoutier tout ce
qui me conviendroit peut-être dans les suites; mais
je n'ignorois pas non plus qu'étant le maître dans
Mézières comme je l'y étois, et m'y rendant en personne, il n'étoit pas impossible que je n'engageasse
M. de Noirmoutier, qui enfin gardoit les apparences
avec moi, et qui même, aussitôt qu'il eut appris ma
liberté, m'avoit dépêché un gentilhomme en commun
avec le gentilhomme de Lameth, pour m'offrir retraite
dans leurs places. Mes amis ne doutoient pas que je
ne la trouvasse, et même très-sûre, dans Mézières.
Ils craignoient qu'elle ne fût pas de la même nature
dans Charleville : et comme la situation de ces places
fait que l'une sans l'autre n'est pas fort considérable,
ils crurent que, vu la disposition de M. de Noirmoutier, je ferois mieux de n'y faire aucun fondement
pour ma retraite. Je répète encore ici ce que je vous
ai déjà dit, que je ne sais s'il n'y eût pas eu lieu de
mieux espérer, non pas de la bonne intention de
Noirmoutier, mais de l'état où il se fût trouvé lui-
même. Le conseil de mes amis l'emporta sur mes vues :
ils me représentèrent que l'asyle naturel d'un cardinal
et d'un évêque persécuté étoit le Vatican; mais il y
a des temps dans lesquels il n'est pas mal aisé de prévoir que ce qui devroit servir d'asyle peut facilement devenir un lieu d'exil. Je le prévis, et je le choisis. Quelque événement que ce choix ait eu, je ne
m'en suis jamais repenti, parce qu'il eut pour principe
la déférence que je rendis au conseil de ceux à qui
j'avois obligation. Je l'estimerois davantage, s'il avoit
été l'effet de ma modération et du desir de m'employer
à mon rétablissement par les voies ecclésiastiques.

Il ne tint pas aux Espagnols que je ne prisse un autre parti. Aussitôt que M. de Vateville m'eut reconnu pour le cardinal de Retz (ce qu'il fit en huit ou dix heures, et par les circonstances que je vous ai marquées, et par un secrétaire bordelais qu'il avoit, qui m'avoit vu à Paris plusieurs fois), il me mena chez lui dans un appartement qui étoit au plus haut étage; et il m'y tint si couvert, que quoique M. le maréchal de Gramont, qui n'étoit qu'à trois lieues de Saint-Sébastien, eût donné avis à la cour par un courrier exprès que j'y étois arrivé, il fut trompé lui-même le jour suivant, au point d'en dépêcher un autre pour s'en dédire. Je fus trois semaines dans un lit sans me pouvoir remuer; et le chirurgien du baron de Vateville, qui étoit fort capable, ne voulut pas entreprendre de me traiter, parce qu'il étoit trop tard. J'avois l'épaule absolument démise, et il me condamna d'être estropié pour tout le reste de ma vie. J'envoyai Boisguérin au roi d'Espagne, auquel j'écrivis, pour le supplier de me laisser passer par ses Etats pour aller à Rome. Ce gentilhomme fut reçu de Sa Majesté Catholique et de don Louis de Haro avec une honnêteté qui alloit au delà de tout ce que je vous puis exprimer. On le dépêcha dès le lendemain; on lui donna une chaîne de huit cents écus; on m'envoya une litière du corps, et l'on me dépêcha en diligence don Christoval de Chassemblac, allemand, mais espagnolisé, et secrétaire des langues, très-confident de don Louis. Il n'y a point d'effort que ce secrétaire ne fît pour m'obliger d'aller à Madrid. Je m'en défendis par l'inutilité dont ce voyage seroit au service du roi Catholique, et par l'avantage que mes ennemis en pren-

droient contre moi. On ne comprenoit pas ces raisons, qui étoient pourtant, comme vous voyez, assez bonnes ; et comme je m'en étonnois, Vateville, qui en présence du secrétaire avoit été de son avis, et même avec véhémence, me dit : « Ce voyage coûteroit cin-
« quante mille écus au Roi, et peut-être l'archevêché
« à vous ; et il ne seroit bon à rien. Cependant il faut
« que je parle comme l'autre, ou je serois brouillé à
« la cour. Nous agissons sur le pied de Philippe II,
« qui avoit pour maxime d'engager toujours les
« étrangers par des démonstrations publiques. Vous
« voyez comme nous l'appliquons : ainsi du reste. »
Cette parole est considérable, et je l'ai moi-même appliquée depuis plus d'une fois, en faisant réflexion sur la conduite du conseil d'Espagne. Il m'a paru en plus d'une occasion qu'il pèche autant par l'attachement trop opiniâtre qu'il a à ses maximes générales, que l'on pèche en France par le mépris que l'on fait des générales et des particulières.

Quand don Christoval vit qu'il ne pouvoit pas me persuader d'aller à Madrid, il n'oublia rien pour m'obliger à m'embarquer sur une frégate de Dunkerque qui étoit à Saint-Sébastien ; et il me fit des offres immenses, en cas que je voulusse aller en Flandre traiter avec M. le prince, et me déclarer avec Mézières, Charleville et le Mont-Olympe. Il avoit raison de me proposer ce parti, qui étoit en effet du service du Roi son maître. Vous avez vu celle que j'eus de ne le pas accepter. Ce qui fut très-honnête, c'est que tous mes refus n'empêchèrent pas qu'il ne me fît apporter un petit coffre de velours, dans lequel il y avoit quarante mille écus en pièces de quatre. Je ne crus pas devoir les recevoir, ne faisant rien pour le service du roi Catholique : et je m'en excusai sur ce titre avec tout le respect que je devois. Et comme je n'avois, ni pour moi ni pour les miens, ni linge ni habits, et que les quatre cents écus que je tirai de la vente de mes sardines furent presque consumés en ce que je donnai aux gens de M. de Vateville, je le priai de me prêter quatre cents pistoles, dont je lui fis ma promesse, et que je lui ai rendues depuis.

Après que je me fus un peu rétabli, je partis de Saint-Sébastien, et je pris la route de Valence, pour m'embarquer à Vivaros, où don Christoval me promit que don Juan d'Autriche, qui étoit à Barcelonne, m'enverroit et une frégate et une galère. Je passai dans une litière du corps du roi d'Espagne toute la Navarre, sous le nom du marquis de Saint-Florent, sous la conduite d'un maître d'hôtel de M. de Vateville, qui disoit que j'étois un gentilhomme de Bourgogne qui alloit servir le Roi dans le Milanais. Comme j'arrivai à Tudelle, ville assez considérable, qui est au delà de Pampelune, je trouvai le peuple assez ému : on y faisoit, la nuit, des feux et des corps-de-garde. Les laboureurs des environs s'étoient soulevés, parce qu'on leur avoit défendu la chasse : ils étoient entrés dans la ville, et ils y avoient fait beaucoup de violence, et même pillé quelques maisons. Un corps-de-garde, qui fut posé à dix heures du soir devant l'hôtellerie dans laquelle je logeois, commença à me donner quelque soupçon que l'on n'en eût pris de moi ; mais une litière du Roi, avec les muletiers de sa livrée, me rassuroit. Je vis entrer, à minuit, un certain don Martin dans ma chambre, avec une épée

fort longue, et une grande rondache à la main. Il me
dit qu'il étoit le fils du logis, et qu'il me venoit avertir que le peuple étoit fort ému; qu'il croyoit que
j'étois un Français venu pour fomenter la révolte des
laboureurs; que l'alcade ne savoit lui-même ce qui
en étoit; qu'il étoit à craindre que la canaille ne prît
ce prétexte pour me piller et pour m'égorger, et que
le corps-de-garde qui étoit même devant le logis
commençoit à murmurer et à s'échauffer. Je priai don
Martin de leur faire voir sans affectation la litière
du Roi, de les faire parler aux muletiers, de les
mettre en conversation avec don Pedro, maître d'hôtel de M. de Vateville. Il entra justement dans ma
chambre en ce moment, pour me dire que c'étoient
des *endemoniados* qui n'entendoient ni rime ni raison, et qu'ils l'avoient lui-même menacé de le massacrer. Nous passâmes ainsi toute la nuit, ayant pour
sérénades une multitude de voix confuses qui chan-
toient, ou plutôt qui hurloient, des chansons contre
les Français. Je crus, le lendemain au matin, qu'il
étoit à propos de faire voir à ces gens-là, par notre
assurance, que nous ne nous tenions pas pour Français. Je voulus sortir pour aller à la messe, et je
trouvai, sur le pas de la porte, un sentinelle qui me
fit rentrer assez promptement, en me mettant le bout
de son mousquet dans la tête, et en me disant qu'il
avoit ordre de l'alcade de me commander de me tenir dans mon logis. J'envoyai don Martin à l'alcade,
pour lui dire qui j'étois; et don Pedro y alla avec lui.
Il me vint trouver en même temps : il quitta sa ba-
guette à la porte de ma chambre ; il mit un genou à
terre, et en m'abordant il baisa le bas de mon jus-

taucorps; mais il déclara qu'il ne pouvoit me laisser sortir qu'il n'eût ordre du comte de San-Estévan, vice-roi de Navarre, qui étoit à Pampelune. Don Pedro y alla avec un officier de la ville, et il en revint avec beaucoup d'excuses. On me donna cinquante mousquetaires d'escorte montés sur des ânes, qui m'accompagnèrent jusqu'à Cortez.

Je continuai mon chemin par Saragosse, capitale de l'Arragon, grande et belle ville. Je fus surpris au dernier point d'y voir que tout le monde parloit français dans les rues. Il y en a en effet une infinité, et particulièrement d'artisans, qui sont plus affectionnés à l'Espagne que les naturels du pays. Le duc de Monteleone, napolitain, de la maison de Pignatelli, vice-roi d'Arragon, m'envoya, à trois ou quatre lieues au devant de moi, un gentilhomme, pour me dire qu'il y fût venu lui-même avec toute la noblesse, si le Roi son maître ne lui eût mandé d'obéir à l'ordre contraire qu'il savoit que je lui en donnerois. Ce compliment, fort honnête, comme vous voyez, fut accompagné de mille et mille galanteries, et de tous les rafraîchissemens imaginables que je trouvai à Saragosse. On y voit, avant que d'entrer dans la ville, de ce côté-là, l'Alcaçar des anciens rois maures, qui est présentement à l'Inquisition. Il y a auprès une allée d'arbres, dans laquelle je vis un prêtre qui se promenoit. Le gentilhomme du vice-roi me dit que ce prêtre étoit le curé d'Occa, ville très-ancienne en Arragon; et que ce curé faisoit la quarantaine pour avoir enterré, depuis trois semaines, son dernier paroissien, qui étoit effectivement le dernier de douze mille personnes mortes de la peste dans sa paroisse.

Ce même gentilhomme du vice-roi me fit voir tout ce qu'il y avoit de remarquable à Saragosse (j'étois toujours caché, comme je l'ai dit, sous le nom de marquis de Saint-Florent); mais il ne fit pas la réflexion que Nuestra Senora del Pilar, qui est un des plus célèbres sanctuaires de toute l'Espagne, ne se pouvoit pas voir sous ce titre. On ne montre jamais à découvert cette image miraculeuse qu'aux souverains et aux cardinaux. Le marquis de Saint-Florent n'étoit ni l'un ni l'autre; de sorte que quand on me vit dans le balustre avec un justaucorps de velours noir et une cravate, le peuple infini qui étoit accouru de toute la ville au son de la cloche, qui ne sonne que pour cette cérémonie, crut que j'étois le roi d'Angleterre. Il y avoit, je crois, plus de deux cents carrosses de dames, qui me firent cent et cent galanteries, auxquelles je ne répondis que comme un homme qui ne parloit pas trop bien espagnol. Cette église est belle en elle-même : mais les ornemens et les richesses en sont immenses, et le trésor magnifique. L'on m'y montra un homme qui servoit à allumer les lampes, qui y sont en nombre prodigieux; et l'on me dit qu'on l'y avoit vu sept ans à la porte de cette église, avec une seule jambe. Je l'y vis avec deux. Le doyen, avec tous les chanoines, m'assurèrent que toute la ville l'avoit vu comme eux ; et que si je voulois encore attendre deux jours, je parlerois à plus de vingt mille hommes, même du dehors, qui l'avoient vu comme ceux de la ville. Il avoit recouvré la jambe, à ce qu'il disoit, en se frottant de l'huile de ces lampes. On célèbre tous les ans la fête de ce prétendu miracle avec un concours incroyable de peuple ; et il est vrai qu'encore à une journée de Saragosse je trouvai les grands chemins couverts de gens de toutes sortes de qualités qui y couroient.

J'entrai de l'Arragon dans le royaume de Valence, qui se peut dire non pas seulement le pays le plus sain, mais encore le plus beau jardin du monde. Les grenadiers, les orangers, les limoniers, y font les palissages des grands chemins ; les plus belles et les plus claires eaux du monde leur servent de canaux. Toute la campagne, qui est émaillée d'un million de différentes fleurs qui flattent la vue, y exhale un million d'odeurs différentes qui charment l'odorat. J'arrivai ainsi à Vivaros, où don Fernand Carillo Zuatra, général des galères de Naples, me joignit le lendemain avec la patronne de cette escadre, belle et excellente galère, et renforcée de la meilleure partie de la chiourme et de la soldatesque de la capitane, que l'on avoit presque désarmée pour cet effet. Don Fernand me rendit une lettre de don Juan d'Autriche, aussi belle et aussi galante que j'en aie jamais vue. Il me donnoit le choix de cette galère, ou d'une frégate de Dunkerque qui étoit à la même plage, et qui étoit montée de trente-six pièces de canon. Celle-ci étoit plus sûre pour passer le golfe de Lyon dans une saison aussi avancée : car nous étions dans le mois d'octobre 1654. Je choisis la galère, et vous verrez que je n'en fis pas mieux. Don Christoval de Cardone, chevalier de Saint-Jacques, arriva à Vivaros un quart-d'heure après don Fernand Carillo ; et il me dit que M. le duc de Montalte, vice-roi de Valence, l'avoit envoyé pour m'offrir tout ce qui dépendoit de lui ; qu'il savoit que j'avois refusé ce que le roi Catholique

m'avoit offert à Saint-Sébastien ; qu'il n'osoit, par
cette raison, me presser de recevoir ce que le pagador (1) des galères avoit ordre de m'apporter; mais
que comme il savoit que la précipitation de mon
voyage ne m'avoit pas permis de me charger de beaucoup d'argent, que j'étois fort libéral, et que je ne
serois pas fâché de faire quelque régal à la chiourme,
il espéroit que je ne refuserois pas quelques petits
rafraîchissemens pour elle. Ce rafraîchissement con-
sistoit en six grandes caisses pleines de toutes sortes
de confitures de Valence; de douze douzaines de
paires de gants exquis; et d'une bourse de senteur
dans laquelle il y avoit deux mille pièces d'or, fabrique des Indes, qui reviennent à deux mille cinq
cents ou six cents pistoles. Je reçus le présent sans
en faire aucune difficulté, en lui répondant que
comme je ne me trouvois pas en état de servir Sa
Majesté Catholique, je croyois que je manquerois à
mon devoir en toutes manières, si je recevois les
grandes sommes qu'elle avoit eu la bonté de me faire
apporter à Saint-Sébastien, et offrir à Vivaros; mais
que je croirois aussi manquer au respect que je devois
à un aussi grand monarque, si je n'acceptois le dernier présent dont il m'honoroit. Je le reçus donc;
mais je donnai, avant que de m'embarquer, les confitures au capitaine de la galère, les gants à don Fernand, et l'or à don Pedro pour M. le baron de Vateville, en lui écrivant que comme il m'avoit dit plusieurs fois qu'il étoit assez embarrassé à cause de l'extrême dépense qui étoit nécessaire pour faire achever
l'Amiral des Indes d'occident, qu'il faisoit construire

---

(1) *Pagador* : Payeur.

à Saint-Sébastien; je lui envoyois un petit grain pour soulager son mal de tête (c'est ainsi qu'il appeloit le chagrin que la fabrique de ce vaisseau lui donnoit). Ma manière d'agir en ce rencontre fut un peu outrée. J'eus raison de donner les rafraîchissemens de victuaille au capitaine; il étoit indifférent de retenir les gants d'Espagne, ou de les donner à don Fernand. Il eût été de la bonne conduite de retenir les deux mille et tant de pistoles. Les Espagnols ne me l'ont jamais pardonné, et ils ont toujours attribué à mon aversion ce qui n'étoit en moi, dans la vérité, qu'une suite de la profession que j'ai toujours faite de ne prendre de l'argent de personne.

Je m'embarquai à la seconde garde de la nuit avec un gros temps, mais qui ne nous incommodoit pas beaucoup, parce que nous avions le vent en poupe. Nous faisions quinze milles par heure, et nous arrivâmes le lendemain à Mayorque. Comme il y avoit de la peste en Arragon, tout ce qui venoit de la côte d'Espagne étoit conduit à Mayorque. Il y eut beaucoup d'allées et de venues pour nous faire donner pratique, à laquelle le magistrat de la ville s'opposoit avec vigueur. Le vice-roi, qui n'est pas, à beaucoup près, si absolu en cette île que dans les autres royaumes d'Espagne, et qui avoit reçu ordre du Roi son maître de me faire toutes les honnêtetés possibles, fit tant par ses instances, que l'on me permit, à moi et aux miens, d'entrer dans la ville, à condition de n'y point coucher. Cela nous parut sans doute assez extravagant, parce que l'on porte le mauvais air dans une ville, quoiqu'on n'y couche pas. Je le dis l'après-dînée à un cavalier mayorquin, qui me répondit ces propres paroles, que je remarque, parce qu'elles peuvent s'appliquer en mille rencontres que l'on fait dans la vie : « Nous ne craignons pas que vous nous « apportiez du mauvais air, parce que nous savons « bien que vous n'êtes pas passés à Occa ; mais comme « vous vous en êtes approchés, nous sommes bien « aises de faire en votre personne un exemple qui « ne vous incommode point, et qui nous accommode « pour les suites. » Cela, en espagnol, est plus substantiel, et même plus galant qu'en français.

Le vice-roi, qui étoit un comte arragonnois, me vint prendre avec cent ou cent vingt carrosses pleins de noblesse, et la mieux faite qui soit en Espagne ; il me mena à la messe au Leo (on appelle ainsi les cathédrales), où je vis trente ou quarante femmes de qualité, plus belles les unes que les autres ; et ce qui est de merveilleux, c'est qu'il n'y en a point de laides dans toute l'île : au moins elles y sont très-rares ; ce sont, pour la plupart, des beautés très-délicates, et des teints de lis et de roses. Les femmes du bas peuple, que l'on voit dans les rues, sont de cette espèce ; elles ont une coiffure particulière, qui est fort jolie. Le vice-roi me donna un magnifique dîner, dans une superbe tente de brocart d'or qu'il avoit fait élever sur le bord de la mer. Il me mena après entendre une musique dans un couvent de filles, qui ne cédoient pas en beauté aux dames de la ville. Elles chantèrent à la grille, à l'honneur de leur saint, des airs et des paroles plus galantes et plus passionnées que ne sont les chansons de Lambert (1). Nous

(1) *Lambert :* Michel. C'étoit un musicien célèbre : le cardinal de Richelieu avoit commencé sa fortune. Il chantoit très-agréablement, en

allâmes nous promener, sur le soir, aux environs de la ville, qui sont les plus beaux du monde, et tout pareils aux campagnes du royaume de Valence. Nous revînmes chez la vice-reine, qui étoit plus laide qu'un démon, et qui, étant aussi sous un grand dais, et toute brillante de pierreries, donnoit un merveilleux lustre à soixante dames qui étoient auprès d'elle, et qui avoient été choisies entre les plus belles de la ville. On me ramena avec cinquante flambeaux de cire blanche dans la galère, au son de toute l'artillerie des bastions, et d'une infinité de hautbois et de trompettes. J'employai à ces divertissemens les trois jours que le mauvais temps m'obligea de passer à Mayorque. J'en partis le 4, avec un vent frais et en poupe; je fis cinquante lieues en douze heures, et j'entrai fort heureusement, avant la nuit, au port Mahon, qui est le plus beau de la Méditerranée. Son embouchure est fort étroite, et je ne crois pas que deux galères à la fois y pussent passer en voguant. Il s'élargit tout d'un coup, et fait un bassin oblong qui a une grande demi-lieue de large, et une bonne lieue de long. Une grande montagne, qui l'environne de tous les côtés, fait un théâtre qui, par la multitude

---

s'accompagnant avec le luth ou le théorbe. Boileau parle de lui avec beaucoup d'éloge dans sa troisième satire :

> Molière avec Tartuffe y doit jouer son rôle,
> Et Lambert, qui plus est, m'a donné sa parole;
> C'est tout dire, en un mot, et vous le connoissez.
> — Quoi, Lambert? — Oui, Lambert : à demain. — C'est assez.

Lambert fut effacé par Lully qui épousa sa fille; et il mourut en 1696. « C'étoit, dit Boileau, un fort bon homme qui promettoit à tout le « monde de venir, et qui ne venoit jamais. »

et la hauteur des arbres dont elle est couverte, et
par les ruisseaux qu'elle jette avec une abondance
prodigieuse, ouvre mille et mille scènes qui sont,
sans exagération, plus surprenantes que celles de
l'Opéra. Cette même montagne, ces arbres, ces rochers, couvrent le port de tous les vents, et dans les
plus grandes tempêtes il est toujours aussi calme
qu'un bassin de fontaine, et aussi uni qu'une glace.
Il est partout d'une égale profondeur, et les gallions
des Indes y donnent fond à quatre pas de terre. Ce
port est dans l'île de Minorque, qui donne encore
plus de chair et de toutes sortes de victuailles nécessaires à la navigation, que celle de Mayorque ne produit de grenades, d'oranges et de limons.

Le temps grossit extrêmement après que nous fûmes
entrés dans le port, et au point que nous fûmes obligés d'y demeurer quatre jours. Nous en fîmes pourtant
quatre partances : mais le vent nous refusa toujours.
Don Fernand Carillo, qui étoit homme de qualité,
jeune de vingt-quatre ans, fort honnête et fort civil,
chercha à me donner tous les divertissemens que l'on
pouvoit trouver en ce beau lieu. La chasse y étoit la
plus belle du monde en toute sorte de gibier, et la
pêche en profusion. En voici une manière particulière à ce port. Don Fernand prit cent Turcs de la
chiourme, les mit en rang, leur fit tenir un très-gros
câble, et fit plonger quatre de ces esclaves, qui attachèrent ce câble à une fort grosse pierre, et la tirèrent après à force de bras avec leurs compagnons
au bord de l'eau. Ils ne réussirent qu'après des efforts
incroyables, et ils n'eurent guère moins de peine à
casser cette pierre à coups de marteau. Ils trouvèrent

dedans sept ou huit écailles, moindres que des huîtres en grandeur, mais d'un goût sans comparaison plus relevé.

Le temps s'étant adouci, nous fîmes voile pour passer le golfe de Lyon, qui commence en cet endroit. Il a cent lieues de long et quarante de large, et il est extrêmement dangereux, tant à cause des montagnes de sable, que l'on prétend qu'il élève et qu'il roule quelquefois, que parce qu'il n'y a point de port. Souvent la côte de Barbarie qui le borne d'un côté n'est pas abordable; celle de Languedoc, qui le joint de l'autre, est très-mauvaise; enfin le trajet n'en est point agréable pour les galères, pour peu que la saison soit avancée; et elle l'étoit beaucoup, étant fort proche de la Toussaint, qu'il fait toujours à la mer de grands coups de vent. Don Fernand, qui étoit un des hommes d'Espagne des plus aventuriers, m'avoua qu'une médiocre frégate eût été meilleure en ce rencontre que la plus forte galère. Nous passâmes le golfe en trente-six heures, avec le plus beau temps du monde, et avec un vent qui, ne laissant pas de nous servir, ne nous obligeoit presque pas à mettre sur les bougies de la chambre de poupe ces lanternes de verre dont on les couvre. Nous entrâmes ainsi dans le canal qui est entre la Corse et la Sardaigne. Don Fernand Carillo, qui vit quelques nuages qui lui faisoient appréhender changement de temps, me proposa de donner fonte à Porto-Condé, qui est un port inhabité dans la Sardaigne : ce que j'agréai. Son appréhension s'étant évanouie avec les nuages, il changea d'avis, pour ne pas perdre le beau temps; et ce fut un grand bonheur pour moi : car

M. de Guise, qui alloit à Naples sur l'armée navale de France, étoit mouillé à Porto-Condé avec six galères. Don Fernand Carillo, qui le sut deux jours après, me dit qu'il se fût moqué de ces six galères, parce que la sienne, qui avoit quatre cent cinquante hommes de chiourme, se fût aisément tirée d'affaire ; mais c'eût toujours été une affaire dont un homme qui se sauve de prison se passe encore plus facilement qu'un autre. La forteresse de Saint-Boniface, qui est en Corse et aux Génois, tira quarante coups de canon en nous voyant : et comme nous en passions trop loin pour en être salués, nous jugeâmes qu'elle nous faisoit quelque signal ; et il étoit vrai, car elle nous avertissoit qu'il y avoit des ennemis à Porto-Condé. Nous ne le prîmes pas ainsi, et nous crûmes qu'elle nous vouloit faire connoître qu'une petite frégate que nous voyions devant nous, au sortir du canal, étoit turque, comme elle en avoit le garbe. Il prit fantaisie à don Fernand de l'attaquer ; et il me dit qu'il me donneroit, si je lui permettois, le plaisir d'un combat qui ne dureroit qu'un quart-d'heure. Il commanda que l'on donnât chasse à la frégate, qui paroissoit effectivement faire force de voiles pour s'enfuir. Le pilote, qui n'avoit d'attention qu'à cette frégate, la manqua pour un banc de sable, qui ne paroissoit pas effectivement au dessus de l'eau, mais qui est si connu qu'il est même marqué dans les cartes. La galère toucha. Comme il n'y a rien de si dangereux à la mer, tout le monde cria *miséricorde!* Toute la chiourme se leva pour essayer de se déferrer, et de se jeter à la nage. Don Fernand Carillo, qui jouoit au piquet avec Joly dans la chambre de poupe, me jeta la première épée qu'il trouva devant lui, en me criant que je la tirasse. Il tira la sienne et sortit, chargeant à coups d'estramaçon tout ce qu'il trouvoit devant lui. Tous les officiers et la soldatesque firent la même chose, parce qu'ils appréhendoient que la chiourme, où il y avoit beaucoup de Turcs, ne relevât la galère, c'est-à-dire qu'ils ne s'en rendissent les maîtres, comme il est arrivé quelquefois en de semblables occasions. Quand tout le monde se fut remis à sa place, il me dit, de l'air du monde le plus froid et le plus assuré : « J'ai ordre, monsieur, de « vous mettre en sûreté ; voilà mon premier soin. Il « y faut pourvoir. Je verrai, après cela, si la galère « est blessée. » En proférant cette dernière parole, il me fit prendre à foi de corps par quatre esclaves, et il me fit porter dans la felouque. Il y mit avec moi trente mousquetaires espagnols, auxquels il commanda de me mener sur un petit écueil qui paroissoit à cinquante pas de là, et où il n'y avoit place que pour quatre ou cinq personnes. Les mousquetaires étoient dans l'eau jusqu'à la ceinture : ils me firent pitié, et quand je vis que la galère n'étoit pas blessée je les y voulus renvoyer; mais ils me dirent que si les Corses, qui étoient sur le rivage, me voyoient sans une bonne escorte, ils ne manqueroient pas de me venir piller et égorger. Ces barbares s'imaginent que tout ce qui fait naufrage est à eux.

La galère ne fut pas blessée : ce qui fut une manière de prodige. On ne laissa pas d'être plus de deux heures à la relever. La felouque me vint reprendre, et je remontai sur la galère avec joie. Comme nous sortions du canal, nous aperçûmes encore la frégate, qui, voyant que la galère ne la suivoit plus, avoit repris sa route. Nous lui donnâmes chasse, elle la prit. Nous la joignîmes en moins de deux heures; et nous trouvâmes en effet qu'elle étoit turque, mais entre les mains des Génois, qui l'avoient prise sur les Turcs, et l'avoient armée. Je fus, pour vous dire vrai, très-aise que l'aventure se fût terminée ainsi. Cette guerre ne me plaisoit pas. Le temps se chargeant un peu, l'on crut qu'il étoit à propos d'entrer dans Porto-Vecchio, qui est un port inhabité de Corse. Un trompette du gouverneur génois d'un fort qui en est assez proche vint nous avertir, de la part de son capitaine, que M. de Guise étoit avec six galères de France à Porto-Condé; qu'apparemment il nous avoit vu passer, et qu'il pourroit nous venir surprendre la même nuit sur le soir. Nous résolûmes de nous remettre à la mer, quoique le temps commençât à être fort gros, et qu'il y eût même quelque péril à sortir la nuit de Porto-Vecchio, parce qu'il a à sa bouche un écueil de rocher qui jette un courant assez fâcheux. La bourrasque augmenta avec la nuit, et nous eûmes une des plus grandes tempêtes qui se soit peut-être jamais vue à la mer. Le pilote royal des galères de Naples, qui étoit sur notre galère et qui naviguoit depuis cinquante ans, disoit qu'il n'avoit jamais rien vu de pareil. Tout le monde étoit en prières, tout le monde se confessoit; et il n'y eut que don Fernand Carillo, qui communioit tous les jours quand il étoit à terre, et qui étoit d'une piété angélique; il n'y eut, dis-je, que lui qui ne se jeta point aux pieds des prêtres avec empressement. Il laissoit faire les autres; mais il ne fit rien en son particulier, et il me dit à l'oreille :

« Je crains bien que toutes ces confessions, que la « seule peur produit, ne vaillent rien. » Il demeura toujours à donner ses ordres avec un froid admirable; et en donnant du courage, mais doucement et honnêtement, à un vieux soldat des terres de Naples, qui faisoit paroître un peu d'étonnement. Je me souviens toujours qu'il l'appela *sennor soldado de Carlos Quinto.* Le capitaine particulier de la galère se fit apporter au plus fort du danger ses manches en broderie, et son écharpe rouge, en disant qu'un véritable Espagnol devoit mourir avec la marque de son roi. Il se mit dans un grand fauteuil, et il donna un grand coup de pied dans la mâchoire à un pauvre Napolitain qui, ne pouvant se tenir sur le coursier, marchoit à quatre pattes en criant : *Sennor don Fernando, por l'amor de Dios confession.* Le capitaine, en le frappant, lui dit : *Inimigo de Dios, piedes confession.* Et comme je lui représentai que la preuve n'étoit pas bonne, il me répondit que ce vieillard scandalisoit toute la galère. Vous ne pouvez vous imaginer l'horreur d'une grande tempête : vous en pouvez imaginer aussi peu le ridicule. Un observantin sicilien prêchoit au pied de l'arbre du mât que saint François lui avoit apparu, et l'avoit assuré que nous ne péririons pas. Ce ne seroit jamais fait si j'entreprenois de vous décrire les frayeurs et les impertinences que l'on voit en ces rencontres.

Le grand péril ne dura que sept heures; nous nous mîmes ensuite un peu à couvert sous la piarouse. Le temps s'adoucit, et nous gagnâmes Porto-Longone. Nous y passâmes la Toussaint et la fête des Morts, parce que le vent nous étoit contraire pour sortir du port : le gouverneur espagnol m'y fit toutes les honnêtetés imaginables ; et comme il vit que le mauvais temps continuoit, il me conseilla d'aller voir Porto-Ferrajo. Il n'y a que cinq milles de l'un à l'autre par terre, et j'y allai à cheval.

Je vous ai tantôt dit qu'il n'y a rien de si agréable, dans le théâtre rustique de l'Opéra, que la scène du port Mahon ; et je vous puis dire présentement avec autant de vérité qu'il n'y a rien de si pompeux, dans les représentations les plus magnifiques que vous en avez vues, que tout ce qui paroît de cette place. Il faudroit être homme de guerre pour vous la décrire, et je me contenterai de vous dire que sa force passe sa magnificence : elle est l'unique imprenable qui soit au monde, et le maréchal de La Meilleraye en convenoit. Il l'alla visiter après qu'il eut pris Porto-Longone dans le temps de la régence ; et comme il étoit impétueux, il dit au commandeur Grifoni, qui y commandoit pour le grand duc, que la fortification étoit bonne ; mais que si le Roi son maître lui commandoit de l'attaquer, il lui en rendroit bon compte en six semaines. Le commandeur Grifoni lui répondit qu'il prenoit un trop long terme, et que le grand duc étoit si fort serviteur du Roi qu'il ne faudroit qu'un moment. Le maréchal eut honte de son emportement ou plutôt de sa brutalité, et il la répara en disant : « Vous êtes un galant homme, « monsieur le commandeur, et je suis un sot. Je « confesse que votre place est imprenable. » Le maréchal me fit ce conte à Nantes, et le commandeur me le confirma à Porto-Ferrajo, où il commandoit encore quand j'y passai.

Le vent nous ayant permis de sortir de Porto-Longone, nous prîmes terre à Piombino, qui est dans la côte de Toscane. Je quittai dans ce lieu la galère, après avoir donné aux officiers, aux soldats et à la chiourme, tout ce qui me restoit d'argent, sans excepter la chaîne d'argent que le roi d'Espagne avoit donnée à Boisguérin. Je la lui achetai, et je la revendis au facteur du prince Ludovisio, qui est prince de Piombino. Je ne me réservai que neuf pistoles, que je crus me suffire jusqu'à Florence.

Je suis obligé de dire, pour la vérité, que jamais gens ne méritèrent mieux des gratifications que ceux qui étoient sur cette galère. Leur discrétion à mon égard n'a peut-être jamais eu d'exemple. Ils étoient plus de six cents hommes, dont il n'y en avoit pas un qui ne me connût. Il n'y en eut jamais un seul qui en donnât seulement, ni à moi ni à aucun autre, de démonstration. Leur reconnoissance fut égale à leur discrétion. Celle que je leur avois témoignée de leurs honnêtetés les toucha tellement, qu'ils pleuroient tous quand je les quittai pour prendre terre à Piombino, qui fut proprement le lieu où je recouvrai ma liberté, laquelle jusque là avoit été hasardée par beaucoup d'aventures.

LIVRE CINQUIÈME.

Je ne demeurai que quatre heures à Piombino ; j'en sortis aussitôt que j'eus dîné, et je pris la route de Florence. Je trouvai à trois ou quatre lieues de Volterre un signor Annibal (je ne me ressouviens pas du nom de cette maison) ; il étoit gentilhomme de la chambre du grand duc, et il venoit de sa part, sur l'avis que le gouverneur de Porto-Ferrajo lui avoit donné de me faire complimenter, et me prier d'agréer de faire une légère quarantaine avant que d'entrer plus avant dans le pays.

Il étoit un peu brouillé avec les Génois, et il appréhendoit que, sous le prétexte de communication avec les gens qui venoient de la côte d'Espagne, suspecte de contagion, ils n'interdissent le commerce de la Toscane. Le signor Annibal me mena dans une maison qui est sous Volterre, qui s'appellé *l'Hospitalita*, et qui est bâtie sur le champ de bataille où Catilina fut tué. Elle étoit autrefois au grand Laurent de Médicis, et elle est tombée par alliance dans la maison de Corsini. J'y demeurai neuf jours, et j'y fus toujours servi magnifiquement par les officiers du grand duc. L'abbé Charier, qui, sur le premier avis de mon arrivée, étoit allé à Porto-Ferrajo, étoit venu de Florence en poste m'y trouver ; et le bailli de Gondy m'y vint prendre avec les carrosses du grand duc, pour me mener coucher à Camogliane,

belle et superbe maison qui est au marquis Nicolini, son parent proche. J'en partis le lendemain au matin d'assez bonne heure, pour aller coucher à Lambrosiano, qui est un lieu de chasse où le grand duc étoit depuis quelques jours. Il me fit l'honneur de venir au devant de moi à une lieue de là jusqu'à Empoli, qui est une assez jolie ville; et le premier mot qu'il me dit, après le premier compliment, fut que je n'avois pas trouvé en Espagne les Espagnols de Charles-Quint. Comme il m'eut mené dans mon appartement à Lambrosiano, et que je me vis dans ma propre chambre dans un fauteuil au dessus de lui, je lui demandai si je jouois bien la comédie. Il ne m'entendit pas d'abord; mais comme il eut connu que je lui voulois marquer par là que je ne me méconnoissois point moi-même, et que je ne prenois pas la main sur lui sans y faire au moins la réflexion que je devois, il me dit : « Vous êtes le premier cardinal qui m'ait
« parlé ainsi; vous êtes aussi le premier pour qui je
« fasse ce que je fais sans peine. » Je demeurai trois jours avec lui à Lambrosiano; et le second, il entra dans ma chambre tout ému, en me disant : « Je vous
« apporte une lettre du duc d'Arcos, vice-roi de Na-
« ples, qui vous fera voir l'état où est le royaume de
« Naples. » Cette lettre portoit que M. de Guise y étoit descendu; qu'il y avoit eu un grand combat auprès de la tour des Grecs; qu'il espéroit que les Français ne feroient point de progrès; qu'au moins les gens de guerre le lui faisoient espérer ainsi. « Car comme,
« disoit le vice-roi, *jo non soi soldato*, je suis obligé
« de m'en rapporter à eux. » La confession, comme vous voyez, est assez plaisante pour un vice-roi. Le

grand duc me fit beaucoup d'offres, quoique le cardinal Mazarin l'eût fait menacer, de la part du Roi même, de rupture, s'il me donnoit passage par ses Etats. Rien ne pouvoit être plus ridicule ; et le grand duc lui répondit par son résident, qui me l'a confirmé depuis, qu'il le prioit de lui donner une invention de faire agréer au Pape et au sacré collége le refus qu'il m'en pourroit faire. Je ne pris de toutes les offres du grand duc que quatre mille écus, que je me crus nécessaires, parce que l'abbé Charier m'avoit dit qu'il n'y avoit encore aucune lettre de change pour moi à Rome. J'en fis ma promesse ; et je les dois encore au grand duc, qui a trouvé bon que je le misse le dernier dans le catalogue de mes créanciers, comme celui qui est assurément le moins pressé de son remboursement.

J'allai de Lambrosiano à Florence, où je demeurai deux jours avec le cardinal Jean-Charles de Médicis, et M. le prince Léopold son frère, qui a aussi depuis été cardinal. Ils me donnèrent une litière du grand duc, qui me porta jusqu'à Sienne, où je trouvai M. le prince Mathias, qui en étoit gouverneur. Il ne se peut rien ajouter aux honnêtetés que je reçus de cette maison, qui a véritablement hérité du titre de magnifique que quelques-uns d'eux ont porté, et que tous ont mérité. Je continuai mon chemin dans leurs litières, et avec leurs officiers ; et comme les pluies furent excessives en Italie, je faillis à me noyer auprès de Ponte-Cantine dans un torrent, dans lequel un coup de tonnerre qui effraya mes mules fit tomber la nuit ma litière. Le péril y fut certainement fort grand.

Comme je fus à une demi-journée de Rome, l'abbé

Rousseau, qui, après m'avoir tenu à Nantes la corde avec laquelle je me sauvai, s'étoit sauvé lui-même fort résolument et fort heureusement du château, et qui étoit venu m'attendre à Rome ; l'abbé Rousseau, dis-je, vint au devant de moi pour me dire que la faction de France s'étoit fort déclarée à Rome contre moi, et qu'elle menaçoit même de m'empêcher d'y entrer. Je continuai mon chemin, je n'y trouvai aucun obstacle, et j'arrivai par la porte Angélique (1) à Saint-Pierre, où je fis ma prière, et d'où j'allai descendre chez l'abbé Charier. J'y trouvai monsignor Febey, maître des cérémonies, qui m'y attendoit, et qui avoit ordre du Pape de me diriger dans ces commencemens. Monsignor Franzoni, trésorier de la chambre, et qui est présentement cardinal, y arriva ensuite avec une bourse dans laquelle il y avoit quatre mille écus en or, que Sa Sainteté m'envoyoit avec mille et mille honnêtetés. J'allai dès le soir en chaise, inconnu, chez la signora Olimpia, et chez madame la princesse de Rossanne ; et je revins coucher, sans être accompagné que de deux gentilshommes, chez l'abbé Charier.

Le lendemain, comme j'étois au lit, l'abbé de La Rocheposai, que je ne connoissois point du tout, entra dans ma chambre ; et après qu'il m'eut fait son premier compliment sur quelque alliance qui est entre nous, il me dit qu'il se croyoit obligé de m'avertir que le cardinal d'Est, protecteur de France, avoit des ordres terribles du Roi ; qu'il se tenoit à l'heure même une congrégation des cardinaux fran-

(1) *J'arrivai par la porte Angélique :* Le cardinal de Retz entra dans Rome le 28 novembre 1654.

çais chez lui, qui alloient décider du détail de la résolution que l'on y prendroit contre moi; mais que la résolution y étoit déjà prise en gros, conformément aux ordres de Sa Majesté, de ne me point souffrir à Rome, et de m'en faire sortir à quelque prix que ce fût. Je répondis à M. l'abbé de La Rocheposai que j'avois eu de si violens scrupules de ces manières d'armemens que j'avois autrefois faits à Paris, que j'étois résolu de mourir plutôt mille fois que de songer à aucune défense; que d'un autre côté je ne croyois pas qu'il fût du respect à un cardinal d'être venu si près du Pape pour sortir de Rome sans lui baiser les pieds; et qu'ainsi tout ce que je pouvois faire, dans l'extrémité où je me trouvois, étoit de m'abandonner à la providence de Dieu, et d'aller dans un quart-d'heure tout seul à la messe, s'il lui plaisoit, avec lui, dans une petite église qui étoit à la vue du logis. L'abbé de La Rocheposai s'aperçut que je me moquois de lui, et il sortit de mon logis assez mal satisfait de sa négociation, de laquelle, à mon avis, il avoit été chargé par le pauvre cardinal Antoine, bon homme, mais foible au delà de l'imagination. Je ne laissai pas de faire donner avis au Pape des menaces; et il envoya aussitôt au comte Vidman, noble vénitien, colonel de sa garde, l'abbé Charier, pour lui dire qu'il lui répondroit de ma personne, en cas que s'il voyoit la moindre apparence de mouvement dans la faction de France, il ne disposât pas comme il lui plairoit de ses Suisses, de ses Corses, de ses lanciers et de ses chevau-légers. J'eus l'honnêteté de faire donner avis de cet ordre à M. le cardinal d'Est, quoique indirectement, par monsignor Scotti; et M. le cardinal d'Est eut aussi la bonté de me laisser en repos.

Le Pape me donna une audience de quatre heures dès le lendemain, où il me donna toutes les marques d'une bonne volonté qui étoit bien au dessus de l'ordinaire, et d'un génie qui étoit bien au dessus du commun. Il s'abaissa jusqu'au point de me faire des excuses de ce qu'il n'avoit pas agi avec plus de vigueur pour ma liberté. Il en versa des larmes, même avec abondance, en me disant : « *Dio lo pardoni* à ceux
« qui ont manqué de me donner le premier avis de
« votre prison! Ce forfante de Valancey me surprit,
« et il me vint dire que vous étiez convaincu d'avoir
« attenté sur la personne du Roi. Je ne vis aucun
« courrier, ni de vos proches, ni de vos amis. L'am-
« bassadeur eut tout le loisir de débiter ce qu'il lui
« plut, et d'amortir le premier feu du sacré collége,
« dont la moitié crut que vous étiez abandonné de
« tout le royaume, en ne voyant ici personne de
« votre part. » L'abbé Charier, qui, faute d'argent, étoit demeuré dix ou douze jours à Paris depuis ma détention, m'avoit instruit de tout ce détail à *l'Hospitalita;* et il y avoit même ajouté qu'il y seroit peut-être demeuré encore long-temps, si l'abbé Amelot ne lui avoit apporté deux mille écus. Ce délai me coûta cher : car il est vrai que si le Pape eût été prévenu par un courrier de mes amis, il n'eût pas donné audience à l'ambassadeur, ou il ne la lui auroit donnée qu'après qu'il auroit pris lui-même ses résolutions. Cette faute fut capitale, et d'autant plus qu'elle étoit de celles que l'on peut aisément s'empêcher de commettre. Mon intendant avoit quatorze mille livres de mon argent quand je fus arrêté; mes amis n'en manquoient

pas même à mon égard, comme il parut par les assistances qu'ils me donnèrent dans les suites. Ce n'est pas l'unique occasion dans laquelle j'ai remarqué que l'aversion que la plupart des hommes ont à se dessaisir fait qu'ils ne le font jamais assez tôt, même dans les rencontres où ils sont les plus résolus de le faire. Je ne me suis jamais ouvert à qui que ce soit de ce détail, parce qu'il touche particulièrement quelques-uns de mes amis. Je suis uniquement à vous, et je vous dois la vérité tout entière.

Le Pape tint consistoire le jour qui suivit l'audience dont je viens de vous rendre compte, tout exprès pour me donner le chapeau. « Et comme, me dit-il, « *vostro protettore di quanto baiocchi* (il n'appeloit « jamais autrement le cardinal d'Est) est tout propre « à faire quelque impertinence en cette occasion, il « le faut amuser, et lui faire croire que vous ne viendrez point au consistoire. » Cela me fut aisé, parce que j'étois, dans la vérité, très-mal de mon épaule, et si mal que Nicolo, le plus fameux chirurgien de Rome, disoit que si l'on n'y travailloit en diligence, je courois fortune de tomber dans des accidens encore plus fâcheux. Je me mis au lit, sous ce prétexte, au retour de chez le Pape. Il fit courir je ne sais quel bruit touchant ce consistoire, qui aida à tromper les Français. Ils y allèrent tous bonnement, et ils furent fort étonnés quand ils m'y virent entrer avec le maître des cérémonies, et en état de recevoir le chapeau. Messieurs les cardinaux d'Est et des Ursins sortirent, et le cardinal Bichi demeura. L'on ne peut s'imaginer l'effet que ces sortes de pièces font en faveur de ceux qui les jouent bien, dans un pays où il est moins permis de passer pour dupe qu'en lieu du monde.

La disposition où le Pape étoit pour moi, laquelle alloit jusqu'au point de penser à m'adopter pour son neveu, et l'indisposition cruelle qu'il avoit contre M. le cardinal Mazarin, eussent apparemment donné dans peu d'autres scènes, s'il ne fût tombé malade trois jours après, de la maladie de laquelle il mourut au bout de cinq semaines; de sorte que tout ce que je pus faire, avant le conclave, fut de me faire traiter de ma blessure. Nicolo me démit l'épaule pour la seconde fois, pour la remettre. Il me fit des douleurs inconcevables, et il ne réussit pas dans son opération.

[1655] La mort du Pape arriva (1); et comme j'avois presque toujours été au lit, je n'avois eu que fort peu de temps pour me préparer au conclave, qui devoit être toutefois, selon toutes les apparences, d'un très-grand embarras pour moi. M. le cardinal d'Est disoit publiquement qu'il avoit ordre du Roi, non-seulement de ne point communiquer avec moi, mais même de ne me point saluer. Le duc de Terra-Nova, ambassadeur d'Espagne, m'avoit fait toutes les offres imaginables de la part du Roi son maître, aussi bien que le cardinal de Harrach au nom de l'Empereur. Le vieux cardinal de Médicis, doyen du sacré collége et protecteur d'Espagne, prit d'abord une inclination naturelle pour moi. Mais vous jugez assez, par ce que vous avez vu de Saint-Sébastien et de Vivaros, que je n'avois pas dessein d'entrer dans la faction d'Autriche. Je n'ignorois pas qu'un cardinal étranger, persécuté par son Roi, ne pouvoit faire qu'une figure

(1) *La mort du Pape arriva*: Innocent X mourut le 7 janvier 1655.

très-médiocre dans un lieu où les égards que le général et les particuliers ont pour les couronnes ont encore plus de force qu'ailleurs par les intérêts plus pressans et plus présens que tout le monde trouve à ne leur pas déplaire. Il m'étoit toutefois, non pas seulement d'importance, mais de nécessité pour les suites, de ne pas demeurer sans mesures dans un pays où la prévoyance n'a pas moins de réputation que d'utilité : je me trouvai, pour vous dire le vrai, fort embarrassé dans cette conjoncture. Voici comme je m'en démêlai. Le pape Innocent, qui étoit un grand homme, avoit eu une application particulière au choix qu'il avoit fait des sujets pour les promotions des cardinaux; et il est constant qu'il ne s'y étoit que fort peu trompé. La signora Olimpia le força, en quelque façon, par l'ascendant qu'elle avoit sur son esprit, à honorer de cette dignité Maldachin son neveu, qui n'étoit encore qu'un enfant : mais on peut dire qu'à la réserve de celui-là, tous les autres furent ou bons, ou soutenus par des considérations qui les justifièrent. Il est même vrai qu'en la plupart le mérite et la naissance concoururent à les rendre illustres. Ceux de ce nombre qui ne se trouvèrent pas attachés aux couronnes par la faction se trouvèrent tout-à-fait libres à la mort du Pape, parce que le cardinal Pamphile son neveu ayant remis son chapeau pour épouser madame la princesse de Rossane, et le cardinal Astali, que Sa Sainteté avoit adopté, ayant été dégradé depuis du népotisme, même avec honte, il n'y avoit plus personne qui pût se mettre à la tête de cette faction dans le conclave. Ceux qui se rencontrèrent en cet état, que l'on peut appeler de liberté, étoient messieurs les cardinaux Chigi, Lomelin, Ottoboni, Imperiali, Aquaviva, Pio, Borromée, Albizi, Gualtieri, Azolini, Homodei, Cibo, Odescalchi, Vidman, Aldobrandin. Dix de ceux-là, qui furent Lomelin, Ottoboni, Imperiali, Borromée, Aquaviva, Pio, Gualtieri, Albizi, Homodei, Azolini, se mirent dans l'esprit de se servir de leur liberté pour affranchir le sacré collége de cette coutume, qui assujettit à la reconnoissance des voix qui ne devroient reconnoître que les mouvemens du Saint-Esprit. Ils résolurent de ne s'attacher qu'à leur devoir, et de faire une profession publique, en entrant dans le conclave, de toutes sortes d'indépendances et de factions et de couronnes. Comme celle d'Espagne étoit en ce temps-là la plus forte à Rome, et par le nombre des cardinaux, et par la jonction des sujets qui étoient assujettis à la maison de Médicis, ce fut celle aussi qui éclata le plus contre cette indépendance de l'*escadron volant:* c'est le nom que l'on donna à ces dix cardinaux que je viens de vous nommer.

Je pris ce moment de l'éclat que le cardinal Jean-Charles de Médicis fit au nom de l'Espagne contre cette union, pour entrer moi-même dans leur corps : à quoi je mis toutefois le préalable qui étoit nécessaire à l'égard de la France ; et je priai monsignor Scotti, qui y avoit été nonce extraordinaire, et qui étoit agréable à la cour, d'aller chez tous les cardinaux de la faction, leur dire que je les suppliois de me dire ce que j'avois à faire pour le service du Roi ; que je ne demandois pas le secret, et qu'il suffisoit que l'on me dît jour à jour les pas que j'aurois à faire pour remplir mon devoir.

M. le cardinal Grimaldi fit une réponse fort civile

et même fort obligeante à monsignor Scotti; mais messieurs les cardinaux d'Est, Bichi et Ursin me traitèrent de haut en bas, même avec mépris. Je déclarai dès le lendemain publiquement que puisqu'on ne me vouloit donner aucun moyen de servir la France, je croyois que je ne pouvois rien faire de mieux que de me mettre au moins dans la faction la plus indépendante de celle d'Espagne. J'y fus reçu avec toutes les honnêtetés imaginables, et l'événement fit voir que j'avois eu raison.

Je n'en eus pas tant dans la conduite que j'eus au même moment avec M. de Lyonne. Il s'étoit raccommodé avec M. le cardinal Mazarin, qui l'envoya à Rome pour agir contre moi, et qui, pour l'y tenir avec plus de dignité, lui donna la qualité d'ambassadeur extraordinaire vers les princes d'Italie. Comme il étoit assez ami de Montrésor, il le vit devant qu'il partît. Il le pria de m'écrire qu'il n'oublieroit rien pour adoucir les choses, et que je le connoîtrois par les effets. Il parloit sincèrement : son intention pour moi étoit assez bonne. Je n'y répondis pas comme je devois; et cette faute n'est pas une des moindres de celles que j'ai commises pendant ma vie. Je vous en dirai le détail, et les raisons de ma conduite, qui n'étoit pas bonne, après que je vous aurai rendu compte du conclave.

Le premier pas que fit l'escadron volant, dans l'intervalle des neuf jours qui sont employés aux obsèques du Pape, fut de s'unir avec le cardinal Barberin, qui avoit dans l'esprit de porter au pontificat le cardinal Sachetti, homme d'une représentation pareille à celle du feu président de Bailleul, de qui Ménage disoit qu'*il n'étoit bon qu'à peindre.* Le cardinal Sachetti n'avoit effectivement qu'un fort médiocre talent; mais comme il étoit créature du pape Urbain, et qu'il avoit toujours été fidèlement attaché à sa maison, Barberin l'avoit en tête, et avec d'autant plus de fermeté que son exaltation paroissoit et étoit en effet difficile au dernier point. M. le cardinal Barberin, dont la vie est angélique, a un travers dans l'humeur qui le rend, comme ils disent en Italie, *inamorato de l'impossible.* Il ne s'en falloit guère que l'exaltation de Sachetti ne fût de ce genre. L'amitié étroite entre lui et Mazarin, qui avoit été sinon domestique, au moins commensal de son frère, n'étoit pas une bonne recommandation pour lui envers l'Espagne : mais ce qui l'éloignoit encore plus de la chaire de saint Pierre étoit la déclaration publique que la maison de Médicis, qui étoit d'ailleurs à la tête de la faction d'Espagne, avoit faite contre lui dès le précédent conclave.

Ceux de l'escadron qui avoient en vue de faire pape le cardinal Chigi crurent que l'unique moyen pour engager M. le cardinal Barberin à le servir seroit de l'y obliger par reconnoissance, et de faire sincèrement et de bonne foi tous leurs efforts pour porter au pontificat Sachetti, voyant qu'ils seroient pourtant inutiles par l'événement, ou du moins qu'ils ne seroient utiles qu'à les lier si étroitement et si intimement avec le cardinal Barberin, qu'il ne pourroit s'empêcher lui-même de concourir dans la suite à ce qu'ils desiroient. Voilà l'unique secret de ce conclave, sur lequel tous ceux à qui il a plu d'en écrire ont dit mille et mille impertinences; et je soutiens

que le raisonnement de l'escadron étoit fort juste.
« Nous sommes persuadés que Chigi est le sujet du
« plus grand mérite qui soit dans le collége, et nous
« ne le sommes pas moins qu'on ne le peut faire
« pape qu'en faisant tous nos efforts pour réussir à
« Sachetti. Le pis du pis est que nous réussissions à
« Sachetti, qui n'est pas trop bon, mais qui est tou-
« jours un des moins mauvais. Selon toutes les ap-
« parences du monde, nous n'y réussirons pas : au-
« quel cas nous ferons tomber Barberin à Chigi par
« reconnoissance, et par l'intérêt de nous y conserver.
« Nous y ferons venir l'Espagne et Médicis, par l'ap-
« préhension que nous n'emportions à la fin le plus
« de voix pour Sachetti; et la France, par l'impos-
« sibilité où elle se trouvera de l'empêcher. » Ce
raisonnement beau et profond, auquel il faut avouer
que M. le cardinal Azolin eut plus de part que personne, fut approuvé tout d'une voix dans la Trans-
pontine, où l'escadron volant s'assembla dès les premiers jours des obsèques du Pape, et après même
que l'on y eut examiné mûrement les difficultés de
ce dessein, qui eussent paru insurmontables à des esprits médiocres. Les grands noms sont toujours de
grandes raisons aux petits génies : France, Espagne,
Empire, Toscane, étoient des mots tout propres à
épouvanter les gens. Il n'y avoit aucune apparence
que le cardinal Mazarin pût agréer Chigi, qui avoit
été nonce à Munster dans le temps de la négociation
de la paix, et qui s'étoit déclaré ouvertement dans
plus d'une occasion contre Servien, qui étoit pléni-
potentiaire de France. Il n'y avoit pas de vraisem-
blance que l'Espagne lui dût être favorable. Le car-

dinal Trivulce, le plus capable sujet de sa faction et peut-être du sacré collége, déclamoit publiquement contre lui comme contre un bigot; et il appréhendoit dans le fond extrêmement son exaltation, par la crainte qu'il avoit de sa sévérité, peu propre à souffrir la licence de ses débauches, qui, à la vérité, étoient scandaleuses. Il n'étoit pas croyable que le cardinal Jean-Charles de Médicis pût être bien intentionné pour lui, et par la même raison, et par celle de sa naissance : car il étoit Siennois, et connu pour aimer passionnément sa patrie, qui est pareillement connue pour n'aimer pas passionnément la domination de Florence.

Toutes ces considérations furent pesées et examinées. On pesa l'apparent, le douteux et le possible; et l'on se fixa à la résolution que je viens de vous marquer, avec une sagesse qui étoit d'autant plus profonde qu'elle paroissoit hardie. Il faut avouer qu'il n'y a peut-être jamais eu de concert où l'harmonie ait été si juste qu'en celui-ci ; et il sembloit que tous ceux qui y entroient ne fussent nés que pour agir les uns avec les autres. L'activité d'Imperiali y étoit tempérée par le flegme de Lomelin; la profondeur d'Ottoboni se servoit utilement de la hauteur d'Aquaviva; la candeur d'Omedei et la froideur de Gualtieri y couvroient, quand il étoit nécessaire, l'impétuosité de Pio et la duplicité d'Albizi. Azolin, qui est un des plus beaux et des plus faciles esprits du monde, veilloit avec une application d'esprit continuelle aux mouvemens de ces différens ressorts; et l'inclination que messieurs les cardinaux de Médicis et Barberin, chefs des deux factions les plus opposées, prirent pour moi d'abord, suppléa, dans les rencontres en ma personne, au défaut des qualités qui m'étoient nécessaires pour y tenir mon coin. Tous les acteurs firent bien, le théâtre y fut toujours rempli; les scènes n'y furent pas beaucoup diversifiées, mais la pièce fut belle, d'autant plus qu'elle fut simple. Quoi qu'en aient écrit les compilateurs des conclaves, il n'y eut de mystère que celui que je vous ai expliqué ci-devant. Il est vrai que les épisodes en furent curieux : je m'explique.

Le conclave fut, si je ne me trompe, de quatre-vingts jours. Nous donnions, tous les matins et toutes les après-dînées, trente-deux et trente-trois voix à Sachetti ; et ces voix étoient celles de la faction de France ; des créatures du pape Urbain, oncle de M. le cardinal Barberin, et de l'escadron volant. Celles des Espagnols, des Allemands et des Médicis se répandoient sur différens sujets dans tous les scrutins ; et ils affectoient d'en user ainsi, pour donner à leur conduite un air plus ecclésiastique et plus épuré d'intrigues et de cabales que le nôtre n'avoit. Ils ne réussirent pas dans leurs projets, parce que les mœurs très-déréglées de M. le cardinal Jean-Charles de Médicis et de M. le cardinal Trivulce, qui étoient proprement les ames de leurs factions, donnoient bien plus de lustre à la piété exemplaire de M. le cardinal Barberin, qu'ils ne lui en pouvoient ôter par leurs artifices. Le cardinal Cesi, pensionnaire d'Espagne, et l'homme le plus singe en tout sens que j'aie jamais connu, me disoit un jour à ce propos fort plaisamment: « Vous nous battrez à la fin ; car nous nous décréditons, en ce que nous nous voulons faire passer pour gens de bien. » *Le faux trompe quelque-*

fois, mais il ne trompe pas long-temps quand il est relevé par d'habiles gens. Leur faction perdit en peu de temps le *concetto* (qu'ils appellent en ce pays-là) de vouloir le bien. Nous gagnâmes de bonne heure cette réputation, parce que, dans la vérité, Sachetti, qui étoit aimé à cause de sa douceur, passoit pour homme de bonnes et droites intentions; et parce que le ménagement que la maison de Médicis étoit obligée d'avoir pour le cardinal Rasponi, quoiqu'elle ne l'eût pas voulu en effet pour pape, nous donna lieu de faire croire dans le monde qu'elle vouloit instaler dans la chaire de saint Pierre *la Volpe* (c'est ainsi que l'on appeloit le cardinal Rasponi, parce qu'il passoit pour un fourbe). Ces dispositions, jointes à plusieurs autres qui seroient trop longues à déduire, firent que la faction d'Espagne s'aperçut qu'elle perdoit du terrain ; et quoique cette perte n'allât pas jusqu'au point de lui faire croire que nous pensions à faire le Pape sans sa participation, elle ne laissa pas d'appréhender que son parti ayant beaucoup de vieillards, et le nôtre beaucoup de jeunes, le temps ne pût être facilement pour nous. Nous surprîmes une lettre de l'ambassadeur d'Espagne au cardinal Sforce, qui faisoit voir cette crainte en termes exprès ; et nous comprîmes même par l'air de cette lettre, plus que par ses paroles, que cet ambassadeur n'étoit pas trop content de la manière d'agir de Médicis. Je suis trompé si ce ne fut monsignor Febrei qui surprit cette lettre. Cette semence fut cultivée avec beaucoup de soin dès qu'elle eut paru ; et l'escadron, qui par le canal de Borromée, milanais, et d'Aquaviva, napolitain, gardoit toujours beaucoup de mesures d'honnêtetés avec l'ambassadeur d'Espagne, n'oublia pas de lui faire pénétrer qu'il étoit du service du Roi son maître, et de son intérêt particulier de lui ambassadeur, de ne se pas si fort abandonner aux Florentins, qu'il assujétît et à leurs maximes et à leurs caprices la conduite d'une couronne pour laquelle tout le monde avoit du respect.

Cette poudre s'échauffa peu à peu, et elle prit feu dans son temps. Je vous ai déjà dit que la faction de France donnoit toute sa force à Sachetti avec nous. La différence est qu'elle y donnoit à l'aveugle, croyant qu'elle y pourroit réussir, et que nous y donnions avec une lumière presque certaine que nous ne pourrions pas l'emporter : ce qui faisoit qu'elle n'y prenoit point de mesures hypothétiques, si l'on peut parler ainsi ; c'est-à-dire qu'elle ne songeoit pas à se résoudre quel parti elle prendroit, en cas qu'elle ne pût réussir à Sachetti. Comme le nôtre étoit pris selon cette disposition que nous tenions presque pour constante, nous nous appliquions par avance à affoiblir celle de France, pour le temps dans lequel nous jugions qu'elle nous seroit opposée. Je donnai par hasard l'ouverture à Jean-Charles de débaucher le cardinal Ursin, qu'il eut à bon marché ; et ainsi dans le moment que la faction d'Espagne ne songeoit qu'à se défendre de Sachetti, et que celle de France ne pensoit qu'à le porter, nous travaillions pour une fin sur laquelle ni l'une ni l'autre ne faisoit aucune réflexion, à diviser celle-là et à affoiblir celle-ci. L'avantage de se trouver en cet état est grand, mais il est rare. Il falloit pour cela une rencontre pareille à celle dans laquelle nous étions, et qui ne se verra peut-être pas en dix mille ans. Nous voulions Chigi, et nous ne le pouvions avoir qu'en faisant tout ce qui étoit en notre pouvoir pour l'exaltation de Sachetti, et nous étions moralement assurés que ce que nous ferions pour Sachetti ne pourroit réussir : de sorte que la bonne conduite nous portoit à ce à quoi nous étions obligés par la bonne foi. Cette utilité n'étoit pas la seule : notre manœuvre couvroit notre marche, et nos ennemis tiroient à faux, parce qu'ils visoient à faux, et toujours où nous n'étions pas. Vous verrez le succès de cette conduite après que je vous aurai expliqué celle de Chigi, et la raison pour laquelle nous avions jeté les yeux sur lui.

Il étoit créature du pape Innocent, et le troisième de la promotion de laquelle j'avois été le premier. Il avoit été inquisiteur à Malte et nonce à Munster, et il avoit acquis en tous lieux la réputation d'une intégrité sans tache. Ses mœurs avoient été sans reproches dès son enfance. Il savoit assez d'humanités pour faire paroître au moins une teinture suffisante des autres sciences. Sa sévérité paroissoit douce, ses maximes paroissoient droites; il se communiquoit peu, mais ce peu qu'il se communiquoit étoit mesuré et sage (*savio col silentio*), mieux que d'homme que j'aie jamais connu. Tous les dehors d'une piété véritable et solide relevoient merveilleusement toutes ces qualités, ou plutôt toutes ces apparences. Ce qui leur donnoit un corps au moins fantastique étoit ce qui s'étoit passé à Munster entre Servien et lui. Celui-là, qui étoit connu et reconnu pour le démon exterminateur de la paix, s'y étoit cruellement brouillé avec le Contarin, ambassadeur de Venise, homme sage et homme de bien. Chigi se signala pour le

Contarin, sachant qu'il faisoit fort bien sa cour à Innocent. L'opposition de Servien, qui étoit dans l'exécration des peuples, lui concilia l'amour public, et lui donna de l'éclat. La marche qu'il garda avec le cardinal Mazarin, lorsqu'il se trouva, ou à Aix-la-Chapelle, ou à Bruxelles en revenant de Munster, plut à Sa Sainteté. Elle le rappela à Rome, et le fit secrétaire d'Etat et cardinal. On ne le connoissoit que par les endroits que je viens de vous marquer. Comme Innocent étoit d'un génie fort perçant, il découvrit bientôt que le fond de celui de Chigi n'étoit ni si bon ni si profond qu'il se l'étoit imaginé ; mais cette pénétration du Pape ne nuisit pas à la fortune de Chigi : au contraire elle y servit, parce qu'Innocent, qui se voyoit mourant, ne voulut point condamner son propre choix ; et que Chigi, qui par la même raison ne craignoit le Pape que médiocrement, se fit un honneur de se faire passer dans le monde pour un homme d'une vertu inébranlable et d'une rigidité inflexible. Il ne faisoit point sa cour à la signora Olimpia, qui étoit abhorrée dans Rome ; il blâmoit assez ouvertement tout ce que le public n'approuvoit pas de cette cour-là ; et tout le monde, qui est et qui sera éternellement dupe en ce qui flatte son aversion, admiroit sa fermeté et sa vertu sur un sujet sur lequel on ne devoit tout au plus jouer que son bon sens, qui lui faisoit voir qu'il semoit de la graine pour le pontificat futur dans un champ où il n'avoit plus rien à cueillir pour le présent.

Le cardinal Azolin, qui avoit été secrétaire des brefs dans le même temps que l'autre avoit été secrétaire d'Etat, avoit remarqué dans ses mémoires de

certaines finoteries qui n'avoient pas de rapport à la
candeur dont il faisoit profession. Il me le dit avant
que nous entrassions dans le conclave ; mais il ajouta,
en me le disant, que sur le tout il n'en voyoit point
de meilleur : et que de plus sa réputation étoit si bien
établie, même dans l'esprit de nos amis de l'escadron,
que ce qu'il leur en pourroit dire ne passeroit auprès
d'eux que comme un reste de quelques petits démêlés
qu'ils avoient eus ensemble par la compétence de
leurs charges. Je fis d'autant moins de réflexion sur
ce qu'Azolin m'en disoit, que j'étois moi-même tout-à-
fait préoccupé en faveur de Chigi. Il avoit ménagé
avec soin l'abbé Charier dans le temps de ma prison ;
il lui avoit fait croire qu'il faisoit des efforts incroyables pour moi auprès du Pape ; il pestoit contre lui
avec l'abbé Charier, et avec plus d'emportement
même que lui, de ce qu'il ne poussoit pas avec assez
de vigueur le cardinal Mazarin sur mon sujet. L'abbé
Charier avoit chez lui toutes les entrées, comme s'il
avoit été son domestique ; et il étoit persuadé qu'il
étoit mieux intentionné et plus échauffé pour moi
que moi-même. Je n'eus pas sujet d'en douter dans
tout le cours du conclave. J'étois assis immédiatement
au dessus de lui au scrutin, et tant qu'il duroit j'avois
lieu de l'entretenir. Ce fut, je crois, par cette raison
qu'il affecta de ne vouloir écouter que moi sur ce qui
regardoit son pontificat. Il répondit à quelqu'un de
ceux de l'escadron qui s'ouvroient à lui de leurs desseins, d'une manière si désintéressée qu'il les édifia.
Il ne se trouvoit ni aux fenêtres où l'on va prendre
l'air, ni dans les corridors où l'on se promène ensemble. Il étoit toujours enfermé dans sa cellule, où il

ne recevoit même aucune visite. Il recevoit de moi quelques avis que je lui donnois au scrutin ; mais il les recevoit toujours ou d'une manière si éloignée du désir de la tiare, qu'il attiroit mon admiration ; ou tout au plus avec des circonstances si remplies de l'esprit ecclésiastique, que la malignité la plus noire n'eût pu s'imaginer d'autre désir que celui dont parle saint Paul, quand il dit que *qui episcopatum desiderat, bonum opus desiderat.* Tous les discours qu'il me faisoit n'étoient pleins que de zèle pour l'Eglise, et de regret de ce que Rome n'étudioit pas assez l'Ecriture, les conciles et la tradition. Il ne se pouvoit lasser de m'entendre parler des maximes de la Sorbonne. Comme l'on ne se peut jamais si bien contraindre qu'il n'échappe toujours quelque chose du naturel, il ne se put si bien couvrir que je ne m'aperçusse qu'il étoit homme de minuties : ce qui est toujours signe non-seulement d'un petit génie, mais encore d'une ame basse. Il me parloit un jour des études de sa jeunesse, et il me disoit qu'il avoit été deux ans à écrire d'une même plume. Cela n'est qu'une bagatelle ; mais comme j'ai remarqué souvent que les plus petites choses sont quelquefois de meilleures marques que les plus grandes, cela ne me plut pas. Je le dis à l'abbé Charier, qui étoit un de mes conclavistes. Je me souviens qu'il m'en gronda, en me disant que j'étois un maudit, qui ne savoit pas estimer la simplicité chrétienne.

Pour abréger, Chigi fit si bien par sa dissimulation profonde, que nonobstant sa petitesse, qu'il ne pouvoit cacher à l'égard de beaucoup de petites choses, sa physionomie qui étoit basse, et sa mine qui tenoit beaucoup du médecin, quoiqu'il fût de bonne naissance; il fit si bien, dis-je, que nous crûmes que nous renouvellerions en sa personne, si nous le pouvions porter au pontificat, la gloire et la vertu de saint Grégoire et de saint Léon. Nous nous trompâmes dans cette espérance; nous réussîmes à l'égard de son exaltation, parce que les Espagnols appréhendoient, par les raisons que je vous ai marquées ci-devant, que l'opiniâtreté des jeunes ne l'emportât sur celle des vieux; et que Barberin désespéra à la fin de pouvoir réussir pour Sachetti, vu l'engagement et la déclaration publique des Espagnols et des Médicis. Nous nous résolûmes de prendre, quand il en seroit temps, ce défaut, pour insinuer aux deux partis l'avantage que ce leur seroit à l'un et à l'autre de penser à Chigi. Nous fîmes état que Borromée feroit voir aux Espagnols qu'ils ne pouvoient mieux faire, vu l'aversion que la France avoit pour lui; et que je ferois voir à M. le cardinal Barberin que, n'ayant personne dans ses créatures qu'il lui fût possible de porter au pontificat, il acquéroit un mérite infini envers toute l'Église, de le faire tomber sans aucune apparence d'intérêt au meilleur sujet. Nous crûmes que nous trouverions des secours pour notre dessein dans les dispositions des particuliers des factions, et voici sur quoi nous nous fondions. Le cardinal Montalte, qui étoit de celle d'Espagne, homme d'un petit talent, mais bon, de grande dépense, et qui avoit un air de grand seigneur, avoit une grande frayeur que le cardinal Fiorenzola, jacobin, et esprit vigoureux, ne fût proposé par M. le cardinal Grimaldi, qui étoit son ami intime, et dont les travers avoient assez de rapport à celui de Fiorenzola. Nous résolûmes de nous servir utilement de cette appréhension de Montalte, pour lui donner presque insensiblement de l'inclination pour Chigi. Le vieux cardinal de Médicis, qui étoit l'esprit du monde le plus doux, étoit la moitié du jour fatigué, et de la longueur du conclave, et de l'impétuosité du cardinal Jean-Charles son neveu, qui ne l'épargnoit pas quelquefois lui-même. J'étois très-bien avec lui, et au point même de donner de la jalousie à M. le cardinal Jean-Charles ; et ce qui m'avoit procuré particulièrement son amitié étoit sa candeur naturelle, qui avoit fait qu'il avoit pris plaisir à ma manière d'agir avec lui. Je faisois profession publique de l'honorer, et je lui rendois même avec soin mes devoirs. Mais je n'avois pas laissé de m'expliquer clairement avec lui sur mes engagemens avec M. le cardinal Barberin et avec l'escadron. Ma sincérité lui avoit plu ; et il se trouva, par l'événement, qu'elle me fut plus utile que n'auroit été l'artifice. Je ménageai avec application son esprit, et je jugeai que je me trouverois bientôt en état de le disposer peu à peu, et à se radoucir pour M. le cardinal Barberin, qui étoit brouillé avec toute sa maison, et à ne pas regarder M. le cardinal Chigi comme un homme aussi dangereux qu'on le lui avoit voulu faire croire. On ne s'endormoit pas, comme vous voyez, à l'égard de l'Espagne et de la Toscane, quoique l'on y parût à elle-même sans action, parce qu'il n'étoit pas encore temps de se découvrir. On n'eut pas moins d'attention envers la France, dont l'opposition à Chigi étoit encore plus publique et plus déclarée que celle des autres. M. de Lyonne, neveu de Servien, en parloit à qui le vouloit entendre comme d'un pédant, et il ne présumoit pas qu'on le pût seulement mettre sur les rangs. M. le cardinal Grimaldi, qui dans le temps de leur prélature avoit eu je ne sais quel malentendu avec lui, disoit publiquement qu'il n'avoit qu'un mérite d'imagination. Il ne se pouvoit que M. le cardinal d'Est n'appréhendât, comme frère du duc de Modène, l'exaltation d'un sujet désintéressé et ferme, qui sont les deux qualités que les princes d'Italie craignent uniquement dans un pape. Vous avez vu ci-devant qu'il y avoit eu même du personnel entre lui et M. le cardinal Mazarin en Allemagne; et nous jugeâmes, par toutes ces considérations, qu'il étoit à propos d'adoucir les choses autant que nous le pourrions de ce côté-là, qui, quoique foible, nous pourroit peut-être faire obstacle. Je dis quoique foible, parce que dans la vérité la faction de France ne faisoit pas une figure assez considérable dans ce conclave, pour que nous ne puissions prétendre, et que nous ne prétendissions en effet, de pouvoir faire un pape malgré elle. Ce n'est pas qu'elle manquât de sujets, et même capables. Est, qui étoit protecteur, suppléoit par sa qualité, par sa dépense et par son courage, à ce que l'obscurité de son esprit et l'ambiguïté de ses expressions diminuoient de sa considération. Grimaldi joignoit, à la réputation de vigueur qu'il a toujours eue, un air de supériorité aux manières serviles des autres cardinaux de la faction; et il élevoit par là au dessus d'eux sa réputation. Bichi, habile et rompu dans les affaires, y devoit tenir naturellement un grand poste. M. le cardinal Antoine brilloit par sa libéralité, et M. le cardinal Ursin par son nom. Voilà bien des circonstances qui devoient faire qu'une faction ne fût pas méprisable. Il s'en falloit fort peu que celle de France ne le fût avec toutes ces circonstances, parce qu'elles se trouvèrent compliquées avec d'autres qui les empoisonnèrent. Grimaldi, qui haïssoit Mazarin autant qu'il en étoit haï, n'agissoit presque en rien; et d'autant moins qu'il croyoit, et avec raison, que de Lyonne, qui avoit au dehors le secret de la cour, ne le lui confioit pas. Est, qui trembloit avec tout son courage, parce que le marquis de Caracène entra justement en ce temps-là dans le Modenois avec toute l'armée du Milanais, faisoit qu'il n'osoit s'étendre de toute sa force contre l'Espagne. Je vous ai déjà dit que les Médicis n'étoient point brouillés avec Ursin; Antoine n'étoit ni intelligent ni actif; et de plus l'on n'ignoroit pas que dans le fond du cœur le cardinal Barberin, qui étoit très-mal à la cour de France, ne l'emportât. De Lyonne n'y pouvoit pas prendre une entière confiance, parce qu'il ne se pouvoit pas assurer que le cardinal Barberin, qui vouloit aujourd'hui Sachetti qui étoit agréable à la France, n'en voulût pas demain un autre qui lui fût désagréable; et cette même considération diminuoit encore de beaucoup la confiance que de Lyonne eût pu prendre au cardinal d'Est, parce qu'on savoit qu'il gardoit toujours beaucoup d'égards avec le cardinal Barberin, et par l'amitié qui avoit été long-temps entre eux, et par la raison de la duchesse de Modène, qui étoit sa nièce. Bichi n'étoit pas selon le cœur de Mazarin, qui le croyoit trop fin et très-mal disposé pour lui, comme il étoit vrai. Voilà, comme vous voyez, un détail qui vous peut empêcher de vous étonner de ce que la faction d'une couronne puissante et heureuse n'étoit pas considérée autant qu'elle devoit l'être dans une conjoncture pareille. Vous en serez encore moins surprise, quand il vous plaira de faire réflexion sur le premier mobile qui donnoit le mouvement à des ressorts aussi mal assortis, ou plutôt aussi dérangés, qu'étoient ceux que je viens de vous montrer. De Lyonne n'étoit connu à Rome que comme un petit secrétaire de M. le cardinal Mazarin. On l'y avoit vu, dans le temps du ministère de M. le cardinal de Richelieu, particulier d'un assez bas étage, et de plus brelandier et concubinaire public. Il eut depuis quelque espèce d'emploi en Italie, touchant les affaires de Parme; mais cet emploi n'avoit pas été assez grand pour le devoir porter d'un saut à celui de Rome, ni son expérience assez consommée pour lui confier la direction d'un conclave, qui est incontestablement de toutes les affaires la plus aiguë. Les fautes de ce genre sont assez communes dans les Etats qui sont dans la prospérité, parce que l'incapacité de ceux qu'ils emploient s'y trouve souvent suppléée par le respect que l'on a pour leur maître. Jamais royaume ne s'est plus confié en ce respect que la France, dans le temps du ministère du cardinal Mazarin. Ce n'est pas jeu sûr : il l'éprouva dans l'occasion dont il s'agit. M. de Lyonne n'y eut ni assez de dignité ni assez de capacité, pour tenir l'équilibre entre tous ces ressorts qui se démanchoient. Nous le reconnûmes en peu de jours, et nous nous en servîmes utilement pour notre fin.

Je vous ai déjà dit, ce me semble, qu'ayant été averti que de Lyonne avoit mécontenté M. le cardinal

Ursin sur un reste de pension qui n'étoit que de mille écus, j'en informai M. le cardinal de Médicis assez à temps pour lui donner lieu de le gagner à une condition si petite, que, pour l'honneur de la pourpre, je crois que je ferois bien mieux de ne la point dire. Vous verrez dans la suite que nous nous servîmes encore avec plus de fruit de l'indisposition que M. le cardinal Bichi avoit pour lui, pour diviser et pour déconcerter encore la faction de France plus qu'elle ne l'étoit. Mais comme ce n'étoit pas celle que nous appréhendions le plus, quoique ce fût celle qui nous fût le plus opposée, nous n'avancions notre travail du côté qui la regardoit que subordonnément au progrès que nous faisions des deux autres, d'où nous craignions, et avec raison, de trouver plus de difficulté. Vous avez déjà vu les raisons pour lesquelles nous ne pouvions pas ignorer que l'Espagne et les Médicis donneroient mal aisément à Chigi; et vous avez aussi vu la manœuvre que nous faisions pour lever peu à peu, et même imperceptiblement, leurs indispositions. Je dis imperceptiblement, et ce fut là notre plus grand embarras; car si Barberin se fût seulement le moins du monde aperçu que nous eussions eu la moindre vue pour Chigi, il nous auroit échappé infailliblement, parce qu'avec toute la vertu imaginable il a tout le caprice possible, et qu'il ne se fût jamais empêché de s'imaginer que nous le trompions sur le sujet de Sachetti. Ce fut proprement en cet endroit où j'admirai la bonne foi, la prévoyance, l'activité et la pénétration de l'escadron, et particulièrement d'Azolin, qui fut celui qui se donna le plus de mouvement. Il ne s'y fit pas un pas à l'égard de Barberin et de Sachetti, qui ne pût être avoué par la morale la plus sévère. Comme l'on voyoit clairement que tout ce que l'on faisoit pour lui seroit inutile par l'événement, l'on n'oublia aucunes démarches de celles que l'on jugea être utiles à lever les indispositions que l'on prévoyoit se devoir trouver de la part de la France, de l'Espagne et de Florence, et même de Barberin, à l'exaltation de Chigi, lorsqu'elle seroit en état d'être proposée. Comme l'on ne pouvoit douter que pour peu que Barberin s'aperçût de notre dessein, il n'entrât en défiance de nous-mêmes, nous couvrîmes avec une application si grande et si heureuse notre marche, qu'il ne la connut lui-même que par nous, et quand nous crûmes qu'il étoit nécessaire qu'il la connût. Ce qu'il y avoit de plus embarrassant pour nous étoit que, comme nous avions encore plus de besoin de lui que des autres, parce qu'enfin nous en tirions notre principale force, il falloit que, par préalable même à tout le reste, nous travaillassions à lever les obstacles que nous prévoyions même très-grands à notre dessein, dans la faction du pape Urbain. Nous savions que l'unique et journalière application des vieux cardinaux qui en étoient, et qui voyoient comme nous l'impossibilité de réussir à l'exaltation de Sachetti, c'étoit de faire comprendre à Barberin qu'il lui seroit d'une extrême honte que l'on prît un pape qui ne fût pas de ses créatures. Tout conspiroit à lui donner cette vue : chacun prétendoit de se l'appliquer en son particulier. Ginetti ne doutoit pas que l'attachement qu'il avoit de tout temps à sa maison ne lui en dût donner la préférence; Cecchini étoit persuadé qu'elle étoit due à son mérite; Rapaccioli, qui

n'avoit pourtant que quarante-un ans ou un peu plus
(je ne m'en souviens pas précisément), s'imaginoit
que sa piété, sa capacité et son peu de santé l'y pourroient porter, même avec facilité. Fiorenzola se laissoit chatouiller par les imaginations de Grimaldi,
dont le naturel est de croire aisément tout ce qu'il
désire. Ceux qui n'ont pas vu les conclâves ne se
peuvent figurer les illusions des hommes en ce qui
regarde la papauté, et l'on a raison de l'appeler *rabia
papale*. Cette illusion toutefois étoit toute propre à
nous faire manquer notre coup, parce que la clameur
de toute la faction du pape Urbain étoit toute propre
à faire appréhender à Barberin de perdre en un moment toutes ses créatures, s'il choisissoit un pape hors
d'elle. Cet inconvénient, comme vous voyez, étoit
fort grand; mais nous trouvâmes le remède dans le
même lieu d'où nous appréhendions le mal : car la
jalousie qui étoit entre eux les obligea par avance à
faire tant de pas les uns contre les autres, qu'ils fâchèrent Barberin, parce qu'ils n'eurent pas la même
circonspection que nous à cacher leurs sentimens sur
l'impossibilité de l'exaltation de Sachetti. Il crut
qu'ils vouloient croire cette impossibilité pour relever leurs propres intérêts. Il les considéra au commencement comme des ingrats et des ambitieux; et
cette indisposition fit que, quand il vint lui-même à
connoître qu'il ne pouvoit réussir à Sachetti, il se
résolut plus facilement à sortir de sa faction, et à se
persuader qu'il hasarderoit moins la perte de ses
créatures, en leur faisant voir qu'il étoit emporté
dans une autre par ses alliés, que de l'aigrir tout
entière par la préférence de l'une à l'autre: car il faut

remarquer qu'elles cédoient toutes à Sachetti, à cause de son âge et de ses manières, qui dans la vérité étoient aimables. Ce n'est pas qu'à mon opinion il n'eût été de lui comme de Galba, digne de l'empire s'il n'eût point été empereur; mais enfin l'on n'en étoit point là. Les autres créatures de Barberin s'étoient réglées sur ce point; mais comme ils ne croyoient pas son exaltation possible, cette déférence ne faisoit qu'augmenter la jalousie enragée qu'ils avoient par avance les uns contre les autres.

Le vieux Spada, rompu et corrompu dans les affaires, se déclara contre Rapaccioli, jusqu'à faire un libelle contre lui, par lequel il l'accusoit d'avoir cru que le diable pouvoit être reçu à la pénitence. Montalte dit publiquement qu'il avoit de quoi s'opposer en forme à l'exaltation de Fiorenzola. Celui-ci, dont je vous ai déjà parlé, fit une description assez plaisante de la beauté du carnaval, que la signora Basti, belle et galante, nièce de Cecchini, donneroit au public si son oncle étoit pape. Toutes ces aigreurs, toutes ces niaiseries, peu dignes à la vérité d'un conclave, déplurent au dernier point à Barberin, esprit pieux et sérieux, et ne nuisirent pas à notre dessein dans la suite, que vous allez voir.

Il me semble que je vous ai déjà dit que ce conclave dura environ quatre-vingts jours. Il y en eut plus des deux tiers employés comme je vous l'ai dit ci-devant, parce que M. le cardinal Barberin ne se pouvoit ôter de l'esprit que nous emporterions enfin Sachetti par notre opiniâtreté. Nous pouvions moins que personne le désabuser, par la raison que vous avez déjà vue; et je ne sais si la chose n'eût pas été encore bien plus loin, si Sachetti, qui se lassoit de se voir ballotter réglément quatre fois par jour sans aucune apparence de réussir, ne lui eût lui-même ouvert les yeux. Ce ne fut pas toutefois sans beaucoup de peine. Il y réussit enfin ; et après que nous eûmes observé toutes les brèves et les longues, pour ne lui laisser aucun lieu de soupçonner que nous eussions part à cette démarche de Sachetti, dans laquelle, pour le vrai, nous n'en avions aucune, nous discutâmes avec lui la possibilité des sujets de sa faction. Nous nous aperçûmes d'abord qu'il s'y trouvoit lui-même fort embarrassé, et même avec beaucoup de raison. Nous n'en fûmes pas fâchés, parce que cet embarras nous donna lieu de tomber sur les sujets des autres factions, et nous porta insensiblement jusqu'à Chigi. M. le cardinal Barberin, qui a dès son enfance aimé jusqu'à la passion la piété, et qui estimoit beaucoup celle qu'il croyoit en Chigi, se rendit avec assez de facilité ; et il n'y eut, à dire le vrai, qu'un scrupule, qui fut que Chigi, qui étoit fort ami des jésuites, pourroit peut-être donner atteinte à la doctrine de saint Augustin, pour laquelle Barberin avoit plus de respect que de connoissance. Je fus chargé de m'en éclaircir avec lui, et je m'acquittai de ma commission d'une manière qui ne blessa ni mon devoir, ni la prétendue tendresse de conscience de Chigi. Comme, dans les grandes conversations que j'avois eues avec lui dans les scrutins, il m'avoit pénétré (ce qui lui étoit fort aisé, parce que je ne me couvrois pas auprès de lui), il avoit connu que je n'approuvois point qu'on s'entêtât pour les personnes, et qu'il suffisoit d'éclaircir la vérité. Il me témoigna entrer lui-même dans ces sentimens, et j'eus sujet de croire qu'il étoit tout propre par ses maximes à rendre la paix à l'Eglise. Il s'en expliqua lui-même assez publiquement et raisonnablement : car Albizi, pensionnaire des jésuites, s'étant emporté, même avec brutalité, contre l'extrémité, se disoit-il, de l'esprit de saint Augustin, Chigi prit la parole avec vigueur, et il parla comme le respect que l'on doit au docteur de la grâce le requiert. Cette rencontre assura absolument Barberin, et beaucoup plus encore que tout ce que je lui en avois dit. Dès qu'il eut pris son parti, nous commençâmes à mettre en œuvre les matériaux que nous n'avions fait jusque là que disposer. Nous agîmes chacun de notre côté suivant que nous l'avions projeté. Nous nous expliquâmes de ce que nous avions le plus souvent caché avec soin, ou que nous n'avions tout au plus qu'insinué. Borromée et Aquaviva se développèrent plus pleinement envers l'ambassadeur d'Espagne. Azolin brilla dans les diverses factions avec plus de liberté. Je m'étendis de toute ma force envers le cardinal dôyen ; il prit confiance en moi sur le désir qu'il avoit d'adoucir le grand duc par les Barberins. Le cardinal Barberin l'y eut tout entière sur la joie qu'il en avoit. Azolin ou Lomelin (je ne me souviens pas précisément lequel ce fut) découvrit que Bichi, qui étoit allié à Chigi, étoit très-bien intentionné pour lui dans le fond. Il entra dans ce commerce habilement et adroitement, et si bien que Bichi, qui ne crut pas que le Mazarin eût assez de confiance en lui pour concourir sur sa parole à l'exaltation de Chigi, employa pour le persuader Sachetti, qui, lassé, comme il me semble que je vous l'ai dit ci-dessus, de se voir ballotté inutilement tous les soirs et tous les matins, lui dépêcha un courrier pour l'avertir que Chigi seroit pape en dépit de la France, si elle faisoit tant que de lui donner l'exclusion, comme l'on disoit : car, dès qu'on le vit sur les rangs, tous les subalternes, selon le style de la nation, publièrent que le Roi ne le souffriroit jamais. Mazarin ne fut pas de leur sentiment, et il renvoya par le même courrier ordre à de Lyonne de ne le point exclure. Il eut raison : car je suis persuadé que si l'exclusion fût arrivée, Chigi eût été pape trois jours plus tôt qu'il ne le fut.

Les couronnes ne doivent jamais hasarder facilement ces exclusions : il y a des conclaves où elles peuvent réussir; il y en a d'autres où le succès en seroit impossible. Celui-là étoit du nombre. Le sacré collége étoit fort, et de plus il sentoit sa force.

Les choses étant dans l'état que je viens de poser, messieurs les cardinaux de Médicis et Barberin me chargèrent, sur les neuf heures du soir, d'en aller porter la nouvelle à M. le cardinal Chigi. Je le trouvai au lit; je lui baisai la main. Il m'entendit, et il me dit en m'embrassant : *Ecco l'efetto de la buona vicinanza.* Je vous ai déjà dit que j'étois au scrutin auprès de lui. Tout le collége y accourut ensuite. Il m'envoya querir sur les onze heures, après que tout le monde fut sorti de sa cellule; et je ne vous puis exprimer les bontés avec lesquelles il me traita. Nous l'allâmes tous prendre le lendemain au matin dans sa cellule, et nous l'accompagnâmes à la chapelle du scrutin, où il eut, ce me semble, toutes les voix, à la réserve d'une ou tout au plus de deux. Le soupçon

tomba sur le vieux Spada, Grimaldi et Rosetti, lesquels, à la vérité, furent les seuls qui improuvèrent, au moins publiquement, son exaltation. Grimaldi me dit à moi-même que j'avois fait un choix dont je me repentirois en mon particulier; et il se trouva par l'événement qu'il dit vrai. J'attribuai son discours à son travers; l'aversion de Spada à l'envie qui lui étoit naturelle; et celle de Rosetti à l'appréhension qu'il avoit de la sévérité de Chigi. Je crois encore que je ne me trompois pas dans ce jugement, quoique j'avoue qu'ils ne se trompoient pas eux-mêmes pour le fond. Ce qui est constant est que jamais élection de pape n'a été plus universellement applaudie. Il ne se défaillit pas à lui-même dans les premiers momens, qui, par une imperfection assez bizarre de la nature humaine, surprennent davantage les gens qui les attendent avec le plus d'impatience. La suite a fait voir qu'il n'étoit pas assez homme de bien pour n'en avoir pas eu beaucoup dans ce rencontre. Il fut si éloigné d'en donner aucunes marques, que nous eûmes sujet de croire qu'il en avoit même de la douleur. Il pleura amèrement au même moment que l'on relisoit le scrutin qui le faisoit pape; et comme il vit que je le remarquois, il m'embrassa d'un bras, et prit de l'autre Lomelin qui étoit au dessous de lui, et il nous dit à l'un et à l'autre : « Pardonnez cette foiblesse à un
« homme qui a toujours aimé ses proches avec ten-
« dresse, et qui s'en voit séparé pour jamais. » Nous descendîmes après les cérémonies accoutumées à Saint-Pierre; il affecta de ne s'asseoir que sur le coin de l'autel, quoique les maîtres des cérémonies lui dissent que la coutume étoit que les papes se missent justement

au milieu. Il y reçut l'adoration du sacré collége avec beaucoup plus de modestie que de grandeur, avec beaucoup plus d'abattement que de joie; et lorsque je m'approchai à mon tour pour lui baiser les pieds, il me dit en m'embrassant, si haut que les ambassadeurs d'Espagne et de Venise, et le connétable Colonne l'entendirent : *Signor cardinal de Retz, ecce opus manuum tuarum.* Vous pouvez juger de l'effet que fit cette parole. Les ambassadeurs la dirent à ceux qui étoient auprès d'eux ; elle se répandit en moins de rien dans toute l'église. Morangis, frère de Barillon, me la redit une heure après, en me rencontrant comme je sortois ; et je retournai chez moi accompagné de plus de six vingts carrosses, qui étoient pleins de gens très-persuadés que j'allois gouverner le pontificat. Je me souviens que Barillon me dit à l'oreille : « Je suis résolu de compter les carrosses pour en « rendre ce soir un compte exact à M. de Lyonne. « Il ne faut pas épargner cette joie au cocu. »

Je vous ai promis quelques épisodes : je m'en vais vous tenir ma parole. Vous avez déjà vu que la faction de France avoit eu ordre du Roi non-seulement de ne pas communiquer avec moi, mais même de ne me pas saluer. M. le cardinal d'Est évita avec soin de ne me pas rencontrer. Quand il ne le put, il tourna la tête de l'autre côté, ou il fit semblant de ramasser son mouchoir, ou il parla à quelqu'un. Enfin comme il a toujours affecté de paroître ecclésiastique, il affecta aussi, à mon opinion, de témoigner en cette occasion qu'une conduite qui blessoit même l'apparence de la charité chrétienne lui faisoit de la peine. Antoine me saluoit toujours fort honnêtement quand personne ne le voyoit : mais comme il étoit fort' bas à la cour et fort timide, il se redressoit en public. Ursin, qui étoit l'ame du monde la plus vile, me morguoit également partout. Bichi me saluoit toujours civilement ; et Grimaldi n'observoit l'ordre du Roi qu'en ce qu'il ne me visitoit pas : car il me parloit même dans la rencontre, et toujours fort honnêtement. Ce détail vous paroît sans doute une minutie; mais ce qui fait que je ne l'omets pas, c'est qu'il me paroît être une véritable et bien naturelle image de la lâche politique des courtisans. Chacun d'eux la monte et la baisse à son cran, et leur inclination la règle sans comparaison davantage que leurs véritables intérêts.

Ils se conduisirent tous dans le conclave différemment sur mon sujet. J'observai qu'ils s'en turent tout également à la cour. J'ai appliqué depuis cet exemple à mille autres. Je vivois avec autant d'honnêteté à leur égard que s'ils eussent bien vécu avec moi. J'avois toujours la main au bonnet devant eux de cinquante pas, et je poussai ma civilité jusqu'à l'humilité. Je disois à qui le vouloit entendre que je leur rendois ces respects non pas seulement comme à mes confrères, mais encore comme à des serviteurs de mon Roi. Je parlois en Français, en chrétien, et en ecclésiastique. Ursin m'ayant un jour morgué si publiquement que tout le monde s'en scandalisa, je renouvelai mes honnêtetés pour lui à un point que tout le monde s'en édifia. Ce qui arriva le lendemain releva cette modestie, ou plutôt cette affectation de modestie. Le cardinal Jean-Charles de Médicis, qui étoit naturellement impétueux, s'éveilla contre moi sur ce que j'étois, ce disoit-il, trop uni avec l'escadron. Je lui répondis avec toute la considération que je devois à sa personne et à sa maison. Il ne laissa pas de s'échauffer, et de me dire que je me devois souvenir des obligations que ma maison avoit à la sienne; sur quoi je lui dis que je ne les oublierois jamais, et que M. le cardinal doyen et M. le grand duc en étoient très-persuadés. « Je ne le suis pas, moi, reprit-il tout « d'un coup. Vous souvenez-vous bien que sans la « reine Catherine vous seriez un gentilhomme comme « un autre à Florence? — Pardonnez-moi, monsieur, « lui répondis-je en présence des douze cardinaux ; « et pour vous faire voir que je sais bien ce que je « serois à Florence si j'y étois selon ma naissance, « j'y serois autant au dessus de vous que mes prédé- « cesseurs y étoient au-dessus des vôtres il y a qua- « tre cents ans. » Je me tournai ensuite vers ceux qui étoient présens, et je leur dis : « Vous voyez, « messieurs, que le sang français s'émeut aisément « contre la faction d'Espagne. » Le grand duc et le cardinal doyen eurent l'honnêteté de ne se point aigrir de cette parole; et le marquis Riccardi, ambassadeur du premier, me dit au sortir du conclave qu'elle lui avoit même plu, et qu'il avoit blâmé le cardinal Jean-Charles.

Il y eut une autre scène quelques jours après, qui me fut assez heureuse. Le duc de Terranova, ambassadeur d'Espagne, présenta un mémorial au sacré collége à propos de je ne sais quoi, dont je ne me souviens point; et il donna dans ce mémorial la qualité de fils aîné de l'Eglise au Roi son maître. Comme le secrétaire du collége le lisoit, je remarquai cette expression, qui ne fut point, à mon sens, observée par les cardinaux de la faction : il est au moins certain qu'elle ne fut pas relevée. Je leur en laissai tout le temps, afin de ne faire paroître ni précipitation ni affectation. Comme je vis qu'ils demeuroient tous dans un profond silence, je me levai, je sortis de ma place ; et, en m'avançant du côté de M. le cardinal doyen, je m'opposai en forme à l'article du mémorial, dans lequel le roi Catholique étoit appelé fils aîné de l'Eglise. Je mandai acte de mon opposition, et on me l'accorda en bonne forme, signé de quatre maîtres des cérémonies. M. le cardinal Mazarin eut la bonté de dire au Roi et à la Reine mère, en plein cercle, que cette pièce avoit été concertée avec l'ambassadeur d'Espagne, pour m'en faire honneur en France. Il n'est jamais honnête à un ministre d'être imposteur ; mais il n'est pas même politique de porter l'imposture au delà de toutes les apparences.

Je ne puis finir cette matière des conclaves sans vous en faire une peinture qui vous les fasse connoître, et qui efface l'idée que vous avez sans doute prise sur le bruit commun, et peut-être sur la lecture de ces relations fabuleuses qui en ont été faites. Ce que je viens même de vous exposer de celui d'Alexandre VII ne vous en aura pas détrompée, parce que vous y avez vu des murmures, des plaintes, des aigreurs ; et c'est ce qu'il est, à mon opinion, nécessaire de vous expliquer. Il est certain qu'il y eut dans ce conclave plus de ces murmures, de ces plaintes et de ces aigreurs qu'en aucun autre que j'aie jamais vu. Il ne l'est pas moins qu'à la réserve de ce qui se passa entre M. le cardinal Jean-Charles et moi, dont je vous ai rendu compte, d'une parole encore sans comparaison plus légère qu'il s'attira d'Imperiale, à force de le presser, et du libelle de Spada contre Rapaccioli, il n'y eut pas dans ces murmures, dans ces plaintes et dans ces aigreurs extérieures, je ne dis pas la moindre étincelle de haine, mais même d'indisposition. On y vécut toujours ensemble avec le même respect et la même civilité que l'on observe dans les cabinets des rois; avec la même politesse qu'on avoit dans la cour de Henri III; avec la même familiarité que l'on voit dans les colléges; avec la même modestie qui se remarque dans les noviciats; et avec la même charité, au moins en apparence, qui pourroit être entre des frères parfaitement unis. Je n'exagère rien, et j'en dis encore moins que je n'en ai vu dans les autres conclaves dans lesquels je me suis trouvé. Je ne me puis mieux exprimer sur ce sujet qu'en vous disant que même dans celui d'Alexandre VII, que l'impétuosité de M. le cardinal Jean-Charles de Médicis éveilla ou plutôt dérégla un peu, la réponse que je lui fis ne fut excusée que parce qu'il n'y étoit point aimé; que celle d'Imperiale y fut condamnée; et que le libelle de Spada y fut détesté et désavoué dès le lendemain au matin par lui-même, à cause de la honte qu'on lui en fit. Je puis dire avec vérité que je n'ai jamais vu, dans aucun des conclaves auxquels j'ai assisté, ni un seul cardinal ni un seul conclaviste s'emporter; j'en ai vu même fort peu qui s'y soient échauffés. Il étoit rare d'y entendre une voix élevée, ou d'y remarquer un visage changé. J'ai souvent essayé d'y trouver de la différence dans l'air de ceux qui venoient d'être exclus; et je puis dire avec vérité qu'à la réserve d'une seule fois, je n'y en ai jamais trouvé. L'on y est même si éloigné du soupçon de ces vengeances dont l'erreur commune charge l'Italie, qu'il est assez ordinaire que l'excluant y boive à son dîner du vin que l'exclus du matin lui vient d'envoyer. Enfin j'ose dire qu'il n'y a rien de plus sage ni de plus grand que l'extérieur ordinaire d'un conclave. Je sais bien que la forme qui s'y pratique depuis la bulle de Grégoire contribue beaucoup à le régler : mais il faut avouer qu'il n'y a que les Italiens au monde capables d'observer cette règle avec autant de bienséance qu'ils le font. Je reviens à la suite de ma narration.

Vous croyez aisément que je ne manquai pas dans le cours du conclave de prendre les sentimens de M. le cardinal Chigi et de mes amis de l'escadron, sur la conduite que j'avois à tenir après que j'en serois sorti. Je prévoyois qu'elle seroit assez difficile, et du côté de Rome, et du côté de France; et je connus, dès les premières conversations, que je ne me trompois pas dans ma prévoyance. Je commencerai par les embarras que je trouvai à Rome, que j'expliquerai de suite, pour ne point interrompre le fil du récit; et je ne reviendrai à ce que je fis du côté de France qu'après que je vous aurai exposé la conduite que je pris en Italie. Mes amis, qui n'étoient nullement parties en ce pays-là, et qui selon le génie de notre nation, qui traite toutes les autres par rapport à elle, s'imaginoient qu'un cardinal persécuté pouvoit et devoit même vivre presque en homme privé à Rome, m'écrivoient par toutes leurs lettres qu'il étoit de la bienséance que je demeurasse toujours dans la maison de la Mission, où je m'étois effective-

ment logé sept ou huit jours après que je fus arrivé. Ils ajoutoient qu'il étoit nécessaire que je ne fisse aucune dépense, et parce que tous mes revenus étant saisis en France avec une rigueur extraordinaire, je n'en pourrois pas même soutenir une médiocre, et parce que cette modestie feroit un effet admirable dans le clergé de Paris, duquel j'aurois un grand besoin dans les suites. Je parlai sur ce ton à M. le cardinal Chigi, qui passoit pour le plus grand ecclésiastique qui fût au delà des monts; et je fus bien surpris quand il me dit : « Non, non, monsieur; quand vous
« serez rétabli dans votre siége, vivez comme il vous
« plaira, parce que vous serez dans un pays où l'on
« saura ce que vous pouvez et ce que vous ne pouvez
« pas. Vous êtes à Rome, où vos ennemis disent tous
« les jours que vous êtes décrédité en France : il est
« de la nécessité de faire voir qu'ils ne disent pas
« vrai. Vous n'êtes pas ermite, vous êtes cardinal,
« et cardinal d'une volée que nous appelons dans ce
« pays *dei cardinaloni*. Nous y estimons peut-être
« plus qu'ailleurs la modestie : mais il faut à un homme
« de votre âge, de votre naissance et de votre sorte,
« qu'elle soit tempérée; il faut de plus qu'elle soit si
« volontaire qu'il n'y ait pas seulement le moindre
« soupçon qu'elle soit forcée. Il y a beaucoup de gens
« à Rome qui aiment à assassiner ceux qui sont à
« terre. N'y tombez pas, mon cher monsieur; et faites
« réflexion, je vous supplie, quel personnage vous
« jouerez dans les rues avec les six estafiers dont vous
« parlez, quand vous trouverez un petit bourgeois de
« Paris qui ne s'arrêtera pas devant vous, et qui vous
« bravera pour faire sa cour au cardinal d'Est! Vous

« ne deviez pas venir à Rome, si vous n'étiez pas en
« résolution et en pouvoir de soutenir votre dignité.
« Vous ne mettez point l'humilité chrétienne à la
« perdre ; et je n'ai rien à vous dire, si ce n'est que
« le pauvre cardinal Chigi qui vous parle, qui n'a
« que cinq mille écus de rente, et qui est sur le pied
« des plus gueux des cardinaux moines, ne peut aller
« aux fonctions sans quatre carrosses de livrée rou-
« lant ensemble, quoiqu'il soit assuré qu'il ne trou-
« vera personne dans les rues qui manque en sa per-
« sonne au respect que l'on doit à la pourpre. »

Voilà une petite partie de ce que le cardinal Chigi me disoit tous les jours, et de ce que mes autres amis, qui n'étoient pas ou du moins qui ne faisoient pas les ecclésiastiques si zélés que lui, m'exagéroient encore beaucoup davantage. M. le cardinal Barberin éclatoit encore plus que tous les autres contre ce projet de retranchement. Il m'offroit sa bourse : mais comme je ne la voulois pas prendre, et que même j'eusse été fort aise de n'être point à charge à mes proches et à mes amis de France, je me trouvois fort en peine, et d'autant plus que je les voyois très-disposés à croire que la grande dépense ne m'étoit nullement nécessaire à Rome. Je n'ai guère eu dans ma vie de rencontre plus fâcheuse que celle-là ; et je vous puis dire avec vérité que je ne sais qu'une occasion où j'aie eu plus de besoin de faire un effort terrible sur moi, pour m'empêcher de faire ce que j'aurois souhaité. Si je me fusse cru, je me serois réduit à deux estafiers. La nécessité l'emporta : je connus visiblement que je tomberois dans le mépris, si je ne me soutenois avec éclat. Je cherchai un palais pour me loger, je rassemblai toute ma maison, qui étoit fort grande ; je fis des livrées modestes, mais nombreuses, de quatre-vingts personnes ; je tins une grande table. Les abbés de Courtenay et de Sévigné se rendirent auprès de moi. Campi, qui avoit commandé le régiment italien de M. le cardinal Mazarin, et qui s'étoit depuis attaché à moi, me joignit ; tous mes domestiques y accoururent. Ma dépense fut grande dans le conclave ; elle fut très-grande quand j'en fus sorti : mais elle fut nécessaire, et l'événement fit connoître que le conseil de mes amis d'Italie étoit mieux fondé que celui de mes amis de France : car M. le cardinal d'Est ayant défendu, dès le lendemain de la création du Pape, à tous les Français, de la part du Roi, de s'arrêter devant moi dans les rues, et même aux supérieurs des églises françaises de me recevoir, je fusse tombé dans le ridicule, si je n'eusse été en état de faire respecter ma dignité. Et vous allez connoître clairement cette vérité, par la réponse que le Pape me fit lorsque je le suppliai de me prescrire de quelle manière il lui plaisoit que je me conduisisse à l'égard de ces ordres de M. le cardinal d'Est. Je vous le dirai après que je vous aurai rendu compte des premières démarches qu'il fit après sa création.

Il fit apporter dès le lendemain même son cercueil sous son lit ; il donna le jour suivant un habit particulier aux caudataires des cardinaux ; il défendit au troisième aux cardinaux de porter le deuil, au moins en leurs personnes, même de leurs pères. Je me le tins pour dit ; et je dis même à Azolin, qui en convint, que nous étions pris pour dupes, et que le Pape ne seroit jamais qu'un fort pauvre homme.

Le cavalier Bernin (1), qui a du bon sens, remarqua, deux ou trois jours après, que le Pape n'avoit observé, dans une statue qu'il lui faisoit voir, qu'une petite frange qui étoit au bas de la robe de celui qu'elle représentoit. Ces observations paroissent légères : elles sont certaines. Les grands hommes peuvent avoir de grands foibles : ils ne sont pas même exempts de tous les petits; mais il y en a dont ils ne sont pas susceptibles, et je n'ai jamais vu, par exemple, qu'ils aient entamé un grand emploi par des bagatelles. Azolin, qui fit les mêmes remarques que moi, me conseilla de ne pas perdre un moment à engager Rome à ma protection, par la prise du *pallium* de l'archevêché de Paris. Je le demandai dans le premier consistoire, avant que l'on eût seulement fait réflexion que je pensasse à le demander. Le Pape me le donna naturellement, et sans y faire lui-même de réflexion. La chose étoit dans l'ordre, et il ne la pouvoit refuser selon les règles ; mais vous verrez par les suites que ce n'étoient pas les règles qui le régloient. Ce pas me fit croire qu'il n'auroit pas au moins de peine à faire que l'on me traitât de cardinal à Rome. Je me plaignois à lui des ordres que M. le cardinal d'Est avoit donnés à tous les Français : je lui représentai qu'il ne se contentoit pas de faire le souverain dans Rome, en me dégradant des honneurs tempo-

---

(1) *Le cavalier Bernin :* Giovani-Lorenzo Bernini. Il étoit statuaire, architecte et peintre. En 1665, Louis XIV le fit venir pour présider à la restauration du Louvre. Comme ses plans auroient exigé qu'on détruisît ce qui existoit, on préféra ceux de Perrault, à qui l'on doit la fameuse colonnade. Bernin jouissoit à Rome de la plus haute réputation, et ses compatriotes l'appeloient *le Michel-Ange moderne.* Il mourut en 1680, âgé de quatre-vingt-deux ans.

rels, mais qu'il y faisoit encore le souverain pontife,
en m'interdisant les églises françaises. L'étoffe étoit
large : je ne m'en fis pas faute. Le Pape, à qui M. de
Lyonne s'étoit plaint, avec un éclat qui passa jusqu'à
l'insolence, de la concession du *pallium*, me parut
fort embarrassé. Il parla beaucoup contre le cardinal
d'Est; il déplora la misérable coutume (ce fut son
mot) qui avoit assujetti plutôt qu'attaché les cardinaux aux couronnes, jusqu'au point d'avoir formé
entre eux-mêmes un schisme scandaleux. Il s'étendit
avec emphase sur la thèse : mais j'eus mauvaise opinion de mon affaire, quand je vis qu'il demeuroit si
long-temps sur le général sans descendre au particulier; et je m'aperçus aussitôt que ma plainte n'étoit
pas vaine, parce qu'il s'expliqua enfin, après beaucoup de circonlocutions, en ces termes : « La poli-
« tique de mes prédécesseurs ne m'a pas laissé un
« champ aussi libre que mes bonnes intentions le
« mériteroient. Je conviens qu'il est honteux au col-
« lége, et même au saint-siége, de souffrir la licence
« que le cardinal d'Est ou plutôt le cardinal Mazarin
« se donne en ce rencontre. Mais les Espagnols eu-
« rent une prise presque pareille sous Innocent à
« l'égard du cardinal Barberin; et même sous Paul v,
« le maréchal d'Estrées n'agit guère mieux envers le
« cardinal Borghèse. Ces exemples, dans un temps
« ordinaire, n'autoriseroient pas le mal, et je les sau-
« rois bien redresser : mais vous ferez réflexion,
« *charo mio signor cardinale*, que la chrétienté est
« toute en feu; qu'il n'y a que le pape Alexandre qui
« le puisse éteindre; qu'il est obligé par cette rai-
« son, en beaucoup de rencontres, de fermer les

« yeux, pour ne se pas mettre en état de se trouver
« inutile à un bien aussi public et aussi nécessaire que
« celui de la paix générale. Que direz-vous, quand
« vous saurez ce que de Lyonne m'a déclaré insolem-
« ment depuis trois jours, sur ce que je vous ai donné
« le *pallium*, que la France ne me donneroit aucune
« part au traité dont l'on parle, et qui n'est pas si
« éloigné que l'on le croit? Ce que je vous dis n'est
« pas que je veuille vous abandonner, mais seule-
« ment pour vous faire voir qu'il faut que je me con-
« duise avec beaucoup de circonspection, et qu'il est
« bon que vous m'aidiez de votre côté, et que nous
« donnions tous deux *al tempo*. »

Si j'eusse voulu faire ma cour à Sa Sainteté, je n'a-
vois qu'à me retirer après ce discours, qui, comme
vous voyez, n'étoit qu'un préparatoire à ne point
recevoir la réponse que je demandois. Mais comme
elle m'étoit absolument nécessaire et même pressée,
parce que je me pouvois rencontrer à tous les instans
dans l'embarras dont il s'agissoit, je ne crus pas que
je dusse en demeurer là avec le Pape; et je pris la
liberté de lui repartir avec un profond respect, en
lui représentant que peut-être au sortir du Vatican
je trouverois dans la rue le cardinal d'Est, qui, n'é-
tant que cardinal diacre, devoit s'arrêter devant moi;
que je rencontrerois infailliblement des Français,
dont Rome étoit toute pleine; que je le supplios de
me donner ses ordres, avec lesquels je ne pourrois
plus faillir, et sans lesquels je ne savois ce que j'avois
à faire; que si je souffrois que l'on ne me rendît pas
ce que le cérémonial veut que l'on rende aux cardinaux, j'appréhendois que le sacré collége n'approu-

vât pas ma conduite ; que si je me mettois en devoir de me le faire rendre, je craignois de manquer au respect que je devois à Sa Sainteté, à laquelle seule il touchoit de régler tout ce qui nous regardoit et les uns et les autres ; que je la suppliois très-humblement de me prescrire précisément ce que je devois faire ; et que je l'assurois que je n'aurois pas la moindre peine à exécuter tout ce qu'il lui plairoit de m'ordonner, parce que je croyois qu'il y auroit autant de gloire pour moi à me soumettre à ses ordres, qu'il y auroit de honte à reconnoître ceux de M. le cardinal d'Est.

Ce fut à cet instant où je reconnus pour la première fois le génie du pape Alexandre, qui mettoit partout la finesse. C'est un grand défaut, et d'autant plus grand quand il se rencontre dans les hommes de grandes dignités, qu'ils ne s'en corrigent jamais ; parce que le respect que l'on a pour eux, et qui étouffe les plaintes, fait qu'ils demeurent presque toujours persuadés qu'ils fascinent tout le monde, même dans les occasions où ils ne trompent personne. Le Pape, qui dans la vue de se disculper, ou plutôt de se débarrasser de ma conduite, soit à l'égard de la France, soit à celui du sacré collége, eût souhaité que je lui eusse contesté ce qu'il me proposoit, reprit promptement et même vivement la parole de me soumettre, que vous venez de voir, et il me dit : « Le cardinal d'Est, au « nom du Roi. » Le ton avec lequel il prononça ce mot, joint à ce que le marquis Riccardi, ambassadeur de Florence, m'avoit dit la veille d'un tour assez pareil qu'il avoit donné trois ou quatre jours auparavant à une conversation qu'il avoit eue avec lui ; ce ton, dis-je, me fit juger que le Pape s'attendoit que je prendrois le change : que je verbaliserois sur la distinction des ordres du Roi et de ceux de M. le cardinal d'Est, et qu'ainsi il auroit lieu de dire à M. de Lyonne qu'il m'avoit exhorté à l'obéissance; et à mes confrères, qu'il ne m'avoit recommandé que de demeurer dans les termes du respect que je devois au Roi. Je ne lui donnai lieu ni de l'un ni de l'autre : car je lui répondis sans balancer que c'étoit justement ce qui me mettoit en peine, et sur quoi je le suppliois de décider, parce que d'un côté le nom du Roi paroissoit, pour lequel je devois avoir toutes sortes de soumissions; et que de l'autre je voyois celui de Sa Sainteté si blessé, que je ne croyois pas devoir, en mon particulier, donner les mains à une atteinte de cette nature, que je n'en eusse au moins un ordre exprès. Le Pape battit beaucoup de pays pour me tirer, ou plutôt pour se tirer lui-même de la décision que je lui demandois. Je demeurai fixe et ferme. Il courut, il s'égaya : ce qui est toujours facile aux supérieurs. Il me répéta plusieurs fois que le Roi étoit un grand monarque; il me dit d'autres fois que Dieu étoit encore plus puissant que lui. Tantôt il exagéroit les obligations que les ecclésiastiques avoient à conserver les libertés et les immunités de l'Eglise; tantôt il s'étendoit sur la nécessité de ménager dans la conjoncture présente l'esprit des rois. Il me recommanda la patience chrétienne; il me recommanda la vigueur épiscopale. Il blâma le cérémonial, auquel l'on étoit trop attaché à la cour de Rome; il en loua l'observation, comme étant nécessaire pour le maintien de sa dignité. Le sens littéral de tout son discours étoit que, quoi que je pusse faire, je ne pourrois rien faire qu'il ne pût dire m'avoir défendu. Je le pressai de s'expliquer, autant que l'on peut presser un homme qui est assis dans la chaire de saint Pierre : je n'en pus rien tirer. Je rendis compte de mon audience à M. le cardinal Barberin et à mes amis de l'escadron ; et je vous rendrai celui de la conduite qu'ils me firent prendre après que je vous aurai entretenue, et d'une conversation que M. de Lyonne avoit eue avec le Pape quelques jours auparavant, et de ce qui se passoit entre M. de Lyonne et moi dans le même temps.

De Lyonne, qui n'étoit rétabli à la cour que depuis peu, fut touché au vif de ce que le Pape m'avoit donné le *pallium,* parce qu'il appréhendoit que M. le cardinal Mazarin ne se prît à lui d'une action qu'il craignoit que l'on imputât à sa négligence. Il n'en avoit pas été averti : ce qui pouvoit être un grand crime auprès d'un homme qui lui avoit dit en partant qu'il n'y en avoit pas un à Rome qui ne lui servît volontiers d'espion. L'appréhension qu'il eut de la réprimande l'obligea à en faire une terrible au Pape : car la manière dont il lui parla ne se peut pas appeler une plainte. Il lui déclara en face que, nonobstant mes bulles, ma prise de possession et mon *pallium,* le Roi ne me tenoit ni ne me tiendroit jamais pour archevêque de Paris. Voilà une des plus douces phrases de l'oraison : les figures en furent remplies de menaces d'arrêt du parlement, de décret de Sorbonne, de résolution du clergé de France. L'on jeta quelques mots un peu enveloppés de schisme, et l'on s'expliqua clairement et nettement de l'exclusion entière et absolue que l'on donneroit au Pape du congrès pour la paix générale, que l'on supposoit se devoir traiter au

premier jour. Ce dernier chef effraya le pape Alexandre à un tel point, qu'il fit un million d'excuses à de Lyonne, et si basses et même si ridicules qu'elles seront incroyables à la postérité. Il lui dit, les larmes aux yeux, que je l'avois surpris ; qu'il feroit au premier jour une congrégation de cardinaux agréables au Roi, pour examiner ce qui se pourroit faire pour sa satisfaction ; que lui, M. de Lyonne, n'avoit qu'à travailler incessamment et en diligence au mémoire de tout ce qui s'étoit passé dans la guerre civile ; qu'il en feroit très-bonne et très-briève justice à Sa Majesté. Enfin il contenta si bien et si pleinement M. de Lyonne, qu'il écrivit à M. le cardinal Mazarin par un courrier exprès en ces propres termes : « J'espère que je donnerai dans
« peu de jours une nouvelle encore meilleure que
« celle-ci à Votre Eminence, qui sera que le cardi-
« nal de Retz sera au château Saint-Ange. Le Pape
« ne compte pour rien les amnisties accordées au
« parti de Paris, et il m'a dit que le cardinal de Retz
« ne s'en peut servir, parce qu'il n'y a que le Pape
« qui puisse absoudre les cardinaux, comme il n'y a
« que lui qui les puisse condamner. Je ne lui ai pas
« laissé passer à tout hasard ces alternatives, et je
« lui ai répondu que le parlement de Paris préten-
« doit qu'il les peut condamner, et qu'il auroit déjà
« fait le procès au cardinal de Retz, si Votre Emi-
« nence ne s'y étoit opposée avec vigueur, par le pur
« motif du respect qu'il a pour le Saint-Siége, et
« pour Sa Sainteté en particulier. Le Pape m'a témoi-
« gné qu'il vous en étoit, monseigneur, très-obligé,
« et m'a chargé de vous assurer qu'il feroit plus de
« justice au Roi que le parlement de Paris ne lui en

« auroit pu faire. » Voilà un des articles de la lettre de Lyonne.

Je vous supplie d'observer que la conversation que j'eus avec le Pape, dont je viens de vous raconter le détail, ne fut précédée que de deux ou trois jours de celle que M. de Lyonne eut avec lui, et qui fut la matière de la lettre que vous venez de voir. Quand même elle ne fût pas venue à ma connoissance, je n'eusse pas laissé de m'apercevoir de l'indisposition du Pape, dont j'avois non-seulement des indices, mais des lumières certaines. Monsignor Febei, premier maître des cérémonies, homme sage et homme de bien, et qui, de concert avec moi, avoit servi le Pape très-dignement pour son exaltation, m'avertit qu'il le trouvoit beaucoup changé à mon égard, et à un point, ajouta-t-il, que j'en suis scandalisé *al maggior segno*. Le Pape avoit même dit à l'abbé Charier qu'il ne comprenoit pas le plaisir qu'il prenoit à faire courir dans Rome le bruit que je gouvernois le pontificat. Le père Hilarion, bernardin, et abbé de Sainte-Croix de Jérusalem, qui étoit un des plus honnêtes hommes du monde, et avec lequel j'avois fait une étroite amitié, me conseilla, sur ce discours du Pape à l'abbé Charier, de faire un tour à la campagne, sous prétexte d'y aller prendre l'air ; mais en effet pour lui faire voir que j'étois bien éloigné de m'empresser à la cour. Je suivis son avis, et j'allai un mois ou cinq semaines à Grotta-Ferrata, qui est à quatre lieues de Rome. C'étoit autrefois le Tusculum de Cicéron, et c'est présentement une abbaye de l'ordre de saint Basile. Elle est à M. le cardinal Barberin. Le lieu est extrêmement agréable, et il ne me paroît pas même flatté en ce que son ancien seigneur en dit dans ses épîtres. Je m'y divertissois par la vue de ce qui y paroît encore de ce grand homme : les colonnes de marbre blanc qu'il fit apporter de Grèce pour son vestibule y soutiennent l'église des religieux, qui sont Italiens, mais qui font l'office en grec, et qui ont un chant particulier, mais très-beau. Ce fut dans ce séjour où j'eus connoissance de la lettre de M. de Lyonne, de laquelle je viens de vous parler. Croissy m'en apporta une copie tirée sur l'original. Il est nécessaire que je vous explique, et qui étoit ce Croissy, et le fond de l'intrigue qui me donna lieu de voir cette lettre.

Croissy étoit un conseiller du parlement de Paris qui s'étoit beaucoup intrigué, comme vous avez vu, dans les affaires du temps. Il avoit été à Munster avec d'Avaux; il avoit été envoyé par lui vers Ragotski, prince de Transylvanie. Il s'étoit brouillé pour ses intérêts avec M. Servien; et cette considération, jointe à son esprit qui étoit naturellement inquiet, le porta à se signaler contre le Mazarin aussitôt que les mouvemens de sa compagnie lui en eurent donné lieu. L'habitude que M. de Saint-Romain, son ami particulier, avoit auprès de M. le prince de Conti, et celle de M. Courtin (1), qui a l'honneur d'être connu de vous auprès de madame de Longueville, l'attachèrent, dans le temps du siége de Paris, à leurs intérêts.

---

(1) *M. Courtin :* Antoine. Il fut employé dans plusieurs missions diplomatiques; et s'étant retiré des affaires, il composa un grand nombre d'ouvrages aujourd'hui oubliés. Sa traduction du Traité du droit de la guerre et de la paix par Grotius, est inférieure à celle que publia depuis Barbeyrac. Courtin mourut en 1685.

Il se jeta dans ceux de M. le prince aussitôt qu'il se fut brouillé à la cour : il le servit utilement dans le cours de sa prison; il fut du secret de la négociation, et du traité que la Fronde fit avec lui; il ne quitta pas son engagement quand nous nous rebrouillâmes avec M. le prince après sa liberté : mais il garda toujours toutes les mesures d'honnêteté avec nous. Il fut arrêté, peu de jours après ma détention, à Paris, où il étoit retourné contre l'ordre du Roi, et où il se tenoit caché. Il fut mené au bois de Vincennes, où j'étois prisonnier; et il fut logé dans une chambre au dessus de la mienne. Nous trouvâmes moyen d'avoir commerce ensemble. Il descendoit ses lettres la nuit par un filet qu'il laissoit couler vis-à-vis d'une de mes fenêtres. Comme j'étudiois toujours jusqu'à deux heures après minuit, et que mes gardes s'endormoient, je recevois les siennes, et j'attachois les miennes au même filet. Je ne lui fus pas inutile, par les avis que je lui donnai dans le cours de son procès, auquel on travailloit avec ardeur: M. le chancelier le vint interroger deux fois à Vincennes. Il étoit accusé d'intelligence avec M. le prince, même depuis sa condamnation, et depuis sa retraite parmi les Espagnols. C'étoit lui qui avoit proposé le premier, dans le parlement, de mettre à prix la tête de M. le cardinal Mazarin : ce qui n'étoit pas une pièce bien favorable à sa justification. Il sortit toutefois de prison sans être condamné, quoiqu'il fût coupable, par l'assistance de M. le président de Bellièvre, qui étoit un de ses juges, et qui me dit, le jour qu'il me vint prendre à Vincennes, qu'il lui avoit fait un certain signe duquel je ne me ressouviens pas, qui l'avoit redressé et sauvé dans la réponse qu'il faisoit à un des interrogatoires de M. le chancelier. Enfin il sortit d'affaire sans être jugé, et de prison sur la parole qu'il donna de se défaire de sa charge, et de quitter ou Paris ou le royaume. Je ne sais plus proprement lequel ce fut. Il vint à Rome, il m'y trouva : il se logea, si je ne me trompe, avec Châtillon, de qui il étoit ami. Ils venoient ensemble presque tous les soirs chez moi, n'y osant venir de jour, parce que les Français avoient défense de me voir. Ils avoient l'un et l'autre habitude particulière avec le petit Fouquet, qui est présentement évêque d'Agde, qui étoit aussi à Rome en ce temps-là, et qui trouvoit mauvais que M. de Lyonne prît la liberté de coucher avec sa femme, avec laquelle le petit Fouquet étoit fort bien; et qui de plus, ayant en vue l'emploi de Rome pour lui-même, étoit bien aise de faire jouer au mari un mauvais personnage, qui lui donnât lieu de lui porter des bottes du côté de la cour. Il crut que le meilleur moyen d'y réussir seroit de brouiller et d'embarrasser la principale ou plutôt l'unique négociation qu'il y avoit, qui étoit celle de mon affaire; et il s'adressa pour cela à Croissy, en le priant de m'avertir qu'il me feroit savoir ponctuellement tous les pas qui s'y feroient; que j'aurois les copies des dépêches du cocu (il n'appeloit jamais autrement de Lyonne) devant qu'elles sortissent de Rome; que j'aurois celles du Mazarin un quart-d'heure après que le cocu les auroit reçues; et que lui Fouquet étoit maître de tout ce qu'il me proposoit, parce qu'il l'étoit absolument de madame de Lyonne, de laquelle son mari ne se cachoit aucunement; et laquelle, de plus, étoit enragée contre son mari, parce qu'il étoit passionnément amoureux dans ce temps-là d'une petite femme de chambre qu'elle avoit, qui étoit fort jolie, et qui s'appeloit Agathe. Cet avantage si grand, comme vous voyez, que j'avois sur de Lyonne, fut la principale cause pour laquelle je ne fis pas assez de cas des avances qu'il m'avoit faites par M. de Montrésor. Il ne m'en devoit pas empêcher, et j'eus tort. Deux choses contribuèrent à me faire faire cette faute. La première fut le plaisir que nous avions tous les soirs, Croissy, Châtillon et moi, à tourner le cocu en ridicule; et j'observai, quoique trop tard, en ce rencontre, ce que j'ai encore remarqué en d'autres, qu'*il faut s'appliquer avec soin dans les grandes affaires, encore plus que dans les autres, à se défendre du goût que l'on trouve à la plaisanterie.* Elle y amuse, elle y chatouille, elle y flatte; ce goût, en plus d'une occasion, a coûté cher à M. le prince. L'autre incident qui m'aigrit d'abord contre de Lyonne fut qu'au sortir du conclave il envoya par ordre exprès de la cour, à ce qu'il m'a dit depuis à Saint-Germain, un expéditionnaire appelé La Borne, qui étoit celui du cardinal Mazarin, au palais de Notre-Dame de Lorette, dans lequel je logeois, avec une signification en forme, par laquelle il étoit ordonné à tous mes domestiques sujets du Roi de me quitter, sous peine de crime de lèse-majesté, comme rebelle à Sa Majesté et traître à ma patrie. Ces termes me fâchèrent. Le nom du Roi sauva l'expéditionnaire de l'insulte; mais le chevalier de Bois-David, qui étoit à moi, jeune et folâtre, lui fit, comme il sortoit, quelque commémoration de cornes très-applicable au sujet. Ainsi l'on s'engage souvent plus par un mot que par une chose; et cette réflexion m'a obligé de me dire à moi-même, plus d'une fois, que *l'on ne peut assez peser les moindres mots dans les plus grandes affaires.*

Je reviens à la lettre que Croissy m'apporta à Grotta-Ferrata. J'en fus surpris; mais de cette sorte de surprise qui n'émeut point. J'ai toute ma vie senti que ce qui est incroyable a fait toujours cet effet en moi. Ce n'est pas que je ne sache que ce qui est incroyable est souvent vrai; mais comme il ne le doit pas être dans l'ordre de la prévoyance, je n'ai jamais pu en être touché, parce que j'en ai toujours considéré les événemens comme des coups de foudre qui ne sont pas ordinaires, mais qui peuvent toujours arriver. Nous fîmes toutefois de grandes réflexions, Croissy, l'abbé Charier et moi, sur cette lettre. J'envoyai celui-ci à Rome en communiquer le contenu avec M. le cardinal Azolin, qui ne fit pas grand cas des paroles du Pape, sur lesquelles M. de Lyonne faisoit tant de fondement, et qui dit à l'abbé Charier, très-habilement et très-sensément, qu'il étoit persuadé que de Lyonne, qui avoit intérêt de couvrir ou plutôt de déguiser et de réparer à la cour de France la prise du *pallium,* grossissoit les paroles et les promesses de Sa Sainteté, qui d'ailleurs, ajouta Azolin, est le premier homme du monde à trouver des expressions qui montrent tout et qui ne donnent rien. Il me conseilla de retourner à Rome, et de faire bonne mine; de continuer à témoigner au Pape une parfaite confiance en sa justice et en sa bonne volonté, et d'aller mon chemin comme si je ne savois rien de ce qu'il avoit dit à de Lyonne. Je le crus, j'en usai ainsi. Je déclarai en y arrivant, selon ce que mes amis m'avoient conseillé devant que j'en sortisse, que j'avois tant de respect pour le nom du Roi, que je souffrirois toutes choses sans exception de ceux qui auroient le moins du monde son caractère; que non pas seulement M. de Lyonne, mais que même M. Gueffier, qui étoit simple agent de France, vivroient avec moi comme il leur plairoit; que je leur ferois toujours dans les rencontres toutes les civilités qui seroient en mon pouvoir; que pour ce qui étoit de messieurs les cardinaux mes confrères, j'observerois la même règle, parce que j'étois persuadé qu'il ne pourroit y avoir aucune raison au monde capable de dispenser les ecclésiastiques de tous les devoirs même extérieurs de l'union et de la charité qui doit être entre eux; que cette règle, qui est de l'Evangile, et par conséquent bien supérieure à celle des cérémoniaux, m'apprenoit que je ne devois point prendre garde avec eux, s'ils étoient mes aînés ou mes cadets; que je m'arrêterois également devant eux, sans faire réflexion s'ils me rendroient la pareille ou s'ils ne me la rendroient pas; s'ils me salueroient, ou s'ils ne me salueroient point; que pour ce qui étoit des particuliers qui n'avoient point de caractère particulier du Roi, et qui ne rendroient pas en ma personne le respect qu'ils devoient à la pourpre, je ne pourrois pas avoir la même conduite, parce qu'elle tourneroit au déchet de sa dignité, par les conséquences que les gens du monde ne manquent jamais de tirer à leur avantage contre les prérogatives de l'Eglise; que comme toutefois je me sentois, et par mon inclination et par mes maximes, très-éloigné de tout ce qui pourroit avoir le moindre air de violence, j'ordonnerois à mes gens de n'en faire aucune au premier de ceux qui manqueroient à ce qu'ils me doivent, et que je me contenterois qu'ils coupassent les jarrets aux chevaux de leurs carrosses. Vous croyez aisément que personne ne s'exposa à recevoir un affront de cette nature. La plupart des Français s'arrêtèrent devant moi ; ceux qui crurent devoir obéir aux ordres de M. le cardinal d'Est évitèrent avec soin de me rencontrer dans les rues. Le Pape, à qui M. le cardinal Bichi grossit beaucoup la déclaration publique que j'avois faite sur la conduite que je tiendrois, m'en parla sur un ton de réprimande, en me disant que je ne devois pas menacer ceux qui obéiroient aux ordres du Roi. Comme je connoissois déjà ses manières toutes artificieuses, je crus que je ne devois répondre que d'une façon qui l'obligeât lui-même à s'expliquer : ce qui est une règle infaillible pour agir avec les gens de ce caractère. Je lui répondis que je lui étois sensiblement obligé de la bonté qu'il avoit de me donner ses ordres ; que je souffrirois dorénavant tout du moindre Français ; et qu'il me suffisoit, pour me justifier dans le sacré collége, que je pusse dire que c'étoit par commandement de Sa Sainteté. Le Pape reprit ce mot avec chaleur, et il me répondit : « Ce n'est pas ce « que je veux dire. Je ne prétends point que l'on ne « rende pas ce qu'on doit à la pourpre ; vous allez « d'une extrémité à l'autre. Gardez-vous bien d'aller « faire ce discours dans Rome. » Je ne repris pas avec moins de promptitude ces paroles du Pape ; je le suppliai de me pardonner si je n'avois pas bien pris son sens. Je présumai qu'il approuvoit le gros de la conduite que j'avois prise, et qu'il ne m'en avoit recommandé que le juste tempérament. Il ne crut pas qu'il me dût dédire, parce qu'il avoit un peu son compte, en ce qu'il m'avoit parlé amphibologiquement; j'avois le mien, en ce que je n'étois pas obligé de changer mon procédé. Ainsi finit mon audience, au sortir de laquelle je fis les éloges de Sa Sainteté à monsignor *il maestro di camera,* qui m'accompagnoit. Il le dit le soir au Pape, qui lui répondit avec une mine refrognée : *Questi maledetti Francesi sono più furbi di noi altri?* Ce maître de chambre, qui étoit monsignor Bandinelli, et qui fut depuis cardinal, le dit deux jours après au père Hilarion, abbé de Sainte-Croix de Jérusalem, de qui je le sus. Je continuai à vivre sur ce pied jusqu'à un voyage que je fis aux eaux de Saint-Cassien qui sont en Toscane, pour essayer de me remettre d'une nouvelle incommodité qui m'étoit survenue à l'épaule par ma faute.

Je vous ai déjà dit que le plus fameux chirurgien de Rome n'avoit pu réussir à la remettre, quoiqu'il me l'eût démise de nouveau pour cet effet. Je me laissai enjôler par un paysan des terres du prince Borghèse, sur la parole d'un gentilhomme de Florence mon allié, de la maison de Mazzinghi, qui m'assura qu'il avoit vu des guérisons prodigieuses de la façon de ce charlatan. Il me démit l'épaule pour la troisième fois avec des douleurs incroyables; mais il ne la rétablit point. La foiblesse qui me resta de cette opération m'obligea de recourir aux eaux de Saint-Cassien, qui ne me furent que d'un médiocre soulagement. Je revins passer le reste de l'été à Caprarole, qui est une fort belle maison à quarante milles de Rome, et qui est à M. de Parme. J'y attendis la Rinfrescata, après laquelle je retournai à Rome, où je trouvai le Pape aussi changé sur toutes choses sans exception, qu'il me l'avoit déjà paru pour moi. Il ne tenoit plus rien de sa prétendue piété que son sérieux, quand il étoit à l'église; je dis son sérieux et non pas sa modestie, car il paroissoit beaucoup d'orgueil dans sa gravité. Il ne continua pas seulement l'abus du népotisme, en faisant venir ses parens à Rome : il le consacra en le faisant approuver par les cardinaux, auxquels il en demanda leur avis en particulier, pour ne point être obligé de suivre celui qui pourroit être contraire à sa volonté. Il étoit vain jusqu'au ridicule, et au point de se piquer de sa noblesse, comme un petit noble de la campagne à qui les élus la contesteroient. Il étoit envieux de tout le monde sans exception. Le cardinal Cesi disoit qu'il le feroit mourir de colère, à force de lui dire du bien de saint Léon. Il est constant que monsignor Magalotti se brouilla presque avec lui, parce qu'il lui parut qu'il croyoit mieux savoir la *Crusca*. Il ne disoit pas un mot de vérité; et le marquis Riccardi, ambassadeur de Florence, écrivit au grand duc ces propres paroles à la fin d'une dépêche qu'il me montra : *In fine, serenissimo signore, habbiamo un Papa chi non dice mai una parola di verita*. Il étoit continuellement appliqué à des bagatelles; il osa proposer un prix public pour celui qui trouveroit un mot latin pour exprimer chaise roulante, et il passa une fois sept ou huit jours à chercher si *mosco* venoit de *musca*, ou si *musca* venoit de *mosco*. M. le cardinal Imperiale m'ayant dit le détail de ce qui s'étoit passé en deux ou trois assemblées d'académie qui s'étoient tenues sur ce digne sujet, je crus qu'il exagéroit pour se divertir,

et je perdis cette pensée dès le lendemain : car le Pape
nous ayant envoyé querir, M. le cardinal Rapaccioli
et moi, et nous ayant commandé de monter avec lui
dans son carrosse, il nous tint trois heures entières
que la promenade dura, sur les minuties les plus fa-
des que la critique la plus basse d'un petit collége eût
pu produire; et Rapaccioli, qui étoit un fort bel esprit,
me dit quand nous fûmes sortis de sa chambre, où
nous le conduisîmes, qu'aussitôt qu'il seroit retourné
chez lui, il distilleroit le discours du Pape, pour voir
ce qu'il pourroit trouver de bon sens d'une conversation de trois heures dans laquelle il avoit toujours
parlé tout seul. Il eut une affectation, quelques jours
après, qui parut être d'une grande puérilité. Il mena
tous les cardinaux aux sept églises; et comme le
chemin étoit trop long pour le pouvoir faire avec
un aussi grand cortége dans le cours d'une matinée,
il leur donna à dîner dans le réfectoire de Saint-
Paul, et il les fit servir en portion à part, comme
l'on sert les pélerins dans le temps du jubilé. Véritablement toute la vaisselle d'argent qui fut employée
avec profusion à ce service fut faite exprès, et d'une
forme qui avoit rapport aux ustensiles ordinaires des
pélerins. Je me souviens, entre autres, que les vases
dans lesquels l'on nous servit le vin étoient tout-à-fait
semblables aux calebasses de saint Jacques. Mais rien
ne fit mieux paroître, à mon sens, son peu de solidité,
que le faux honneur qu'il se voulut donner de la conversion de la reine de Suède [1]. Il y avoit plus de
dix-huit mois qu'elle avoit abjuré son hérésie, quand
elle prit la pensée de venir à Rome. Aussitôt que le

---

[1] Christine. (A. E.)

pape Alexandre l'eut appris, il en donna part au sacré collége en plein consistoire, par un discours très-étudié. Il n'oublia rien pour nous faire entendre qu'il avoit été l'unique instrument dont Dieu s'étoit servi pour cette conversion. Il n'y eut personne qui ne fût très-bien informé du contraire ; et jugez, s'il vous plaît, de l'effet qu'une vanité aussi mal entendue y put produire ! Il ne vous sera pas difficile de concevoir que cette manière de Sa Sainteté ne me devoit pas donner une grande idée de ce que je pouvois espérer de sa protection ; et je reconnus de plus, en peu de jours, que sa foiblesse pour les grandes choses augmentoit à mesure de son attachement aux petites.

On fait tous les ans un anniversaire pour l'ame de Henri-le-Grand dans l'église de Saint-Jean-de-Latran, où les ambassadeurs de France et les cardinaux de la faction ne manquent jamais d'assister. Le cardinal d'Est prit en gré de déclarer qu'il ne m'y souffriroit pas. Je le sus ; je demandai audience au Pape pour l'en avertir : il me la refusa, sous prétexte qu'il ne se portoit pas bien. Je lui fis demander ses ordres sur cela par monsignor Febei, qui n'en put rien tirer que des réponses équivoques. Comme je prévoyois que s'il arrivoit là quelque fracas entre M. le cardinal d'Est et moi, où il y eût le moins du monde de sang répandu, le Pape ne manqueroit pas de m'accabler, je n'oubliai rien de tout ce que je pus faire honnêtement pour m'attirer un commandement de ne me point trouver à la cérémonie. Comme je n'y pus pas réussir, et que je ne voulus pas d'ailleurs me dégrader moi-même du titre de cardinal français en m'excluant des fonctions qui étoient particulières à la nation, je me résolus de m'abandonner. J'allai à Saint-Jean-de-Latran fort accompagné. J'y pris ma place, j'assistai au service; je saluai fort civilement, en entrant et en sortant, messieurs les cardinaux de la faction. Ils se contentèrent de ne me point rendre le salut, et je revins chez moi très-satisfait d'en être quitte à si bon marché. J'eus une pareille aventure à Saint-Louis, où le sacré collége se trouva le jour de la fête du patron de cette église. Comme j'avois su que La Bussière, qui est présentement maître de chambre des ambassadeurs à Rome, et qui étoit en ce temps-là écuyer de M. de Lyonne, avoit dit publiquement que l'on ne m'y souffriroit pas, je fis toutes mes diligences pour obliger le Pape à prévenir ce qui pourroit arriver. Je lui en parlai à lui-même avec force : il ne se voulut jamais expliquer. Ce n'est pas que d'abord que je lui en parlai il ne me dît qu'il ne voyoit pas ce qui me pouvoit obliger de me trouver à des cérémonies dont je me pouvois fort honnêtement excuser, sur les défenses que le Roi avoit faites de m'y recevoir. Mais comme je lui répondis que si je reconnoissois ces ordres pour des ordres du Roi, je ne voyois pas moi-même comme je me pourrois défendre d'obéir à ceux par lesquels Sa Majesté commandoit tous les jours de ne me point reconnoître comme archevêque de Paris, il tourna tout court. Il me dit que c'étoit à moi de me consulter; il me déclara qu'il ne défendroit jamais à un cardinal d'assister aux fonctions du sacré collége; et je sortis de mon audience comme j'y étois entré. J'allai à l'église de Saint-Louis, en état d'y disputer le pavé. La Bussière arracha de la main du curé l'aspergès, comme il me vouloit présenter l'eau bénite, qu'un de mes gentilshommes m'apporta. M. le cardinal Antoine ne me fit pas le compliment que l'on fait en cette occasion à tous les autres cardinaux : je ne laissai pas de prendre ma place, d'y demeurer tout le temps de la cérémonie, et de me maintenir par là à Rome dans le poste et dans le train de cardinal français. La dépense qui étoit nécessaire à cet effet n'étoit pas la moindre des difficultés que j'y trouvois. Je n'étois plus à la tête d'une grande faction, que j'ai toujours comparée à une grande nuée dans laquelle chacun se figure ce qu'il lui plaît. La plupart des hommes me considéroient, dans les mouvemens de Paris, comme un sujet tout propre à profiter de toutes les révolutions; mes racines étoient bonnes, chacun en espéroit du fruit, et cet état m'attiroit des offres immenses, et telles que si je n'eusse eu encore plus d'aversion à emprunter que je n'avois d'inclination à dépenser, j'aurois compté dans la suite mes dettes par plus de millions d'or que je ne les ai comptées par millions de livres. Je n'étois pas à Rome dans la même posture : j'y étois réfugié et persécuté par mon Roi, j'y étois maltraité par le Pape : les revenus de mon archevêché et de mes bénéfices étoient saisis; on avoit fait des défenses expresses à tous les banquiers français de me servir. On avoit poussé l'aigreur jusqu'au point de demander des paroles de ne me point assister à ceux que l'on croyoit, ou que l'on avoit sujet de croire, le pouvoir ou le vouloir faire. L'on avoit même affecté, pour me décréditer, de déclarer à tous mes créanciers que le Roi ne permettroit jamais qu'ils touchassent un double de tout ce qui étoit de mes revenus sous sa main. L'on avoit de plus affecté de dissiper ces revenus avec une telle profusion et profanation, que deux bâtards de l'abbé Fouquet étoient publiquement nourris et entretenus chez la portière de l'archevêché, sur un fond pris de cette recette. On n'avoit oublié aucune des précautions qui pouvoient empêcher mes fermiers de me secourir ; et l'on avoit pris toutes celles qui devoient obliger mes créanciers à m'inquiéter par des procédures qui leur eussent été inutiles dans le temps, mais dont les frais eussent retombé sur moi dans la suite.

L'application qu'eut l'abbé Fouquet sur ce dernier article ne lui réussit qu'à l'égard d'un boucher, aucun de mes autres créanciers n'ayant voulu branler. Celle du cardinal Mazarin eut plus d'effet sur les autres chefs. Les receveurs de l'archevêché ne m'assistèrent que très-foiblement ; quelques uns même de mes amis prirent le prétexte des défenses du Roi pour s'excuser de me secourir. M. et madame de Liancourt envoyèrent à M. de Châlons deux mille écus, quoiqu'ils en eussent offert vingt mille à mon père, de qui ils étoient les plus particuliers et les plus intimes amis ; et leur excuse fut la parole qu'ils avoient donnée à la Reine. L'abbé Amelot, qui se mit dans la tête d'être évêque par la faveur de M. le cardinal Mazarin, répondit, à ceux qui lui voulurent persuader de m'assister, que j'avois témoigné tant de distinction à M. de Caumartin dans la visite qu'ils m'avoient rendue l'un et l'autre, à Nantes, qu'il ne croyoit pas qu'il se dût brouiller pour moi avec lui au moment qu'il lui donnoit des marques d'une estime particulière. M. de Luynes, avec lequel j'avois fait une amitié assez étroite depuis le siége de Paris, crut qu'il y satisferoit en me faisant tenir six mille livres. Enfin messieurs de Châlons, Caumartin, Bagnols et de La Houssaye, qui eurent la bonté de prendre en ce temps-là le soin de ma subsistance, s'y trouvèrent assez embarrassés : et l'on peut dire qu'ils ne rencontrèrent de véritable secours qu'en M. de Manevillette, qui leur donna pour moi vingt-quatre mille livres ; M. Pirion de Mastrac, qui leur en fit toucher dix-huit mille ; madame Dasserac, qui en fournit autant ; M. d'Hacqueville, qui du peu qu'il avoit pour lui-même en donna cinq mille. Madame de Lesdiguières en prêta cinquante mille ; M. de Brissac en envoya trente-six mille. Ils trouvèrent le reste dans leurs propres fonds. Messieurs de Châlons et de La Houssaye en trouvèrent quarante mille : M. de Caumartin cinquante-cinq mille. M. de Retz, mon frère, suppléa même avec bonté au reste ; et il l'eût fait encore de meilleure grâce, si sa femme eût eu autant d'honnêteté et autant de bon naturel que lui. Vous me direz peut-être qu'il est étonnant qu'un homme qui paroissoit autant abîmé que moi dans la disgrâce ait pu trouver d'aussi grandes sommes ; et je vous répondrai qu'il l'est sans comparaison davantage que l'on ne m'en ait pas offert de plus considérables, après les engagemens qu'un nombre infini de gens avoient avec moi.

J'insère par reconnoissance dans cet ouvrage les noms de ceux qui m'ont assisté. J'y épargne par honnêteté la plupart de ceux qui m'ont manqué, et j'y aurois même supprimé avec joie les autres que j'y nomme, si l'ordre que vous m'avez donné de laisser des Mémoires qui pussent être de quelque instruction à messieurs vos enfans ne m'avoit obligé à ne pas ensevelir tout-à-fait dans le silence un détail qui leur pût être de quelque utilité. Ils sont d'une naissance qui peut les élever assez naturellement aux plus grandes places : et rien n'est plus nécessaire, à mon sens, à ceux qui s'y peuvent trouver, que d'être informés, dès leur enfance, qu'il n'y a que la continuation du bonheur qui fixe la plupart des amitiés. J'avois le naturel assez bon pour ne le pas croire, quoique tous les livres me l'eussent déclaré. Il n'est pas concevable combien j'ai fait de fautes par le principe contraire ; et j'ai été vingt fois sur le point, dans ma disgrâce, de manquer du plus nécessaire, parce que je n'avois jamais appréhendé dans mon bonheur de manquer du superflu. C'est par la même considération de messieurs vos enfans que j'entrerai dans une minutie qui ne seroit pas, sans cette raison, digne de votre attention. Vous ne pouvez pas vous imaginer ce que c'est que l'embarras domestique dans les disgrâces. Il n'y a personne qui ne croie faire honneur à un malheureux quand il le sert. Il y a très-peu d'honnêtes gens à cette épreuve, parce que cette disposition, ou plutôt cette indisposition, se coule si imperceptiblement dans les esprits de ceux qu'elle domine, qu'ils ne la sentent pas eux-mêmes, et elle est de la nature de l'ingratitude. J'ai fait souvent réflexion sur l'un et sur l'autre de ces défauts, et j'ai trouvé qu'ils ont cela de commun que la plupart de ceux qui les ont ne soupçonnent pas seulement qu'ils les aient. Ceux qui sont atteints du second ne s'en aperçoivent que parce que la même foiblesse qui les y porte les porte aussi, comme par un préalable, à diminuer dans leur propre imagination le poids des obligations qu'ils ont à leurs bienfaiteurs. Ceux qui sont sujets au premier ne s'en doutent pas davantage, parce que la complaisance qu'ils trouvent à s'être attachés avec fidélité à une fortune qui n'est pas bonne fait qu'ils ne connoissent pas le chagrin qu'ils en ont eu plus de dix fois par jour.

Madame de Pommereux m'écrivit un jour, à propos d'un malentendu qui étoit arrivé entre messieurs de Caumartin et de La Houssaye, que les amis des malheureux étoient un peu difficiles; elle devoit ajouter, Et les domestiques. La familiarité, de laquelle un grand seigneur qui est honnête homme se défend moins qu'un autre, diminue insensiblement du respect, dont l'on ne se dispense jamais dans l'exercice journalier de la grandeur. Cette familiarité produit au commencement la liberté de parler; celle-là est bientôt suivie de la liberté de se plaindre. La véritable sève de ces plaintes est l'imagination que l'on a que l'on seroit bien mieux ailleurs qu'auprès du disgracié. On ne s'avoue pas à soi-même cette imagination, parce que l'on connoît qu'elle ne conviendroit pas à l'engagement d'honneur que l'on a pris, ou au fond de l'affection que l'on ne laisse pas assez souvent de conserver dans ces indispositions. Ces raisons font que l'on se déguise, même de bonne foi, ce que l'on sent dans le plus intérieur de son cœur; et que le chagrin que l'on a de la mauvaise fortune à laquelle on a part prend à tous les momens d'autres objets. La préférence de l'un à l'autre, souvent nécessaire et même inévitable en mille et mille occasions, leur paroît toujours une injustice. Tout ce que le maître fait pour eux de plus difficile n'est que devoir; tout ce qu'il ne fait pas même de plus impossible est ingratitude ou dureté. Ce qui est encore pis que tout ce que je viens de vous dire, c'est que le remède qu'un véritable bon cœur veut apporter à ces inconvéniens aigrit le mal au lieu de le guérir, parce qu'il le flatte. Je m'explique. Comme j'avois toujours vécu avec mes domestiques comme avec mes frères, je ne m'étois pas seulement imaginé que je pusse trouver parmi eux que de la complaisance et de la douceur. Je commençai à m'apercevoir dans la galère que la familiarité a beaucoup d'inconvéniens; mais je crus que je pourrois remédier à cela par le bon traitement; et le premier pas que je fis en arrivant à Florence fut de partager avec ceux qui m'avoient suivi dans mon voyage, et avec tous les autres qui m'avoient joint dans le chemin, l'argent que le grand duc m'avoit prêté. Je leur donnai à chacun six vingt pistoles, proprement pour s'habiller; et je fus très-étonné en arrivant à Rome de les trouver, au moins pour la plupart, sur le pied gauche, et dans des prétentions sur plusieurs chefs sans comparaison plus grandes qu'on ne les a dans la maison des premiers ministres. Ils trouvèrent mauvais que l'on ne tapissât pas de belles tapisseries les chambres qu'on leur avoit marquées dans mon palais. Cette circonstance n'est qu'un échantillon de cent et cent de cette nature; et c'est tout vous dire que les choses en vinrent au point, et par leurs murmures, et par la division qui suit toujours de fort près les murmures, que je fus obligé, pour ma propre satisfaction, de faire un mémoire exact, dans le grand loisir que j'eus aux eaux de Saint-Cassien, de ce que j'avois donné à mes gentilshommes depuis que j'étois arrivé à Rome, et je trouvai que si j'avois été logé dans le Louvre à l'appartement de M. le cardinal Mazarin, il ne m'en auroit pas à beaucoup près tant coûté. Boisguérin seul, qui fut à la vérité fort malade à Saint-Cassien, et que j'y laissai avec ma litière et mon médecin, me coûta, en moins de quinze mois qu'il fut auprès de moi, cinq mille huit cents livres d'argent déboursé et mis entre ses mains. Il n'en eût peut-être pas tant tiré, s'il eût été domestique de M. le cardinal Mazarin. Sa santé l'obligea de changer d'air et de revenir en France, où il ne me parut pas depuis qu'il se ressouvînt beaucoup de la manière dont je l'avois traité. Je suis obligé de tirer, de ce nombre de murmurateurs domestiques, Malclerc qui a l'honneur d'être connu de vous, qui toucha de moi beaucoup moins que les autres, parce qu'il ne se trouva pas par hasard dans le temps des distributions. Il étoit continuellement en voyage, comme vous verrez dans la suite de cette narration ; et je suis obligé de vous dire pour la vérité que je ne lui vis jamais, dans aucune occasion, de mouvement de chagrin ni d'intérêt. L'abbé de Lameth, mon maître de chambre, qui n'a jamais voulu toucher un sou de moi dans tout le cours de ma disgrâce, étoit moins capable du dernier qu'homme que je connoisse ; son humeur naturellement difficultueuse faisoit qu'il étoit assez susceptible du premier, parce qu'il étoit échauffé par Joly, qui, avec un bon cœur et des intentions très-droites, a une sorte de travers dans l'esprit tout-à-fait contraire à la balance qu'il est nécessaire de tenir bien droite dans l'économie ou plutôt dans la conduite d'une grande maison. Ce n'étoit pas sans peine

que je me ménageois entre ces deux derniers et l'abbé
Charier, entre lesquels la jalousie étoit assez naturelle. Celui-ci penchoit absolument vers l'abbé Bou-
vier, mon agent et mon expéditionnaire à la cour de
Rome, auquel toutes mes lettres de change étoient
adressées. Joly prit parti pour l'abbé Rousseau, qui,
comme frère de mon intendant, prétendoit qu'il devoit faire la fonction d'intendant, de laquelle, dans
la vérité, il n'étoit nullement capable. Je vous fais encore des excuses de vous entretenir de ces bagatelles,
sur lesquelles d'ailleurs vous ne doutez pas que je
n'épargnasse avec joie les petits défauts de ceux de
qui je viens de parler, quand il vous plaira de faire
réflexion qu'ils ne m'ont pas empêché de faire pour
tous mes domestiques, sans exception, ce qui a été
en mon pouvoir depuis que je suis de retour en
France. Je ne touche, comme je vous ai dit, cette
matière, que parce que messieurs vos enfans ne la
trouveront peut-être en lieu du monde si bien spé-
cifiée ; et je ne l'ai jamais rencontrée, au moins par-
ticularisée, dans aucun livre. Vous me demandez
peut-être quel fruit je prétends qu'ils en tirent ? Le
voici : Qu'ils fassent réflexion une fois la semaine qu'il
est de la prudence de ne pas s'abandonner toujours à
toute sa bonté ; et qu'un grand seigneur, qui n'en peut
jamais trop avoir dans le fond de son ame, la doit par
sa bonne conduite cacher avec soin dans son cœur,
pour en conserver la dignité, particulièrement dans
les disgrâces. Il n'est pas croyable ce que ma facilité
naturelle, si contraire à cette maxime, m'a coûté de
chagrin et de peine. Je crois que vous voyez suffisamment, par ces échantillons, la difficulté du per-

sonnage que je soutenois. Vous l'allez encore mieux concevoir par le compte que je vous supplie de me permettre que je vous rende de la conduite que je fus obligé de prendre en même temps du côté de la France.

Aussitôt que je fus sorti du château de Nantes, M. le cardinal Mazarin fit donner un arrêt du conseil du Roi, par lequel il étoit défendu à mes grands vicaires de décerner aucuns mandemens sans en avoir communiqué au conseil de Sa Majesté. Quoique cet arrêt tendît à ruiner la liberté qui est essentielle au gouvernement de l'Eglise, l'on pouvoit prétendre que ceux qui le rendoient affectoient de sauver quelques apparences d'ordre et de discipline, en ce qu'au moins ils reconnoissoient ma juridiction. Ils rompirent bientôt toutes mes mesures, en déclarant mon siége vacant, par un arrêt donné à Peronne : ce qui arriva un mois ou deux avant que le Saint-Siége le déclarât rempli, en me donnant le *pallium* de l'archevêché de Paris en plein consistoire. On manda en même temps à la cour messieurs Chevalier et L'Avocat, chanoines de Notre-Dame, mes grands vicaires; et l'on se servit du prétexte de leur absence pour forcer le chapitre à prendre l'administration de mon diocèse. Ce procédé si peu canonique ne scandalisa pas moins l'Eglise de Rome que celle de France. Les sentimens de l'une et de l'autre se trouvèrent conformes de tout point. Je les observai, et même je les fortifiai avec application (1); et après que je leur eus laissé tout le temps que je crus nécessaire, vu le flegme du pays

---

(1) *Je les fortifiai avec application* : L'auteur a soin de ne point parler de ses relations avec les jansénistes de Paris. Dans le même temps ces derniers composèrent pour lui une lettre qu'il adressa aux évêques

où j'étois, pour purger ma conduite de tout air de précipitation, j'en formai une lettre que j'écrivis au chapitre de Notre-Dame de Paris, et que j'insérerai ici, parce qu'elle vous fera connoître d'une vue ce qui se passa depuis ma liberté à cet égard.

« Messieurs,

« Comme une des plus grandes joies que je ressentis aussitôt après que Dieu m'eut rendu la liberté fut de recevoir les témoignages si avantageux d'affection et d'estime que vous me rendîtes, et en particulier par la réponse obligeante que vous fîtes d'abord à la lettre que je vous avois écrite, et en public par les publiques actions de grâces que vous offrîtes à Dieu pour ma délivrance, je vous puis aussi assurer que, parmi tant de traverses et de périls que j'ai courus depuis, je n'ai point eu d'affliction plus sensible que celle d'apprendre les tristes nouvelles de la manière dont on a traité votre compagnie pour la détacher de mes intérêts, qui ne sont autres que ceux de l'Eglise, et pour vous faire abandonner, par des résolutions forcées et involontaires, celui dont vous aviez soutenu le droit et l'autorité avec tant de vigueur et tant de constance. La fin qu'il a plu à Dieu de donner à mes voyages et à mes travaux, en me conduisant dans la capitale du royaume de Jésus-Christ, et l'asyle le plus ancien et le plus sacré de ses ministres persécutés par les grands du monde, n'a pu me faire oublier ce qu'on a fait dans Paris pour vous assujettir.

de France, et dont nous avons donné un extrait dans la Notice sur Port-Royal. Sa lettre au chapitre de Notre-Dame de Paris sortoit des mêmes mains.

Et l'accueil si favorable que m'avoit daigné faire le chef de tous les évêques et le père de tous les fidèles, avant que Dieu le retirât de ce monde; ces marques si publiques et si glorieuses de bonté et d'affection dont il lui avoit plû d'honorer mon exil et mon innocence, et la protection apostolique qu'il m'avoit fait l'honneur de me promettre avec tant de tendresse et de générosité, n'ont pu entièrement adoucir l'amertume que m'a causée depuis six mois l'état déplorable auquel votre compagnie a été réduite : car comme les marques extraordinaires de votre fidèle amitié envers moi ont attiré sur vous leur aversion, et qu'on ne vous a persécutés que parce que vous vous étiez toujours opposés à la persécution que j'en souffrois, j'ai été blessé dans le cœur de toutes les plaies que votre corps a reçues; et la même générosité qui m'obligera à conserver jusqu'à la fin de ma vie des sentimens tout particuliers de reconnoissance et de gratitude pour vos bons offices m'oblige maintenant encore davantage à ressentir des mouvemens non communs de compassion et de tendresse pour vos afflictions et pour vos souffrances.

« J'ai appris, messieurs, avec douleur, que ceux qui depuis ma liberté m'ont fait un crime de votre zèle pour moi ne m'ont reproché, par un écrit public et diffamant, d'avoir fait faire dans la ville capitale des actions scandaleuses et injurieuses à Sa Majesté, que parce que vous aviez témoigné à Dieu, par l'un des cantiques de l'Eglise, la joie que vous aviez de ma délivrance, après la lui avoir demandée par tant de prières. J'ai su que cette action de votre piété, qui a réjoui tous ceux qui étoient affligés du violement de la liberté ecclésiastique, par la détention d'un cardinal et d'un archevêque, a tellement irrité mes ennemis, qu'ils en ont pris occasion de vous traiter de séditieux et de perturbateurs du repos public ; qu'ils se sont servis de ce prétexte pour faire mander en cour mes deux grands vicaires et autres personnes de votre corps, sous ombre de leur faire rendre compte de leurs actions ; mais dans la vérité pour les exposer au mépris, pour les outrager par les insultes et les moqueries, et les abattre, s'ils pouvoient, par les menaces. Mais ce qui m'a le plus touché a été d'apprendre que cette première persécution, qu'on a faite à mes grands vicaires et à quelques autres de vos confrères, n'a servi que de degré pour se porter ensuite à une plus grande qu'on a faite à tout votre corps. On ne les a écartés que pour l'affoiblir; et prendre le temps de leur exil pour vous signifier un arrêt du 22 d'août dernier, par lequel des séculiers, usurpant l'autorité de l'Eglise, déclarent mon siége vacant, et vous ordonnent, ensuite de cette vacance prétendue, de nommer dans huit jours des grands vicaires pour gouverner mon diocèse en la place de ceux que j'avois nommés, avec menaces qu'il y seroit pourvu autrement si vous refusiez de le faire. Je ne doute point que vous n'ayez tous regardé la seule proposition d'une entreprise si outrageuse à la dignité épiscopale, comme une insulte signalée qu'on faisoit à l'Eglise de Paris, en lui témoignant par cette ordonnance qu'on la jugeoit capable de consentir à un asservissement honteux de l'épouse de Jésus-Christ, à la violence et à l'usurpation de l'autorité ecclésiastique par une puissance séculière (qui est toujours vénérable en se tenant dans ses légitimes bornes), et à une dégradation si scandaleuse de votre archevêché.

« Mais aussi, parce qu'on savoit combien de vous-mêmes vous étiez éloignés de vous porter à rien de semblable, j'ai su qu'outre cette absence de vos confrères on s'étoit servi de toutes sortes de voies pour gagner les uns, pour intimider les autres, et pour affoiblir ceux même qui seroient les plus désintéressés en leur particulier, par l'appréhension de perdre vos droits et vos priviléges. Et afin que tout fût conforme à ce même esprit, j'apprends, par la lecture de l'acte de signification de cet arrêt qui m'a été envoyé, que deux huissiers à la chaîne étant entrés dans votre assemblée, déclarèrent qu'ils vous signifioient cet arrêt par exprès commandement, à ce que vous n'en prétendissiez cause d'ignorance, et que vous eussiez à obéir : et parce que l'on sait que les premières impressions de la crainte et de la frayeur sont toujours les plus puissantes, ne voulant point vous laisser de temps pour vous reconnoître, de délibérer à l'heure même sur cet arrêt, vous déclarant qu'ils ne sortiroient point du lieu jusqu'à ce que vous l'eussiez fait.

« Cependant il y a sujet de louer Dieu de ce que ce procédé si extraordinaire a rendu encore plus visible à tout le monde l'outrage que mes ennemis ont voulu faire à l'Eglise en ma personne. Quelque violence que l'on ait employée pour vous empêcher d'agir selon les véritables mouvemens de votre cœur, et quelque frayeur qu'on ait répandue dans les esprits, on n'a pu vous faire consentir à cette sacrilége dégradation d'un archevêque par un tribunal laïque ; et le refus que vous en avez fait, malgré toutes les instances de mes ennemis, leur sera dans la postérité une conviction plus que suffisante de s'être emportés contre l'Eglise à des attentats si insupportables, que ceux même qu'ils ont opprimés et réduits à n'avoir plus de liberté n'en ont pu concevoir que de l'horreur. Ainsi, au lieu de déclarer mon siége vacant, selon les termes de cet arrêt, vous avez reconnu que mes grands vicaires étoient les véritables et légitimes administrateurs de la juridiction spirituelle de mon diocèse, et qu'il n'y avoit qu'une violence étrangère qui les empêchoit de l'exercer. Vous avez résolu de faire des remontrances au Roi pour leur retour, aussi bien que pour le mien; et vous avez témoigné par là combien les plaies que l'on vouloit faire à mon caractère vous étoient sensibles. Voilà votre véritable disposition : tout ce qui s'est fait de plus ne doit être imputé qu'aux injustes violateurs des droits inviolables de l'Eglise.

« J'ai su, messieurs, qu'il y en a eu plusieurs d'entre vous qui sont demeurés fermes et immobiles dans cet orage, et qui ont conservé en partie l'honneur de votre corps par une courageuse résistance à toutes les entreprises de mes ennemis. Mais j'ai su encore que ceux qui n'ont pas été si fermes, et qui n'ont osé s'opposer ouvertement à l'injure qu'on vouloit faire à leur archevêque, ne se sont laissés aller à cet affoiblissement que parce qu'on ne vouloit pas leur permettre de suivre la loi de l'Eglise, mais les contraindre de se rendre à une nécessité qu'on prétendoit n'avoir point de loi. Ils ont agi, non comme

des personnes libres, mais comme des personnes réduites dans les dernières extrémités. Ils ont souffert dans ce rencontre le combat que décrit saint Paul de la chair contre l'esprit; et ils peuvent dire sur ce sujet :
« Nous n'avons pas fait le bien que nous voulions,
« mais nous avons fait le mal que nous ne voulions
« pas. »

« Tout le monde sait que, lorsqu'on vous a fait prendre l'administration spirituelle de mon diocèse, mes grands vicaires n'étoient que depuis peu de jours absens, et qu'il y avoit sujet de croire qu'ils seroient bientôt de retour. Or, qui jamais ouït dire qu'un diocèse doive passer pour désert et abandonné, et qu'on doive obliger un chapitre à usurper l'autorité de son archevêque quatre jours après qu'on aura mandé ses grands vicaires à la cour? Le passage même des Décrétales, qu'on m'a écrit avoir été l'unique fondement de cet avis, ne détruit-il pas clairement ce qu'on veut qu'il établisse? Si un évêque, dit ce décret du pape Boniface VIII, est pris par des païens ou des schismatiques, ce n'est pas le métropolitain, mais le chapitre, qui doit administrer le diocèse dans le spirituel et le temporel, comme si le siége étoit vacant par mort, jusqu'à ce que l'évêque sorte des mains de ces païens ou de ces schismatiques, et soit remis en liberté; ou que le Pape, à qui il appartient de pourvoir aux nécessités de l'Eglise, et que le chapitre doit consulter au plus tôt sur cette affaire, en ait ordonné autrement.

« Voilà ce que c'est que ce décret, c'est-à-dire la condamnation formelle de tout ce qu'on a voulu entreprendre contre l'autorité que Dieu m'a donnée :

car s'il y avoit lieu de se servir de ce décret pour m'ôter l'exercice de ma charge, c'auroit été lorsque j'étois en prison, puisqu'il ne parle que de ce qu'on doit faire quand un évêque est prisonnier : ce qu'on a été si éloigné de prétendre, que, durant tout le temps de ma prison jusqu'au jour de ma délivrance, mes grands vicaires ont toujours paisiblement gouverné mon diocèse en mon nom et sous mon autorité. Et en effet comment mes ennemis auroient-ils pu se servir de ce décret, sans vouloir prendre à l'égard de moi la place peu honorable des païens ou des schismatiques, qui, n'ayant point ou de crainte pour Dieu ou de respect pour l'Eglise, ne font point de conscience de persécuter les ministres de Dieu et les prélats de l'Eglise, et de les réduire à la servitude et à la misère d'une prison? Que si l'on ne s'en est pas pu servir lorsque j'étois dans la captivité, parce que je n'étois pas retenu par des païens ou des schismatiques, qui est la seule espèce de ce décret, comment auroit-on pu s'en servir lorsque Dieu avoit rompu mes liens, puisque le Pape y ordonne expressément que cette administration du chapitre ne doit durer que jusqu'à ce que l'évêque soit en liberté? De sorte que si vous aviez pris auparavant l'administration de mon diocèse lorsque j'étois retenu captif (ce que vous n'avez jamais voulu faire), vous auriez dû nécessairement la quitter selon la disposition expresse de ce même décret, aussitôt que Dieu m'a rendu la liberté. Que si l'on prétend que l'absence d'un archevêque qui est libre, et les empêchemens qu'une puissance séculière peut apporter aux fonctions de ses grands vicaires, donnent au chapitre le même droit de prendre en main l'administration de son diocèse que si l'évêque étoit captif parmi les schismatiques et les infidèles, on prétend confondre des choses qui sont entièrement différentes : un évêque captif avec un évêque libre ; un évêque qui ne peut agir ni par soi-même ni par autrui, avec un évêque qui le peut et qui le doit ; un chapitre, un clergé, un peuple qui ne peut recevoir aucun ordre ni aucune lettre de son évêque, avec un chapitre et un diocèse qui en peuvent recevoir, et qui les doivent même recevoir avec respect, selon tous les canons de l'Eglise.

« Quand un évêque est prisonnier entre les mains des infidèles, c'est une violence étrangère qui suspend les fonctions épiscopales, qui le met dans une impuissance absolue de gouverner son diocèse, et sur laquelle l'Eglise n'a aucun pouvoir ; mais ici l'évêque étant libre comme je le suis, grâces à Dieu, il peut envoyer ses ordres, et établir des personnes qui le gouvernent en son absence ; et les empêchemens que la passion et l'animosité y voudroient apporter ne doivent être considérés que comme des entreprises et des attentats contre l'autorité épiscopale, auxquels des ecclésiastiques ne peuvent déférer sans trahir l'honneur et l'intérêt de l'Eglise. Et comme lorsque la personne d'un évêque est captive parmi les infidèles, il n'y a rien que son Eglise ne doive faire pour le racheter, jusqu'à vendre ses vases sacrés, si elle ne peut trouver autrement de quoi payer sa rançon ; ainsi lorsqu'on veut retenir, non sa personne, parce qu'on ne le peut pas, mais son autorité captive, son Eglise doit employer tout ce qu'elle a de pouvoir, non contre lui, mais pour lui ; non pour usurper son autorité, mais pour la défendre contre ceux qui la veulent anéantir.

« Car vous savez, messieurs, que c'est dans ces rencontres de persécutions et de troubles que le clergé doit se tenir plus que jamais inséparablement uni avec son évêque ; et que, comme les mains se portent naturellement à la conservation de la tête lorsqu'elle est menacée de quelques dangers, les premiers ecclésiastiques d'un diocèse, qui sont les mains des prélats par lesquelles ils agissent, et par lesquelles ils conduisent les peuples, ne doivent jamais s'employer avec plus de vigueur et plus de zèle à maintenir l'autorité de leurs chefs et de leurs pasteurs, que lorsqu'elle est plus violemment attaquée, et que la puissance séculière se veut attribuer le droit d'interdire les fonctions ecclésiastiques à ses grands vicaires, et de faire passer en d'autres mains, selon qu'il lui plaît, l'administration de son diocèse.

« Mais si l'on peut dire qu'un évêque laissé son siége vacant et abandonné, et qu'ainsi d'autres en peuvent prendre la conduite malgré lui, parce qu'on le persécute et qu'on veut empêcher qu'il ne le gouverne par lui-même ou par ses officiers, tant de grands prélats que diverses persécutions ont obligés autrefois de s'enfuir et de se cacher, soit pour la foi ou pour des prétendus intérêts d'Etat et des querelles touchant la liberté de l'Eglise, et qui ne laissoient pas cependant de gouverner leurs diocèses par leurs lettres et par leurs ordres, qu'ils envoyoient à leurs clergés et à leurs peuples ; tant de prélats, dis-je, auroient dû demeurer tout ce temps-là sans autorité, comme des déserteurs de leurs siéges ; et leurs prêtres auroient eu droit de s'attribuer leur puissance, et de leur ôter, par un détestable schisme, l'usage de leurs caractères.

« Le grand saint Cyprien, évêque de Carthage (pour n'apporter que ce seul exemple de l'antiquité), ayant vu la persécution qui s'allumoit contre lui, et que les païens avoient demandé qu'on l'exposât dans l'amphithéâtre aux lions, se crut obligé de se retirer, pour ne pas exciter par sa présence la fureur des infidèles contre son peuple : ce qui donna sujet à quelques prêtres de son Eglise, qui ne l'aimoient pas, de se servir de son absence pour usurper son autorité, et s'attribuer la puissance que Dieu lui avoit donnée sur les fidèles de Carthage. Mais il fit bien voir que son siége n'étoit point désert, quoiqu'il fût absent et caché, et que la persécution l'empêchât de faire publiquement les fonctions d'un évêque. Jamais il ne gouverna son Eglise avec plus de fermeté et de vigueur : il établit des vicaires pour la conduire en son nom et sous son autorité; il excommunia ces prêtres qui lui vouloient ravir sa puissance, avec tous ceux qui les suivroient; il fit par ses lettres tout ce qu'il auroit fait étant présent. Le compte qu'il en rend lui-même, écrivant au clergé de Rome, montre bien clairement que jamais il n'avoit moins abandonné son Eglise; que la proscription qu'on avoit faite de sa personne et de ses biens l'avoit contraint de s'en éloigner. Du lieu de sa retraite il envoyoit des mandemens pour la conduite qu'on devoit tenir envers ceux qui étoient tombés dans la persécution. Il ordonnoit des lecteurs, des sous-diacres et des prêtres, qu'il envoyoit à son clergé. Il consoloit les uns, exhortoit les autres, et travailloit surtout à empêcher que son absence ne donnât lieu à ses ennemis de faire un schisme dans son Eglise, et de séparer de lui une partie du troupeau qui étoit commis à sa conduite.

« Que si ce saint évêque de Carthage n'avoit rien perdu du droit de gouverner son Eglise même, combien plus un archevêque de Paris conserve-t-il le droit de gouverner toujours la sienne lorsqu'il n'est point caché ni invisible, mais qu'il est exposé à la plus grande lumière du monde ; qu'il s'est retiré auprès du chef de tous les évêques et du père commun de tous les rois catholiques ; qu'il y est reconnu par Sa Sainteté pour légitime prélat de son siége, et qu'il exerce publiquement dans la maîtresse de toutes les églises les fonctions sacrées de sa dignité de cardinal ?

« Et il ne sert de rien de dire que le sujet de la proscription de saint Cyprien étant la guerre que les païens faisoient à la foi, on ne doit pas étendre cet exemple à la proscription d'un archevêque qui n'est persécuté que pour des prétendus intérêts d'Etat : car pour quelque sujet que l'on proscrive un prélat, tant qu'il demeure revêtu de la dignité épiscopale, et que l'Eglise n'a rendu aucun jugement contre lui, comme nulle proscription et nulle interdiction qui viennent de la part de puissances séculières ne peuvent empêcher qu'il ne soit évêque, et qu'il ne remplisse son siége, elle ne peut aussi empêcher qu'il n'ait le droit et le pouvoir d'en exercer les fonctions, tel qu'il l'a reçu de Jésus-Christ et non des rois, et qu'ainsi tout son clergé ne soit obligé en conscience de déférer à ses ordres dans l'administration spirituelle de son diocèse.

« C'est donc en vain qu'on veut couvrir la violence d'un procédé inouï et sans exemple par le sujet dont on le prétexte, c'est-à-dire par des accusations chimériques et imaginaires de crimes d'Etat, qui n'ont commencé à m'être publiquement imputées, pour me faire perdre l'exercice de ma charge, dont je jouissois par mes grands vicaires étant en prison, que depuis le jour qu'il a plu à Dieu de me rendre la liberté. Que si j'ai été évêque étant prisonnier, ne le suis-je plus étant à Rome? Suis-je le premier prélat qui soit tombé dans la disgrâce de la cour, et qui ait été contraint de sortir hors du royaume? Que si tous ceux à qui cet accident est arrivé n'ont pas laissé de gouverner leurs diocèses par leurs grands vicaires, selon la discipline inviolable de l'Eglise, quel est ce nouvel abus de la puissance séculière qui foule aux pieds toutes les lois ecclésiastiques? Quel est cette nouvelle servitude et ce nouveau joug qu'on veut imposer à l'Eglise de Jésus-Christ, en faisant dépendre l'exercice divin de la puissance épiscopale de tous les caprices et de toutes les jalousies des favoris?

« Feu M. le cardinal de Richelieu, n'étant encore qu'évêque de Luçon, fut relégué à Avignon après la mort du maréchal d'Ancre; et cependant, quoiqu'il fût hors du royaume, jamais on ne s'avisa de porter son chapitre à prendre le gouvernement de son évêché, comme si son siége eût été désert; et ses grands vicaires, continuèrent toujours de le gouverner en son nom et sous son autorité. Et n'avons-nous pas vu encore que feu M. l'archevêque de Bordeaux ayant été obligé de sortir de France et de se retirer au même comtat d'Avignon, il ne cessa point pour cela de conduire son évêché, non-seulement par son grand vicaire, mais aussi par ses ordres et ses réglemens, qu'il envoyoit du lieu de sa retraite, et dont j'en ai vu moi-même de publics et d'imprimés?

« Pour être à Rome, qu'on peut appeler la patrie commune de tous les évêques, perd-on le droit que l'on conserve dans Avignon? Et pourquoi l'Eglise ne jouira-t-elle pas, sous le règne du plus chrétien et du plus pieux prince du monde, de l'un des plus sacrés et des plus inviolables de ses droits, dont elle a joui paisiblement sous le règne du feu Roi son père? Mais ce qui m'a causé une sensible douleur a été d'avoir appris qu'il se soit trouvé deux prélats assez indifférens pour l'honneur de leur caractère, et assez dévoués à toutes les passions de mes ennemis, pour entreprendre de conférer les ordres sacrés dans mon église, ou plutôt de les profaner par un attentat étrange; n'y ayant rien de plus établi dans toute la discipline ecclésiastique que le droit qu'a chaque évêque de communiquer la puissance sacerdotale de Jésus-Christ à ceux qui lui sont soumis, sans qu'aucun évêque particulier le puisse faire contre son gré, que par une entreprise qui le rend digne d'être privé des fonctions de l'épiscopat, dont il viole l'unité sainte, selon l'ordonnance de tous les anciens conciles, que celui de Trente a renouvelée.

« Que si les conciles, lors même que le siége est vacant par la mort d'un évêque, défendent au chapitre de faire conférer les ordres sans une grande nécessité, telle que seroit une vacance qui dureroit plus d'un an; et si ce que le concile de Trente a établi sur ce sujet n'est qu'un renouvellement de ce que nous voyons avoir été établi par les conciles de France, qui défendent à tous évêques d'ordonner des clercs, et de consacrer des autels dans une église à qui la mort a ravi son propre pasteur, n'est-il pas visible que ce qui n'auroit pas été légitime quand mon siége auroit été vacant par ma mort le peut être encore moins par la violence qu'on a exercée contre moi vivant et en liberté; et que la précipitation avec laquelle on s'est porté à cette entreprise la rend tout-à-fait inexcusable, et digne de toutes les peines les plus sévères des saints canons?

« Mais il est temps, messieurs, que l'Eglise de Paris sorte de l'oppression sous laquelle elle gémit, et qu'elle rentre dans l'ordre dont une violence étrangère l'a tirée. Je ne doute point que ceux qui ont eu même le moins de fermeté pour s'opposer à l'impétuosité de ce torrent ne bénissent Dieu lorsqu'ils verront cesser tous les prétextes qui ont donné lieu à ce scandaleux interrègne de la puissance épiscopale. On ne peut plus dire que l'on ignore le lieu où je suis; on ne peut plus me considérer comme enfermé dans un conclave. Je ne puis plus trouver moi-même de prétextes ni de couleur à cette longue patience si contraire à toutes les anciennes pratiques de l'Eglise; et qui me donneroient un scrupule étrange, si Dieu, qui pénètre les cœurs, ne voyoit dans le mien que la cause de mon silence n'a été que ce profond respect que j'ai toujours conservé et que je conserverai éternellement pour tout ce qui porte le nom du Roi, et l'espérance que les grandes et saintes inclinations qui brillent dans l'ame de Sa Majesté le porteroient à connoître l'injure que l'on a faite sous son nom à l'Eglise. Je ne puis croire, messieurs, que le Saint-Esprit, qui vient de témoigner, par l'élection de ce grand et digne successeur de saint Pierre, une protection toute particulière à l'Eglise universelle, n'ait déjà inspiré dans le cœur de notre grand monarque des sentimens très-favorables pour le rétablissement de celle de Paris. Je ne fais point de doute que ce zèle ardent que j'ai fait paroître dans toutes les occasions pour son service n'ait effacé de son ame royale ces fausses impressions qui ne peuvent obscurcir l'innocence ; et je suis persuadé que dans un temps où l'Eglise répand avec abondance les trésors de ses grâces, la piété du successeur de saint Louis ne voudroit pas permettre qu'elles passassent par des canaux qui ne fussent pas ordinaires et naturels. J'ai toutes sortes de sujets de croire que mes grands vicaires sont présentement dans Paris; que la bonté du Roi les y a rappelés pour exercer leurs fonctions sous mon autorité; et que Sa Majesté aura enfin rendu la justice que vous lui demandez continuellement par tous vos actes, puisque vous protestez toujours, même dans leurs titres, que vous ne les faites qu'à cause de leur absence. Je leur adresse donc, messieurs, la bulle de notre saint père le Pape pour la faire publier selon les formes; et au cas qu'ils ne soient pas à Paris (ce que j'aurois pourtant peine à croire), je l'envoie à messieurs les archiprêtres de la Madeleine et de Saint-Severin, pour en user selon mes ordres, et selon la pratique ordinaire du diocèse. Par le même mandement, je leur donne l'administration de mon diocèse en l'absence de mes grands vicaires, et je suis persuadé que ces résolutions vous donneront beaucoup de joie, puisqu'elles commencent à vous faire voir quelques lumières de ce que vous avez tant souhaité, et qu'elles vous tirent de ces difficultés où vous avoit mis l'appréhension de voir le gouvernement de son archevêché désert et abandonné. J'aurois au sortir du conclave donné ces ordres, si je n'eusse mieux aimé que vous les eussiez reçus en même temps que je reçois des mains de Sa Sainteté la plénitude de la puissance archiépiscopale, par le *pallium* qui en est la marque et la consommation. Je prie Dieu de me donner les grâces nécessaires pour l'employer selon mes obligations à son service et à sa gloire ; et je vous demande vos prières, qui implorent sur moi les bénédictions du ciel. Je les espère de votre charité, et je suis, messieurs, votre très-affectionné serviteur et confrère, LE CARDINAL DE RETZ, archevêque de Paris.

« De Rome, ce 22 mai 1655. »

Cette lettre eut tout l'effet que je pouvois désirer. Le chapitre, qui étoit très-bien disposé pour moi, quitta avec joie l'administration. Il ne tint pas à la cour de l'en empêcher ; mais elle ne trouva pour elle dans ce corps que trois ou quatre sujets, qui n'étoient pas l'ornement de leur compagnie.

M. d'Abingny, du nom de Stuart, s'y signala autant par sa fermeté que le bonhomme Vantadour s'y fit remarquer par sa foiblesse. Enfin mes grands vicaires reprirent avec courage le gouvernement de mon diocèse ; et M. le cardinal Mazarin fut obligé de leur faire donner une lettre de cachet pour les tirer de Paris, et les faire venir à la cour pour une seconde fois. Je vous rendrai compte de la suite de cette violence, après que je vous aurai entretenue d'un détail qui sera curieux, en ce qu'il fera proprement le caractère du malheur le plus sensible, à mon opinion, qui soit attaché à la disgrâce.

Une lettre que je reçus de Paris, quelque temps après que je fus entré dans le conclave, m'obligea à y dépêcher en poste Malclerc. Cette lettre, qui étoit de M. de Caumartin, portoit que M. de Noirmoutier traitoit avec la cour par le canal de madame de Chevreuse et de Laigues; que celle-là avoit assuré le cardinal que celui-ci ne me donneroit que des apparences, et qu'il ne feroit rien contre ses intérêts; que le cardinal lui avoit déclaré à elle-même que Laigues n'entreroit jamais en exercice de la charge de capitaine des gardes de Monsieur, qui lui avoit été donnée à la prison de messieurs les princes, jusqu'à ce que le Roi fût maître de Mézières et de Charleville; que Noirmoutier avoit dépêché Longrue, lieutenant de roi de la dernière à la cour, pour l'assurer, non pas seulement en son nom, mais même en celui du vicomte de Lameth, tout au moins d'une inaction entière; cependant que l'on traiteroit du principal; que cet avis venoit de madame de Lesdiguières, qui apparemment le tenoit du maréchal de Villeroy, et que je devois compter là-dessus. Cette affaire, comme vous voyez, méritoit de la réflexion; et celle que je fis, jointe au besoin que j'avois de pourvoir à ma subsistance, m'obligea, comme je viens de vous le dire, à envoyer en France Malclerc, avec ordre de faire concevoir à mes amis la nécessité qui me forçoit à des dépenses qu'ils ne croyoient pas trop nécessaires; et de faire ses efforts pour obliger messieurs de Noirmoutier et de

Lameth à ne se point accommoder avec la cour, jusqu'à ce que le Pape fût fait. J'avois déjà de grandes espérances de l'exaltation de Chigi ; et j'avois si bonne opinion, et de son zèle pour les intérêts de l'Eglise, et de sa reconnoissance pour moi, que je ne comptois presque plus sur ces places que comme sur des moyens que j'aurois, en consentant à l'accommodement de leur gouverneur, de faire connoître que je mettois l'unique espérance de mon rétablissement en la protection de Sa Sainteté. Malclerc trouva, en arrivant à Paris, que l'avis qu'on m'avoit donné n'étoit que trop bien fondé ; il ne tint pas même à M. de Caumartin de l'empêcher d'aller à Charleville, parce qu'il croyoit que son voyage ne serviroit qu'à faire faire la cour à M. de Noirmoutier. M. de Châlons, que Malclerc vit en passant, essaya aussi de le retenir par la même raison ; il voulut absolument suivre son ordre. Il fut reconnu, en passant à Montmirel, par des gens de madame de Noirmoutier : ce qui l'obligea de la voir. Il eut l'adresse de lui faire croire qu'il se rendoit aux raisons qu'elle lui alléguoit en foule, pour l'empêcher d'aller trouver son mari ; et il se démêla par cette ruse innocente de ce mauvais pas, qui, vu l'humeur de la dame, étoit capable de le mener à la Bastille. Il vit messieurs de Noirmoutier et de Lameth à une lieue de Mézières, chez un gentilhomme nommé M. d'Haudrey. Le premier ne lui parla que des obligations qu'il avoit à madame de Chevreuse, de la parfaite union qui étoit entre lui et Laigues, et des sujets qu'il avoit de se plaindre de moi : ce qui est le style ordinaire de tous les ingrats. Le second lui témoigna toutes sortes de bonnes volontés pour moi ; mais il lui laissa voir en même temps une grande difficulté à se pouvoir séparer des intérêts ou plutôt de la conduite du premier, vu la situation des deux places, dont il est vrai que l'une n'est pas considérable sans l'autre. Enfin Malclerc, qui se réduisit à leur demander pour toutes grâces, en mon nom, de différer seulement leurs accommodemens jusqu'à la création du nouveau pape, ne tira de Noirmoutier que des railleries de ce qu'il s'étoit lui-même laissé surprendre aux fausses lueurs avec lesquelles j'affectois, disoit-il, d'amuser tout le monde touchant l'exaltation de Chigi; et il revint à Paris, où il apprit de M. de Châlons la création du pape Alexandre.

Mes amis, auxquels je l'avois mandée par Malclerc, en conçurent toutes les espérances que vous pouvez vous imaginer. Vous n'avez pas de peine à croire la douleur qu'eut M. de Noirmoutier de sa précipitation: il avoit conclu son accommodement avec le cardinal un peu après que Malclerc lui eut parlé, et il étoit venu à Paris pour le consommer. Il désira de voir Malclerc aussitôt qu'il eut appris que Chigi étoit effectivement pape. Il découvrit qu'il étoit encore à Paris, quoique mes amis, qui se défioient beaucoup de son secret et de sa bonne foi, lui eussent dit qu'il en étoit parti; et il fit tant, qu'il le vit dans le faubourg Saint-Antoine. Il n'oublia rien pour excuser ou plutôt pour colorer la précipitation de son accommodement : il ne cacha point la cruelle douleur qu'il avoit de n'avoir pas accordé le petit délai que l'on lui avoit demandé. Sa honte parut et dans son discours et sur son visage. Je ne fus plus cet homme malhonnête et tyran, qui vouloit sacrifier tous mes amis à mon ambition et à mon caprice. On ne parla, dans la conversation, que de la tendresse qu'on avoit pour moi, que des expédiens que l'on cherchoit avec madame de Chevreuse et avec Laigues pour me raccommoder solidement avec la cour, et que des facilités que l'on espéroit d'y trouver. La conclusion fut une instance très-grande de prendre dix mille écus, par lesquels on espéroit, dans le pressant besoin que j'avois d'argent, d'adoucir à mon égard, et de couvrir à celui du monde, le cruel tort que l'on m'avoit fait. Malclerc refusa les dix mille écus, quoique mes amis le pressassent beaucoup de les recevoir. Ils m'en écrivirent, mais avec force, et ils ne me persuadèrent pas, et je me remercie encore de mon sentiment. *Il n'y a rien de plus beau que de faire des grâces à ceux qui nous manquent : il n'y a rien, à mon sens, de plus foible que d'en recevoir. Le christianisme, qui nous commande le premier, n'auroit pas manqué de nous enjoindre le second, s'il étoit bon.* Quoique mes amis eussent été de l'avis de ne pas refuser les offres de M. de Noirmoutier, parce qu'il les avoit faites de lui-même, ils ne crurent pas qu'il fût de la bienséance d'en solliciter de nouvelles envers les autres, au moment que la bonne conduite les obligeoit à affecter même de faire des triomphes de l'exaltation de Chigi. Ils suppléèrent, de leurs propres fonds, à ce qui étoit de plus pressant et de plus nécessaire; et Malclerc vint me trouver à Rome, où je vous assure qu'il ne fût pas désavoué du refus qu'il avoit fait de recevoir l'argent de M. de Noirmoutier.

Ce que vous venez de voir de la conduite de celui-ci est l'image véritable de celle que tous ceux qui manquent à leurs amis dans leurs disgrâces ne manquent jamais de suivre. Leur première application est de jeter dans le monde des bruits sourds du mécontentement qu'ils feignent d'avoir de ceux qu'ils veulent abandonner ; et la seconde est de diminuer, autant qu'ils peuvent, le poids des obligations qu'ils leur ont. Rien ne leur peut être plus utile pour cet effet, que de donner des apparences de reconnoissance envers d'autres dont l'amitié ne leur puisse être d'aucun embarras. Ils trompent ainsi l'attention que la moitié des hommes ont pour les ingratitudes qui ne les touchent pas personnellement, et ils éludent la véritable reconnoissance par la fausse. Il est vrai qu'il y a toujours des gens plus éclairés, auxquels il est difficile de donner le change ; et je me souviens à ce propos que Montrésor, à qui j'avois fait donner une abbaye de douze mille livres de rente lorsque messieurs les princes furent arrêtés, ayant dit un jour chez le comte de Béthune qu'il en avoit l'obligation à M. de Joyeuse, le prince de Guémené lui répondit : « Je ne croyois pas que M. de Joyeuse eût « donné les bénéfices en cette année-là. » M. de Noirmoutier fit, pour justifier son ingratitude, ce que M. de Montrésor n'avoit fait que pour flatter l'entêtement qu'il avoit pour madame de Guise. J'excusai celui-ci par le principe de son action ; je fus vraiment touché de celle de l'autre. L'unique remède contre ces sortes de déplaisirs qui sont plus sensibles dans les disgrâces que les disgrâces mêmes, c'est de ne jamais faire le bien que pour le bien même. Ce moyen est le plus assuré. Un mauvais naturel est incapable de le prendre, parce que c'est la plus pure vertu qui nous l'enseigne. Un bon cœur n'y a guère moins de peine, parce qu'il joint aisément, aux motifs des grâces qu'il fait à la satisfaction de sa conscience, les considérations de son amitié. Je reviens à ce qui concerne ce qui se passa en ce temps-là à l'égard de l'administration de mon diocèse.

Aussitôt que la cour eut appris que le chapitre l'avoit quittée, elle manda mes deux grands vicaires, aussi bien que M. Loisel, curé de Saint-Jean, chanoine de l'église de Paris, et M. Briet, chanoine, qui s'étoient signalés pour mes intérêts.

PROCÈS-VERBAL

De la conférence faite à Ruel par messieurs les députés du parlement, chambre des comptes et cour des aides, ensemble ceux de la ville;

Contenant toutes les propositions qui ont été faites, tant par les princes et députés de la Reine, que par les députés desdites compagnies; et de tout ce qui s'est passé entre eux pendant ladite conférence (1).

Du jeudi 4 mars 1649.

Les députés pour la conférence de la paix des compagnies souveraines, et ceux de la ville, s'étant tous trouvés sur les neuf heures du matin au logis de M. le premier président, au nombre de vingt-deux, savoir : treize du corps du parlement, trois de la chambre des comptes, trois de la cour des aides, et trois de la ville, en sont sortis entre neuf et dix pour aller à Ruel, au lieu destiné pour ladite conférence ; lesquels ont passé par la porte Saint-Honoré, où ils furent arrêtés au moins deux heures en sortant par les bourgeois qui étoient de garde ce jour-là, lesquels visitèrent tous les chariots et bagages desdits députés, dont ceux qui étoient passés les premiers, accompagnés de la compagnie des gardes de M. le prince de Conti avec leur cornette, attendirent les autres qui étoient derrière jusqu'au dernier hors la ville, entre ladite porte et celle de la Conférence. Là le sieur Saintot, maître des cérémonies, vint les trouver avec la compagnie des gardes de M. le maréchal de Gramont, qui étoient au bout du Cours-la-Reine, pour les escorter jusqu'à Ruel. Aussitôt les gardes de M. le prince de Conti s'en retournèrent à Paris, et furent conduits ainsi, avec une autre escorte qui les vint joindre au bois de Boulogne, audit lieu de Ruel, où ils arrivèrent sur les trois heures; et, en entrant hors la porte, ledit sieur Saintot leur dit et nomma à chacun les logis qui leur avoient

(1) Cette pièce sert d'éclaircissement aux Mémoires du cardinal de Retz.

été marqués par les fourriers du Roi, où ils furent tous. Peu après ledit sieur Saintot alla trouver M. le premier président, qui étoit logé au logis de M. Croiset, garde-rôle de la grande chancellerie, qui lui dit, en présence de cinq des messieurs qui étoient pour lors avec lui, que M. le duc d'Orléans attendoit les députés pour commencer la conférence, qui se feroit avec lui, M. le prince, M. le cardinal, M. le chancelier, et les autres du conseil ; que M. le prince seroit à la gauche, et le parlement et les autres compagnies ensuite. M. le premier président dit qu'il voyoit d'abord deux difficultés en cette proposition : l'une pour la personne du cardinal, et l'autre pour la séance ; qu'il alloit assembler messieurs les députés de toutes les compagnies pour en délibérer. Ce qui ayant été fait à l'instant, il fut résolu qu'on diroit audit sieur Saintot que la compagnie ne pouvoit entrer en conférence avec ledit cardinal. Sur ce ledit sieur Saintot étant revenu, dit que la Reine désiroit qu'il y fût ; et que l'ayant choisi pour député, le parlement ne devoit le trouver mauvais, puisque l'on n'empêchoit pas que tous les députés ne fussent à la conférence, et que ce n'étoit point aux sujets à donner la loi à leur souverain, et qu'on eût à déclarer si l'on n'entendoit pas qu'il y fût : auquel cas M. le duc d'Orléans s'en retourneroit à Saint-Germain. Les députés prévoyant que cette réponse alloit à la rupture de la conférence, prièrent ledit sieur Saintot d'aller dire à M. le duc d'Orléans qu'il trouvât bon que l'assemblée lui rendît ses devoirs, et que deux d'icelle l'informeroient des raisons pour lesquelles la conférence ne pouvoit être faite avec ledit cardinal. M. le duc d'Orléans manda qu'il n'étoit point venu pour recevoir des complimens ; qu'il étoit venu pour donner la paix à la France, et que cela pouvoit être fait en demi-heure : qu'il falloit que le cardinal fût à la conférence. Les députés lui mandèrent qu'ils ne pouvoient le consentir, et qu'ils le prioient de trouver bon que deux des messieurs lui fissent entendre les motifs de l'assemblée. M. Le Tellier fut envoyé de sa part pour apprendre ces motifs, et les demander à M. le premier président, qui lui dit que l'assemblée ne le pouvoit admettre à la conférence, pour ce qu'il avoit été déclaré perturbateur du repos public ; que c'étoit l'ennemi commun ; que c'étoit contre lui que se faisoit la conférence. Ledit sieur Le Tellier dit que si l'assemblée entendoit que ledit cardinal ne fût point admis à la conférence, il avoit charge de mondit sieur le duc d'Orléans de dire qu'il s'en retourneroit à Saint-Germain, et que lesdits députés pouvoient s'en retourner à Paris : et répéta cela par trois fois; et il se retira, disant que Monsieur alloit monter en carrosse. Les députés, résolus aussi de s'en retourner à Paris le lendemain, demandèrent escorte pour cela; et chacun se retira chez soi.

Le lendemain vendredi, étant levés, ils donnèrent ordre de charger leur bagage, et allèrent à la messe, au retour de laquelle ils s'assemblèrent tous chez M. le premier président, où fut proposé que Monsieur ne s'en étant point allé, il y avoit apparence de croire que l'espérance de renouer la conférence n'étoit pas perdue; et sur cela chacun mit des propositions en avant, sur lesquelles, comme on commençoit à délibérer, vint le sieur de Termes à la porte de la chambre, qui demanda à parler à M. le président de Mesmes, qui lui dit que Son Altesse Royale désiroit parler à M. le premier président et à lui. Ensuite de quoi fut mis en délibération s'ils y devoient aller; et fut arrêté par l'assemblée qu'ils iroient pour entendre ce que Sadite Altesse Royale avoit à dire.

L'après-dînée l'assemblée étant continuée chez M. le premier président, il leur dit que, pour obvier à la difficulté que l'on faisoit d'admettre le cardinal, l'on proposoit de donner deux députés de la part de la Reine, et deux de la part de l'assemblée, qui, dans une chambre particulière du logis de Son Altesse Royale qui est le château, conféreroient sur les propositions qui étoient à faire de part et d'autre, et rapporteroient aussi aux députés de part et d'autre ce qui auroit été proposé pour en délibérer, et en porter la réponse aux mêmes députés, qui seroient, les uns dans une chambre dudit château, et les autres dans une autre. Comme cette proposition s'alloit mettre en délibération, est survenue la lettre de l'un de messieurs du parlement, laquelle a un peu surpris l'assemblée, apprenant que l'on n'avoit point eu de blé à Paris. La proposition délibérée, il a été arrêté que l'on se transporteroit chez Son Altesse Royale pour lui rendre les respects; que l'on nommeroit des députés pour conférer avec les siens, et que notre assemblée seroit au logis de M. le premier président.

Que les députés d'icelle iroient au château le jour suivant et autres de la conférence, rapporteroient à l'assemblée au logis dudit sieur premier président, et qu'ils y conféreroient; et que pour la première fois que l'on alloit chez Son Altesse Royale, l'on n'entreroit en conférence, et que l'on ne parleroit que d'avoir les blés promis pour les mercredi, jeudi, vendredi et samedi. Aussitôt la résolution prise, nous nous sommes transportés au château, où M. le premier président a fait un petit discours tout debout à M. le duc d'Orléans, M. le prince, M. le chancelier, M. de La Meilleraye, M. Le Tellier, M. de La Rivière, M. de Brienne, et le cardinal un peu éloigné proche de la cheminée, qui sont les députés de la conférence. Le compliment fait, nous avons laissé Son Altesse Royale dans sa chambre, et sommes passés par une où les députés de part et d'autre se devoient assembler, et de là à une autre où nous devions être. Là, étant assis, on a nommé pour députés pour la conférence, pour le premier jour, M. le président Le Coigneux, et M. le président Viole. Sur ce que le sieur Saintot est venu nous dire que M. le chancelier et M. Le Tellier étoient nommés par Son Altesse Royale, aussitôt lesdits sieurs présidens Le Coigneux et Viole ont eu charge de se plaindre de l'inexécution de la promesse pour les blés. Et comme ils parloient, M. de Champlâtreux est entré, porteur des lettres du sieur Lainé, intendant à Corbeil, lesquelles lui avoient été baillées par M. le prince, par lesquelles on prétendoit justifier de la diligence faite pour lesdits blés. Mais cette lettre ne nous justifioit rien de la livraison. Après plusieurs allées et venues, nous avons obtenu quatre cents de ces muids de blés pour lesdits quatre jours, moitié de Lagny, moitié de Corbeil; et à cette fin tous passeports ont été expédiés et mis entre les mains d'un des échevins, pour y veiller et en donner avis de ce jourd'hui. Mais les cent muids de mercredi ne nous ont été accordés qu'à la charge qu'à l'heure même nous recevrions leurs propositions, et baillerions les nôtres pour en délibérer. Pourtant au lendemain notre proposition a été l'ouverture des passages pour toutes sortes de vivres. La leur a été que le parlement iroit à Saint-Germain faire sa fonction pendant un temps, après lequel le Roi le congédieroit; qu'il ne se feroit d'assemblées de chambres de trois ans, que pour mercuriales et réceptions;

qu'il n'assisteroit à l'assemblée des chambres que ceux qui auroient vingt ans de service ; et que l'assemblée ne seroit faite que par la résolution de la grand'chambre. Les députés ont commis, pour dresser nos propositions, messieurs les présidens Le Coigneux, Viole, de Longueil, conseillers ; Paris, maître des comptes ; Bragelonne, conseiller en la cour des aides ; et Fournier, échevin.

Le samedi à dix heures du matin, M. le premier président n'a point été à la conférence, à cause de sa maladie. Cela fut cause que nous allâmes au château, et entrâmes en la chambre de notre assemblée par un escalier qui est à l'entrée de la porte, sans être vus que de peu de personnes, et montâmes droit en notre chambre. Les députés ayant pris place, M. le président de Mesmes dit que M. le premier président lui avoit envoyé une lettre qui venoit de la part de M. le président de Bellièvre, et avoit été apportée le vendredi au soir par le sieur de La Roussière, premier gentilhomme de la chambre de M. le prince de Conti ; et ayant montré la lettre, elle fut par lui lue, et elle étoit en ces termes :

« Monsieur,

« Il est midi : il n'y a point de blé arrivé à Paris par la rivière, et nous n'avons reçu du sieur Lainé, non plus que du sieur Lescot, échevin, que des procès-verbaux qui nous apprennent qu'il n'y a point de magasins à Corbeil, à Melun ni à Montereau, tels que l'on s'étoit imaginé ; et que difficilement on pourra tirer par cette rivière les trois ou quatre cents muids de blé que nous devrions déjà avoir reçus. Et comme cet article est non-seulement le premier, mais le fondement de la conférence, sans l'établissement duquel, et l'exécution de bonne foi, l'on ne peut entrer en la discussion d'aucune chose, la cour m'a chargé de vous écrire le mauvais état auquel est cette affaire, afin qu'en étant averti, et par vous, monsieur, messieurs les autres députés, il y soit pourvu. Nous espérions ce matin recevoir des ordres généraux pour laisser arriver en cette ville non-seulement les blés, mais aussi les autres grains, chairs, bois, fourrages, et autres choses nécessaires pour subsister pendant le cours de la conférence, sans qu'il fût besoin d'en recevoir en particulier chaque jour ; et que les ordres porteroient celui de laisser arriver pour les trois jours passés non-seulement les trois cents muids de blés, mais toute la quantité que vous auriez arbitré se devoir consommer chaque jour ; ensemble des autres denrées dont nous attendons la liberté des passages, tant par l'une que par l'autre des rivières, et par la terre s'il se pouvoit, pour la facilité de les faire assembler. Nous espérons que vous nous ferez avoir un passeport général pour ceux que nous chargerons de ce soin, même pour un de messieurs les conseillers, si la cour jugeoit nécessaire de le lui commettre. Il vous plaira de pourvoir à la liberté du commerce d'ici à Ruel pendant la conférence, et de me croire, monsieur, votre très-humble et très-obéissant serviteur,

« DE BELLIÈVRE.

« A Paris, ce 5 mars 1649. »

Aussitôt la compagnie, sans délibérer, demeura d'accord que les députés du jour précédent iroient parler aux autres députés, pour se plaindre de l'inexécution des promesses du blé ; et fut dit par eux que l'ordre avoit été donné, et que l'on le pouvoit exécuter, et qu'ils étoient prêts d'abondant de donner nouveaux ordres et nouveaux passeports : ce qui a été donné en charge aux échevins pour y tenir la main. Cela fait, on a lu les propositions qui avoient été dressées par messieurs lesdits députés ci-dessus nommés, qui étoient en ces termes : « Leurs Majestés sont très-hum-
« blement suppliées d'accorder dès à présent l'ouverture des pas-
« sages pour toutes sortes de vivres et denrées, comme aussi la
« liberté du commerce : l'un et l'autre étant absolument néces-
« saires pour la conservation de la ville capitale du royaume.

« Leurs Majestés sont aussi très-humblement suppliées, pour
« parvenir à la paix générale, de vouloir députer des personnages
« de probité et suffisance, entre lesquels il leur plaira choisir au-
« cuns officiers de son parlement.

« Et comme aussi le retour du Roi dans Paris est ce qui peut
« calmer le plus les esprits, et rétablir la tranquillité publique,
« Leurs Majestés sont très-humblement suppliées d'honorer Paris
« de leurs présences, aussitôt que la conférence sera terminée. »

Et ayant été délibéré si elles étoient trouvées bonnes, il a passé

tout d'une voix qu'oui. Aussitôt elles ont été portées aux députés de l'autre côté, et puis on a fait la lecture des propositions données de la part de Son Altesse Royale, qui étoient en ces termes :
« Le Roi ayant transféré la séance du parlement de Paris à Montar-
« gis, pour les raisons qu'il a ci-devant assez déclarées, et depuis
« trouvé bon que lesdits officiers se rendissent dans trois jours à
« Saint-Germain près sa personne, pour y tenir son lit et son
« parlement, Sa Majesté veut que ladite translation soit exécutée :
« et, pour cet effet, elle donne toutes sortes d'assurances pour les
« personnes, charges et biens desdits officiers, lesquels demeure-
« ront et feront la fonction de leurs charges près la personne de
« Sa Majesté, jusqu'à ce que par icelle il en ait été autrement or-
« donné.

« Qu'il ne sera fait aucunes assemblées des chambres dudit par-
« lement pendant trois années, sans la permission expresse de
« Sa Majesté, si ce n'est pour les mercuriales et réceptions des
« officiers de la compagnie, sans qu'esdites assemblées il puisse
« être traité d'autres affaires. Et lesdites trois années passées, nul
« desdits officiers du parlement ne pourra se trouver esdites as-
« semblées qu'après vingt années de service ; et les chambres ne
« pourront être assemblées pour quelque cause que ce soit, qu'elle
« n'ait été jugée légitime et nécessaire par la grand'chambre, à
« laquelle seule il appartient d'en juger. »

Sur lesquelles choses ayant délibéré, il a passé tout d'une voix que l'on n'y pouvoit entendre : et cette réponse a été ainsi portée aux députés de Son Altesse Royale. Avant que de se retirer, il a été dit que le sieur de La Roussière, aussitôt après son arrivée, avoit eu des gardes ; qu'il n'avoit pu déposer la créance qu'il avoit vers le parlement, et qu'il l'avoit fait loger chez M. Le Tellier. Il a été trouvé à propos de demander qu'il eût liberté de venir exposer sa créance, et de faire plainte de ce qu'il avoit été arrêté. Ledit sieur Le Tellier a dit que ledit sieur de La Roussière étant homme de condition, pouvoit être venu pour négocier autre chose que le fait de simples lettres, et que c'étoit la façon d'en user ainsi aux personnes de condition : que néanmoins si l'on désiroit l'entendre, que l'on le feroit venir. Et cela ayant été résolu, ledit sieur de Sain-tot l'est allé quérir. Etant entré, et lui ayant baillé séance derrière

M. le président Le Coigneux, il a dit qu'il n'avoit autre chose à dire à la compagnie que ce qu'il avoit dit à M. le premier président; que c'étoit pour le fait des blés. Ce fait, on s'est retiré. L'après-dînée, la compagnie s'est derechef transportée au château en la même chambre, où étant assis pour attendre la réponse de Son Altesse Royale, Sadite Altesse Royale, M. le prince et M. Le Tellier sont entrés à l'impourvu dans la chambre; et Son Altesse s'approchant au milieu de la table, étant debout et couvert, et les autres demeurés debout et tête nue, elle a dit qu'il avoit rendu réponse sur nos demandes, et qu'il avoit accordé ce qui lui avoit été demandé; que nous ne lui avions point fait de réponse sur les siennes, et que c'étoit en des longueurs affectées; qu'il nous venoit dire, pour dernière résolution, que le Roi se départoit de la translation du parlement à Saint-Germain, et se contentoit que le parlement y allât en corps, pour y être tenu par le Roi son lit de justice, et autoriser la déclaration qui seroit faite, en cas que nous voulussions conclure la paix, laquelle déclaration seroit concertée avec nous, et ne contiendroit que ce dont nous tomberions d'accord; que le Roi remettroit les trois ans de défenses d'assemblées à deux ans, et les vingt années de service d'assister aux assemblées des chambres à dix années; qu'il y avoit un réglement pour la tournelle, de deux ans de service, qui pouvoit donner exemple à celui-là; que nous eussions à lui en rendre réponse dans le lendemain à huit heures: autrement qu'il s'en iroit à Saint-Germain, et que nos passeports seroient prêts pour retourner à Paris; qu'il protestoit que nous serions responsables de tous les malheurs qui arriveroient à la France, si nous ne satisfaisions à ce qu'il désiroit de nous. M. le prince a fait la même protestation contre nous; M. le président de Mesmes a répondu fort généreusement, et en substance a dit que la compagnie avoit sujet de remercier Sadite Altesse de la bonté qu'elle avoit témoignée; qu'elle la supplioit de la continuer, et de ne pas croire qu'elle eût apporté des longueurs qui ne procédoient point de la part des députés, mais plutôt de l'inexécution des promesses que l'on leur avoit données, n'y ayant eu aucuns vivres amenés à Paris jusqu'à ce jour. M. le duc d'Orléans et M. le prince ont interrompu, et ont dit qu'ils n'étoient point marchands de blés; et que c'étoit assez d'avoir expédié des passeports pour cet effet. M. le président de Mesmes a reparti que, pour la première proposition touchant la translation du parlement, il n'y en avoit point d'exemple; que s'il n'étoit question que de soumissions, le parlement n'avoit jamais manqué d'en rendre; et qu'il seroit toujours prêt de les faire comme de bons et fidèles sujets et officiers. Pour la surséance des assemblées, que cette proposition sembloit contraire à l'établissement du parlement; que qui disoit parlement disoit conférence et assemblée. Que, lors de la Ligue, messieurs des enquêtes avoient beaucoup contribué à l'affermissement de la loi salique par l'arrêt qu'ils avoient donné, qui avoit assuré la couronne du défunt roi Henri-le-Grand son père, qui en avoit témoigné depuis toute sorte de gratitude à la compagnie. Ce discours continuant plus avant, M. le duc d'Orléans a derechef interrompu, et a dit que la compagnie avoit entendu ce qu'il avoit dit, et l'a encore répété; et M. le prince a dit que ce qui avoit été fait en ce temps-là avoit été fait courageusement, et que l'on en avoit su gré à ceux qui l'avoient fait; mais que le temps étoit changé, et que les affaires du Roi requéroient que ce que M. le duc d'Orléans désiroit fût exécuté. Et sur cela ils se sont retirés. La compagnie n'ayant pas bien pris les termes de la proposition faite par Son Altesse Royale, et trouvant quelque difficulté à l'intelligence des propositions, a envoyé par deux fois les députés pour prendre les propositions par écrit; mais cela leur ayant été refusé, ils les ont rapportées intelligiblement aux termes ci-dessus. Cela fait, on a lu les apostilles qui avoient été mises sur nos propositions, dont la teneur s'ensuit :

1. Sa Majesté l'accorde très-volontiers, pour être exécuté dès le moment que le parlement aura rendu au Roi l'obéissance qu'il lui doit, et n'oubliera rien pour faire que le commerce et que toute sorte d'abondance soit rétablie dans la capitale du royaume au plus haut point qu'elle ait jamais été.

2. Sa Majesté l'accorde aussi très-volontiers, et ne fera rien en cela qu'elle n'ait pratiqué par le passé, ayant employé à la négociation de la paix de Munster messieurs d'Avaux et Servien, qui sont personnes de suffisance éprouvée. Que si les Espagnols se disposent à vouloir traiter de la paix à Munster ou sur la frontière,

à quoi la fin des désordres présens contribueroit beaucoup (ce qui dépend de l'obéissance du parlement), Sa Majesté y enverra au plus tôt ses députés, et fera l'honneur à la compagnie de choisir quelqu'un dans son corps.

3. Sa Majesté l'accorde encore très-volontiers, et a plus d'impatience que qui que ce soit de retourner à Paris : ce qu'elle fera dès que les choses seront en l'état qu'elles doivent être, ayant non-seulement entière disposition à pardonner la faute des habitans de ladite ville, mais même à leur confirmer leurs priviléges, et les faire jouir comme les autres peuples du royaume de toutes les grâces qu'elle leur a départies, et nommément de celles qui sont portées par la déclaration du mois d'octobre dernier.

Aussitôt la compagnie a proposé ce qu'il y avoit à faire sur les propositions de Son Altesse Royale, et d'un commun aveu a jugé qu'il falloit en remettre la déclaration au lendemain, en présence de M. le premier président; et les députés ont été envoyés à M. le duc d'Orléans, pour le prier de le trouver bon. Il a fait réponse que nous avions déjà délibéré sans M. le premier président, et que nous le pouvions faire encore, attendu que l'affaire pressoit. Aussitôt la compagnie s'est transportée chez mondit sieur le premier président, qui venoit d'être saigné. M. le président de Mesmes a eu ordre de l'aller trouver, pour lui demander s'il avoit agréable que la délibération d'une affaire si importante se fît en sa présence; et a rapporté à la compagnie que si l'on vouloit remettre la délibération au lendemain sept heures, mondit sieur le premier président y assisteroit. Sur cela, question s'est mue si on la délibéreroit à l'heure présente, ou si on la remettroit au lendemain à sept heures précises, pour en rendre réponse à Son Altesse Royale sur les neuf heures; et les députés ont été priés d'aller chez M. Le Tellier pour en informer Sadite Altesse Royale, et la supplier de le trouver bon : ce qu'elle a témoigné avoir agréable. Je ne vous avois pas mandé la forme de la conférence, qui est telle que le sieur Saintot est hors de la chambre où nous nous assemblons dans un passage; qu'il attend les députés, lesquels étant entrés dans ledit passage, ledit sieur Saintot va avertir M. le chancelier et M. Le Tellier qui sont dans la chambre de

Son Altesse Royale, lesquels viennent dans la chambre de la conférence des députés, s'asseyent du côté du feu à une table, et nos députés de l'autre côté ; et là ils font les propositions de part et d'autre.

Le dimanche 7 mars 1649, du matin, messieurs les députés étant assemblés chez M. le premier président, M. le président de Mesmes a fait lecture d'une lettre envoyée auxdits députés par messieurs Barenne et Andrée, conseillers députés du parlement d'Aix au parlement de Paris, avec les articles contenant leurs prétentions, dont la teneur s'ensuit.

« Messieurs,

« Ayant reçu l'avis de l'arrêté de votre compagnie, du dernier du passé, pour la conférence de Ruel, et nous ayant fait l'honneur d'y comprendre les intérêts de la nôtre : suivant ce qui nous a été prescrit, nous vous adressons les articles et les prétentions de notre corps conformes aux instructions et pouvoirs à nous envoyés, nécessaires pour rétablir le repos avec le service du Roi en notre province. Et comme il vous a plu agréer l'union de votre corps avec le nôtre, nous espérons, messieurs, de votre zèle et de votre bonne volonté, que vous prendrez le soin de nous procurer de la bonté du Roi et de la Reine régente le contenu auxdits articles, et le passeport pour aller en faire instance à l'égal des autres compagnies. Et d'autant qu'on pourroit avancer que notre compagnie a voulu traiter, nous vous assurons, messieurs, avoir avis certain qu'elle a sursis toutes propositions jusqu'à ce qu'elle eût reçu de nos lettres, et appris si nous avions obtenu l'arrêt d'union, tous nos paquets et les vôtres ayant été arrêtés. Elle est maintenant informée, et vous assurés, qu'elle ne se séparera jamais du dessein de suivre vos ordres et votre exemple. Ils nous sont trop avantageux pour faire paroître notre passion et notre fidélité au service du Roi. La nôtre, messieurs, en particulier, c'est de vous supplier d'agréer nos obéissances, et de croire que notre gloire plus parfaite c'est d'être, messieurs, vos très-humbles et très-obéissans serviteurs, Barenne, Andrée, députés du parlement de Provence.

« A Paris, ce 6 mars 1649. »

Après la lecture de ladite lettre, M. le président de Mesmes a fait récit de ce qui s'étoit passé le jour d'hier en l'assemblée, en laquelle M. le premier président n'avoit point assisté à cause de son indisposition; et il a été délibéré ensuite sur les propositions faites par M. le duc d'Orléans, et arrêté à l'égard du premier article que le siége de Paris étant levé, messieurs du parlement se transporteront en corps à Saint-Germain, pour remercier le Roi et la Reine régente en France de la paix qu'il aura plu à Leurs Majestés donner à la ville de Paris, et pour faire tenir son lit de justice pour y publier la déclaration qui sera concertée avec lesdits députés pour le rétablissement de la tranquillité du royaume, sans y faire aucune autre fonction. Qu'incontinent après, mesdits sieurs du parlement s'en retourneront à Paris continuer les fonctions ordinaires de leurs charges. A l'égard du deuxième article, que les ordonnances et déclarations vérifiées au parlement, concernant le fait de la justice, police et finance, particulièrement celles des mois de mai, juillet et octobre dernier, seront exécutées; et que n'y étant rien innové, le parlement ne s'assemblera que pour la réception des officiers, et tenir les mercuriales pendant le reste de la présente année 1649. Pour le troisième article, que le Roi et la Reine régente seront très-humblement suppliés de n'y point insister.

Ledit jour dimanche 7 mars 1649, de relevée, messieurs les députés étant assemblés chez M. le premier président, le sieur de Saintot, maître des cérémonies, a frappé à la porte de la chambre, et demandé à parler à quelques-uns desdits députés. Il a été fait entrer, et a été chargé de la part de l'assemblée d'aller chez M. Le Tellier, secrétaire d'État, faire plainte de ce qu'on avoit retenu le courrier de ladite assemblée à Saint-Cloud depuis sept heures du soir jusqu'à sept heures du matin. Et a ledit sieur Saintot présenté un paquet cacheté; et le paquet ouvert, il s'est trouvé des articles dont a été fait lecture, lesquels ont été mis entre les mains des députés ci-devant nommés, pour dresser les articles de l'assemblée, afin d'en dresser d'autres qui serviroient de réponses. Il a été ensuite délibéré sur la lettre écrite par M. le président de Bellièvre, et sur la réponse faite à la première proposition de messieurs les députés; et arrêté que l'on insisteroit à ce qu'on laissât quelques passages libres pendant la négociation de la paix, suivant la parole donnée, pour faire entrer dans la ville de Paris non-seulement plus grande quantité de blés, mais foin, avoine, chairs, salines, et autres choses nécessaires pour la subsistance des habitans d'icelle; et ont été députés messieurs de Nesmond et Menardeau, conseillers, et M. Le Tellier, pour leur faire entendre le susdit arrêté.

Le lundi 8 mars 1649, du matin, les députés étant assemblés chez M. le premier président, M. le président de Nesmond a rapporté que, suivant l'arrêté du jour d'hier, il a été avec M. Menardeau trouver M. le chancelier, pour le prier que, suivant la parole donnée, on laissât quelques passages libres de la ville de Paris, pour y faire entrer toutes sortes de vivres et denrées nécessaires pour la subsistance des habitans d'icelle; et que M. le chancelier lui avoit promis de le faire entendre à M. le duc d'Orléans cejourd'hui. Peu de temps après, les sieurs Fournier et Hélyot, échevins, députés pour la conférence, ont fait voir une lettre qui leur avoit été envoyée de Paris, dont a été fait lecture, portant en substance que ce qui avoit causé le manque de blé à Paris étoit la disette des bateaux, qu'il étoit nécessaire de faire remonter de Paris à Corbeil: pour raison de quoi il falloit obtenir les passeports. Et ont été lesdits échevins chargés de la compagnie d'aller chez M. Le Tellier, pour faciliter les convois de blés accordés pendant le temps de ladite conférence: ce qu'ils ont fait, et ont envoyé lesdits passeports et un ordre général à Paris. Ont été ensuite lus les articles apportés le jour d'hier par le sieur de Saintot, desquels la teneur s'ensuit:

1. Que les officiers de la cour du parlement et des autres compagnies, même les maîtres des requêtes qui seront nommés par Sa Majesté jusqu'au nombre de vingt-cinq, se retireront en tel lieu qu'il plaira à Sa Majesté leur prescrire, sans qu'ils puissent rentrer en la ville de Paris ni autres lieux que ceux qui leur seront ordonnés, ni faire aucune fonction de leurs charges, jusqu'à ce qu'il en soit autrement ordonné par Sa Majesté.

2. Que tous les arrêts qui ont été rendus par ladite cour depuis le 5 janvier dernier, tant pour affaires générales que particulières, ensemble celui de juillet 1648, concernant les impositions véri-

fiées de la chambre des comptes et cour des aides, seront cassés et révoqués, et les minutes et grosses tirées des registres de ladite cour, pour être remises ès mains de Sa Majesté.

3. Que les gens de guerre qui ont été levés tant dans la ville de Paris qu'au dehors, èt qui sont encore sur pied, seront cassés et licenciés, en vertu des pouvoirs donnés tant par ledit parlement que par la ville de Paris.

4. Les prevôt des marchands et échevins, assistés de bon nombre de notables bourgeois, demanderont pardon au Roi pour les habitans de la ville de Paris, lesquels poseront présentement les armes, sans qu'ils les puissent reprendre qu'avec l'ordre et commandement exprès de Sa Majesté, à laquelle ils jureront de nouveau de demeurer dans son obéissance, et de ne se départir jamais de la fidélité qu'ils lui doivent, à peine d'être traités comme rebelles.

5. La cour de parlement renoncera à toutes ligues, associations et traités qu'elle pourroit avoir faits contre le service du Roi, tant dedans le royaume qu'avec les ennemis de cette couronne; et seront la lettre de créance, ensemble la créance de l'envoyé de la part de l'archiduc Léopold, tirées des registres de ladite cour de parlement, et mises ès mains de Sa Majesté.

6. Tous les deniers, meubles, vaisselle d'argent, et papiers pris et enlevés aux particuliers, où qui auront été vendus, leur seront rendus et restitués, s'ils sont en nature; sinon la juste valeur d'iceux, dont lesdits particuliers seront crus par serment, tant pour la qualité que quantité. Et quant aux deniers des tailles, fermes et gabelles, aides, cinq grosses fermes, convois de Bordeaux qui ont été pris et enlevés, ils seront rendus à Sa Majesté; et ne pourront lesdits fermiers des gabelles, aides, cinq grosses fermes, et payeurs des rentes et des tailles, être poursuivis ni contraints pour le paiement des rentes étant sur lesdites fermes et tailles pendant le temps dont il sera convenu.

7. La Bastille, ensemble l'Arsenal avec tous les canons, boulets, grenades, poudres et autres munitions de guerre, seront remis entre les mains de Sa Majesté.

8. Que les modifications apportées, tant par la chambre des comptes que la cour des aides, sur la déclaration du mois d'octobre,

et que l'article 8 concernant les comptans, soient exécutés ; et y ajoutant et aucunement interprétant icelui, les intérêts et remises seront passés aux comptes du trésorier de l'épargne, en vertu des arrêts du conseil qui les auront réglés et accordés, et des quittances des parties prenantes sans aucune difficulté.

Après la lecture desdits articles, a été délibéré en quelle forme il y seroit répondu ; et il a passé que ce seroit par article. Ont été derechef les articles lus : et il a été arrêté que sur le premier on répondroit que la compagnie ne peut consentir l'article, comme contraire aux déclarations du Roi, ordonnances du royaume, et paroles données et souvent réitérées.

Sur le deuxième : Qu'on ne peut toucher à l'arrêt du mois de juillet, comme précédant la déclaration du mois d'octobre dernier, non plus qu'à ceux qui ont été donnés jusqu'au sixième janvier, n'étant point le sujet de la conférence. A l'égard des arrêts donnés depuis ledit jour sixième janvier, qu'après qu'il aura plu au Roi et à la Reine régente de déclarer leurs intentions touchant les déclarations, lettres de cachet, et autres actes donnés depuis ledit jour, il sera fait réponse à l'article.

Sur le troisième : Que l'accommodement fait et notoire, et le siége levé, l'article sera accordé ; si mieux n'aime le Roi employer les troupes pour son service.

Sur le quatrième : Que l'article sera conçu en ces termes : « Les « prevôt des marchands et échevins, accompagnés de bon nombre « de notables bourgeois, rendront au Roi leur obéissance et leurs « soumissions, avec protestation d'une fidélité inviolable ; pose- « ront les habitans de Paris les armes, l'accommodement fait et « le siége levé, ne les ayant prises que pour la nécessité de leur « défense. »

Sur le cinquième : Que cet article contient deux choses : le premier, qui est inutile, le parlement n'ayant fait aucuns traités, ligues ni associations dedans ni dehors le royaume. Au second, le Roi et la Reine seront très-humblement suppliés que l'arrêté demeure dans les registres en l'état qu'il est, étant très-respectueux, et la proposition ayant été portée tout entière à Leurs Majestés sans en délibérer, pour y recevoir sur icelui leurs vo-

26.

lontés. Mais Leursdites Majestés sont très-humblement suppliées de trouver bon qu'il soit répondu audit envoyé par le parlement que la proposition ayant été présentée à Leurs Majestés, elles ont donné ordre au parlement de lui faire entendre que si le roi d'Espagne veut envoyer des députés en lieu qui sera convenu pour traiter de la paix, Leurs Majestés y enverront de leur part, dans le nombre desquels elles choisiront quelques-uns des officiers du parlement.

Sur le sixième : Que les papiers et les meubles étant en nature et non vendus seront rendus, et pour le surplus de l'article ne peut être accordé : au contraire, qu'aucuns en général ni en particulier ne pourront être recherchés pour raison des choses contenues en l'article, sauf à Sa Majesté de faire telle grâce qu'il lui plaira à ceux qui se trouveront intéressés aux choses contenues en icelui.

Sur le septième : Que l'accommodement fait et siége levé, il sera exécuté.

Sur le huitième : L'article ne tombe point en délibération de la conférence, et il n'y peut être pourvu que par les voies de droit, en la forme ordinaire.

Sur le neuvième article : Qu'il ne peut être accordé aux termes qu'il est couché; et sera Sa Majesté suppliée de laisser le jugement des *intérêts couché en ligne de compte à la chambre des comptes*, à laquelle la connoissance en appartient.

A la lecture du deuxième article, M. le président Amelot, premier président de la cour des aides, a dit que, dans le dessein qu'avoit sa compagnie de demeurer dans l'union avec le parlement, il prioit messieurs du parlement de leur laisser la connoissance de ce qui étoit de leur juridiction, et qu'ils trouvassent bon que s'il survenoit quelque contestation pour raison de ladite juridiction, le procureur général de ladite cour des aides conférât avec celui du parlement. Et s'ils ne s'accordoient, *que les présidens et conseillers de la cour des aides conféreroient avec ledit parlement*. M. le premier président a répondu que le dessein du parlement n'avoit jamais été d'entreprendre sur la juridiction de la cour des aides, et que l'ordre accoutumé, en cas de contestation entre les compagnies, devoit être gardé : qui étoit que le procureur général de la cour des aides descendroit au parquet du parlement; et qu'en cas que le différent ne fût terminé, un président et deux conseillers de ladite cour viendroient au parlement en conférer.

Le lundi 8 mars 1649, de relevée, M. le premier président, messieurs le président Le Coigneux et Viole, président aux enquêtes, députés pour porter la réponse aux trois premières propositions faites par M. le duc d'Orléans, ont rapporté qu'ayant été trouver le jour d'hier ledit sieur duc d'Orléans, il leur avoit témoigné n'être pas satisfait de la réponse faite sur l'une des propositions touchant la cessation de l'assemblée des chambres : ne voulant pas que dans le dispositif de la déclaration qui devoit être concertée et publiée au lit de justice que le Roi désiroit tenir à Saint-Germain, où il devoit être fait mention de ladite cessation pendant le reste de la présente année, il fût fait aucune mention de l'exécution des déclarations des mois de mai, juillet et octobre derniers, mais seulement dans le narré. Que le Roi et la Reine et ledit sieur duc d'Orléans donnoient bien parole que lesdites déclarations seroient exécutées, et qu'en cas de contravention, le Roi en étant averti, il y seroit remédié : mais qu'ils ne vouloient point absolument que la condition de ne point innover aux déclarations fût mise ni devant ni après ladite cessation d'assemblée accordée pour le reste de l'année; qu'eux, députés, avoient proposé divers expédiens pour ne pas rompre sur une proposition qui ne touchoit que le parlement; que lesdits expédiens par eux proposés étoient que l'on ne parlât point dans la déclaration de ladite cessation, mais que l'on se contentât d'en faire un article secret, et de se fier à la promesse verbale ou par écrit de tous les députés du parlement pour la conférence; que lesdites déclarations étant entretenues et n'y étant innové, il ne seroit point fait d'assemblée pendant le reste de l'année, que pour la réception des officiers et mercuriales. Sur ce ont été lesdits expédiens examinés, ensemble un autre proposé par l'un des députés du parlement pour ladite conférence, qui étoit de mettre dans le dispositif de ladite déclaration qu'il ne seroit fait aucune assemblée de chambres pendant le reste de l'année, si ce n'étoit pour ladite réception d'officiers et mercuriales; et qu'aussi il ne seroit innové auxdites déclarations. Mais comme ces expédiens, au dire de messieurs les présidens Le Coigneux et Viole, députés, n'étoient pas pour satisfaire audit sieur duc d'Orléans, la compagnie ayant délibéré ce qui étoit à faire en ce rencontre, a arrêté que ces mêmes députés retourneroient vers M. le chancelier et M. Le Tellier, députés dudit sieur duc d'Orléans, et insisteroient par tous moyens à ce que l'on se contentât de la réponse qu'ils avoient portée, ou que l'on prît un de ces expédiens. Ont été ensuite lus les articles dressés par les députés commis à cet effet.

Après la lecture est entré le sieur de Saintot dans l'assemblée, qui a dit que M. le duc d'Orléans attendoit réponse avec impatience. M. le premier président a dit qu'on la lui porteroit promptement. Lesdits députés étant partis de l'assemblée pour exécuter leur commission, a été fait lecture d'une lettre écrite par le prevôt des marchands de Paris, aux échevins députés pour la conférence, et ensuite d'une autre écrite par M. le président de Bellièvre à M. le premier président.

Après la lecture desdites lettres, a été prié M. de La Nave, conseiller en la cour, de porter celle de M. le président de Bellièvre à messieurs les présidens Le Coigneux et Viole, pour la faire voir à M. le duc d'Orléans; et la compagnie s'est levée.

Peu de temps après, M. le premier président a mandé tous les députés, qui se sont rendus chez lui environ les dix heures du soir; et là rassemblés, à la réserve de M. le président de Nicolaï, qui étoit indisposé, M. le président Le Coigneux a rapporté qu'il avoit, avec M. Violé, été trouver M. le chancelier et M. Le Tellier, qui avoit insisté, et représenté tous les expédiens proposés pour accommoder le différent qui s'étoit mû pour la proposition de la cessation des assemblées, et leur avoit dit que, pourvu que dans la déclaration où l'on devoit faire mention de ladite cessation il y eût des termes significatifs des véritables motifs que l'assemblée avoit eus pour se relâcher à ladite cessation, qui étoient l'exécution desdites déclarations des mois de mai, juillet et octobre derniers, les termes leur étoient indifférens; mais que M. le chancelier leur ayant demandé si c'étoit leur dernière résolution, et ayant été trouver M. le duc d'Orléans, il leur avoit dit que l'intention dudit sieur duc d'Orléans étoit de ne rien changer; et qu'il ne vouloit pas que dans le dispositif de ladite déclaration il fût fait mention de l'exécution desdites déclarations, donnant parole qu'elles seroient exécutées, mais seulement dans le narré; et que si les députés ne le vouloient ainsi, il leur feroit expédier leurs passeports pour le lendemain. Mondit sieur le président-Le Coigneux a en outre rapporté qu'il avoit prié M. le chancelier de faire voir la lettre de M. le président de Bellièvre à M. le duc d'Orléans, et que mondit sieur le chancelier lui avoit dit l'avoir portée audit sieur duc d'Orléans, et qu'il ne l'a pas voulu voir. Sur quoi, attendu qu'il étoit tard, que l'affaire étoit importante, et que M. le président Nicolaï étoit indisposé, a été remis à en délibérer au lendemain à sept heures du matin; et a été rendue la lettre dudit sieur président de Bellièvre à M. le premier président, qui s'est chargé de lui faire réponse.

Le mardi 9 mars 1649, du matin, messieurs les députés étant assemblés chez M. le premier président, et ayant délibéré sur la réponse faite par M. le chancelier le jour d'hier à messieurs les présidens Le Coigneux et Viole, il a été arrêté que lesdits sieurs présidens Le Coigneux et Viole iront vers M. le duc d'Orléans lui dire que pour le bien de la paix, le respect que l'on porte au Roi, à la Reine, à lui et à M. le prince, la compagnie accorde l'article comme il désiroit, se promettant qu'elle aura satisfaction sur les articles qu'elle donnera, et sur les réponses faites aux articles proposés de sa part, et qu'il sera fait registre de la parole donnée; que les déclarations des mois de mai, juillet et octobre derniers seront exécutées; et que la compagnie ne s'est relâchée à accorder la cessation d'assemblée qu'en conséquence de ladite parole, et pour le désir de la paix et de la tranquillité du royaume.

Avant que de délibérer, messieurs les députés ont envoyé querir le sieur de Saintot, maître des cérémonies, et l'ont prié d'aller dire à M. le duc d'Orléans qu'ils alloient délibérer, et qu'ils lui feroient aussitôt réponse: et la délibération étant commencée, est retourné, peu de temps après, ledit sieur de Saintot, et a dit qu'il avoit fait à M. le duc d'Orléans les civilités de la compagnie; qu'il l'avoit trouvé s'habillant; qu'ensuite il alloit à la messe et faisoit état d'aller dîner à Saint-Germain, afin que s'ils avoient à lui faire réponse, ce fût dans cet entre-temps. Et ladite délibération ayant duré plus long-temps que l'on n'espéroit, est revenu ledit sieur Saintot sur le midi, dire qu'il s'en alloit incontinent partir. Aussitôt sont partis lesdits sieurs présidens Le Coigneux et Viole, pour porter audit sieur duc d'Orléans la résolution de ladite compagnie.

Le mardi 9 mars 1649, de relevée, messieurs les députés étant assemblés chez M. le premier président, M. le président Le Coigneux a rapporté que, suivant l'arrêté du matin, il avoit été avec M. Viole trouver M. le duc d'Orléans au château de Ruel, où étoit avec lui M. le prince; et lui avoit fait entendre que la compagnie accordoit l'article de la cessation d'assemblée comme il désiroit, pour le respect qu'elle portoit au Roi, à la Reine, à sa personne et à M. le prince, et pour le désir qu'elle avoit de la paix; et se promettoit qu'il donneroit à ladite compagnie satisfaction sur ses demandes et sur les réponses faites aux articles proposés de sa part, après qu'elle avoit consenti un article d'importance, et qui donnoit en quelque façon atteinte à la liberté et à l'autorité du parlement. Que M. le duc d'Orléans lui avoit répondu qu'en matière de conférence, si l'on ne tomboit d'accord de tous les articles, les autres accordés ne servoient de rien; que M. le prince avoit dit la même chose: qu'ayant repris la parole, il leur avoit dit qu'il y avoit des articles contre toute raison et apparence; que les compagnies ne les consentiroient jamais: par exemple le premier. M. le prince l'interrompit, et dit qu'il ne disoit pas cela comme député; et que si cela étoit, on sauroit bien que lui répondre. Et continuant, mondit sieur le président Le Coigneux dit qu'il avoit répondu avec liberté, adressant la parole audit sieur duc d'Orléans : que quand il seroit encore d'une cond ion plus relevée qu'il n'étoit, il devoit croire que ce n'étoit pas le moyen d'avoir les cœurs et les affections des hommes, en ne leur témoignant que des effets de haine et de colère; et s'étoient retirés. A été lue ensuite une lettre du prevôt des marchands, datée de ce jour, écrite aux échevins députés.

Le mercredi 10 mars 1649, du matin, messieurs les députés étant assemblés chez M. le premier président, M. le président de Nesmond a rapporté que, suivant l'arrêté du jour d'hier, il avoit été avec M. Menardeau au château de Ruel, pour parler à M. le duc d'Orléans ; et ayant appris qu'il se promenoit dans le jardin proche la cascade, ils l'y furent trouver, et lui dirent qu'il avoit été accordé que, dès le jour que les conférences seroient arrêtées, on laisseroit arriver dans Paris cent muids de blés par jour. Néanmoins qu'au lieu de sept cents muids qui devoient être à présent portés à Paris, il n'en étoit pas entré cent soixante muids; qu'il n'a manqué ni au blé ni aux bateaux, mais aux défenses que l'on faisoit de les laisser passer, au préjudice des paroles qu'on avoit données. Que cela étoit bien éloigné des espérances qu'avoit conçues la compagnie, que, dès les premiers jours de la conférence, il y auroit des passages ouverts, pour avoir non-seulement plus grande quantité de blé, mais aussi du foin, avoine, chairs, salines, et autres choses nécessaires pour ladite ville de Paris. M. le prince les interrompit, et dit que l'on avoit déjà laissé passer plus de deux cent cinquante muids de blé. Ils repartirent qu'ils avoient assurance du contraire, et qu'il étoit étrange que l'on eût envoyé une révocation sur une difficulté qui s'étoit mue à la conférence, puisque l'on avoit donné parole aux gens du Roi qu'en cas que la conférence fût rompue, on ne laisseroit pas de délivrer les cent muids de blé par jour, jusqu'au jour de la rupture. M. le duc d'Orléans et M. le prince dirent hautement qu'il n'étoit pas vrai que l'on eût donné aux gens du Roi cette parole; qu'ils n'avoient point eu d'autres ordres que ceux portés par les lettres écrites à M. le premier président, qui portoient que l'on fourniroit le blé selon ce qui se passeroit à la conférence. Lesdits sieurs députés répliquèrent que ladite conférence n'avoit été accordée dans le parlement que sur la parole apportée par lesdits gens du Roi ; que l'inexécution de cette parole donnoit sujet à la plainte du parlement, et au dessein qu'ils avoient de révoquer le pouvoir des députés; que si l'on ne leur tenoit parole, ils étoient obligés de ne passer pas plus avant. Sur cela, M. le prince leur avoit parlé fort hautement, et ils s'étoient retirés.

M. le président Le Coigneux a pris la parole ensuite, et dit qu'il avoit été ce même matin voir M. le duc d'Orléans, et avoit été introduit dans sa chambre, étant devant le feu, ne faisant que se lever; et qu'il lui avoit dit qu'il le venoit voir, non comme député, mais comme son ancien domestique; que M. le duc d'Orléans lui avoit demandé s'il ne vouloit pas finir affaire et terminer la conférence ce jour-là ; et qu'il lui avoit répondu qu'il étoit impossible ; qu'il n'y avoit guère d'apparence que l'on voulût terminer la conférence par la paix, puisque l'on n'avoit pas tenu la parole que l'on avoit promise ; que M. le duc d'Orléans lui avoit dit qu'il falloit la terminer dès le jour, et au plus tard dès le lendemain, de crainte qu'il ne se fît des actes d'hostilité de part et d'autre qui mettroient les affaires hors des termes d'accommodement ; qu'il étoit facile. Qu'il avoit dit plusieurs discours à M. le duc d'Orléans, auxquels il avoit pris plaisir, voyant la liberté avec laquelle il défendoit les intérêts du parlement ; et qu'enfin il lui avoit dit qu'il pourroit peut-être faire souffrir beaucoup de maux à la compagnie, mais qu'il ne la forceroit jamais à consentir à une paix honteuse et déraisonnable. Après ce discours, ont été lues deux lettres de M. le président de Bellièvre, du 9 mars, adressantes à M. le premier président, et une de M. le prince de Conti, l'arrêté dudit parlement du 9 mars, et l'extrait d'une lettre écrite par Cotart, bourgeois de Paris.

Comme on alloit délibérer sur lesdites lettres et sur l'arrêté, le sieur Saintot a frappé à la porte de la chambre de l'assemblée, et étant entré a dit que M. le duc d'Orléans prioit la compagnie de venir au château, dans la chambre où l'on avoit commencé la conférence ; que le lieu seroit commode pour les choses qu'il avoit à leur dire. M. le premier président a répondu, de l'avis de la compagnie, qu'elle alloit monter en carrosse pour aller au château, et que l'on apprêtât les carrosses ; et avant que de partir a été lue une lettre datée de ce jour, écrite par le prevôt des marchands aux échevins députés.

Après la lecture de laquelle a été arrêté que l'on se plaindroit bien hautement de l'inexécution des promesses du blé ; qu'à faute d'y satisfaire, on ne passeroit point plus avant à ladite conférence. Et aussitôt messieurs les députés sont allés au château ; et étant montés en la chambre de la conférence, M. le maréchal de Gramont y est survenu, qui a rendu de grandes civilités à la compagnie ; a témoigné avoir pris soin, tant qu'il avoit pu, de conserver ce qui appartenoit à messieurs du parlement ; qu'il étoit fort désireux que la paix se fît ; que M. le duc d'Orléans et M. le prince la désiroient pareillement; qu'il étoit fort aisé de la conclure, et qu'il y contribueroit de tout ce qui étoit en son pouvoir. Messieurs les députés lui ont fait plainte de l'inexécution des promesses du blé et des révocations des ordres donnés; lui ont fait voir l'arrêté du parlement portant surséance de la conférence, et l'ont prié de faire entendre à M. le duc d'Orléans le juste sujet de leur plainte : ce qu'il a promis, et s'est retiré. Peu de temps après, le sieur Saintot est entré dans ladite chambre où étoit la compagnie assise, qui a dit que M. le chancelier prioit messieurs les présidens Le Coigneux et Viole de venir parler à lui dans une autre chambre : ce qu'ils ont fait; et étant rentrés incontinent après, ont dit que M. le chancelier lui avoit dit que M. le duc d'Orléans s'impatientoit d'être si long-temps sans agir, et désiroit terminer la conférence : qu'il avoit fait entendre que le manquement de promesse de fournir les empêchoit de pouvoir passer outre à ladite conférence. Sur cela, M. le chancelier avoit demandé l'éclaircissement de leurs intentions, et qu'ils avoient dit que messieurs les députés ne pouvoient agir qu'ils n'eussent nouvelles certaines de l'arrivée du blé à Paris; et aussitôt lesdits sieurs présidens Le Coigneux et Viole ont été mandés par M. le duc d'Orléans; et étant retournés, ont dit que M. le duc d'Orléans avoit dit qu'il vouloit que la compagnie fût informée des raisons qui avoient donné lieu à la révocation des ordres pour les blés, qui étoient qu'ils n'avoient été promis que suivant que la conférence iroit bien. Recours à ces lettres, et de M. le prince; qu'il falloit venir au fond, et donner les articles; que la compagnie ne devoit point appréhender de mauvaises réponses, dans le dessein qu'elle avoit de la paix; qu'ils avoient répondu que le blé leur devoit être fourni jusqu'au jour de la rupture, et que M. le duc d'Orléans leur avoit répété qu'il falloit venir au fond : que l'on avoit expédié des passeports pour faire entrer dans Paris la quantité de blé promise. Peu de temps après ont été apportés par le sieur Saintot deux ordres du Roi adressés aux sieurs de Noailles et d'Amboise, commandans à Lagny et Corbeil; et cinq passeports en blanc, avec une lettre de M. Le Tellier à M. le maréchal de Gramont, pour la liberté des courriers des députés, qui ont été lus et mis entre les mains des échevins députés, pour faire les dépêches à Paris. A été ensuite délibéré ce qui étoit à faire sur les lettres de M. le président de Bellièvre, et sur l'arrêté du parlement; et tout d'une voix il a passé qu'il seroit sursis à toute conférence jusqu'à nouvel ordre du parlement, et que messieurs les présidens Le Coigneux et Viole iroient vers M. le chancelier et M. Le Tellier, leur faire entendre et leur dire que M. le premier président et M. le président de Mesmes prendroient l'heure de M. le duc d'Orléans pour le voir l'après-dînée; et a été prié M. le premier président de faire réponse aux lettres de M. le président de Bellièvre, et mander ce qui avoit été arrêté : ce qu'il a promis de faire; et se sont retirés tous lesdits députés en leurs maisons.

Le mercredi 10 mars 1649, de relevée, messieurs les députés étant assemblés chez M. le premier président, M. le président Le Coigneux a dit qu'il étoit allé avec M. Viole, suivant l'arrêté du matin, trouver M. le chancelier et M. Le Tellier, lui avoit fait entendre le susdit arrêté, et fait connoître que M. le premier président de Mesmes, par la visite qu'ils devoient faire à M. le duc d'Orléans, avanceroient peut-être plus les affaires que l'on n'avoit fait jusqu'à présent, si l'on désiroit les terminer. Mais que lesdits sieurs le chancelier et Le Tellier étant entrés dans la chambre de M. le duc d'Orléans pour lui faire entendre ce qui s'étoit passé, étoient retournés vers eux peu de temps après avec des visages rudes, et leur avoient dit que M. le duc d'Orléans s'étoit offensé de ce qu'ils s'étoient retirés sans lui donner avis; qu'il s'en alloit à Saint-Germain, et alloit révoquer les passeports et ordres donnés pour le blé; qu'il avoit reparti auxdits sieurs chancelier et Le Tellier que la compagnie n'avoit jamais manqué de rendre les respects dus à M. le duc d'Orléans, et qu'elle les rendroit toujours; mais que cet arrêt du matin avoit été fait pour le respect qui étoit dû au parlement, qui avoit prié la compagnie de surseoir à toutes conférences, jusqu'à ce que l'on eût reçu à Paris tout le blé promis. A quoi lesdits sieurs le chancelier et Le Tellier se seroient élevés, disant que M. le duc d'Orléans vouloit savoir si les députés avoient plein pouvoir ou non; et qu'il savoit bien que les généraux de Paris faisoient brigue dans le parlement pour la révocation desdits députés, et qu'il alloit révoquer les ordres donnés pour la fourniture entière du blé promis; qu'il falloit conclure, et qu'il demandoit des articles; et que si dans une heure on ne lui donnoit satisfaction, il s'en alloit à Saint-Germain. Comme on délibéroit sur cette réponse, M. le maréchal de Gramont a demandé à parler à la compagnie, et étant entré dans la chambre, a dit qu'il demandoit pardon s'il avoit interrompu leur délibération; mais que s'en retournant à Saint-Cloud, il n'avoit pas voulu manquer de prendre congé de ladite compagnie. Messieurs les députés l'ont remercié de ses civilités; et lui ayant fait entendre la réponse de Monsieur, se sont plaints d'un procédé qui faisoit voir qu'au lieu de faire une conférence avec eux, on leur vouloit donner la loi; et que dès qu'ils résistoient, on les menaçoit de leur faire expédier des passeports pour s'en retourner, ou de révoquer les ordres donnés pour les blés promis. Ils ont demandé ensuite audit sieur maréchal si Monsieur avoit révoqué lesdits ordres; et ledit sieur maréchal ayant répondu qu'il ne le croyoit pas, est entré ledit sieur Saintot, qui a dit qu'il n'y avoit point de révocation. Ensuite de quoi ledit sieur maréchal a exagéré les maux qui suivroient de la rupture de la paix tant désirée de tous les bons Français, et protesté sur sa vie et sur son honneur que M. le duc d'Orléans avoit désir de la faire; et que s'ils avoient donné leurs articles, une heure après elle seroit terminée. Messieurs les députés l'ont prié d'y contribuer ce qu'il pourroit: et ce qu'il a promis, et s'est retiré. Et d'un commun avis a été résolu de charger ledit sieur Saintot d'aller dire à M. le duc d'Orléans que l'on alloit travailler aux articles, et que dans aujourd'hui on les porteroit. Ont été ensuite lus quelques articles qui ont été mis au net, et mis entre les mains de M. le premier président et de M. le président de Mesmes, qui les ont portés à M. le duc d'Orléans, et dont la teneur s'ensuit :

1. Que M. le prince de Conti et autres princes, ducs, pairs, officiers de la couronne, seigneurs, gentilshommes, villes et communautés, et toutes personnes, de quelque qualité qu'elles soient, qui auront pris les armes pour la défense et assistance de la ville de Paris, seront conservés en leurs biens, droits, offices, bénéfices, dignités, honneurs, priviléges, prérogatives, charges et gouvernemens, et en tel et semblable état qu'ils étoient avant la-

dite assistance, sans qu'ils en puissent être recherchés ni inquiétés, pour quelque cause et manière que ce soit.

2. Que tous les articles donnés, tant au parlement de Paris qu'autres sentences et jugemens rendus depuis le 6 janvier dernier, seront exécutés selon leur forme et teneur.

3. Que suivant l'arrêt de 1617 et l'article de l'édit de Loudun, la Reine sera très-humblement suppliée d'envoyer une déclaration au parlement, portant que nul étranger ne sera admis dans le ministère ni dans le maniement des affaires de l'Etat, si ce n'est pour des considérations importantes au service du Roi, ou du mérite particulier, et des services qu'il auroit rendus à la couronne.

4. Seront Leurs Majestés très-humblement suppliées d'ordonner que toutes lettres et déclarations pour la suppression des semestres des parlemens de Rouen et d'Aix seront expédiées : comme aussi pour le rétablissement et réunion à la cour des aides de Paris, des élections qui en ont été depuis deux ans distraites et attribuées à la cour des aides de Guienne.

5. Les lettres des 6 et 7 janvier dernier, écrites aux prevôt des marchands et échevins de la ville de Paris, après la sortie du Roi; toutes déclarations et arrêts du conseil, tant contre le parlement que contre M. le prince de Conti, ducs, pairs, officiers de la couronne, seigneurs, gentilshommes et autres personnes, de quelque qualité et condition qu'ils soient, seront révoqués.

6. Seront les déclarations des mois de mai, juillet et octobre derniers, inviolablement gardées et observées, et les contraventions à l'exécution d'icelles révoquées et réparées. Et ne seront faites aucunes impositions et levées de deniers, ni créations d'offices, pendant la cessation de l'assemblée des chambres du parlement, que par édits bien et dûment vérifiés, avec la liberté des suffrages.

7. Leurs Majestés sont très-humblement suppliées de décharger l'élection de Paris de toute taille, taillon, subsistance et étapes pendant trois ans ; ensemble des restes qui en peuvent être dus des années 1647 et 1648.

8. Que les troupes et gens de guerre, incontinent après l'accommodement, seront renvoyés sur les frontières, à la réserve de celles qui ont accoutumé d'être proche et pour la garde de Leurs Majestés.

9. Sera accordé décharge générale pour deniers reçus, tant publics que particuliers, et meubles vendus, comme il sera plus particulièrement exprimé dans les lettres, tant à Paris et Rouen qu'ailleurs.

Du jeudi 11 mars, à huit heures du matin, messieurs les députés étant assemblés au logis de M. le premier président, il dit à la compagnie qu'il avoit reçu deux lettres, l'une de M. le prince de Conti, et l'autre de M. le président de Bellièvre, qui lui faisoient savoir l'état de la ville, et le pain qui étoit arrivé et porté aux marchés : lesquelles lettres furent lues par M. le président de Nesmond, avec une autre que lui écrivoit le sieur de Lamoignon, maître des requêtes, qui l'informoit du bruit qui étoit arrivé le jour précédent au marché des halles, où il y eut un homme de tué, par sa faute, d'un pistolet qu'il avoit en sa poche. Et à l'instant arriva ledit sieur Saintot de la part de M. le duc d'Orléans, qui dit à la compagnie qu'elle eût à se trouver au château, attendu que Son Altesse Royale désiroit terminer promptement la conférence ; et leur donna ordre pour faire monter un bateau de blé, à Paris, de quatre-vingts muids, qui étoit à Saint-Cloud, destiné pour les munitionnaires dudit lieu. A même temps, M. le premier président dit au sieur Fournier, échevin, l'un desdits députés, qu'il envoyât au plus vite ledit ordre à Paris : ce qu'il promit de faire ; et dans cet intervalle de temps arriva encore un second ordre à mondit sieur le premier président, de la part de M. le duc d'Orléans, pour l'aller trouver au château ; lequel y fut avec M. le président de Mesmes, pour négocier avec Son Altesse Royale l'accommodement de trois articles, faisant partie des neuf qui avoient été présentés par les députés, dont la réponse des princes blessoit extrêmement le parlement, la ville, et messieurs les généraux. A l'égard du parlement, ils désireroient que vingt-cinq des officiers du corps se retirassent en un lieu qui leur seroit nommé par Sa Majesté, pour y demeurer jusqu'à ce qu'elle les rappelleroit ; que les prevôt des marchands et échevins de la ville de Paris, accompagnés de grand nombre de notables bourgeois, iroient demander pardon au Roi pour avoir pris les armes dans les mouvemens derniers arrivés : même aussi messieurs les généraux. M. le premier président voyant qu'après plusieurs conférences prises et contestations, lesdits trois articles lui étoient refusés, il auroit demandé trois ouq uatre fois le passeport de tous messieurs les députés pour s'en revenir. M. le président de Mesmes représenta à M. le duc d'Orléans et à M. le prince les malheurs que pourroit causer la guerre, si la paix ne se faisoit. Enfin ils accordèrent lesdits trois articles, et les modérèrent ainsi que M. le premier président les avoit souhaités. Ensuite les autres députés se trouvèrent audit château, en la salle où ils avoient coutume de s'assembler, où il leur fut fait récit de l'accommodement desdits articles; et pendant la conférence des députés desdites compagnies, M. le duc d'Orléans arriva dans ladite salle, où ils étoient avec M. le prince, M. d'Avaux et M. Le Tellier, tous avec un visage fort ouvert, et témoignèrent à la compagnie qu'ils désiroient extrêmement la paix. M. le prince leur fit connoître dans cette action qu'il avoit quitté son humeur sévère, dont il avoit fait paroître tout le temps de la conférence; et après divers entretiens ils se seroient retirés. Et à l'instant ledit sieur Saintot vint prier, de la part de Son Altesse Royale, M. le premier président et M. le président de Mesmes de l'aller trouver dans la chambre où il étoit : ce qu'ils firent à même temps, et il leur bailla les articles qu'il avoit réglés. Lesquels ayant été rapportés par eux à la compagnie, elle les trouva raisonnables, à l'exception d'aucuns qui furent mis en délibération : savoir, un pour le fait des comptans, un autre concernant messieurs les généraux.

L'article des comptans a été réglé pour l'année présente et la suivante seulement, à raison du denier douze, dont les intérêts seront employés en ligne de compte; et pour celui de messieurs les généraux, il a été arrêté que dans quatre jours il le ratifieroit, et M. de Longueville dans dix jours: et d'autant qu'il étoit une heure, la compagnie s'est retirée, et a continué l'assemblée l'après-dînée.

Du jeudi 11 mars de relevée, tous messieurs les députés s'étant trouvés au château suivant leur remise, où étant assemblés en leur chambre ordinaire, le sieur Saintot vint prier M. le premier président et M. le président de Mesmes d'aller trouver Son

Altesse Royale : ce qu'ils firent, et portèrent les articles sur lesquels il y avoit eu quelque difficulté le matin, pour les faire entendre à Sadite Altesse Royale, même ceux qui regardoient le parlement de Rouen et d'Aix. A l'égard de celui d'Aix, il leur auroit été baillé pièces justificatives par ladite Altesse Royale, comme ils étoient d'accord avec Sa Majesté : lesquelles ils ont apportées et montrées aux députés desdites compagnies, qui ont, après plusieurs contestations de part et d'autre, arrêté et mis au net les articles ci-après, lesquels ont été lus par M. le président de Nesmond, et ensuite signés par M. le duc d'Orléans, M. le prince, M. le cardinal Mazarin, M. le chancelier, M. le maréchal de La Meilleraye, M. d'Avaux, M. le comte de Brienne, M. l'abbé de La Rivière et M. Le Tellier, tous députés de la part du Roi et de la Reine régente sa mère. Et sur la contestation de M. Amelot, premier président de la cour des aides, de signer ainsi qu'il avoit eu séance pendant toutes les assemblées, et qui ne lui avoit point été contestée par M. Briçonnet, ni par aucun de messieurs les conseillers du parlement, non plus qu'à M. le président de Nicolaï, ayant été tous deux traités comme messieurs les présidens du parlement par M. le premier président, a été résolu que chacune des compagnies signeroit par corps, ainsi que vous verrez par les articles de ladite paix, dont la teneur s'ensuit :

Le Roi voulant faire connoître à sa cour de parlement et aux habitans de sa bonne ville de Paris combien Sa Majesté a agréable les soumissions respectives qui lui ont été rendues de leur part, avec assurance de leur fidélité et obéissance ; après avoir considéré les propositions qui lui ont été faites, a volontiers, par l'avis de la Reine régente sa mère, accordé les articles qui suivent :

Le traité de l'accommodement étant signé, tous actes d'hostilité cesseront, et tous passages tant par eau que par terre seront libres, et le commerce rétabli. Le parlement se rendra, suivant l'ordre qui lui sera donné par Sa Majesté, à Saint-Germain-en-Laye, où sera tenu un lit de justice par Sa Majesté, auquel la déclaration contenant les articles accordés sera publiée seulement. Après quoi le parlement retournera à Paris faire ses fonctions ordinaires.

Ne sera faite assemblée de chambres pendant l'année 1649,

pour quelque cause, prétexte et occasion que ce soit, si-ce n'est pour la réception des officiers et pour les mercuriales ; et auxdites assemblées ne sera traité que de la réception des officiers et des mercuriales.

Dans le narré de la déclaration qui sera publiée, il sera nommé que la volonté de Sa Majesté est que les déclarations des mois de mai, juillet et octobre 1648, vérifiées au parlement, seront exécutées, hors ce qui concerne les prêts, ainsi qu'il sera expliqué ci-après.

Que tous arrêts qui ont été rendus par le parlement de Paris depuis le 6 janvier jusqu'à présent demeureront nuls comme non avenus, excepté ceux qui ont été rendus, tant avec le procureur général qu'autres des particuliers, principalement tant en matière civile et criminelle qu'adjudications par décret et réceptions d'officiers.

Les lettres de cachet de Sa Majesté qui ont été expédiées sur les mouvemens derniers arrivés en la ville de Paris, comme aussi les déclarations qui ont été publiées en son conseil, arrêt du conseil sur le même sujet depuis le 6 janvier dernier, demeureront nuls et comme non avenus.

Que les gens de guerre qui ont été levés, tant en la ville de Paris que dehors, en vertu des pouvoirs donnés tant par le parlement que par la ville de Paris, seront licenciés après l'accommodement fait et signé. Sa Majesté fera retirer les troupes des environs de Paris, et les enverra au lieu de la garnison qu'elle leur ordonnera, ainsi qu'il a été pratiqué les années précédentes.

Les habitans de la ville de Paris poseront les armes après l'accommodement fait et signé, sans qu'ils les puissent reprendre que par l'ordre et commandement exprès de Sa Majesté.

Que le député de l'archiduc Léopold, qui est à présent à Paris, sera renvoyé sans réponse le plus tôt que faire se pourra, après la signature du présent traité.

Que tous les papiers et meubles qui ont été enlevés appartenant à des particuliers, leur seront rendus.

La Bastille, ensemble l'Arsenal, avec tous les canons, toute la poudre et autres munitions de guerre, seront remis entre les mains de Sa Majesté, après l'accommodement fait.

Que le Roi pourra emprunter les deniers que Sa Majesté jugera nécessaires pour les dépenses de l'Etat, en payant l'intérêt à raison du denier douze, durant la présente année et la suivante seulement.

Que M. le prince de Conti et autres princes, ducs, pairs et officiers de la couronne, seigneurs et gentilshommes, villes et cour, et toutes autres personnes de quelque qualité et condition qu'ils soient, qui auront pris les armes durant les mouvemens arrivés depuis le 6 janvier dernier jusqu'à présent, seront conservés en leurs biens, droits, offices, dignités, honneurs, priviléges, prérogatives, charges, gouvernemens, en tel et semblable état qu'ils étoient avant ladite prise des armes, sans qu'ils en puissent être recherchés ni inquiétés pour quelque cause et occasion que ce soit; en déclarant par lesdits dénommés, savoir par M. le duc de Longueville dans dix jours, et par les autres dans quatre jours (à compter de celui que les passages tant pour les vivres que pour les commerces seront ouverts), qu'ils veulent bien être compris au présent traité. Et à faute par eux de faire sadite déclaration dans ledit temps, et icelui passé, le corps de la ville de Paris et autres habitans, de quelque qualité et condition qu'ils soient, ne prendront plus aucune part à leurs intérêts, et ne les aideront ni assisteront en chose quelconque, sous quelque prétexte que ce soit.

Le Roi désirant témoigner son affection aux habitans de sa bonne ville de Paris, a résolu d'y retourner faire son séjour aussitôt que les affaires de l'Etat lui pourront permettre.

Sera accordé décharge générale pour deniers pris, enlevés ou reçus, tant publics que particuliers, meubles vendus tant à Paris qu'ailleurs: comme aussi pour les commissions données pour la levée des gens de guerre, même pour enlèvement d'armes, poudres et autres munitions de guerre et de bouche, enlevées tant à l'Arsenal de Paris qu'autres lieux.

Les élections de Saintes, de Cognac et de Saint-Jean-d'Angely, distraites de la cour des aides de Paris, et attribuées à la cour des aides de Guienne, seront réunies à ladite cour des aides de Paris, comme elles étoient avant l'édit de . . . . .

Au cas que le parlement de Rouen accepte le présent traité dans dix jours, à compter du jour de la signature d'icelui, Sa Majesté pourvoira à la suppression du nouveau semestre, ou réunion de tous les officiers dudit semestre, ou de partie d'iceux, au corps dudit parlement.

Le traité fait avec le parlement de Provence sera exécuté selon sa forme et teneur; et lettres de Sa Majesté seront expédiées pour la révocation et suppression du semestre dudit parlement d'Aix et chambres des enquêtes, suivant les articles accordés entre les députés de Sa Majesté et la cour du parlement et pays de Provence, du 21 février dernier, dont la copie a été donnée aux députés du parlement de Paris.

Quant à la décharge des tailles proposée pour l'élection de Paris, le Roi se fera informer de l'état auquel se trouvera ladite élection lorsque les troupes en seront retirées; et pourvoira au soulagement des contribuables de ladite élection comme Sa Majesté le jugera nécessaire.

Que lorsque Sa Majesté enverra des députés pour traiter de la paix avec l'Espagne, elle choisira volontiers quelqu'un des officiers du parlement de Paris, pour assister audit traité avec le même pouvoir qui sera donné aux autres.

Au moyen du présent traité, tous les prisonniers qui ont été faits de part et d'autre seront mis en liberté du jour de l'arrêté d'icelui. Fait et arrêté à Ruel, ce 11 mars 1649.

Signé; GASTON, Louis DE BOURBON.

Messieurs du parlement: Le cardinal MAZARIN, SEGUIER, LA MEILLERAYE, DE MESMES, DE LOMENIE, DE LA RIVIÈRE, LE TELLIER, MOLÉ, DE MESMES, LE COIGNEUX, NESMOND, BRIÇONNET, MENARDEAU, DE LONGUEIL, VIOLE, LE FEBVRE, BITAUT, DE LANAVE, LECOCQ CORBEVILLE, PALUAU.

Messieurs de la chambre des comptes: A. NICOLAÏ, PARIS, LESCUYER.

Messieurs de la cour des aides: AMELOT, BRACELONNE, QUATREHOMME.

Messieurs de la ville: FOURNIER, HELYOT, BARTHELEMY.

Après la signature desdits articles, M. le duc d'Orléans et M. le prince ont présenté M. le cardinal à tous les députés desdites compagnies, auxquels il a dit qu'il vouloit vivre et mourir leur serviteur, tant en général qu'en particulier, avec protestation de les servir en toutes les occasions qui se présenteroient; même il les a conduits jusqu'à l'entrée de la dernière salle avec M. le chancelier, qui les ont remerciés tous chacun à part en passant, et se sont retirés ainsi.

Le lendemain vendredi 12 mars 1649, lesdits députés partirent dudit Ruel sur le midi, et se rencontrèrent tous avec leurs carrosses et chariots devant la porte dudit château, où ils se devoient attendre les uns les autres; et furent conduits et escortés par deux ou trois compagnies de Suisses en haie, tambour battant, jusqu'au lieu de Saint-Cloud, et marchant ainsi avec lesdits carrosses et les gardes du maréchal de Gramont devant et au bout du pont dudit lieu de Saint-Cloud, du côté du bois de Boulogne. Au lieu desdits Suisses, quatre compagnies de cavalerie en trois escadrons les vinrent joindre dans ledit bois, où étoit ledit sieur maréchal de Gramont à cheval, avec plusieurs seigneurs, gentilshommes et officiers, qui les conduisirent jusque hors ledit bois; et lesdites gardes jusqu'à la porte de la Conférence au bout du Cours-la-Reine.

Déclaration du Roi.

Art. 1. Louis, par la grâce de Dieu roi de France et de Navarre, à tous présens et à venir, salut. L'expérience a fait assez connoître que la France est invincible et redoutable à ses ennemis, lorsqu'elle est parfaitement unie en toutes ses parties; et nous pouvons dire avec vérité que cette harmonie si accomplie a été la vraie cause de la grandeur où tant de conquêtes et victoires sur l'Empire et l'Espagne l'ont portée : ce qui nous oblige de veiller soigneusement à prévenir toutes les occasions qui pourroient altérer cette parfaite union, si nécessaire pour maintenir les avantages que nous avons eus sur nos ennemis, qui sont en si grand nombre que l'on peut compter les années de notre règne par les signalées victoires que nous avons remportées sur eux. Ainsi, prévoyant que la division qui a commencé à paroître depuis peu pourroit prendre des forces, et causer une guerre civile qui nous ôteroit le moyen d'opposer puissamment nos armes aux entreprises de nos ennemis, afin de les obliger à consentir à la paix, qui est la récompense la plus précieuse, et comme la couronne que nous nous sommes proposée de tous nos travaux : laquelle nous désirons avec tant d'affection, que pour y parvenir nous n'avons rien omis qui ait pu convenir à notre dignité, faisant même incessamment presser les Espagnols de nommer un lieu sur notre frontière de deçà pour y envoyer des députés des deux couronnes, avec plein pouvoir pour en traiter; et ayant dès à présent résolu de nommer, entre ceux qui y seront envoyés de notre part, l'un de nos officiers de notre cour de parlement de Paris, nous avons jugé que, pour obtenir un bien si nécessaire à cet Etat, il étoit à propos d'employer tous les remèdes que la prudence et la bonté d'un prince peuvent apporter pour arrêter le cours d'un mal présent et dès sa naissance, afin que nos officiers et sujets puissent, dans une profonde et heureuse tranquillité, jouir des grâces que nous leur avons si libéralement départies par notre déclaration du mois d'octobre dernier, que nous voulons et entendons, ensemble les déclarations des mois de mai et juillet derniers, vérifiées audit parlement, être exécutées selon leur forme et teneur, sinon en ce qu'il y auroit été dérogé par celle dudit mois d'octobre, et ce qui regarde les emprunts que nous pourrons être obligés de faire dans les nécessités présentes de notre Etat, qui sera observé ainsi qu'il sera dit ci-dessous. A ces causes, après que notre cour de parlement et les habitans de notre bonne ville de Paris nous ont rendu toutes les soumissions et obéissances que nous pouvions désirer d'eux, avec les assurances de leur fidélité à notre service; de l'avis de la Reine-régente notre très-honorée dame et mère, de notre très-cher et très-amé oncle le duc d'Orléans, de notre très-cher et très-amé cousin le prince de Condé, et de notre certaine science, pleine puissance et autorité royale, nous avons dit et déclaré, disons et déclarons par ces présentes signées de notre main, voulons et nous plaît que tous les arrêts qui ont été donnés, ordonnances, commissions décernées tant par notredite cour de parlement, prevôt des marchands et échevins de notre bonne ville de Paris, qu'autres généralement quelconques : ensemble tous actes, traités, même les lettres, écrits, faits et expédiés au sujet des présens mouvemens, depuis le 6 janvier dernier jusqu'au jour de la présente déclaration, demeurent nuls et comme non avenus, sans que personne en puisse être ci-après recherché ni inquiété ; ni aussi que l'on s'en puisse aider contre qui que ce soit, ni prévaloir au préjudice de *notre service et du repos de l'Etat*. Demeureront néanmoins en leur entier les arrêts qui ont été rendus tant en matière civile que criminelle, entre les particuliers présens ou avec notre procureur général pour affaires particulières ; même les adjudications par décret, et réceptions d'officiers, comme aussi ceux concernant nos officiers de ladite cour, de la création de l'an 1635.

2. Demeureront aussi nuls et comme non avenus tous les arrêts donnés en notre conseil, et les déclarations publiées en icelui, et les lettres de cachet expédiées sur le sujet des présens mouvemens, depuis le sixième janvier dernier jusqu'au jour de la présente déclaration ; et en conséquence ordonnons que la mémoire soit éteinte et assoupie de toutes les unions, ligues et associations faites, et de tout ce qui pourroit avoir été fait, géré et négocié pour raison de ce, tant dedans que dehors notre royaume, à l'occasion des présens mouvemens ; soit que ceux qui ont suivi le parti de ladite union aient eu communication avec les étrangers, qu'ils leur aient donné conseil et facilité d'entrer en notre Etat, qu'ils aient joint leurs armes ou pris commandement parmi eux, et enjoint à nos villes, bourgs et villages de leur ouvrir les portes, les recevoir et leur donner des vivres, et généralement toutes personnes de quelque qualité et condition qu'elles puissent être, qui ont eu connoissance ou participation de telles et semblables négociations ; soit que lesdites actions aient été faites par les ordres de notre très-cher et très-amé cousin le prince de Conti, ou par autres princes, ducs, pairs, officiers de notre couronne, prélats, seigneurs, gentilshommes, officiers, villes et communautés, sans que notredit cousin le prince de Conti, ni les autres princes, ducs, pairs, officiers de notre couronne, prélats, seigneurs et gentilshommes, villes et communautés, ni même ceux qui pourroient avoir été employés auxdites négociations, de quelque qualité et condition qu'ils puissent être, soient ores ni à l'avenir recherchés ni inquiétés pour raison de ce qui aura été par eux fait dans lesdites négociations, et pour les choses commises dans les armées et ailleurs en toutes les actions de la présente guerre, ni

pour les levées de troupes, prises de deniers publics et particuliers, enlèvement et vente de meubles et vaisselle d'argent, canons, armes, munitions de guerre et de bouche, fors ce qui se trouvera en nature non encore vendu ; assemblées dans les villes et à la campagne, prises et port d'armes, arrêts et emprisonnemens de personnes, occupations de villes, châteaux, passages, et autres lieux forts, soit par ordre ou autrement ; et ce, jusqu'au jour de la publication de notre présente déclaration en notre cour de parlement de Paris, pour ceux qui sont en notredite ville et aux environs : et pour les autres, trois jours après la publication des présentes, faites aux bailliages et sénéchaussées dans le ressort desquels ils seront demeurans. Voulons aussi et ordonnons que notredit cousin le prince de Conti, princes, ducs, pairs et officiers de notre couronne, prélats, seigneurs, gentilshommes, officiers, et généralement tous autres, de quelque qualité et condition qu'ils soient, sans aucun excepter ni réserver, qui se trouveront avoir agi ou contribué en quelque sorte que ce soit aux choses ci-dessus spécifiées, soient rétablis dans tous leurs biens, honneurs, dignités, prééminences, prérogatives, charges, gouvernemens, offices et bénéfices, au même état qu'ils se trouvoient au 6 janvier dernier ; même les sieurs marquis de Noirmoutier, comte de Fiesque, de Laigues, Saint-Ibal, La Sauvetat et La Boulaye. Comme aussi que tous ceux qui ont pris les armes à l'occasion des présens mouvemens seront payés de toutes les sommes qui leur seront légitimement par nous dues : à la charge que notredit cousin le prince de Conti, et autres princes, ducs, pairs, officiers de notre couronne, prélats, seigneurs, gentilshommes, officiers, villes et communautés, et tous autres qui se trouveront avoir agi et contribué aux choses ci-dessus en quelque façon que ce soit, poseront les armes, et se départiront de toutes ligues, associations et traités faits pour raison des présens mouvemens, tant dedans que dehors notre royaume.

3. Les gens de guerre qui ont été levés sous les ordres de notredit cousin le prince de Conti, ou en vertu d'autres commissions, seront licenciés incontinent après la publication de la présente déclaration, à l'exception toutefois de ceux que nous voudrons retenir sur pied, aux chefs desquels nous ferons donner nos commissions.

4. Tous les prisonniers, tant de guerre qu'autres, nommément le sieur Mangot, conseiller en nos conseils, et maître des requêtes ordinaire de notre hôtel; les sieurs de Tracy et Brequigni, et généralement tous ceux qui ont été arrêtés et emprisonnés depuis le 6 janvier dernier, à l'occasion des présens mouvemens, en quelque prison que ce puisse être, seront mis en liberté au jour de la publication de la présente déclaration.

5. Et d'autant que les premiers deniers de nos tailles et fermes ne se reçoivent qu'après quatre ou cinq mois de chaque année commencée, et que la nécessité pressante de nos affaires nous force à rechercher un secours de deniers plus présent, nous ordonnons que, pendant les années 1649 et 1650 seulement, il pourra être fait emprunt de douze millions de livres par chacune desdites années, si l'état de nos finances le désire : lesquels emprunts seront volontaires, sans qu'aucun de nos sujets puisse être contraint à le faire, et sans que les deniers qui en proviendront puissent être employés au remboursement des sommes qui sont dues par nous pour les dépenses du passé, mais seulement pour celles qui seront nécessaires pour la manutention de l'Etat : à l'emprunt desquels deniers seront préférées les villes et communautés de notre royaume, en donnant bonne et suffisante caution de fournir en notre épargne les sommes, aux termes dont l'on conviendra; et sera payé pour ledit emprunt l'intérêt à raison du denier douze, duquel, en tant que de besoin, sera fait par nous don à ceux qui fourniront les sommes principales, sans que, pour les emprunts dont le remboursement sera assigné sur les recettes générales, l'on puisse mettre les tailles en parti, ni en faire faire le recouvrement par autres que par nos officiers ordinaires.

6. Nous ordonnons que les élections de Saintes, Cognac et Saint-Jean-d'Angely, distraites de notre cour des aides de Paris, et attribuées à notre cour des aides de Guienne, seront réunies à celle de Paris, comme elles étoient auparavant par l'édit du mois de. . . . .

7. Considérant les foules et charges que nos sujets de l'élection de Paris ont souffertes par le logement et le séjour des troupes qui y sont, nous pourvoirons au soulagement des contribuables aux tailles de ladite élection, selon l'état auquel elle se trouvera, après que lesdites troupes en seront retirées : et ce, sur les infor-

mations que nous en ferons faire pour cette fin, sans rejeter le soulagement que l'on donnera sur les autres élections de la généralité de Paris.

8. Voulons et entendons que notre déclaration du....., concernant la suppression du semestre du parlement de Provence, soit exécutée selon sa forme et teneur, aux conditions du traité fait avec ladite cour de parlement.

9. Et ayant égard aux remontrances qui nous ont été faites par notre cour de parlement de Rouen, sur le sujet de la suppression du semestre établi en icelle, nous avons, par cesdites présentes, éteint et supprimé, éteignons et supprimons ledit semestre établi par nos lettres en forme de déclaration du mois de ....; et en conséquence tous les offices de conseillers et présidens créés par lesdites déclarations, sans qu'ores ni à l'avenir, pour quelque cause et occasion que ce puisse être, ledit semestre, ensemble lesdits offices, puissent être rétablis : à la réserve néanmoins d'un office de président, et de treize offices de conseillers en notredite cour, et deux offices aux requêtes du Palais d'icelle, que nous voulons être conservés pour être réunis et incorporés au corps de notredite cour de parlement, et être exercés par ceux qui nous seront nommés et choisis par notredite cour, et aux mêmes honneurs, dignités, prééminences, droits, priviléges et prérogatives que les autres officiers, et aux gages attribués par leur édit de création. Et sera tenue notredite cour du parlement de Rouen de faire le choix de ceux qu'elle jugera à propos de demeurer en la fonction desdites charges, et nous les nommer dans un mois, pour toutes préfixions et délais, du jour de la publication des présentes en nosdites cours de parlement de Paris et de Rouen. Autrement, et à faute de ce faire dans ledit temps, et icelui passé, pourront, selon l'ordre de leurs réceptions, les officiers pourvus desdites charges de présidens et conseillers de la première création, demeurer jusques audit nombre dans la fonction d'icelles, à la charge que ceux qui seront ainsi nommés par notredite cour, ou qui seront choisis, faute de faire par icelle ladite nomination, paieront en notre épargne, savoir, le président, soixante-et-dix mille livres; les treize conseillers laïcs, trente mille livres aussi chacun; et les deux conseillers aux requêtes, vingt mille livres aussi chacun,

pour être lesdits deniers baillés et payés aux anciens officiers qui demeureront supprimés : et pour le surplus des sommes qu'il conviendra pour pourvoir au remboursement des offices qui demeureront supprimés, il y sera par nous pourvu au plus tôt, sans que notredite cour de parlement de Rouen en puisse être chargée, ni ceux qui ont vendu lesdites charges et offices recherchés ni inquiétés pour quelque cause et occasion que ce soit. Voulons et entendons que les officiers qui seront ainsi supprimés jouissent des priviléges, prééminences et prérogatives que le temps qu'ils ont exercé lesdites charges leur peut avoir acquis, et qu'en conséquence ils puissent entrer en toutes autres charges sans qu'ils soient obligés de subir nouvel examen. Jouiront aussi jusqu'à leur actuel remboursement, et sur leurs simples quittances, des gages attribués auxdits offices, dont sera fait fonds dans nos Etats. Si donnons en mandement à nos amés et féaux conseillers les gens tenant nosdites cours de parlement de Paris et de Rouen, que notre présente déclaration ils aient à faire lire, publier et enregistrer, et le contenu en icelle garder et observer chacun en son endroit selon sa forme et teneur : car tel est notre plaisir. Et afin que ce soit chose ferme et stable à toujours, nous avons fait mettre notre scel à cesdites présentes. Donné à Saint-Germain-en-Laye au mois de mars l'an de grâce mil six cent quarante-neuf, et de notre règne le sixième. *Signé* LOUIS. *Et plus bas* : Par le Roi ; la Reine régente sa mère, présente, DE GUÉNÉGAUD ; et scellé sur lacs de soie du grand sceau de cire verte.

Registré, ouï et ce requérant le procureur général du Roi, pour être exécutée selon sa forme et teneur, et copies d'icelle envoyées en tous les bailliages et sénéchaussées de ce ressort, pour y être lue, publiée, registrée et exécutée à la diligence des substituts dudit procureur général, qui seront tenus certifier la cour avoir ce fait au mois, et suivant l'arrêté de ce jour. A Paris, en parlement, le premier jour d'avril mil six cent quarante-neuf.

Signé DU TILLET.

Extrait des registres du parlement.

Ce jour, la cour et toutes les chambres assemblées, après avoir vu les lettres patentes, en forme de déclaration, données à Saint-

Germain-en-Laye au mois de mars dernier, signées LOUIS, et par le Roi, la Reine régente sa mère, présente, DE GUÉNÉGAUD, et scellées en lacs de soie du grand sceau de cire verte, expédiées sur les mouvemens présens, et pour les faire cesser, ainsi que plus au long est porté par lesdites lettres à la cour adressantes, et les conclusions du procureur général : a ordonné et ordonne que ladite déclaration sera registrée au greffe d'icelle, pour être exécutée selon sa forme et teneur, et copies d'icelle envoyées en tous les bailliages et sénéchaussées de ce ressort, pour y être lue, publiée et exécutée à la diligence des substituts dudit procureur général, qui seront tenus certifier la cour avoir ce fait au mois. Fait en parlement, le premier jour d'avril 1649.

Et arrêté qu'il sera rendu grâce à Dieu, et le Roi et la Reine régente remerciés de ce qu'il leur a plu donner la paix à leur peuple; qu'à cette fin seront députés des présidens et conseillers de ladite cour pour faire ledit remercîment, et supplier ledit seigneur Roi et ladite dame Reine d'honorer la ville de Paris de leur présence, et d'y retourner. Comme aussi feront instance pour les intérêts particuliers de tous les généraux. En outre, arrêté qu'il sera donné ordre au licenciement des troupes. *Signé* DU TILLET.

LE COURRIER BURLESQUE

DE LA GUERRE DE PARIS,

Envoyé à M. le prince de Condé, pour divertir Son Altesse durant sa prison.

Vous, la terreur de l'univers,
Moi courrier suis parti d'Anvers,
Pour entretenir Votre Altesse,
Et pour divertir sa tristesse.
Prince, si mon dessein est grand,
Je prends votre cœur pour garant,
Et dans un malheur si funeste
Je lui laisse à faire le reste.
C'est lui qui vous consolera,
Qui mieux que moi divertira
L'ennui mortel qui vous accable :
C'est lui qui combattra le diable
S'il vous tentoit de désespoir,
Et c'est lui qui doit faire voir
Que vous, le vainqueur d'Allemagne,
La terreur de Flandre et d'Espagne,
Riez du sort et de ses coups,
Qui sont grands, mais bien moins que vous.
Adonc sur cette confiance
Que je prends de votre constance
Et de votre religion
(Car contre la tentation
En prenant un peu d'eau bénite,
Vous la ferez courir bien vite),
Je viens, pour charmer vos douleurs,
Justes dans de si grands malheurs,
Et connoissant que la lecture
En peut seule faire la cure,
Je viens avec ce lénitif,
Très-propre à guérir un captif;
Et pour commencer une histoire,
Toute fraîche en votre mémoire,
Par la mort du grand Châtillon....
Voilà vos dames, tout de bon :
C'est fait. Dego s'en va. Silence!
Paix là! monseigneur, je commence.
L'an étoit encore tout neuf
De mil six cent quarante-neuf :
C'étoit la cinquième journée
De l'aîné des mois de l'année,
Quand le Roi vint dans le faubourg,
A l'hôtel jadis Luxembourg,
Et qu'une grammaire nouvelle
Le palais d'Orléans appelle.
Là, dans la chambre où s'alitoit
Madame, qui fébricitoit :
Comment vous portez-vous, ma tante?
Disoit le Roi. — Votre servante,
Répondit Madame, assez mal.
Mais la Reine et le cardinal
S'entretenoient dans une salle
Avec Son Altesse Royale.
Ce qu'ils dirent, je ne sais pas,
Car ils causèrent assez bas :
Mais dans tout ce qu'ils purent dire
Je n'y vois point le mot pour rire.
Ils parloient de nous assiéger :
Fi pour ceux qui veulent manger!
En quels termes, il ne m'importe,

Soit qu'un d'eux parlât de la sorte :
Il faut affamer ces ingrats,
Ces barricadeurs scélérats.
— Foin de vous! repartit la Reine.
Où courons-nous la pretantaine,
Avec un peigne en un chausson?
Monsieur répéta la chanson :
Ce qu'on peut prendre est bon à rendre.
Et le succès a fait comprendre
Que tous trois conclurent sans moi
Qu'il falloit emmener le Roi.

Ce soir, prince, tu fis ripaille
Chez un fumeux pour la bataille
Qu'il perdit devant Honnecourt,
Gramont, le poli de la cour.
Là, changeant d'habit et de linge,
Comme l'on voit sauter un singe
Pour la Reine ou le cardinal,
Presto, vous voilà sus cheval;
Et tous deux qui, ne voyant goutte,
De Saint-Germain prenez la route.

Onze heures de nuit environ,
Vrai temps d'amant ou de larron,
Monsieur arriva chez Madame,
Et lui dit : Dormez-vous, ma femme?
— Oui, répondit-elle, je dors.
— Prenez, lui dit-il, votre corps;
Venez à Saint-Germain-en-Laye.
— A Saint-Germain, lui dit-elle? Aye!
Répétant trois fois Saint-Germain :
Mon cœur, je partirai demain.
A quoi Monsieur fit repartie :
A demain donc soit la partie!
Et vint dans le Palais-Royal
Avec son confident loyal,
Le digne abbé de La Rivière :
Palais où l'aube la première,
Ne trouvant plus Leurs Majestés,
Ains seulement des chars restés,
Les vit près Saint-Germain-en-Laye

(1) 6 janvier.

Avec messieurs La Meilleraye,
Le cardinal, le chancelier;
Dont le dernier ne peut nier
Qu'un peu devant l'hôtel de Luyne
Le garantit à sa ruine.
Harcourt, Longueville, Conti,
Et tout le reste étoit parti,
Une nuit que l'excès de boire
Nous donna presque à tous la foire
(Car, pour en parler franchement,
Tout eut depuis le dévoiement);
Nuit des Rois, mais sans roi passée;
Nuit fatale, qui, commencée
Par l'abondance d'un festin,
Nous laissa la faim sur sa fin.

Ces nouvelles ne furent sues
Qu'après les sept heures venues;
Mais sept heures ayant sonné,
Tout Paris fut bien étonné.
La bourgeoise étoit soucieuse,
La boulangère étoit joyeuse :
Tous, les partisans détestoient;
Les écoliers se promettoient
D'avoir campo durant le siége,
Et qu'on fermeroit leur collége.
Les moines disoient chapelets,
L'habitant couroit au Palais,
Le plus zélé couroit aux armes,
Le maltôtier versoit des larmes;
Et tout regardoit à son pain,
Le soupesant avec la main.

C'étoit de janvier, le sixième;
Si ce n'est assez du quantième,
C'étoit un triste mercredi (1)
Que fut fait un coup si hardi,
Et que du parlement les membres,
Dispersés par toutes les chambres,
Dirent qu'il étoit à propos
D'en faire un seul qui fût plus gros,
Où les échevins de la ville

Eurent audience civile :
Les gens du Roi pareillement.
Ensuite on fit un réglement
Qu'on feroit garde à chaque porte
Nuit et jour de la même sorte.
A cela nul ne contredit,
Et de plus il fut interdit
A tous de tout sexe et tout âge
D'emporter armes ni bagage.
Le reste de ce réglement
Est au journal du parlement.

Ce même jour une charrette,
Où fut trouvée une cassette
Que réclama monsieur Bonneau,
Très-pleine d'argent bon et beau,
Parut au peuple trop chargée,
Dont elle fut fort soulagée :
Et l'on traita pareillement
Quelque autre charitablement.

Du depuis, les belles cohortes
De nos habitans fiers aux portes
N'ont laissé passer un fêtu,
Sans lui demander : Où vas-tu ?

Lors fut une lettre restée,
Au prevôt des marchands portée,
Qui s'adressoit à tout son corps :
Lettre où, malgré de vains efforts,
On ne trouva raison aucune
Pour ce trou qu'on fit à la lune ;
Portant sur l'avertissement
Qu'aucuns de notre parlement
Ont eu secrète intelligence
Avec les ennemis de France ;
Qu'on a cru que Sa Majesté
N'étoit pas trop en sûreté ;
Et que bien que cela déroge
De faire ainsi Jacques déloge,
Retraite faite comme il faut
Valoit bien un méchant assaut.

Le jeudi (1), la cour tout entière
Résoudoit sur cette matière :
Mais comme elle étoit au parquet,
Il lui vint un autre paquet
Dont elle ne fit point lecture,
Non pas seulement l'ouverture,
Et dont messieurs les gens du Roi
Furent crus sur leur bonne foi ;
Disant que par icelle lettre
On vouloit le parlement mettre
Et transférer à Montargis.
Mais messieurs, qui de leur logis
N'avoient point achevé le terme,
Dirent qu'il falloit tenir ferme,
Et qu'on iroit le Roi prier
De vouloir les noms envoyer
De ceux dont la correspondance
Etoit dommageable à la France,
Afin que l'ombre d'un gibet
Punît l'ombre de leur forfait.
Et lors les gens du Roi partirent,
Et selon qu'il fut dit ils firent ;
Mais ils revinrent non ouïs,
De Saint-Germain peu réjouis.

Le vendredi (2), premier jour maigre,
Messieurs, sur le traitement aigre
Qu'on avoit fait aux gens du Roi,
Ordonnèrent, suivant la loi,
Que la Reine auroit remontrance
Sur le plus fin papier de France.
Et parce que le cardinal
Leur sembloit l'auteur de ce mal
(Qui depuis par son ministère
Leur a bien prouvé le contraire),
Ils jugèrent mal à propos
Qu'il troubloit le commun repos,
Qu'il emplissoit sa tire-lire,
Qu'il haïssoit notre bon sire ;
Lui mandèrent que dans ce jour
Il se retirât de la cour ;
Et dans huit de France il fît gille :

(1) 7 janvier. — (2) 8 janvier.

Sinon enjoint à bourg, à ville,
De lui courir sus comme au loup
A qui chacun donne son coup,
Taloche, ou panne, gringuenaude,
Et de lui jeter de l'eau chaude :
Indulgence à qui l'occiroit.
Cependant que l'on armeroit
Pour la sûreté des entrées,
Et pour l'escorte des denrées.
Ce même jour, vinrent ici
Messieurs les bouchers de Poissy,
Disant que par une ordonnance
Le Roi leur a donné vacance,
Et défendu de trafiquer,
Tant qu'il cessât de nous bloquer.
 Le samedi neuf, fut choisie
De la plus leste bourgeoisie,
Que l'on pensoit faire sortir :
Mais elle n'y put consentir.
Néanmoins c'étoit la plus leste :
Jugez donc par elle du reste !
Et dès ce jour l'on connut bien
Que la meilleure n'en vaut rien.
Or, ce jour, de quelque village
Il vint du pain et du fromage.
Mais que nous causa de tourmens,
Et plus qu'aux plus parfaits amans
L'éloignement d'une maîtresse,
L'absence des pains de Gonesse !
Que quinze cents colin-tampons
Assurèrent être fort bons,
Comme des gardes quelque bande
La pinte de Saint-Denis grande ;
Gardes qui parurent très-fiers
Aux pauvres choux d'Aubervilliers.
 Ce même jour, fut rétablie
La taxe du temps de Corbie,
Avec ordre à chaque habitant
De payer une fois autant ;
Que, pour jouir des bénéfices
Attachés aux premiers offices,

Les conseillers mal agréés,
En six cent trente-cinq créés,
Payeront trois cent mille livres,
Dont ils feront charger les livres.
 Ce jour, il n'entra pas un bœuf ;
Mais les vaillans princes d'Elbœuf,
Et notamment le duc leur père,
Fort touché de notre misère,
Avec un joli compliment
Se vint offrir au parlement
Pour être le chef de l'armée ;
Et sa valeur fut estimée.
Cette nuit, on fut averti
Que le grand prince de Conti,
Avec le duc de Longueville,
Etoient reçus dans notre ville.
 Monsieur d'Elbœuf fit le serment
De général du parlement,
Dimanche du mois le dixième.
Monsieur de Conti, ce jour même,
Vint assurer toute la cour
De son zèle et de son amour ;
Et messieurs firent mine bonne
A cet appui de la couronne
Qui sembloit courbé sous le faix.
On fit ensuite deux arrêts :
Le premier, que Son Eminence
Obéiroit sans résistance
A l'arrêt que rendit la cour
Contre elle le huitième jour.
Enjoint qu'on prenne prisonnière
Toute la nation guerrière,
Autant que nous en trouverons
A dix postes aux environs.
Ordre aux villes, bourgs et villages,
D'en faire de cruels carnages ;
Défense de lui rien fournir,
Que de bons coups à l'avenir.
Qu'en toutes les places frontières
Les garnisons seroient entières ;
Et de ceux qui contreviendroient,

La vie et les biens répondroient.
Par l'autre arrêt on donnoit ordre
Aux échevins de ne démordre
Des nobles charges qu'ils avoient,
Et de faire comme ils devoient.
Au prevôt des marchands de même;
Et parce qu'il étoit fort blême
Depuis que le peuple zélé
Avoit sur lui crié *Tolle*,
La cour donna des sauvegardes
Pour sa personne et pour ses hardes.

Le lundi (1) (si je n'ai menti),
Monsieur le prince de Conti
Fut reçu généralissime
D'un consentement unanime,
Ayant sous lui trois généraux.
Dont on feroit bien six héros :
Savoir, le maréchal La Mothe,
Dont la mine n'est point tant sotte;
Bouillon et le grand duc d'Elbœuf,
Qui dans la guerre n'est pas neuf.
Mais quant au duc de Longueville,
Comme il est d'humeur fort civile,
Il refusa de prendre emploi;
Et, pour nous témoigner sa foi,
Laissa ses enfans pour otage,
Avec sa femme pour les gages;
Et c'est tout ce qui nous resta
De tout ce qu'il nous protesta.

Dès lors Mars, du parti contraire
A celui de son petit frère
(Car si Mars étoit contre nous,
Prince, sans doute c'étoit vous),
Commandoit les troupes royales
Qui fêtèrent les bacchanales,
Et qui répandirent du vin
Jusque sur l'autel de Calvin.
A Charenton, dis-je, vos troupes
S'enivrèrent comme des soupes
A votre barbe, à votre nez;

(1) 11 janvier. — (2) 12 janvier.

Force pucelages glanés,
Où quelques jeunes blanchisseuses
Se trouvèrent assez heureuses.
Dans les environs, vos soldats
Firent de notables dégâts,
Des assassinats, des pillages,
Des ravages, des brigandages.
Le comte d'Harcourt à Saint-Cloud
En fit moins, et toujours beaucoup :
Nous n'y pouvions donner remède.

Lors un président fut fait aide
De monsieur Des Landes-Payen,
Qui n'a que le nom de payen;
Homme utile en paix comme en guerre,
Qui sait jouer du cimeterre,
Et s'escrimer dans un combat,
Bon conseiller et bon soldat.
Il avoit depuis ces vacarmes
Sur les bras tout le faix des armes,
Quand Broussel avec Menardeau
Prirent la moitié du fardeau.

Le mardi (2), le conseil de ville
Fit un réglement fort utile :
Savoir, que pour lever soldats,
Tant de pied comme sur dadas,
L'on taxeroit toutes les portes,
Petites, grandes, foibles, fortes.
Que la cochère fourniroit,
Tant que le blocus dureroit,
Un bon cheval avec un homme ;
Ou qu'elle donneroit la somme
De quinze pistoles de poids,
Payables la première fois.
Les petites, un mousquetaire;
Ou trois pistoles pour en faire :
Hommes chez le marchand sortans,
Et tout fin neufs, et tout battans.

Ce jour, en levant sa béquille,
Le gouverneur de la Bastille,
Qu'on nommoit monsieur Du Tremblay,

Lui qui jamais n'avoit tremblé,
Vieil soldat et vieil gentilhomme,
A monsieur d'Elbœuf, qui le somme
De lui remettre ce château,
Répondit très-bien et très-beau
Qu'il ne lui plaisoit de le rendre,
Et qu'il prétendoit le défendre.
Mais il ne fut pas si méchant
Que six canons dessus le champ
Ne nous ouvrirent cette place
Sans avoir touché la surface.
Ce n'est pas qu'ils ne fissent pouf,
Que la garnison ne dît ouf,
Qu'elle ne parût sur la brèche,
Qu'elle n'employât poudre et mêche,
Que maint coup ne fût entendu ;
Mais c'est qu'il étoit défendu
Que dans ce beau siége de balle
Aucun côté chargeât à balle,
Qu'il n'eût crié : Retirez-vous !
Autant pour eux comme pour nous ;
Sur les mêmes peines qu'on donne
Au meurtrier d'une personne :
Car quiconque eût fait autrement
Auroit péché mortellement,
Tout autant qu'en un homicide.
Un homme moins vaillant qu'Alcide,
Mais certes plus homme d'honneur,
Broussel, en fut fait gouverneur ;
Et son fils, en cette occurrence,
Fut pourvu de la lieutenance.

Le mercredi (1) mis sur pied fut
Le premier régiment qu'on eut.
Sur pied? Non, j'aperçois que j'erre :
Les pieds n'en touchoient point à terre ;
Nos guerriers étoient sur chevaux
Prêts à fuir devant les royaux.

Ce fut cette même journée
Qu'une petite haquenée
Apporta de notre côté

(1) 13 janvier.

Alexandre ressuscité,
Ce grand Beaufort, dont la présence
Nous rendit beaucoup d'assurance ;
Ce héros, ce fils de Henri,
Ce brave, ce prince aguerri,
Jusque chez Renard redoutable,
Ennemi juré de la table ;
Ce fameux fléau des Jarzais,
Quand ils causent comme des jais ;
Ce Mars qui bat, qui rompt, qui frappe,
Et perce tout, jusqu'à la nappe ;
Ce prince plus blond qu'un bassin,
Et plus dévot qu'un capucin ;
Qui mit en rut toutes nos femmes,
Les honnêtes et les infâmes ;
Baisa toujours et rebaisa :
Car jamais il ne refusa
Ni harangère, ni marchande,
Jeune, vieille, laide, galande,
Qui lui crioient à qui plus fort :
Baisez mi, monsieur de Biaufort !
L'une tendoit un vilain moufle,
L'autre rendoit un vilain souffle :
L'une étaloit ses cheveux blancs,
L'autre ne montroit que trois dents,
Dont l'ébène étoit suffisante
Pour en faire plus de cinquante.
Il en baisa près de trois cent,
Toutes d'un baiser innocent,
Fors une jeune femme grosse
Qui descendit de son carrosse,
Disant : Mon fruit seroit marqué.
Car dans le baiser appliqué
Au milieu de sa belle bouche,
Il eut un désir de sa couche,
Et lui demanda rendez-vous,
En la baisant deux autres coups ;
Mais il fut depuis à confesse.
Enfin ayant baisé sans cesse,
Aux lieux publics, dans les marchés,

Maints becs torchés et non torchés,
Il fut descendre chez sa mère,
A l'hôtel de monsieur son père.
  Ce même jour, quitta son lit
La Seine, qui des siennes fit,
Et se rendit tellement fière
La belle dame la rivière,
Qui s'étoit laissée engrosser:
Par qui, je vous donne à penser.
Je ne sais si la débordée
En avoit reçu quelque ondée
D'un galant appelé le Temps,
Qui fit le mauvais fort long-temps;
Mais enfin il est véritable
Que, pour sa grossesse effroyable,
Dès lors il lui convint chercher
Un autre lit pour accoucher.
Elle usa force bois en couche,
Comme je l'ai su de la bouche
De ses marchands mal satisfaits,
Qui n'en tirèrent pas leurs frais.
Le pauvre pont des Tuileries,
Pour en avoir fait railleries,
Fut par elle fort maltraité:
Et quelque moulin mal monté
Eut, proche du pont Notre-Dame,
Le croc-en-jambe de la dame,
Qui le fit aller à vau-l'eau;
Où firent aussi leur tombeau
Vingt et cinq tant mulets que mules,
Dont les recherches furent nulles;
Et dix-sept malheureux mortels,
Qui dans l'eau s'avouèrent tels.
Or cessa sa rage et sa haine;
Et promit madame la Seine
D'être plus chaste une autre fois,
Le dix-huitième de ce mois
Qu'elle parut fort avalée,
Et s'est du depuis écoulée.
  Le lendemain, au parlement

Beaufort vint faire compliment;
Où, haranguant sans artifice,
Il demanda tout haut justice
D'un crime noir et supposé
Dont je suis, dit-il, accusé.
  Le jour d'après, il fut fait quitte
De l'accusation susdite.
Lors le travail recommença,
Et le trafic, que l'on laissa
Pour prendre la noble cuirasse,
Eut son tour, et reprit sa place;
Le mousquet au croc fut remis.
  Le samedi (1), les ennemis
Surprirent par supercherie
Lagny, riche ville de Brie:
Car Persan, leur chef, arrêta
Le maire, qui parlementa
Sur la parole de ce traître,
Qui menaça de ravir l'être
Au pauvre maire qu'il retint:
N'étoit que le bourgeois, atteint
De compassion pour son maire,
Embrassant un mal nécessaire
Pour sauver ce vieillard grison,
Reçut enfin la garnison.
  Ce jour même, un abbé très-digne,
Issu d'une famille insigne,
Et notre archevêque futur,
Dont le jugement est très-mûr
(Et ce que je trouve admirable
C'est qu'étant savant comme un diable,
De plus comme quatre il se bat,
Quand il croit que c'est pour l'Etat),
Eut et l'aura, pourvu qu'il vive,
En cour voix délibérative.
Il fit depuis un régiment.
  Le dimanche (2), le compliment
Du parlement de la Provence
Qui demandoit notre alliance,
Lu par messieurs, leur plut bien fort.

(1) 16 janvier. — (2) 17 janvier.

28.

Le lundi (1), le duc de Beaufort
Fut fait pair en pleine audience,
Où comme tel il prit séance.
Ensuite lecture s'y fit
De la lettre qu'on écrivit
A tous les parlemens de France.
Elle fut pliée en présence;
Et pour la cacheter après,
On fit venir chandelle exprès :
Je pense des huit à la livre :
On mit dessus : Port, une livre.
Dans cette lettre l'on voyoit
Que le conseil d'un maladroit
Avoit pensé perdre à la halle
Toute l'autorité royale ;
Qu'on tâchoit malheureusement
D'anéantir le parlement :
Ce que pour rendre plus facile,
On avoit bloqué notre ville.
Que Paris, embreliquoqué
De se trouver ainsi bloqué,
Avoit besoin de l'assistance
De tout le reste de la France :
Vu qu'il se confessoit troublé
D'être non pas comme en un blé,
Mais sans blé pris et sans farine,
Fort proche d'avoir la famine ;
Et que, s'il ne se repaissoit,
Tout le royaume périssoit.
   Le soir, à cheval troupes fortes
Sortirent par diverses portes,
Pour la sûreté des marchands,
Qui portoient des vivres des champs.
   Le mardi, du côté de Brie,
Sortit avec cavalerie
Le généreux prince d'Elbœuf.
Ce fut de janvier le dix-neuf,
Qu'ayant rencontré quelque bande
Des voleurs de notre viande,
Notamment de cinq cents gorets,

(1) 18 janvier.

Il prit en main leurs intérêts;
Et, battant ces oiseaux de proie,
Gagna les gorets avec joie,
Que ces animaux par leurs cris
Firent connoître à tout Paris.
   Le mercredi, le vingt, nous sûmes,
Par deux lettres que nous reçûmes,
Que le vaillant comte d'Harcourt
Devant Rouen demeura court,
Bien qu'aux portes de cette ville
Il jurât comme tous les mille :
Cependant que ce parlement
Ordonna d'un consentement
Qu'on prîroit la Reine régente
D'être si bonne et complaisante
De laisser Rouen, tel qu'il est,
Défendre seul son intérêt;
Et qu'ailleurs presseroit sa marche
Harcourt, qui vint au Pont de l'Arche
Monté sur un cheval rohan,
Sans avoir entré dans Rouen.
   Dès ce jour, pour la Normandie,
Terre belliqueuse et hardie,
Le grand Longueville quitta
Paris, qui fort le regretta.
La cour fit deux arrêts ensuite,
Dont l'un porte que, sur la fuite
De beaucoup de particuliers
Sous des habits de cordeliers,
Et d'autres personnes sorties
Que Scarron n'auroit travesties,
On défend à grands et petits
De prendre plus de faux habits,
Ni de changer leur seigneurie,
Ne fût-ce que par raillerie ;
Et parce que les partisans
Fuyoient en habits de paysans,
Les Jeans se faisoient nommer Pierres,
Les Pierres, Pauls; si qu'en ces guerres
Souvent nos portiers, par ce dol,

prenoient saint Pierre pour saint Paul;
Parce que sous vertes mandilles,
Et sous de traîtresses guenilles
Qui receloient maint quart d'écu,
Les maltôtiers montroient le cu
Sans qu'on le sût : tant ces jaquettes
Sur leurs mesures sembloient faites;
Tant pour eux leur mine parloit,
Et tant rien ne les déceloit;
Tant avoit de correspondance
Cet état avec leur naissance.
La cour dit qu'on traiteroit mal
Les masques de ce carnaval,
Portant momons hors de la ville :
Permis seulement à Virgile
De sortir ainsi travesti.
Par l'autre arrêt, fut consenti
Qu'on gardât la vieille ordonnance
Pour les soldats, avec défense
Aux gens de guerre de voler,
De brûler ou de violer;
Ains se contenter de l'étape,
Sans à leurs hôtes donner tape;
Et que les biens en pâtiroient
Des chefs qui leur commanderoient.

 Ce jour, les troupes polonoises,
Qui ne cherchoient qu'à faire noises
Au bourg de Sèvre et de Meudon
(Dieu veuille leur faire pardon!)
Commirent, sans les violences,
Plus d'un demi cent d'insolences.
Dieu, qu'elles ont fait de cocus
Pendant ce malheureux blocus!
Que cette race polonoise,
Mettant Villejuif dans Pontoise,
Nous a laissé d'enfans métis!
Qu'il nous en reste de petits,
Depuis que les grands sont en voie!
Jamais le Grec ne fit dans Troie
Ce que dans Meudon elle a fait,

 (1) 21 janvier. — (2) 22 janvier.

Où, sans laisser un seul buffet,
Elle rompit avecque rage
Les reliques de ce naufrage;
Entre autres plusieurs pleins tonneaux,
Tant de vins vieux que de nouveaux :
Action qui fut si vilaine,
Que deux de leurs chefs pour leur peine,
Par les habitans de ce lieu,
Furent envoyés devant Dieu,
Où je crois qu'ils ne furent guère;
Car Noé se mit en colère,
Sachant qu'ils avoient maltraité
Le jus d'un fruit par lui planté,
Qui le coucha pour récompense.

 Le jeudi (1), fut lue à l'audience
La lettre que l'on écrivoit,
Le plus humblement qu'on pouvoit,
A la maman de notre sire,
Où vous pouvez encore lire
Les raisons que le parlement
Alléguoit de son armement,
Qui sont assez considérables.

 Vendredi (2), contre les notables
Et quelques échevins d'Amiens,
Arrêt fut contre ces chrétiens
Rendu, sur la plainte civile
De l'habitant de cette ville
A la tête caude, et hardi.
L'arrêt portoit, du vendredi
Le vingt et deux de cette année,
Que, sur la requête donnée
Sous l'aveu du grand duc d'Elbœuf,
Ce jour-là, vêtu tout de neuf,
L'un de nos chefs, illustre prince,
Gouverneur de cette province,
Que le Picard s'assembleroit,
Et d'autres échevins feroit.

 Ce jour, il arriva deux hommes
De la capitale des pommes,
Qui disoient que leur parlement

Avoit envoyé promptement,
A Leurs Majestés Très-Chrétiennes,
Porter ses très-humbles antiennes.
  Samedi (1), le bruit a couru
Que l'archiduc avoit paru,
Sur les assurances reçues
De nos frontières dépourvues,
Dont on tiroit les garnisons
Pour faire au blocus des cloisons.
Le dimanche (2) le vingt et quatre,
Sortirent, tout prêts à se battre;
Force gens bien faits, gros et gras,
Les cheveux frisés, le poil ras,
En souliers noirs, en bas de soie,
Tels que ceux qui vont tirer l'oie.
Gageons, prince, que tu m'attends
A nommer nos fiers habitans,
Qui contre la pluie et l'orage
N'avoient porté que leur courage,
Et dont ils avoient peu porté,
Pour plus grande légèreté.
Oui, je veux chanter la journée
La plus célèbre de l'année,
Depuis dite de Juvisy,
Alors que le bourgeois choisi,
La plupart la plume à l'oreille,
Jurant Dieu qu'il feroit merveille,
Et portant la fureur dans l'œil,
Marchoit pour assiéger Corbeil,
Si la maison du sieur des Roches
N'en eût empêché les approches.
Sotte et misérable maison,
Qu'on te maudit avec raison!
Juvisy, malheureux village,
Où manqua si peu de courage
Qu'ils en avoient apporté tous,
Sans toi Corbeil étoit à nous.
Le bourgeois alloit en furie,
Joint qu'on avoit cavalerie,
Des fantassins et du canon :

Et puis tu me diras que non!
Ah! maison de monsieur des Roches,
Que tu nous coûtes de reproches!
Pourtant la sortie eut effet :
Le pont de Saint-Maur fut défait,
Tandis que nos gens en désordre,
Assez bons chiens s'ils vouloient mordre,
Le lendemain sont revenus,
Ayant la plupart les pieds nus;
D'autres ayant perdu leurs armes,
Et tous pintés comme des carmes.
Les uns admiroient le danger
Où l'on vouloit les engager,
Encor que de cette bataille
Se sentit la seule futaille
Qu'ils percèrent de mille trous,
Et dont enfin à plusieurs coups
Ils burent dans cette déroute
Le sang jusqu'à la moindre goutte.
Enfin, plus mouillés qu'un canard,
Les enfans criant au renard,
Ils rentrèrent dans notre ville
En faisant une longue file;
Tantôt formant un entrechas,
Tantôt vomissant sur leurs pas;
Dont le grand Beaufort, dans son ire,
Ne pouvoit s'empêcher de rire.
  Le lundi (3), ne doit être omis
Qu'on sut qu'en Bretagne un commis
De monsieur de La Meilleraye
N'avoit remporté qu'une baye,
Ayant demandé six milliers,
Tant fantassins que cavaliers.
Que la cour n'avoit fait réponse
Sur la demande de ce nonce;
Ains défendu que chef aucun
Lève soldats, ne fût-ce qu'un,
Pour monsieur de La Meilleraye,
Contre qui saigne encor la plaie
Et le trou qu'il fit au jabot.

(1) 23 janvier.—(2) 24 janvier, journée de Juvisy.—(3) 25 janvier.

D'un crocheteur : veut que Chabot,
Qui sous main levoit gens de guerre,
Ait à dénicher de la terre ;
Et cependant qu'aux droits royaux
Soit rejoint le droit des billots.

Le mardi (1), le sieur La Raillière
Fut pris nouant sa jarretière,
Et mené comme un espion.
L'on ne connoît que trop son nom :
Il est monopoleur en diable,
Auteur de la taxe effroyable
Par qui tant de gens sont lésés,
Dessous le faux titre d'aisés.
Il fut coffré dans la Bastille,
Et fit pénitence à la grille.

Le mercredi (2), l'on eut avis
Que messieurs de Lyon ravis,
Faisant des accueils favorables
A tous nos arrêts équitables,
Retinrent les gens que pour vous
Amenoit un duc contre nous,
Le grand Schomberg qui prit Tortose,
Et qui pourroit faire autre chose
Que de servir la passion
D'un prodige d'ambition.

Ce jour, nous eûmes assurance
Qu'un mouchard de Son Eminence
Vint les Chartrains questionner
S'ils se vouloient mazariner :
Que Chartres, entrant en fredaines,
Répondit : Vos fièvres quartaines !
Allez, chien d'espion, au grat.
Jugez s'il retourna bien fat,
La ville en état s'étant mise
De se garantir de surprise.

Dès lors un régiment botté,
Qui n'en étoit pas moins crotté,
Sortit du côté de la Brie ;
D'où vint à notre boucherie
Le lendemain mouton et bœuf,

Que ce beau régiment d'Elbœuf,
Ensemble des blés et farines,
Amena des villes voisines,
En aussi grande quantité
Qu'à Paris il en ait été.

Ce même jour, chemin facile
Fut fait des faubourgs à la ville,
Comme de la ville aux faubourgs.
Les jours étoient encor très-courts,
Mais cela ne fit point d'obstacle
Qu'un second fils, second miracle,
Né le jour précédent du suc
De monsieur son père le duc
De la duché de Longueville ;
Né, dis-je, dans l'hôtel-de-ville,
Ne fût à Saint-Jean baptisé,
Autrement christianisé,
Ayant la ville pour marraine,
Madame de Bouillon parraine :
Car je n'ose dire parrain,
Puisque c'est un mot masculin ;
Et que ce fut dame la ville
Qui tint le jeune Longueville,
Et qui le nomma Carolus
De Paris, et s'il en faut plus,
D'Orléans ; s'il en faut encore,
Comte de Saint-Paul, que j'honore,
Pour la ville étant le Feron.

La nuit devant qu'il eut son nom,
Les chevau-légers de Corinthe,
Gens à l'épreuve de la crainte,
Sur le chemin de Longjumeau
Rencontrèrent sous un ormeau
Cent deux hommes d'infanterie,
Et deux cents de cavalerie :
Hommes qui n'étoient pas pour nous ;
Sur lesquels et boutte à grands coups
Donna notre petite troupe,
Qui pousse, qui bat et qui coupe ;
Qu'on pousse, qu'on coupe, qu'on bat ;

(1) 26 janvier. — (2) 27 janvier.

Qui rend et qui reçoit combat ;
Et fait joliment sa retraite,
La partie étant trop mal faite,
Sevigny commandant pour nous.
 Le jeudi (1), nous apprîmes tous
Que, dans la terre provençale,
La procession générale
Que le peuple d'Aix, bon chrétien,
Fit le jour de Saint Sébastien,
Fut interrompue en sa file
Par des soldats entrés en ville.
Sous l'ordre du comte d'Alais,
Gouverneur de la ville d'Aix.
Sur quoi la populace fière,
Avec la croix et la bannière,
Le bénitier et l'aspergès,
Battit ces gens et prit d'Alais.
 Nous sûmes aussi qu'à Marseille
L'on avoit joué la pareille
Au jeune duc de Richelieu,
Arrêté par ceux de ce lieu,
Qui même avoient fait prisonnières
Plus des trois quarts de ses galères.
 Le samedi trentième jour,
De l'ordonnance de la cour,
Les conseillers Doux et Viole,
Dont la vertu tient comme colle,
Prirent la poste en maniement.
La cour leur fit commandement
Que passeports ils délivrassent
De toute sorte, et les signassent
Tous deux, ou l'un l'autre absent ; et
(En latin) le greffier Guyet.
 Ce jour, les troupes d'Alexandre
Venant à Bri pour le surprendre
(J'entends vos troupes, grand Condé),
Il nous fut à Paris mandé.
Sur quoi notre cavalerie
Prenant la route de la Brie,

Les ennemis fuirent tout net,
Et pas un d'eux ne remanoit ;
Mais bien une quantité grande
De blés et de vive viande,
C'est-à-dire de bestial,
Qui pour renfort du carnaval
Fut à Paris fort bien reçue,
Et dont la ville fut pourvue.
 Lors on tira des fuseliers
Des colonelles des quartiers :
Et de la noble bourgeoisie
Il alla quelque compagnie
Pour faire garde à Charenton ;
Tandis qu'on menoit, ce dit-on,
La garnison faire ses orges
Devers Villeneuve-Saint-Georges,
Et d'autre à Bri-Comte-Robert,
Qu'on craignoit qui fût pris sans vert.
 Le dimanche (2), monsieur Tancrède
Fut blessé d'un coup sans remède,
Blessé, dis-je, d'un coup mortel ;
L'issu du côté paternel
Du feu duc de Rohan son père,
Si l'on en croit sa chaste mère (3).
Au reste, un enfant très-bien né,
Aussi vaillant qu'infortuné.
Il donnoit beaucoup d'espérance ;
Mais le mauvais destin de France
Prit mal à propos le toupet
Contre un jeune homme si bien fait,
Qui portoit toupet sur sa tête,
Comme l'on voit dans sa requête.
Voyons donc comme il a péri.
Il revenoit avec Vitry,
Noirmoutier et d'autre noblesse,
Quand pour sa première prouesse,
Et pour achever son roman,
Il rencontra quelque Allemand
De la garnison de Vincenne,

---

(1) 28 janvier. — (2) 31 janvier. — (3) Madame de Rohan, en la requête qu'elle présenta, dit que Tancrède étoit reconnu par le toupet qu'il avoit.

Qu'il suivit à perte d'haleine;
Mais il s'engagea trop avant.
Les ennemis étoient devant,
Qui, sans considérer son âge,
Le traitèrent avecque rage,
Parce qu'il avoit presque occis
De leurs cavaliers cinq ou six;
Ils le chargèrent, le blessèrent,
Et dans Vincennes le traînèrent,
Où le lendemain son décès
Finit sa vie et son procès.
Lors on eut avis véritable
Qu'à Saint-Germain (chose effroyable),
Monseigneur, vous aviez mis nus
Tous les gens que vous aviez pris;
Et que, sans bal et sans raquette,
Ils étoient en grande disette
Enfermés au tripot du lieu,
N'ayant reconfort que de Dieu.
 Le lundi (1), première journée
Du second mois de cette année,
Vous fîtes le déterminé :
Dont il prit mal à Fontenay,
A Sceaux, Palaiseau, belle terre
Où vos barbares gens de guerre
Firent ès maisons à clochers
Pis que n'auroient fait des archers,
Ou les voleurs de Saint-Sulpice :
Car ils prirent jusqu'au calice,
Pissèrent dans le bénitier,
Assommèrent un marguillier,
Des surplis firent chemisettes,
Et burent le vin des burettes;
Prirent le livre d'oremus,
Qu'ils ne respectèrent pas plus.
Le mardi (2) n'est pas remarquable.
Jeudi quatre, sortant de table,
Où l'on servit force rôti,
Monsieur le prince de Conti,
Suivi d'une grande cohue,

Fit faire à ses gardes revue,
Où se trouva monsieur d'Elbœuf,
Qui n'avoit pris qu'un jaune d'œuf,
Tant son ardeur infatigable
Le laissoit peu dormir à table.
Jour que pour nous faire du mal,
Sachant que force bestial
Nous venoit du côté de Brie,
Blé, farine, autre drôlerie
Qui sauvoit Paris de la faim,
Et qui rompoit votre dessein,
Vous pensâtes mourir de rage.
Et pour nous boucher ce passage,
Ayant en vain attaqué Bri,
Qui n'étoit votre favori
Depuis qu'à vos belles cohortes
Il avoit refusé les portes,
Vous tournâtes vers Lesigny,
Château jadis à Conchini,
Où de la canaille rustique,
Ce jour, à vos gens fit la nique;
Et quelques soldats au milieu,
Venus de Bri, voisin du lieu,
Répondirent avec rudesse :
Je sons valets de Son Altesse,
Ce sera pour une autre fois.
 Ce fut le cinquième du mois
Que quelques troupes ennemies,
Pour poursuivre leurs voleries
Et le dégât du plat pays,
Prirent leur vol de Saint-Denis.
Hélas ! que tu dus être en trance,
Pauvre Mesnil, madame Rance !
Ce jour c'étoit à toi le dés :
Tes murs n'étoient pas bien gardés.
Ils mirent au fil de leurs lames
Enfans, vieillards, hommes et femmes,
Et firent actes de larrons
Par tous les bourgs aux environs.
 C'est ce jour, si je ne me blouse,

(1) Premier février. — (2) 2 février.

Que l'archevêque de Toulouse
Revint ici de Saint-Germain.
Mais non, ce fut le lendemain.
Nenni, ce fut ce jour-là même
Qu'étant allé dès le troisième
Y faire prédication
De notre bonne intention,
En guise d'une remontrance,
Il ne put avoir audience;
Et, sans qu'on l'ouît, il avint
Que le zélé prélat revint.

Ce jour mérite quelque note,
Puisque le maréchal La Mothe
Et le vaillant duc de Beaufort,
Qu'on appeloit Frappe-d'abord,
Sortis avec cavalerie
Pour purger les chemins de Brie
Des picoreurs de Saint-Denis,
Virent près les bois de Bondis
Une forte troupe et très-grande
De cavalerie allemande.
Demander si nos généraux
Furent aussitôt à leur dos,
C'est péché mortel que ce doute.
L'Allemand fut mis en déroute,
Après s'être bien défendu:
Jusque là même qu'un pendu,
Le capitaine de la troupe
(Quand j'y songe ma voix s'étoupe)
Vint tirer à brûle-pourpoint
Notre duc, qui ne branla point;
Mais d'un revers de cimeterre
Renversa ce reître par terre:
Les uns disent de pistolet.
Enfin le coup ne fut pas laid:
Le drôle en est au cimetière,
Et mord fièrement la poussière.

Le sept, par vous, brave Condé,
Le duc d'Orléans secondé,
Ayant tiré des voisinages,
Des villes, bourgs, châteaux, villages,

Autant de troupes qu'il en put,
Sans que Paris débloqué fût,
Il fit bien de cavalerie
Trois mille, et cinq d'infanterie,
Qui filèrent toute la nuit
Vers Charenton à petit bruit.

Lundi huit, l'Aurore éveillée
Vous trouva dans une vallée
Que nous appelons tous Fécamp,
Où le voleur est très-fréquent
Durant tous les mois de l'année:
Mais où devant cette journée
Jamais tant il ne s'en compta
Que dans ce jour elle en porta.
Là votre gros prit sa séance,
Et se saisit de l'éminence,
Tandis que quelque régiment,
Détaché par commandement,
Alla pour donner l'escalade
A la malheureuse bourgade.
A tant qu'aucun fût assommé,
Clanleu par vos gens fut sommé
De leur remettre cette place,
Qui ne leur fit pas cette grâce;
Et sur l'heure les assiégeans
De cette bravade enrageans,
Occupèrent les avenues,
Que nos canons rendirent nues.
Sans mentir, le coup le premier
Les fit plus nettes qu'un denier;
Le second rompit quatre cuisses;
Le troisième tua deux Suisses.
Navarre, brave régiment,
Lâcha le pied vilainement.
Vingt de ses officiers à terre
Maudirent mille fois la guerre
Qui les envoyoit chez Pluton
Devant un chétif Charenton.
Votre Altesse ayant su l'escarre
Qui s'étoit faite de Navarre,
Pensa crever dans son pourpoint;

Pourtant elle ne creva point,
Sur l'espérance de combattre
Le badaut qu'on tenoit à quatre,
Qui comme un diable juroit Dieu
Qu'il vouloit secourir ce lieu.
Il disoit d'elle peste et rage,
Cependant qu'avec avantage
Elle attendoit ceux de Paris
Comme le chat fait la souris.
Se fiant sur son éminence,
Elle avoit grande impatience
De tâter le pouls au bourgeois,
Qui ne sortit point cette fois.
Il est prudent, et craint la touche :
Joint qu'il n'aime point la cartouche,
Et qu'elle en avoit fait charger.
Paris n'en vouloit point ronger,
Et certes avecque prudence,
Puisqu'on dit que cette éminence
Se pouvoit aussi peu forcer
Que l'autre se pouvoit chasser.
Votre Altesse faisant faufare
Commit, pour soutenir Navarre,
Châtillon avec du renfort,
Ou plutôt pour chercher la mort :
Car, hélas ! au bas de son ventre
Une balle de mousquet entre,
Sans respecter ce duc nouveau,
Jeune, vaillant, adroit et beau.
Tôt après vos troupes filèrent
Par des jardins qu'elles forcèrent,
Si qu'il convint à nos soudars,
Environnés de toutes parts ;
De faire une retraite honnête :
Ce ne fut pas sans casser tête
Et percer maints et maints boyaux
De maints et maints et maints royaux.
Clanleu, devant qu'il devînt ombre,
En tua de sa main grand nombre :
Tant que, lardé de plusieurs coups,

Ce brave prit congé de nous,
Et finit vaillamment sa vie
Par une mort digne d'envie ;
Ayant devant mis par quartier
Un qui lui présentoit quartier.
Charenton se rendit ensuite ;
La garnison se mit en fuite,
Qu'on tâchoit de secourir, quand
Il fallut passer par Fécamp :
Ce qui n'étoit pas fort facile
A nos petits messieurs de ville.
Le jour que fut pris Charenton,
Rêvant en soi-même Gaston
Sur l'importance de la perte
Qu'à sa prise il avoit soufferte,
Sur sa conquête il raisonna,
Et par conseil l'abandonna,
Comme pour son trop d'étendue
Ne pouvant être défendue.
Il sort, et seulement il rompt
Le passage qui mène au pont.
Ce fait, vos troupes défilées
Vers Nogent prirent leurs volées ;
Nogent-sur-Marne, que vos gens,
Plus impiteux que des sergens,
Surprirent, pillèrent, brûlèrent,
Et puis après se retirèrent.
 Le mercredi (1), notre support
Sortit de grand matin, Beaufort.
Il avoit la puce à l'oreille ;
Aussi ce jour fit-il merveille :
Car dès qu'à Charenton il fut,
L'ennemi soudain disparut,
Et lui présentant le derrière
Se retira sur la rivière
Dans des moulins proches du pont,
Où notre prince actif et prompt,
Ayant mandé l'artillerie
Pour battre cette infanterie
Au nombre de deux à trois cent,

(1) 10 février.

Reçut un avis plus pressant.
Qui le fit dénicher bien vite :
Car il sut qu'avoit pris son gîte
A Linas le fameux convoi
Qu'Etampe (1) envoyoit par charroi:
Noirmoutier lui prêtoit main-forte :
Mais pour une plus sûre escorte
La Mothe-Houdancourt et Beaufort
(C'étoit à qui courroit plus fort)
Etoient déjà dessus la voie,
Quand un avis on leur envoie,
Que le maréchal de Gramont
S'avançoit en pas de Gascon
Pour les couper sur leurs passages.
Nos généraux, prudens et sages,
Vinrent en ordre martial
Recevoir ce grand maréchal,
Qui montra bravement la croupe
(Dit la chanson) avec sa troupe,
Bien qu'elle fût de cinq milliers,
Tant fantassins que cavaliers :
Laissant témoins de sa disgrâce
Plusieurs officiers sur la place,
Entre lesquels il dit adieu
Au brave colonel Noirlieu,
Qui, savant au fait de la guerre,
N'en fut pas moins porté par terre,
Quoiqu'armé comme un jacquemart ;
Et, malgré les ruses de l'art,
S'abattit en faisant une esse
Dessous Beaufort, de qui l'adresse
Lui porta l'épée au gosier :
Coup qui l'empêcha de crier
Contre notre guerre civile,
Et d'embrasser cet autre Achille,
Ce Beaufort, dont l'illustre bras
Combloit de gloire son trépas.
Beaufort, dis-je, qui tête nue,
Sans armes que celle qui tue,
N'ayant qu'un buffle sur le corps,

(1) Arrivée du convoi d'Etampes.

Affronta ce jour mille morts,
Les poussa, leur dit'pis que pendre,
Sans qu'elles osassent le prendre.
Ce fut lors que notre bourgeois
Fut aux champs la seconde fois,
Sur le bruit de cette rencontre.
Chacun d'eux fort zélé se montre :
Ils vont, ils volent au secours ;
Et l'on n'entend dans leurs discours
Que *vivent Beaufort et La Mothe !*
Il n'en est pas un qui ne trotte,
Et se trouvent ainsi trottans
Plus de trente mille habitans ;
Dont l'ardeur fut bien rengaînée
Trouvant la bataille gagnée,
Et la victoire qui rioit
De nos bourgeois, qu'elle voyoit
Pester et se gratter la tête
De n'avoir été de la fête :
Jurant, pour faire les méchans,
Contre le prevôt des marchands.
Soit que madame la Victoire
Eût rappelé dans sa mémoire
Juvisy, que ces bons soldats
Ont promis de ne passer pas,
Et dont ils étoient sur la route :
Bref, ils revinrent sans voir goutte,
Confondus avec les pourceaux,
Les moutons, les bœufs et les veaux.
Il faisoit beau voir en bataille
Cinq cents gorets de belle taille :
Leur bataillon sage et discret
Laissoit un étron à regret ;
Mais pour mieux observer son ordre,
Chacun d'eux passoit sans le mordre.
Ensuite on voyoit les moutons
Qui faisoient mille plaisans bonds,
Et s'avançoient en criant baye,
Que reçut Saint-Germain-en-Laye.
Nos chefs entrèrent les premiers

Avecque force prisonniers.
Le jeudi (1), fut pris La Valette,
Fruit de l'épernone brayette,
Mais de ces fruits qui sont bâtards.
Il fut pris semant des placards,
Placards qu'il croyoit pour récolte
Devoir produire une révolte,
Et qui n'eurent aucun effet,
Si ce n'est que par eux fut fait
A cet homme pourpoint de pierre,
Qu'il eut le reste de la guerre.
Ce jour, certains du parlement
Parlèrent d'accommodement.
Mais soit qu'ils n'eussent pas puissance,
Soit pour la raison de l'absence
De nos chefs, la cour fut d'avis
Qu'au lendemain tout fût remis.
Le vendredi (2), le héraut d'armes
Me fit rire jusques aux larmes,
Lorsque je le considérai
Vers la porte Saint-Honoré,
Au matin, qui faisoit maint cerne
Comme pour invoquer l'Averne.
Je le vis qui faisoit trois tours,
A peu près comme font ces ours
Qu'on fait montrer à la jeunesse,
Et qu'un bateleur mène en lesse.
Après avoir pirouetté,
Il demanda d'être écouté.
Mais messieurs sans faire réponse
Laissèrent ce bizarre nonce,
Ordonnant qu'il falloit mander
Nos généraux pour procéder,
Et que par une tolérance
La Mothe auroit aussi séance.
Nos généraux étant venus,
Il fut dit qu'on feroit refus
D'introduire cette toupie,
Qui ne manquoit pas de roupie ;
Et que messieurs les gens du Roi
Iroient lui citer une loi
Qui défendoit d'ouvrir la porte
A pas un homme de sa sorte,
Vu qu'ils n'étoient point ennemis
Ni souverains, mais très-soumis
Aux volontés de leur monarque
(Réponse digne de remarque,
Et qui dut rendre bien camus
Le héraut qui ne tournoit plus).
Les mêmes iroient vers la Reine
Dire que ce n'est pas par haine
Qu'on a fait geler son héraut :
Que messieurs ont fait comme il faut ;
Que c'est marque de leur science,
Et non de désobéissance.
Selon qu'il fut dit il fut fait ;
Et le héraut, mal satisfait,
Mit son cheval à l'écurie
Dans la prochaine hôtellerie.
Mais pour aller à Saint-Germain
Monsieur Talon baisa la main :
Il repassoit en sa mémoire
Qu'il n'eut pas seulement à boire
La première fois qu'il y fut :
Ce qui fit qu'il se résolut
D'écrire pour son assurance.
Cependant le héraut de France,
Qui fit un médiocre écot,
Mais qui dormit comme un sabot,
Ayant encor tourné de même,
Partit le samedi treizième (3) ;
Et devant plier son paquet,
Laissa sur la barre un paquet,
Qui demeura cette semaine
Entre les mains du capitaine.
Ce même jour, le fils puîné
D'un potentat infortuné
Fut reçu dedans notre ville,
Où sa mère avoit pris asyle
Contre la fureur de l'Anglois,

(1) 11 février. — (2) 12 février. Refus du héraut d'armes que la Reine envoya. — (3) 13 février.

Infâme bourreau de ses rois.
Le quatorzième et le dimanche,
Par un prélat à barbe blanche
Fut sacré monsieur de Bayeux :
Tandis qu'un édit rigoureux,
Qui fut fait en l'hôtel-de-ville,
Ordonna (chose très-utile)
Aux chefs et maîtres des maisons,
Nonobstant toutes leurs raisons,
De porter eux-mêmes en garde
Pique, mousquet ou hallebarde,
Et d'être chez leurs officiers
Aux mandemens particuliers ;
De venir quand on les appelle
En faction ou sentinelle,
Selon l'ordre du caporal,
Qui bien souvent est un brutal ;
Toujours ignorant, par fois ivre.
Mais bien qu'il ne sache pas vivre,
Fît-il en commandant un rot,
Il faut suivre sans dire mot,
Et là prendre mainte roupie
Si le caporal vous oublie,
S'il cause, s'il dort ou s'il boit,
Sans oser sortir de l'endroit
Où pour sentinelle il vous pose,
Tant qu'il boit, qu'il dort ou qu'il cause.
Or, le lundi quinzième jour,
Le vaillant La Mothe-Houdancourt
Au parlement prit sa séance,
Et depuis, en toute occurrence,
Fut conseiller *ad honores*.
On eut avis, le jour d'après,
Que de Soissons l'échevinage
Partit pour un pélerinage
Qu'il alloit faire à Saint-Germain :
Le lieutenant, homme de main,
S'étant mis très-fort en colère,
Avoit fait faire un autre maire,
Et créé nouveaux échevins.

(1) 18 février.

Que ces premiers furent janins,
Lorsque, la gueule enfarinée,
Par une belle après-dînée
Etant à Soissons retournés,
On leur ferma la porte au nez !
Quelqu'un d'entre eux prit la parole :
Mais zeste, comme il a pris Dôle,
Les portiers sont sourds à sa voix,
Et partout visage de bois.
Ce fut cette même journée
Qu'à sept heures la matinée,
Messieurs n'étant point assemblés,
Il vint de Chartres force blés
Que fit apporter La Boulaye,
Que quelques vendeuses de raie,
Qui l'allèrent remercier,
Nommoient leur père nourricier.
De fait, ce contrôleur des halles,
Esquivant les troupes royales,
Alloit à la provision
Plus souvent qu'à l'occasion.
Les gens du Roi, le dix-septième,
Sous un passeport du seizième,
S'étoient déjà mis en chemin,
Et s'en alloient à Saint-Germain
Dire à la Reine, en bonne amie,
Que par mépris ce ne fut mie
Que son héraut ne fut admis ;
Et qu'il falloit bien qu'elle eût pris
Messieurs pour des niais de Sologne,
Quand devers le bois de Boulogne
Nos gens virent venir d'amont
Le courtois maréchal Gramont,
Qui leur venoit offrir main forte,
Et qui leur fit toujours escorte.
Jeudi (1), le gouverneur de Bri,
Qui depuis le fut de Saint-Pry,
Connu sous le nom de Bourgogne,
Sur le régiment de Bourgogne
Sortit avec quelques chevaux,

Et fut vainqueur en peu de mots :
Car si de toutes vos défaites
Vous me demandiez des gazettes,
Il faudroit être Renaudot,
Qui les donne à son fils en dot;
Avoir les mêmes avantages,
Ses lieux communs et tous ses gages.
Ce jour même, il nous fut mandé
Que le beau-frère de Condé,
Longueville l'inébranlable,
Refusoit d'être connétable.
Que cela fût en son pouvoir,
Je ne sais; mais il dut savoir
Que tel qui refuse après muse,
Si le proverbe ne s'abuse.
 Ce jour, au parlement on lut
La lettre qui surprise fut,
Et que, par quelque manigance,
Ecrivoit à Son Eminence
Le grand homme monsieur Cohon;
Dont, si vous abrégez le nom,
Il reste un mot plein d'infamie,
Qui fait tort à sa sainte vie.
Il fut dit qu'on l'observeroit,
Et gardes on lui donneroit,
Comme à monsieur l'évêque d'Aire,
Qu'on croyoit être du mystère;
Qu'en outre on prendroit au collet
Un conseiller du châtelet,
Laune, qui, gagnant la guérite,
N'attendit pas cette visite.
 Ce jour (1), l'archevêque régla,
Et par son réglement sangla
Messieurs de jeûne et de carême,
Qui s'en venoient à face blême,
Victorieux du carnaval,
Seconder le parti royal,
En nous ôtant la bonne chère.
Mais la farine étoit trop chère :
Ce qui fit que notre pasteur,
Usant envers nous de douceur,
Par une forme d'indulgence,
Et sans tirer à conséquence,
Nous accorda de manger œuf,
Mouton, goret, volaille et bœuf,
Fromage, veaux, agneaux, éclanche,
Lundi, mardi, jeudi, dimanche;
Et du poisson les mercredis,
Les vendredis et samedis,
Et toute la sainte semaine :
Temps qu'il laissa sous le domaine
D'un carême très-rigoureux,
Qui fut tout le reste aux chartreux,
Ou qui du moins y devoit être.
Mais il se vint camper, le traître,
Chez quelques pauvres habitans,
Qui, disent-ils, devant ce temps
Jamais si long ne le trouvèrent,
Et dès les Rois le commencèrent :
Si bien qu'en mangeant son hareng,
Par un effet bien différent,
Sans jours gras le gueux fit carême.
Le riche n'en fit pas de même :
Car ayant toujours force plats,
Sans carême il fit les jours gras.
 Le vendredi (2), dans l'assemblée,
Les gens du Roi vinrent d'emblée.
Ils retournoient de Saint-Germain.
Lors ils dirent l'accueil humain
Qu'ils avoient reçu de la Reine,
Qui, sans leur témoigner de haine,
Leur avoit fait civilité,
Et promis une infinité
De faveurs et de bienveillance,
Dès que par leur obéissance
Messieurs du Palais prouveroient
Les respects dont ils l'assuroient;
Et que, s'ils tenoient leur promesse,
Ils auroient du pain de Gonesse.
 Cependant (3) l'agent arriva

(1) Exemption du carême. — (2) 19 février. — (3) Arrivée de l'agent de l'archiduc.

Que l'archiduc nous envoya,
Et dont, disoit la harengère,
Il porte la paix, ma commère.
Il venoit faire compliment
A notre auguste parlement;
Et ce fut ce jour que le drôle
Nous fit voir sa trogne espagnole :
Jour que, recru de son travail,
Il ne prit qu'une gousse d'ail,
Tant il avoit d'impatience
D'être bientôt à l'audience,
Où, la main dessus le rognon,
Il laissa tomber un oignon,
Comme il tiroit de sa pochette
Une missive assez bien faite,
Qu'avoit écrite l'archiduc,
Dont je vous donne tout le suc.

« Du dix février, à Bruxelle,
Je, l'archiduc, vous écris celle
Que vous rend le présent porteur;
Je suis le garant et l'auteur
De tout ce que dira cet homme.
De ce qu'il dit voici la somme :
L'archiduc parle par ma voix ;
Il m'envoie offrir aux François
Une paix qu'ils ont souhaitée,
Et qu'on a toujours rejetée.
Lors il se mit à dire mal
Contre monsieur le cardinal,
En accusant son ministère ;
Et dès qu'il lui plut de se taire,
La cour dit qu'il mettroit au net
Ce qu'il a dit, ce qu'il a fait;
Et cependant, dans la semaine,
Qu'on députeroit vers la Reine
Pour l'instruire de tout cela,
Et prier par ce moyen-là
De ne faire pas la Normande :
Ains comme la cour lui demande,
Et qu'à messieurs les gens du Roi

Elle donnât jeudi sa foi ;
Prendre des sentimens de mère
Pour un peuple qui la révère,
Et finir un triste blocus
Qui ne fait rien que des cocus. »
Le samedi (1), cent trois charrettes
De blés et de farines faites
Renforcèrent nos magasins,
Malgré messieurs les mazarins.
Ce convoi nous vint de la Brie
Au nez d'une troupe ennemie,
Et fut conduit par Noirmoutier,
Homme savant dans le métier,
Et qui, dans cette conjoncture,
Garantit fort bien sa voiture
Des mains du comte de Grancé,
Où le combat fut balancé.
Mais nous eûmes victoire entière,
Peu de nos gens au cimetière,
Encor que le choc fût très-chaud ;
Monsieur de La Rochefoucauld
Et monsieur de Duras le jeune,
Blessés par mauvaise fortune.
Ce même jour, les ennemis
Traînèrent canons plus de six,
Dont ils firent battre en ruine
Le château de monsieur de Luyne,
Lusigny, qui le lendemain (2)
Fut pris, et tout son saint-crépin.
Le lundi (3), la troupe royale
Fit gribouillette générale
Aux environs de Montlhéry :
J'en suis encor tout ahuri.
Piller, brûler autour de Châtre,
Battre son hôte comme plâtre,
Ce sont ses péchés véniels.
Quels seront ses péchés mortels ?
Enfin ayant su que les nôtres,
Qui vivoient comme des apôtres,
Venoient avec elle compter,

---

(1) 20 février. — (2) 21 février. — (3) 22 février.

Elle voulut bien se hâter:
Et la crainte de rendre compte
Lui fit faire retraite prompte.
  Ce même jour, les députés
Du parlement s'étant bottés,
Allèrent par mer et par terre
Chercher la reine d'Angleterre,
Pour mêler ensemble leurs pleurs,
Et pour compatir aux douleurs
De cette princesse affligée
Que les Anglais ont outragée,
Décollant le Roi son époux.
Bon Dieu! ces peuples sont-ils fous,
Ensorcelés, mélancoliques,
Hypocondres ou frénétiques?
Ont-ils le diable dans les reins,
D'occire ainsi leurs souverains,
Comme ils viennent de faire à Londre?
L'enfer les puisse-t-il confondre!
Mais consolez-vous, grand roi mort,
Et prenez quelque reconfort.
Votre Majesté n'est pas seule:
La reine Stuart votre aïeule
Eut aussi le sifflet coupé.
L'on dit que, sans avoir soupé,
Ce peuple, en qui malice abonde,
L'envoya dormir hors du monde:
Elle est encore à s'éveiller.
Pour vous qu'il a fait sommeiller,
Noble prince, illustre victime
De sujets enhardis au crime,
Et qu'on a vu jouer deux fois
A coupe-tête avec leurs rois;
Daignez nous dire la lignée
Qu'à votre femme si bien née,
Et fille de Henri-le-Grand,
Vous laissâtes lors quand et quand.
N'est-ce pas six, dont la plus grande
Se tient à La Haye en Hollande:
Le prince de Galles l'aîné,
Qui dans l'Ecosse est couronné;
Le duc d'Yorck et sa cadette,
Qui dans Paris font leur retraite;
Deux autres qui chez les Anglois
Soupirent depuis plusieurs mois?
  Le mardi (1), pour leur assurance,
Nos députés à l'audience
Reçurent des passe-partous.
Mercredi vingt et quatre, tous
Messieurs assemblés appelèrent
Les noms de ceux qu'ils députèrent.
Le premier, président Molé,
Après lequel fut appelé
Monsieur le président de Mesme,
Viole de la chambre même.
Ensuite de ces trois fut hoc
Menardeau, Catinat, Le Cocq,
Cumont, Pallau des enquêtes,
Avec Le Fèvre des requêtes.
Dans le Cours, monsieur de Saintot
Vint au devant d'eux au grand trot,
Avec ordre de les conduire,
Sans qu'il fût permis de leur nuire,
Jusques au château de Ruel;
Ordre qui pourtant ne fut tel,
Qu'étrangère cavalerie
N'eût l'audace et l'effronterie
De rôder en montrant les dents
Près du char de nos présidens.
Enfin notre ambassade arrive,
Et l'on la soûla comme grive
A Ruel, d'où le lendemain
Elle partit pour Saint-Germain.
Ce même jour, sur l'assurance
Que les royaux en abondance
Par le pont de Gournay filoient,
Et que Bry siéger ils alloient;
Lors, pour le succès de nos armes,
Nos chefs oyoient vêpres aux Carmes:
Où, sachant que les ennemis

(1) 23 février.

Devant Bry le siége avoient mis,
Ils sortirent de notre ville,
Ayant à leur suite onze mille,
Tant cavaliers que fantassins.
Si vous demandez leurs desseins,
Les voici. L'armée ennemie,
Etant ce jour-là dans la Brie,
Ils alloient d'un autre côté;
Et, pour dire la vérité,
Nos chefs dans ces derniers bagarres
Ne firent que jouer aux barres.
Etiez-vous devers Charenton,
Nous vous cherchions devers Meudon.
Et si des deux partis le nôtre
Rencontra quelquefois le vôtre,
Où l'on fit de petits combats,
Ce fut qu'on ne s'entendit pas :
Ce fut par malheur ou bévue,
Par une rencontre imprévue,
Par quelques soldats trop vaillans,
Par des espions un peu lents.
Par fois dans quelque caracole,
Souvent contre votre parole,
Et toujours contre nos desseins,
Nous en sommes venus aux mains.
Mais pour cette fois notre armée
Ne fut jamais plus animée,
Et vous fîtes bien d'être ailleurs,
Pour éviter de grands malheurs.
Or, trève de la raillerie,
Tandis que vous fûtes en Brie,
Nos généraux tenant les champs,
Ce jour et les autres suivans,
Donnèrent temps à tout le monde
D'aller et courir à la ronde
Chercher infinité de grains
Dont nos greniers furent si pleins,
Que j'en sais plusieurs qui crevèrent
Des quantités qui s'y trouvèrent.
Les jours suivans (1), furent vendus,

Selon plusieurs arrêts rendus,
Les meubles de Son Eminence,
Qui, bien que pleine d'innocence,
Et qu'elle eût protesté d'abus,
Il n'en resta pourtant rien plus.
Le vendredi (2), l'on a nouvelle,
Qui pour nous n'est bonne ni belle,
Que le sieur comte de Grancé,
Sans que nous l'eussions offensé,
Avoit mis un siége funeste
Devant Bry (3), le seul qui nous reste;
Et qu'à l'abord le gouverneur,
Nommé Bourgogne, homme d'honneur,
Avoit fait jusqu'à l'impossible,
Percé l'ennemi comme un crible,
Et bien rabattu son caquet
A coups de canons et mousquet;
Mais qu'enfin une large brèche,
Le manque de poudre et de mèche,
Et le désespoir du secours
(Qui ne pouvoit pas avoir cours,
A cause des mauvais passages,
Des défilés et marécages
Que nous ne pouvions pas gauchir,
Et que nous pouvions moins franchir,
Praslin tenant les avenues.),
Faisant sauter Bourgogne aux nues,
Il avoit fait un bon traité :
Car tel il lui fut protesté.
Mais, las! ceux qui tenoient le siége
Se servirent du privilége,
Qui permet à tous les Normands
De ne tenir point leurs sermens;
Puisque, contre la foi promise,
Ils mirent tous nus en chemise
La plus grand'part de nos soldats,
Qui revinrent les chausses bas.
  Ce fut au cul (4) de la semaine,
Que nos députés vers la Reine
Au parlement sont revenus,

(1) 25 février.—(2) 26 février.—(3) Siége de Brie-Comte-Robert.—(4) 27 février.

Où devant sénateurs chenus,
Et tous nos chefs à l'audience
Ayant pris chacun leur séance,
Là de leur députation
Ils firent exposition,
Et rapportèrent que la Reine
Avoit dit : Je n'ai point de haine;
Et si j'osois boire du vin,
Nous boirions ensemble demain.
Cependant nommez commissaires
Qui soient plénipotentiaires,
Tant pour la générale paix,
Que pour décharger de son faix
Le pauvre peuple de la France :
Et pendant notre conférence
Ceux qui vous portent à manger
Pourront passer sans nul danger.
Ce que la cour trouva très-juste;
Et notre parlement auguste
Conclut qu'en un certain endroit
Des députés on enverroit,
Et même qu'avant leur sortie
La Reine en seroit avertie.
Pour cet effet, les gens du Roi
S'y firent traîner par charroi.
 Le dimanche (1), quelque canaille,
Dont le feu fut un feu de paille,
Fit manière d'émotion
Qui tendoit à sédition.
Elle en vouloit à la soutane,
Et prit, je crois, pour une canne
Monsieur le président Thoré,
Qui fut à peine retiré
Des griffes de notre fruitière,
Qui le traînoit à la rivière.
 Le lundi premier jour de mars,
Je fus courre de toutes parts,
Sans apprendre aucune nouvelle.
 Le mardi (2), nous reçûmes celle
Qu'écrivoit le duc d'Orléans,

(1) 28 février. — (2) 2 mars.

Laquelle ouverte, on lut dedans
Que c'étoit chose très-certaine
Que la volonté de la Reine
Etoit de fournir, tous les jours
Que la conférence auroit cours,
De blés une quantité fixe,
Ni plus courte ni plus prolixe,
Tant par jour seulement. Sur quoi
La cour voulut qu'aux gens du Roi
On eût à porter cette lettre,
Vu qu'ils étoient venus promettre
A leur retour de Saint-Germain
Bien plus de beurre que de pain,
Et des passages l'ouverture :
Ce qui n'étoit qu'une imposture;
Et qu'ils prîroient Leurs Majestés
De faire jour de tous côtés,
Et de nous ouvrir les passages,
Vu qu'ils sont de Dieu les images,
Qui ne nous les boucha jamais,
Et qui se dit Dieu de la paix.
Bref, qu'ils rompent la conférence
Sur cet article, avec défense
D'entrer en aucun pourparler,
Ains commandement d'enrôler
Par les provinces et les villes
Des soldats tant que tous les milles.
 Ils revinrent le trois de mars,
Moins gais que devant des trois quarts,
N'ayant pu tirer de la Reine
Rien qu'une mesure certaine
De muids de blés réduits à cent,
Par chaque jour pour notre argent :
Dont seroit faite délivrance,
Moyennant que la conférence
Commençât dès le lendemain.
Sur quoi messieurs amis du pain
Conclurent qu'une paix de verre
Valoit mieux qu'une forte guerre,
Qu'un soupir valoit moins qu'un rot,

29.

Qu'un casque valoit moins qu'un pot,
Une brette qu'une lardoire,
Coup à donner que coup à boire,
Et que le corps d'un trépassé
Valoit bien moins qu'un pot cassé;
Un cabaret mieux qu'une garde,
Une plume qu'une hallebarde;
Mourir soûl, que mourir de faim :
Voulant que dès le lendemain
Nos députés fussent en voie.
   Ce jour, nous eûmes de la joie
D'apprendre qu'à la fin du temps
Nos soldats faisoient battre aux champs,
Eux que pour leur long domicile
On nommoit les soldats de ville.
Voyons où s'adressa leur pas :
Ce fut où vous ne fûtes pas.
Ils campèrent près de la Seine
En toute bourgade prochaine,
Et se rassurèrent un peu,
Ayant de l'eau contre le feu :
Avec un pont sur la rivière,
Par où, par devant, par derrière,
De tous côtés, à gauche, à droit,
S'enfuir quand l'ennemi viendroit :
Pont que pour garantir d'embûche,
Et d'être brûlé comme bûche,
Bref, pour le sauver de tout tort,
Aux deux bouts ils firent un fort.
   Le jeudi (1), se bottifièrent,
Et pour faire accord s'en allèrent,
Le premier président Molé,
Dont je vous ai déjà parlé;
Monsieur le président de Mesme,
Dont je vous ai parlé de même;
Les Nesmond et les Le Coigneux,
Présidens au mortier tous deux;
Deux conseillers de la grand'chambre
Dont la vertu sent meilleur qu'ambre :

Messieurs Longueil et Menardeau,
Pour qui je veux faire un rondeau;
Des enquêtes, monsieur La Nauve,
Homme de bien, où Dieu me sauve;
Monsieur Le Cocq, monsieur Bitau,
Messieurs Viole et Palluau,
Monsieur Le Febvre des requêtes,
Briçonnet, maître des requêtes :
Ensuite un homme très-prudent,
Des comptes premier président;
Pâris et L'Ecuyer, personnes
Très-vertueuses et très-bonnes;
Des aides, monsieur Amelot,
Premier président fort dévot;
Messieurs Bragelonne et Quatre-Hommes,
Qui pourtant ne font que deux hommes
Pour notre ville; et le dernier,
Un échevin nommé Fournier,
Qui tous à Ruel s'arrêtèrent;
Où le lendemain (2) arrivèrent
Monseigneur le duc d'Orléans,
Et vous qui n'étiez pas céans.
C'est vous, prince, que j'apostrophe,
Vous qui faisiez le philosophe
Et l'homme d'État dans Ruel;
Vous qui traitiez de criminel
Un corps qui sera votre juge,
Disons plutôt votre refuge.
Prince, avouez-nous à présent (3)
Ce qui vous sembla mal plaisant
Avant votre métamorphose :
Que c'est une agréable chose
De n'être point pris sans décret;
Et que c'étoit là le secret
Qui pouvoit sauver Votre Altesse
D'une captivité traîtresse
Dont on ne se peut garantir,
Et qui vient sans nous avertir.
Vous voilà tombé dans le piége :

---

(1) 4 mars. — (2) 5 mars. — (3) M. le prince contesta contre l'article qui porte que tout prisonnier sera interrogé dans les vingt-quatre heures.

Qui l'eût dit que ce privilége
Que votre interprétation
A couvert de confusion,
Ce privilége raisonnable,
Le seul recours d'un misérable,
De n'être qu'un jour en prison
Par tyrannie et sans raison,
Et par une prompte audience
Pouvoir montrer son innocence :
Que ce privilége si doux,
Qui ne sera meshui pour vous,
Vous eût un an après fait faute?
Vous comptiez bien lors sans votre hôte.
Mais, trêve de moralités,
Revenons à nos députés,
Qui dès que dans la conférence
Ils eurent vu Son Eminence,
La regardant à plusieurs fois,
Firent le signe de la croix,
Ebahis de revoir un homme
Qu'ils croyoient de retour à Rome,
Et dont les Français quelque jour
Auroient regretté le retour.
Mais cependant pour la grimace,
Et pour plaire à la populace,
On le pria de s'en aller
Avant qu'on se mît à parler.
 Le dimanche (1), je vis un homme
Qui disoit que vers Bray sur Somme
L'archiduc avoit déjà bu,
Et que vers Guise on avoit vu
Voltiger des troupes d'Espagne ;
Que le duc Charles en Champagne
Près d'Avennes se promenoit,
Et force troupes qu'il menoit.
 Lundi (2), qu'il étoit inutile,
Le régiment de notre ville,
Levé non sans beaucoup de frais,
En un temps qu'on faisoit la paix,
Joignit l'armée à Villejuifve ;

Qui de loin lui criant *Qui vive!*
Il crut qu'il étoit déjà mort,
Et demanda quartier d'abord.
Il étoit fait de jansénistes (3),
D'illuminés et d'arnauldistes,
Qui tous, en cette occasion,
Requéroient la confession
Dont ils avoient blâmé l'usage.
J'ouïs un de ce badaudage
Qui demandoit à Dieu tout bas
La grâce qu'il ne croyoit pas.
 Ce jour, la cour tira de peine
Le grand maréchal de Turenne,
Tenu coupable à Saint-Germain
Pour n'avoir pas prêté la main
A la ruine de la Fronde
(C'est, comme en parloit tout le monde,
Du parti prétendu royal).
On disoit de ce maréchal
Que pour notre ville affamée
Il avoit offert son armée.
Notre parlement l'accepta,
Et dès ce jour même arrêta
Que déclaration et bulle,
Toute sentence, seroit nulle,
Et tout arrêt fait contre lui :
Ordonnant que dès aujourd'hui
Il revînt, s'il pouvoit, en France ;
Et de plus, pour sa subsistance,
Que cent mille écus il prendroit
Ès recette qu'il trouveroit.
 Le mardi (4), la cour étonnée,
Sur la remontrance donnée
Par le procureur général,
Que quelqu'un du parti royal
Fit délivrer l'autre semaine,
Sous l'autorité de la Reine,
Des commissions à certains,
Aux Damillis, aux Lavardins,
Aux Gallerandes, aux Courcelles,

(1) 7 mars. — (2) 8 mars. — (3) M. de Luynes, janséniste, en étoit mestre de camp. — (4) 9 mars.

De lever des troupes nouvelles :
Auxquels et tous autres défend
Haute et puissante cour, qui pend
Ceux qui sa volonté violent,
Que plus de soldats ils n'enrôlent,
Sans un royal commandement
Approuvé par le parlement.
Défense à toute ame guerrière,
Gentilhomme ou bien roturière,
De prendre emploi ni s'enrôler,
Sur peine de dégringoler
Du haut de noblesse en roture,
Et de roture en sépulture ;
Veut que les villes et les bourgs
Courent dessus eux comme à l'ours ;
Qu'ils s'assemblent à son de cloche ;
Qu'à pied, qu'à cheval ou par coche
Ils courent après tels soldats,
Et qu'ils leur rompent les deux bras.
Le dix, on sut qu'en Normandie,
Pour joindre à l'armée ennemie,
Le baron de Marre levoit
Le plus de troupes qu'il pouvoit ;
Mais que Chamboi, guerrier habile,
Lieutenant du grand Longueville,
Avec cinq ou six cents chevaux
Ayant poursuivi ces royaux,
Sut que dans le château de Chêne
Ces gens qu'on faisoit pour la Reine
Avoient élu leur rendez-vous.
Il y courut tout en courroux ;
Et par un plaisant artifice
Faisant faire halte à sa milice,
Lui trentième quittant le gros
Vint à Chêne tout à propos,
Où, sans dire qu'il fût des nôtres,
Il fut reçu comme les autres,
Qui buvoient tous comme des trous,
Et qu'on tua comme des poux.
Car Chamboi s'étant fait connoître
Se rendit aisément le maître,
Et les prit tous, ou les tua,
Comme un second Gargantua.
Le jeudi (1), vint à l'audience,
Avec des lettres de créance
Que dans sa poche il apporta,
Un député que députa
Monsieur le duc de La Trémouille,
Qui voulant empêcher la rouille
De son courage martial,
Monté dessus son grand cheval
Pour le secours de notre ville,
Avoit levé près de trois mille,
La moitié grimpés sur roussins,
L'autre moitié de fantassins.
La nuit, les troupes ennemies,
Que nous croyions être endormies,
Vinrent voir ce que nous faisions,
Et virent que nous achevions
Notre pont dessus la rivière :
Ouvrage qui ne leur plut guère,
Et qu'elles eussent bien aimé
De voir de loin bien allumé.
Ce fut du côté de la Brie
Que parut leur cavalerie,
Qui vint reconnoître ce pont ;
Mais son retour fut aussi prompt
Qu'avoit été son arrivée,
Heureuse de s'être sauvée,
Puisqu'elle eût bientôt vu beau jeu :
Les nôtres affligés fort peu
D'avoir manqué cette couronne,
Et de n'avoir tué personne ;
Vu que c'est un acte cruel,
Et que l'on traitoit à Ruel.
D'où le lendemain (2) retournèrent,
Et des articles apportèrent
Tous nos messieurs les députés,
Assez tard, mais assez crottés ;
Et dès ce jour les deux armées

(1) 11 mars. — (2) 12 mars.

Se sont uniquement aimées :
Il n'est pas resté pour un grain
De frondeur ni de mazarin.

 Samedi (1), la cour assemblée
Parut extrêmement troublée
D'apprendre que nos généraux
N'avoient été qu'en certains mots
Compris au traité pacifique,
Sans avoir fourni de réplique :
Vu que personne de leur part
N'avoit contesté pour leur part.
Si bien qu'en cette conjoncture
Il fut dit qu'avant la lecture
De ce qu'on avoit arrêté,
Derechef seroit député
Pour conférer des avantages
De ces illustres personnages,
Et de tous les intéressés,
Tant qu'ils eussent dit, C'est assez :
Qu'on supplieroit le Roi de mettre
En une seule et même lettre.

 Ce jour, on eut avis certain
Que monsieur Du Plessis-Praslin
Avoit, des troupes ennemies,
Fait un amas des mieux choisies
Pour s'opposer à l'archiduc,
Qui s'avançoit d'un pas caduc,
Et de qui la démarche lente
Ne donnoit pas moins d'épouvante.

 Le dimanche (2), les députés
En carrosse étoient jà montés,
Quand lettre du Roi fut reçue
En termes absolus conçue,
Portant une interdiction
De faire députation,
Que les articles qu'apportèrent
Vendredi ceux qui conférèrent
N'eussent été vérifiés.
Sur quoi messieurs furent criés
Par l'insolente populace,
Qui les poussoit avec menace,
Disant tout haut : Je sons vendus ;
Je serons bientôt tous pendus,
S'il plaît au bon Dieu, ma commère.
C'est grand'pitié que la misère !
Ils avont signé notre mort ;
C'est fait de monsieur de Beaufort :
Guerre, et point de paix pour un double.
Mais, en dépit de ce grand trouble,
Il fut par messieurs résolu
Que le lendemain seroit lu
Le contenu desdits articles,
Et qu'avec paire de bésicles
On examineroit de près
S'ils portoient une bonne paix.

 Le lundi (3), la tête affublée,
Nos chefs étant en l'assemblée,
Lesdits articles furent lus,
Et la cour n'en fit point refus ;
Mais seulement, pour la réforme
De quelqu'un qui sembloit énorme,
Ordonna qu'on députeroit,
Et qu'ensemble l'on parleroit
Pour nos chefs, qui feroient écrire
Ce que chacun pour soi désire,
Pour être au traité de Paris
Tous les intéressés compris.

 Ce lundi, le courrier du Maine
Mit nos esprits hors de la peine
Où long-temps ils auroient été,
Si le diable avoit emporté
Le sieur marquis de La Boulaye (4),
Qu'il assura pour chose vraie
Avoir paru vers ces quartiers
Avecque force cavaliers
Qui savoient mener le carrosse,
Et ne cherchoient que plaie et bosse.
Que le marquis de Lavardin
Fuyant devant eux comme un daim,
Toute la Mancelle contrée

---

(1) 13 mars. — (2) 14 mars. — (3) 15 mars. — (4) La Boulaye, qui commandoit les cochers de Paris.

Pour Paris s'étoit déclarée.

Le mardi (1), tous nos députés
Sous des passe-ports apportés,
Pour la troisième fois marchèrent,
Et, comme il étoit dit, allèrent
Pour Leurs Majestés supplier
Que du mois d'octobre dernier
La déclaration reçue,
Après tant d'allée et venue,
Pour le commun soulagement,
Ne souffrît aucun détriment.

Le mercredi (2), lettre civile
Vint de monsieur de Longueville,
Qu'il adressoit au parlement,
Et qui n'étoit qu'un compliment :
A qui fit aussitôt réponse
La cour, qui pèse tout à l'once.
Or ce jour, le duc de Bouillon
Ayant pris congé du bouillon (3),
Des médecines, des clystères,
Et des drogues d'apothicaires,
N'étant debout que de ce jour,
Releva La Mothe-Houdancourt
A Villejuif, où notre armée
S'étoit déjà bien enrhumée.

C'est ce même jour qu'on a su
Qu'au Mans avoit été reçu
Notre marquis de La Boulaye,
Qui bien qu'il criât : Holà, haie !
Alte ! marquis de Lavardin,
L'autre ne fut pas si badin
Que de tourner jamais visage :
Ains courut toujours davantage
Qu'à la parfin notre marquis
Ayant force chapons conquis,
Les faisoit cuire en cette ville,
Et que ses gens étoient cinq mille.
Un autre avis bien plus certain
Fut que le maréchal Praslin,
Qui d'une démarche guerrière
Etoit allé sur la frontière
Tâter le pouls à Léopol,
Avoit pris ses jambes au col,
Sans avoir dit ni quoi ni qu'est-ce ?
(Ce qui n'est pas grande prouesse).
Et qu'étant ici de retour,
Dans leurs garnisons d'alentour
Ses troupes étoient retournées :
Troupes très-mal morigénées,
Et qui, contre l'accord passé
D'acte d'hostilité cessé,
Pillèrent toute la chevance
Des deux bourgs à leur bienséance,
Qu'ils trouvèrent sur leur chemin :
Chemin que, tenant sans dessein,
Quelque boulangère badine,
Blanche pour le moins de farine,
Qui venoit de vendre son pain,
Se sentit légère d'un grain,
Sans argent et sans pucelage,
Hormis une qui fut si sage
Que de le laisser à Paris,
Qui n'eut que son argent de pris.

Le jeudi (4), les chefs de nos bandes
Ayant fait chacun des légendes
De tous leurs petits intérêts,
Commirent à Ruel exprès,
Pour porter leurs humbles prières,
Le duc de Brissac et Barrières,
Le sieur de Bas et de Creci.

Le vendredi dix-neuf, ici
Nous sûmes que dans la Gascogne
La Reine avoit de la besogne :
Que le parlement de Bordeaux,
Tout prêt à jouer des couteaux,
Avoit fait armer à notre aide.
L'action n'en étoit pas laide :
Car le Normand et le Gascon,

---

(1) 16 mars. — (2) 17 mars. — (3) Le duc de Bouillon fut toujours malade pendant notre guerre. — (4) 18 mars.

Et le nôtre, faisoient tricon.
 Ce même jour, par une lettre,
Toulouse nous faisoit promettre
Que nous pouvions tenir pour hoc
Le parlement de Languedoc,
Qui se déclaroit pour le nôtre :
Tellement qu'avecque cet autre
C'étoit un quatorze bien fait.
 Le samedi (1), ni beau ni laid,
Ni chaud ni froid. A l'audience
Nos généraux prirent séance,
Et là dirent tous d'une voix
Qu'ils avoient donné cette fois
Des propositions à faire :
Mais qu'ils l'avoient cru nécessaire,
Monsieur le cardinal resté,
Pour avoir plus de sûreté,
Sachant bien qu'homme d'Italie
Jamais une offense n'oublie.
Qu'au contraire ils étoient tous prêts
D'abandonner leurs intérêts,
S'il lui plaisoit faire voyage :
Sinon, que, pour un témoignage
Qu'ils seroient toujours serviteurs
De nos illustres sénateurs,
Ils s'en rapportoient à ces juges,
Protestant que dans nos grabuges
Ils avoient armé seulement
Pour le public soulagement.
 Ce jour, ordonnance royale,
Dessus la plainte générale
Qu'avoient faite nos échevins,
Qui n'étoient pas des quinze-vingts,
Voulut qu'on nous donnât des vivres,
Pain et vin, de quoi nous rendre ivres,
Et boire en diable à la santé
De Sa Chrétienne Majesté,
De toutes parts, par eau, par terre,
Librement comme avant la guerre,
Le commerce étant rétabli,

(1) 20 mars.

Et le reste mis en oubli :
Bonne nouvelle pour la pance.
 Lundi vingt et deux, en l'absence
Du vaillant prince de Conti
Que la fièvre avoit investi,
Le coadjuteur en sa place
Vint au parlement, de sa grâce,
Dire que le jour précédent
L'archiduc, homme fort prudent,
Ecrivit au prince malade
Qu'ayant fait une cavalcade,
Et dit au maréchal Praslin :
Je suis sur ta terre, vilain ;
Pour ôter toute défiance
Qu'il voulût envahir la France,
Il étoit prêt de retourner,
Si la Reine, pour terminer
Les différens des deux couronnes,
Vouloit nommer quelques personnes.
Et dit notre frondant pasteur
Que Conti, prenant fort à cœur
L'occasion avantageuse
De conclure une paix heureuse,
Avoit à Ruel députe
Pour derechef être insisté
Sur ce que l'archiduc propose,
Qui méritoit bien une pose.
Et qu'il conjuroit notre cour,
Par son zèle et par son amour,
De peser un peu cette affaire,
Et la paix qu'elle pouvoit faire ;
Qu'il étoit toujours prêt, pour lui,
D'abandonner dès aujourd'hui
Tout ce qu'il avoit pu prétendre,
Si messieurs y vouloient entendre.
Qu'au contraire si Léopol,
Par supercherie ou par dol,
Venoit pour pêcher en eau trouble
(Dont j'aurois parié le double),
Il déclaroit dès à présent

Qu'il ne le trouvoit pas plaisant;
Que lui-même sur les frontières
Iroit lui tailler des jartières,
Et l'accommodant de rôti,
Se montrer prince de Conti.
Sur quoi messieurs firent écrire
Tout le contenu de son dire.
Ce jour, on sut qu'à Saint-Germain
On avoit fait accueil humain
Aux députés de Normandie,
Qui, pour chasser la maladie
Dont nous étions tous menacés,
Y venoient comme intéressés,
Pour délibérer du remède.
Que le bon Dieu leur soit en aide!
 Le mercredi (1), l'on sut qu'Érlac
Etoit clos et coi dans Brissac,
Quoiqu'on nous voulût faire entendre
Qu'il venoit nous réduire en cendre.
L'on sut que Normands députés
S'étoient tous bien fort aheurtés
Au renvoi de Son Eminence;
Et l'on nous donnoit assurance
Qu'ils ne déplîroient leur cahier
Qu'il n'eût un pied dans l'étrier.
Mais s'il est vrai qu'ils le promirent,
Ces Normands après se dédirent,
Et certes autant à propos
Qu'il se peut pour notre repos:
Car qu'on renvoyât pour leur plaire
Un ministre si nécessaire
Comme monsieur le cardinal,
Quelque sot se fût fait du mal;
Et plus sot qui l'auroit pu croire
Qu'un prince jaloux de sa gloire
Eût défait ce qu'il avoit fait
En un favori si parfait,
Pour quelque courtaut de boutique
Qui n'aimoit pas sa politique.
Aussi les députés normands,

S'ils avoient fait quelques sermens
De ne déplier point leur rôle,
Ne gardèrent pas leur parole;
Et cette fois, manquant de foi,
Servirent la France et leur Roi.
 Ce même jour, fut dit en ville
Que le grand duc de Longueville
Avoit, pour assiéger Harfleur,
Fait partir sous un chef de cœur
Des troupes dès le dix-septième;
Et que ce chef, le dix-neuvième,
Par un tambour nommé La Fleur,
Fit sommer la ville d'Harfleur,
Qui lui dit: Votre fille Hélène!
Je suis servante de la Reine.
Mais quatre pièces de canon
Lui firent bientôt dire non:
Car, plus défaite qu'un cadavre,
Ayant dépêché vers le Havre,
Dont chacun sait qu'elle dépend,
Pour venir être son garant
(C'étoient les termes de sa lettre),
Ce gouverneur se voulut mettre
En devoir de la secourir;
Et, pour l'empêcher de périr,
Détacha deux cent cinquante hommes
Qui venoient en mangeant des pommes:
Quand sur le chemin ces mangeans
Trouvent un parti de nos gens.
La peur saisit ces misérables,
Qui fuirent comme de beaux diables,
Nul ne regardant après soi.
Enfin ils eurent tant d'effroi,
Que quand dans le Havre ils rentrèrent,
Les huit heures du soir frappèrent,
Bien que partis au chant du coq,
Et que Harfleur, qui nous est hoc,
Du Havre fût à demi-lieue.
Mais la peur qu'ils avoient en queue
Leur fit oublier le chemin,

(1) 24 mars. — (2) 25 mars.

Tellement que le lendemain
Harfleur nous fit ouvrir la porte.
La garnison, n'étant pas forte,
Se rendit à discrétion.
Après cette reddition,
Nos gens furent faire godaille
Au château de pierre de taille
Du sieur de Fontaine-Martel :
Château très-fort, mais non pas tel
Que les nôtres ne le forcèrent,
Et deux canons n'en rapportèrent,
Sans les meubles et le bétail,
Dont je ne fais point le détail.

Le jeudi (1), jour que Notre-Dame
Sut que de fille elle étoit femme
Par une annonciation,
Tout étoit en dévotion ;
Quand lettre de cachet venue
Fit que séance fut tenue,
Où, quand nos chefs furent venus,
Tous les premiers propos tenus
Furent de savoir si la trêve,
Ennuyeuse aux gens de la Grève,
Et qui finissoit ce jour-là,
Passeroit encore au delà :
Trêve qui reçut anicroche
Jusques au lundi le plus proche,
Et compris inclusivement
Par un arrêt du parlement.

Ce jour, à La Ferté-sur-Jouarre,
Un mazarin qui disoit : Garre,
Qu'on fasse place à mon cheval !
Je viens pour le parti royal
Loger ici des gens de guerre ;
Fut accueilli à coups de pierre,
Et de quelque coup de fusil.
Je pense que d'un grain de mil
On eût lors bouché son derrière.
Heureux de retourner arrière,
Maudissant, tout cicatrisé,

Le manant mal civilisé
Qui depuis garda ses murailles,
Crainte du droit de représailles.

Samedi, du mois le vingt-sept,
Votre frère, encor tout mal fait
Du reste de sa maladie,
Fit déclaration hardie
Que celles que jusqu'à ce jour
Il avoit faites à la cour
De ne faire aucune demande
Pour lui ni pour ceux de sa bande,
Le cardinal étant sorti :
Que, foi de prince de Conti,
Ces déclarations signées,
Qu'on avoit jusqu'ici bernées,
Recevroient applaudissement,
Pourvu qu'il plût au parlement
Rendre arrêt que Son Eminence
Eût à dénicher de la France,
Parce qu'ils ne pouvoient jamais
Autrement conclure la paix :
Que le feu partout s'alloit prendre,
S'il n'étoit couvert de sa cendre.
Qu'il prioit la cour d'y rêver,
Avant même que se lever.
Sur quoi la cour, à sa prière,
Rêva tant sur cette matière,
Qu'après son rêve elle a trouvé
Qu'il avoit le premier rêvé.
Cependant, pour faire grimace ;
Et pour ne rompre pas en face
De ce prince qu'elle honoroit,
La cour dit que l'on enverroit
Insister sur cette retraite,
Qui ne s'est pas encore faite.
Ce jour, nous sûmes que Jarzé,
Du parti contraire engagé,
Partoit de Saint-Germain-en-Laye
Pour s'opposer à La Boulaye (2),
Qui faisoit merveille en Anjou

(1) 25 mars. — (2) Ce fut le 11 décembre qu'on dit que M. de La Boulaye cria aux armes !

(Car il n'est pas tous les jours fou,
Comme il n'est pas tous les jours fête ;
Et puis ce n'est que par la tête
Qu'il est fou, quand il l'est par fois,
Notamment les onze des mois).
Or, ce marquis à tête sèche
Étoit entré dedans La Flèche.
Le dimanche (1), on sut qu'à Bordeaux
Les coups déjà pleuvoient à seaux :
Le tout pour la cause commune.
L'habitant, au clair de la lune,
Avoit pris le château du Hact,
Et depuis avoit fait un pact
D'investir le château Trompette :
Cela n'est point dans la gazette.
Ce jour même il vint un courrier
Qui perdit cent fois l'étrier,
Et se pensa casser la tête,
Tant il pressa sa pauvre bête.
On l'avoit fait partir exprès,
Parce que le grand duc de Retz
Avoit dit : « Nous sommes deux mille ;
« Bonjour, monsieur de Longueville:
« Je ne vous ai vu de cet an. »
Et cela fut dit dans Rouen.
 Le jour d'après (2), en l'assemblée
De divers soucis accablée :
Savoir si l'on continueroit,
Comme la Reine désiroit,
Notre trève en son agonie ;
Conclut toute la compagnie
Qu'elle auroit libéralement
Vingt et quatre heures seulement :
Après lesquelles nouveau trouble,
Et plus de trève pour un double.
 Ce même jour, fut défendu,
Par un arrêt qui fut rendu,
Qu'on imprimât plus aucun livre
Dont le débit auroit fait vivre
Quelque misérable imprimeur

Et quelque burlesque rimeur,
Qui, comme un second Mithridate,
Étoit plus friand qu'une chatte
Au poison qui le nourrissoit
Dans l'instant qu'il le vomissoit
Glorieux de la médisance
Qu'il faisoit de Son Eminence,
Il vivoit de son aconit ;
Et c'étoit pour lors pain bénit
De parler mal du ministère,
De chanter prince de lanlère
(Car on parloit presque aussi mal
De vous comme du cardinal).
On ne vit onc tant de satires,
Ni de meilleures ni de pires,
Qu'on en fit de vous et de lui,
Et de vous encore aujourd'hui.
La cour, sans exprès congé d'elle,
Sur une peine corporelle
Défendit de rien imprimer :
Ce qui ne fit que ranimer
Cette criminelle manie
Que chacun croyoit assoupie,
Mais de qui la démangeaison
S'accroît depuis votre prison.
 Le mardi (3), la nuit étoit close
(L'homme propose et Dieu dispose)
Lorsqu'on ne les attendoit plus,
Nos députés sont revenus.
 Le mercredi (4), dans l'audience,
Le procès de la conférence,
Lu qu'il fut haut de bout en bout,
Au lendemain on remit tout.
 Et le premier d'avril fut lue
La déclaration reçue,
Qui nous rendit notre repos,
Dont voici les points principaux :
Nos arrêts, écrits et libelles
Ne seront que des bagatelles,
Depuis le sixième janvier

(1) 28 mars. — (2) 29 mars. — (3) 30 mars. (4) 31 mars.

Qu'il fut tant perdu de papier,
Sans que, pour chose aucune faite,
Personne en soit plus inquiète.
Ce que, pour nous rendre plus doux,
Le Roi voulut que contre nous
Tant de lettres expédiées,
De déclarations criées
Du côté de Sa Majesté,
Tout fût cassé par sa bonté,
Qui prit la place de la haine ;
Et dit que sa maman la Reine,
Dès le premier beau jour d'été,
Enverroit au fleuve Léthé (1)
Quelqu'un qui prît de cette eau forte,
Qui fît oublier toute sorte
D'unions, ligues et traités,
Dont ne seroient inquiétés
Ceux qui, pour faire telle ligue,
Non contens de faire une brigue,
Ont levé soldats, pris deniers,
Tant publics que particuliers :
Qu'on maintiendra dans leurs offices,
Biens, honneurs, charges, bénéfices,
Au même état qu'ils se trouvoient
Quand les Parisiens buvoient
La nuit des Rois, nuit qu'ils perdirent
Le vrai, pour mille faux qu'ils firent :
Pourvu qu'ils mettent armes bas,
Et ne s'opiniâtrent pas
Aux ligues, s'ils en ont aucune,
Sous couleur de cause commune.
Tous les prisonniers renvoyés,
Tous nos soldats congédiés :
Ce qui fut fait. La cour, joyeuse
D'une fin de guerre ennuyeuse,
L'enregistra, la publia,
Vérifia, ratifia ;
Et quand elle fut publiée,
Registrée et vérifiée,
Dit qu'on prîroit Leurs Majestés

(1) Le Léthé est le fleuve d'oubli.

De rendre à Paris ses beautés,
Sa splendeur et son éminence,
En l'honorant de leur présence.
Ce qui ne se fit pas si tôt
Qu'auroit souhaité le courtaut :
Car le Roi partit pour Compiègne,
Où trois mois il tint comme teigne,
Et ne revint de très-long-temps,
Au grand deuil de nos habitans.
  Ainsi la paix nous fut donnée,
Et notre guerre terminée ;
Ainsi finit notre blocus.
Ainsi, ni vainqueurs ni vaincus,
Nous n'eûmes ni gloire ni honte :
Nul des partis n'y fit son compte.
Le vôtre y souffrit moult ennuis,
Y passa de mauvaises nuits
Dans un si grand froid, qu'on présume
Qu'il y gagna beaucoup de rhume.
Le nôtre en fut incommodé ;
Le carnaval en a grondé ;
Le carême en a fait sa plainte :
Phylis, Chloris, Sylvie, Aminthe,
Y perdirent tous leurs galans.
Le Palais n'eut plus de chalands,
Le procureur fut sans pratique,
Le marchand ferma sa boutique.
L'arthamène fut sans débit,
Et l'on pensa chanter l'obit
De l'Ibrahim, de Polexandre,
De Cléopâtre et de Cassandre,
Avec celui de leurs auteurs,
Leurs libraires et leurs lecteurs.
Le sermon n'eut plus d'audience,
Le charlatan plus de créance ;
L'hôtel de Bourgogne ferma,
La troupe du Marais s'arma.
Jodelet n'eut plus de farine
Dont il pût barbouiller sa mine ;
Les marchés n'eurent plus de pain,

Et chacun plus ou moins eut faim.
Mais sitôt que par sa présence
La paix nous promit l'abondance,
Que le Roi seul nous redonna
Quand Sa Majesté retourna,
Aussitôt disparut le trouble :
Plus de misères pour un double.
Paris a repris sa beauté,
Tout est dans la prospérité.
Le marchand est à sa boutique,
Le procureur à sa pratique,
Les hommes de robe au Palais,
Les comédiens au Marais,
Les artisans à leur ouvrage;
Les bourgeois sont à leur ménage,
Les bonnes femmes au sermon.
Cormier est à son galbanon,
L'apothicaire à sa seringue;
Et vous, le vainqueur de Nordlingue,
De Rocroy, de Fribourg, de Lens,
L'effroi de tous les Castillans,
Êtes dans le bois de Vincennes.
Dieu vous y conserve et maintienne
En santé !

SERMON DE SAINT LOUIS,

ROI DE FRANCE,

Fait et prononcé devant le Roi et la Reine régente sa mère, par monseigneur l'illustrissime et révérendissime Jean-François-Paul de Gondy, archevêque de Corinthe et coadjuteur de Paris, à Paris, dans l'église de Saint-Louis des pères jésuites, au jour et fête dudit saint Louis, l'année 1648.

IN NOMINE PATRIS, ET FILII, ET SPIRITUS SANCTI. Amen.

Audi, fili mi, disciplinam patris tui. Proverbiorum 1.
Écoutez, mon fils, les enseignemens de votre père.

SIRE,

J'apporte aujourd'hui aux pieds du crucifix ce qui n'a presque jamais servi que de trophée à la vanité des hommes. Je lui présente des couronnes : ce qui n'est pas le sacrifice le plus ordinaire que l'on lui fasse. Je lui offre des armes, qui ne sont pas les instrumens les plus communs de la piété. Et ces armes et ces couronnes, qui n'ont presque jamais été en usage que comme les marques profanes de la grandeur humaine, peuvent être aujourd'hui, ce me semble, judicieusement déposées dans une chaire chrétienne comme les trophées de la piété, puisqu'elles ont été sanctifiées par les justes intentions et par les actions héroïques du grand saint Louis, qui fait couler dans vos veines, sire, par une longue suite de grands princes, l'auguste sang dont vous sortez ; et qui sort aujourd'hui lui-même du tombeau pour vous instruire par ma bouche, et pour porter à Votre Majesté cet oracle sacré :

Audi, fili mi, disciplinam patris tui. (Écoutez, mon fils, les enseignemens de votre père.)

A quoi je me sens obligé d'ajouter les paroles qui suivent dans le texte de l'Ecriture : *Et legem matris tuæ ne dimittas à te.* Et n'oubliez jamais la loi de votre mère, puisque je ne doute point que la sainte éducation que vous recevez de la plus grande et de la plus vertueuse des reines ne soit particulièrement fondée sur les exemples du plus grand et du plus saint de vos prédécesseurs.

Plaise au ciel de donner à Votre Majesté les dispositions nécessaires pour suivre ses instructions, et pour imiter ses exemples ! Et pour en mériter la grâce, implorez, sire, les bénédictions du Saint-Esprit, par l'intercession de celle qui est la mère de votre roi et de votre maître, et que l'ange a remplie de bénédictions, en lui disant :

Ave Maria, etc.

Sire,

Entre un nombre infini de qualités éminentes qui rendent la religion chrétienne toute éclatante de merveilles et de prodiges, la plus considérable sans doute est la puissance qu'elle a de perfectionner et même de changer, pour ainsi dire, la nature de toutes choses. La philosophie n'a que trop souvent et trop témérairement essayé de produire cet effet : elle n'a jamais fait sur ce sujet que des efforts inutiles ; et quand elle s'y est imaginé quelque succès, elle n'a fait qu'ajouter à son impuissance une vanité fort mal fondée. Elle a donné, en de certaines occasions, de belles apparences : il semble même qu'elle ait quelquefois produit de bonnes actions. Mais, en effet, elles ont presque toujours été si défectueuses, ou dans elles-mêmes ou par leurs circonstances, que l'on peut ne prendre avec raison le sentiment qui les a causées que pour l'impétueux mouvement de quelques esprits naturellement généreux, qui eussent peut-être aimé la vertu s'ils l'eussent connue. Leur fin la plus ordinaire a été la gloire, qui même, selon leurs maximes, étoit criminelle. La plus excusable a été la complaisance et la satisfaction qu'ils ont cherchée dans eux-mêmes, et qu'ils n'ont jamais trouvée : ils n'en ont jamais eu de solidement bonne. Et je ne puis m'imaginer leurs actions les plus éclatantes, et même celles qui ont passé pour être les plus utiles au public, que comme ces grandes rivières qui portent l'abondance dans les provinces qu'elles arrosent, mais qui ne laissent pas en même temps, dans leur plus grande largeur, d'être encore toutes troublées par la fange et par les impuretés qui descendent du côté de leurs sources, ou qui tombent dans la suite de leurs cours.

La religion chrétienne agit sans doute avec beaucoup plus de force et de vigueur. Elle ne redresse pas seulement les intentions des hommes; elle ne leur donne pas seulement des vues plus hautes et plus élevées, mais encore elle les rend capables de se servir de ses lumières: elle purifie et leurs volontés et leurs actions; et, en un sens, on peut dire très-véritablement que, par un changement prodigieux, des crimes mêmes elle fait des vertus.

Saint Paul ne respire que le sang des disciples de Jésus-Christ; il ne songe qu'à la ruine et qu'à la perte de la religion: *spirans erat cædis et minarum in discipulos*. Et en même temps, et au même moment qu'il est dans cette malheureuse disposition, Dieu le touche; ou, pour parler plus conformément à sa vocation, Dieu l'emporte, par un coup violent et extraordinaire de sa miséricorde, dans la connoissance du christianisme, et en un instant sa fureur se change en une sainte ardeur pour le salut de ses frères. N'est-ce pas un prodige?

Théodose, fumant encore du sang des citoyens de Thessalonique, marche d'un pas superbe pour entrer dans l'église, comme pour la rendre complice de sa cruauté. Saint Ambroise, d'un seul regard, arrête la fierté d'un empereur victorieux de toutes les parties du monde; et dans un moment sa fierté se change en un profond respect, et dans une sainte soumission pleine d'une véritable humilité. Et ce dernier exemple, qui nous représente l'orgueil de la terre confondu, et, pour ainsi parler, anéanti par un seul mouvement du ciel, nous marque puissamment le dernier effort de la grâce, puisqu'il nous fait voir la grandeur humaine, qui, devant que les hommes eussent été éclairés de la lumière de l'Evangile, a été la cause la plus ordinaire et la plus générale de leur perte, et qui même depuis ce bonheur est encore, selon toutes les maximes de l'Ecriture, la chose du monde la plus opposée à la véritable piété: puisque, dis-je, cet exemple nous l'a fait voir assujettie au christianisme, et assujettie jusqu'au point d'être un de ses plus propres et un de ses plus glorieux instrumens. Et de cette opposition, qui se rencontre entre la grandeur et la piété qui fait trembler quand on la lit dans l'Ecriture, et qui l'a même obligée de dire que *Dieu est terrible dessus les rois*, il s'ensuit nécessairement que l'accord de ces contraires est la production la plus forte du christianisme, et que par conséquent le dernier point de la sainteté est d'être grand et d'être saint.

Et selon ces principes, ô grand et admirable monarque qui avez brillé sur la terre moins par l'éclat de votre couronne que par la splendeur de vos belles actions, de quels éloges, de quelles louanges peut-on former votre panégyrique? qu'est-ce qui peut répondre à vos vertus? Je m'éblouis à la vue de tant de lumières; je me perds dans ce rare mélange de la fortune et de la vertu. Et si je me laissois emporter à la juste crainte qui saisit mon esprit, de ne pouvoir parler assez dignement de ces merveilles, au lieu d'élever des trophées à la mémoire glorieuse du grand saint Louis, je me contenterois présentement de dresser en ce lieu un tribunal sacré, où j'appellerois de la part de Dieu tous ceux qui vivent aujourd'hui dans ce royaume, pour reconnoître le crime qu'ils commettent de ne se pas soumettre à Dieu dans leur bassesse, après l'exemple d'un grand monarque qui lui a soumis si généreusement sa grandeur. Peuples qui m'entendez, tremblez à cet exemple; et vous, sire, apprenez aujourd'hui de vos ancêtres comment il faut vivre en roi.

L'on ne peut commencer la vie de saint Louis par rien de plus élevé que sa naissance; et cette longue suite de rois dont il a tiré son origine ouvriroit avec pompe ce discours, si je n'étois persuadé que les avantages les plus illustres, et de la nature et de la fortune, ne méritent jamais d'être relevés dans une chaire chrétienne. Ils sont trop au dessous de la dignité d'un lieu sanctifié par la parole de l'Evangile, pour n'être pas ensevelis dans le silence. Mais ce silence, sire, est peut-être ce qui sera le plus instructif dans ce discours: il apprendra à Votre Majesté que cette haute naissance qui, par un privilège dû aux seules maisons dont vous sortez, vous sépare du commun des rois n'est rien devant Dieu, puisque je n'ose seulement la faire entrer en part des éloges que je donne à un de vos prédécesseurs dans cette chaire, qui est pourtant le véritable lieu des louanges, puisque c'est celui d'où l'on les doit distribuer selon le poids du sanctuaire. De sorte que le seul avantage véritablement solide que vous pouvez tirer de ce grand nombre de monarques que vous avez pour aïeuls est la connoissance de l'obligation que vous avez de songer, plus souvent que tous les autres princes de la terre, que vous êtes mortel, parce que vous comptez plus d'ancêtres qui vous enseignent cette vérité par leur exemple. Et cette considération, dès les commencemens de votre vie, vous doit tous les jours humilier devant Dieu, même en vue de ce que vous avez de plus grand dans le monde, à la différence des autres hommes, qui trouvent assez de sujet dans eux-mêmes, même selon la terre, pour abaisser leur orgueil. Et toutefois ouvrons ici nos consciences, confessons-nous publiquement à la vue du ciel et de la terre : n'est-il pas vrai que, sans descendre du sang des rois, la moindre chimère, assez souvent ridicule, même selon le monde, nous emporte à des vanités criminelles contre les ordres du ciel ?

L'histoire remarque que le beau naturel de saint Louis répondit à sa haute naissance. Dès ses plus tendres années on vit briller, dans les premiers mouvemens de son ame, des étincelles de ce grand feu qui depuis anima tout le cours de sa vie avec tant d'ardeur pour la vertu. *Sortitus sum bonam indolem*, disoit Salomon. Après cette remarque du plus sage des hommes, on doit croire que les bonnes inclinations peuvent être une juste matière de louanges ; et l'on peut dire qu'elles ne furent jamais meilleures dans l'ame de saint Louis que quand elles produisirent ce profond respect et cette parfaite obéissance qu'il conserva toujours avec tant de soin pour la reine Blanche de Castille sa mère, régente de son royaume, grande et vertueuse princesse, de laquelle je me contente de dire, pour marquer seulement le caractère de sa vertu, que, dans la minorité du Roi son fils, elle purgea la France des restes malheureux de l'hérésie des Albigeois.

Sire, je ne prétends pas de vous toucher en ce point par des exemples. Les obligations que vous avez à la Reine votre mère parlent plus suffisamment à votre cœur que toutes mes paroles ne se sauroient faire entendre à vos oreilles. Vous êtes l'enfant de ses larmes et de ses prières : elle vous a porté au trône sur des trophées ; vous êtes conquérant sous sa régence ; et ce qui est sans comparaison plus considérable que tous ces avantages, elle vous instruit soigneusement à la piété. Je vous ai dit ces vérités de la part du clergé de votre royaume : je me sens forcé, par un instinct secret, de les répéter encore aujourd'hui à Votre Majesté de la part de Dieu, non pour vous exhorter à l'obéissance que vous lui devez, de laquelle l'auguste sang qui coule dans vos veines, et ce beau naturel que l'Europe admire dans les commencemens de votre vie, ne vous permettront jamais de vous dispenser ; mais pour prendre sur ce fonds un juste sujet de vous expliquer en peu de paroles la plus importante et sans doute la plus nécessaire des instructions : c'est, sire, la distinction du droit positif de votre royaume, et du droit naturel qui oblige tous les hommes. Le droit positif de votre Etat fait que la Reine votre mère est votre sujette, et ainsi il la soumet à Votre Majesté. Le droit naturel, qui est au dessus de toutes les lois, fait que vous êtes son fils, et ainsi il vous soumet à elle. Distinguez, sire, ces obligations : elles ne sont point contraires, mais il les faut entendre. Je ne les touche qu'en passant, parce que je ne doute point que la sainte éducation que vous recevez ne vous permettra point de les ignorer. Aussi est-ce en cet endroit, et en ce point et en plusieurs autres, la connoissance la plus importante et la plus nécessaire aux princes.

Saint Louis n'eut pas plutôt atteint un âge raisonnable, qu'il se trouva enveloppé dans une grande et difficile guerre émue par quelques princes mécontens dans son royaume, fomentée par l'Anglais, et soutenue par ces belliqueuses provinces que cet ennemi fier et puissant possédoit en ce temps-là dans cet Etat. Ce généreux prince s'opposa courageusement à ses injustes entreprises. Il fit voir à toute la terre que la véritable piété n'est point contraire à la véritable valeur ; il raffermit son Etat ébranlé ; il porta la terreur et l'effroi dans les terres et dans les troupes étrangères ; il soutint ou plutôt il força lui seul sur le pont de Taillebourg l'armée anglaise, avec une fermeté plus merveilleuse que celle que l'antiquité romaine a consacrée avec tant de gloire à la postérité. Il arrêta ce débordement du Nord qui grondoit déjà contre la France, et qui depuis a été si furieux qu'il a failli à emporter les plus braves de ses successeurs. Je n'appréhende point de vous présenter dans une chaire de paix ces images sanglantes de carnage et de meurtres, puisque les guerres de saint Louis ont été de ces guerres sanctifiées dont l'Ecriture même parle avec éloge : *Sanctificate bellum, sanctificate arma.* Il a sanctifié la guerre en lui donnant une juste cause, qui fut la sûreté de ses peuples ; et en la portant à une juste fin, qui fut une glorieuse paix. Il a sanctifié les armes, en tempérant leur violence par les lois de la discipline chrétienne. Ainsi tout tourne en bien à ceux qui aiment Dieu. *Diligentibus Deum omnia cooperantur in bonum.* Ainsi la guerre même entre en part de la sainteté de saint Louis ; ainsi les rois se sauvent en donnant des batailles, pourvu que ces batailles se donnent pour la conservation ou pour le repos de leurs sujets. Et saint Louis sans doute a plus mérité par les ordres qu'il a donnés à la tête de son armée, qu'il n'eût pu faire par les prières et par la retraite de son cabinet.

On ne s'applique pas avec assez de choix à la piété ; on n'a pas assez de discernement pour distinguer les différentes conduites que l'on doit prendre dans les différens emplois. Il y a des actions de piété qui sont communes à toutes les professions : il y en a qui sont particulières à chaque profession. Il est important de ne les point confondre ; et ceux qui les confondent se mettent du nombre de ceux que reprend l'Ecriture, quand elle dit : *Corripite inquietos et inordinatos.* Ce discernement est particulièrement demandé à Dieu par le psalmiste pour les rois : *Deus, judicium tuum regi da.* Assez souvent un juge plaît plus à Dieu en rendant la justice qu'en faisant oraison ; et quelquefois un roi suit plus exactement les volontés du ciel à la tête d'un bataillon, que dans son oratoire. Par cette conduite, ce grand monarque dont nous célébrons aujourd'hui la mémoire a attiré sur ses exploits les bénédictions du ciel ; et, par cette conduite, ses armes ont été sanctifiées par une glorieuse paix.

Les vôtres, sire, ne sont pas moins justes : elles n'ont pas eu de moindres succès. Cette importante victoire, remportée si fraîchement et si glorieusement sur vos ennemis, est-elle une moins bonne cause ? En naissant, vous vous les êtes trouvées dans les mains. Dieu veuille, par sa miséricorde, qu'elles aient bientôt une aussi bonne fin! Dieu veuille que vos victoires soient bientôt arrêtées par une heureuse paix! Je vous la demande, sire, au nom de tous vos peuples affligés; et, pour parler plus véritablement, consumés par les nécessités inséparables d'une si longue guerre. Je vous la demande avec liberté, parce que je parle à Votre Majesté d'un lieu d'où je suis obligé par ma conscience de vous dire, et de vous dire avec autorité, que vous nous la devez.

Mais, hélas! je me reprends, sire. Si la paix étoit dans vos mains innocentes, il y a long-temps qu'elles auroient fait à la terre ce don si précieux : la Reine votre mère les auroit désarmées pour la gloire du ciel et pour le repos du monde : votre jeune courage auroit cédé à sa piété. Elle est lasse de ces funestes victoires que l'on achète par le sang de ses sujets. L'opiniâtreté des ennemis de votre couronne a rendu jusqu'ici inutiles tous les efforts qu'elle a faits pour leur propre tranquillité et pour leur propre salut : c'est donc à Dieu, chrétiens, qu'il faut demander la paix, et non pas au Roi; c'est de sa bonté qu'il faut espérer qu'il fléchira les cœurs de ces princes obstinés à leur perte. Et je m'assure, madame, que ces prières ardentes dont Votre Majesté presse le ciel ne sont particulièrement employées qu'à le conjurer qu'il fasse que le sang d'Autriche relâche un peu de ce noble orgueil qui, contre ses propres intérêts, le rend trop ferme dans ses malheurs. Ces vœux sont si justes et sont si nécessaires au monde, que j'en attends le succès avec confiance; et je n'en ai pas moins que quand Dieu leur aura donné leur effet, Votre Majesté, sire, ne se serve de la tranquillité de son royaume aussi utilement pour l'avantage de ses peuples, que saint Louis se servit du relâche que lui donnèrent ses premières armes.

Il soulagea ses sujets, il policea son Etat, il fit refleurir la justice, il réprima les violences, il défendit les duels, il châtia rigoureusement les impies et les blasphémateurs. Ah! sire, puisque vos sujets sont assez malheureux pour imiter leurs pères dans leurs crimes, ne serez-vous pas assez juste pour imiter votre glorieux ancêtre dans ses lois? et souffrirez-vous, à la vue de la France, aux yeux de la chrétienté, à la vue du Dieu que vous adorez, que l'impiété règne et triomphe par l'impunité dans la ville capitale de votre royaume? *Non sine causâ gladium Dei portas ; vindex es in iram.* Ce n'est pas sans sujet que Dieu vous a confié l'épée de sa justice : c'est pour venger sa cause, et pour punir les crimes que l'on commet contre sa divine majesté. La clémence est la vertu des rois, et sans elle les princes les plus légitimes ne sont presque point distingués des tyrans : mais elle perd son lustre et son mérite, quand elle est employée pour tirer des mains de la justice ces noirs et ces infâmes criminels qui se sont attaqués directement à leur Créateur. Saint Louis, par une grandeur de courage digne d'un héros véritablement chrétien, et contre les maximes de la fausse politique, pardonna au comte de La Marche déclaré rebelle, qui, par un attentat étrange, avoit porté les armes d'Angleterre dans le sein de la France contre son souverain ; et au même moment, contre toutes les règles de la fausse clémence, il fait percer la langue à des blasphémateurs, peut-être et sans doute moins coupables que ceux de notre siècle. La noble impatience que la Reine votre mère sent en son ame contre tout ce qui est péché ne lui permettra pas assurément d'attendre la paix pour remédier à ces désordres ; et c'est l'unique gloire, sire, que son amour lui permet de vous envier. Mais j'avoue que la charité chrétienne ne demande qu'avec peine et qu'avec regret la punition des crimes, et qu'elle en souhaite plutôt la conversion. Ames impies et brutales, qui n'éclatez que par des blasphêmes, et qui toutefois éclatez ; qui ne cherchez de l'applaudissement que par des discours abominables, et qui toutefois en trouvez ; prévenez, par une sévère pénitence, le châtiment exemplaire que la justice de Dieu et celle du Roi vous préparent ; et vous, gladiateurs, qui même avec faste vous sacrifiez vous-mêmes tous les jours au démon, dérobez vos têtes au supplice, et vos ames aux enfers.

Le grand ordre que saint Louis mit en son royaume attira sur lui les bénédictions du ciel : et comme la plus grande et la principale de toutes est l'amour de Dieu et la charité pour ses frères, il lui inspira ce vaste et pieux dessein de secourir les chrétiens de Jérusalem, opprimés par la tyrannie des barbares ; et d'affranchir de leur puissance ces lieux consacrés par la naissance et par la mort du fils de Dieu. Et véritablement c'est ici où la parole me manque ; c'est ici où, sans emprunter les figures de l'éloquence humaine, sans parler avec exagération, je me sens obligé d'avouer que je me trouve dans l'impuissance d'achever le tableau de ce grand monarque : les traits en sont trop forts. Tantôt je le considère triomphant des périls de la mer, attaquant Damiette; prenant, le premier, terre à la tête de son armée à la vue de ses ennemis; faisant trembler l'Orient sous le poids de ses armes. Tantôt je le regarde perçant en deux batailles, comme un prodige de valeur, les rangs des troupes infidèles; et après des efforts plus qu'humains, abattu dans la troisième, moins par la multitude de ses ennemis que par la main de Dieu, qui veut éprouver sa constance. Tantôt je le considère en sa prison, attirant la vénération des peuples les plus barbares par sa vertu, et foulant aux pieds, par la grandeur de son courage, la vaste couronne des Mahométans. Tantôt je l'aperçois dans les hôpitaux de Syrie, au retour de sa captivité, secourant les malades, assistant lui-même les pestiférés ; et, de ce lieu d'humilité où il sert à genoux les plus pauvres, je le vois tout d'un coup rappelé sur son trône, non pour s'y reposer de ses travaux passés, mais pour y reprendre de nouvelles forces, pour former de nouvelles armées, pour passer en Afrique, pour porter la guerre dans les provinces les plus farouches et les plus belliqueuses des Sarrazins, et pour planter la croix sur les mosquées de Mahomet. Où pouvons-nous trouver la variété des couleurs nécessaires pour dépeindre les actions de ce grand prince ? Hélas! nous n'en avons pas seulement d'assez vives pour donner la moindre partie de l'éclat qui est dû à ses malheurs, qu'il a rendus, à la vérité, par sa constance, aussi illustres que ses victoires, et qui peuvent faire dire avec fondement, de saint Louis pris et défait par les barbares, ce qu'on disoit autrefois de cette peinture si estimée par les anciens : qu'elle ne fut jamais plus belle ni moins effacée qu'après qu'elle eut été touchée par trois différentes fois de la foudre. Tirons le rideau sur toutes ces merveilles; couvrons d'un voile, à l'imitation de cet ancien qui s'en servit si judicieusement dans une occasion trop connue pour être répétée ; couvrons, dis-je; d'un voile cette partie la plus animée de sa belle vie, parce que nous n'en saurions exprimer seulement les moindres traits; et tirons de ces grands exemples, par un avantage que Votre Majesté doit partager avec ses sujets, des fruits dignes de cette chaire, et sans lesquels les panégyriques les plus chrétiens ne seroient pas plus utiles que les discours les plus profanes.

Saint Louis a servi lui-même les pauvres dans les hôpitaux, sans autre obligation que celle de son ardente charité. Jugez, sire, à quel point vous êtes obligé à les servir sur votre trône, où Dieu vous a mis pour les soulager! Et nous, chrétiens, jugeons, à notre honte et à notre confusion, que nous sommes indignes de porter ce glorieux titre, depuis qu'une dureté qui fait horreur fait que nos entrailles ne sont plus émues sur la nécessité de nos frères, depuis que nos folles dépenses et notre luxe, souvent ridicule et toujours honteux, emportent ou pour mieux dire dérobent ce que nous devons aux misères de notre prochain.

Saint Louis, animé du saint zèle de la gloire de Dieu, se résolut de passer au Levant, et d'ouvrir la guerre sainte contre les Infidèles. Dieu veuille, sire, que le cimeterre des Ottomans, qui brille déjà sur les frontières de la chrétienté, ne vous impose pas un jour la nécessité de semblables desseins; mais au moins cet exemple doit donner à Votre Majesté du zèle pour sa religion. Hélas! en sommes-nous seulement échauffés? Et n'est-il pas vrai que, sans passer les mers, nous nous trouvons assez souvent dans les compagnies avec des ennemis de notre foi, contre lesquels nous opiniâtrons peu de combats pour sa défense?

Saint Louis reçut les afflictions qui lui arrivèrent en Syrie avec une fermeté admirable; et la résignation qu'il eut aux volontés de Dieu en sa défaite, dans sa prison, dans ses maladies, a été même plus estimée par le plus grand prélat de notre siècle, le bienheureux François de Sales, que la générosité de son entreprise.

Ce grand monarque, sire, n'oublia jamais qu'il étoit roi; mais il se souvint toujours qu'il étoit homme. C'est pourquoi les accidens de la vie ne le surprirent point et ne l'étonnèrent pas : à la différence des grands du monde, à qui pour l'ordinaire la flatterie, plus forte même que l'expérience, fait perdre la mémoire, et qui n'en sont pas exempts. Et nous, sans porter des couronnes, recevons-nous avec plus de soumission les ordres de Dieu? et, aux premières afflictions que le ciel nous envoie, ne paroît-il pas visiblement à nos impatiences et à nos murmures que nous oublions souvent que nous sommes mortels ?

Saint Louis ne se lasse jamais de servir Dieu ; et quoique ses bons desseins n'aient pas toujours de bons succès, il les pousse avec vigueur, il ne s'ébranle point. Au retour de l'Asie il attaque l'Afrique, il porte l'étendard de la croix jusque sur les murailles de Tunis ; et rien n'arrête son ardeur que la volonté de celui qui la lui inspire. Ah ! qui que tu sois, malheureux, ame lâche et timide, qui prends un bon dessein, et qui l'abandonnes où par crainte, ou par espérance, ou par foiblesse, ou par corruption, confonds-toi en toi-même par l'exemple du plus grand des rois ; mais confonds-toi d'une sainte honte qui produise une véritable pénitence digne de ton crime, digne de ta foiblesse, digne de ta lâcheté.

Je sens que je m'emporterois dans un nombre infini d'oppositions qui se rencontrent, au déshonneur de notre siècle, entre la vertu de saint Louis et nos péchés. Je me perdrois facilement dans ces grandes distances qu'il y a de sa continence à nos désordres, de son humilité à notre fausse gloire, de sa charité à nos froideurs, de son courage à nos foiblesses. Je m'arrête, je m'arrête contre mes sentimens, pour voir mourir ce grand monarque, mais non pas pour parler de sa mort. On peut exagérer la mort des hommes ordinaires, parce qu'assez souvent on n'en est pas ému qu'après de longues réflexions ; mais celle des grands rois touche par la seule vue de leurs tombeaux. Saint Louis étendu sans sentiment dans un pays ennemi, sur une terre étrangère, marque plus fortement la vanité du monde que tous les discours qu'on pourroit faire sur ce sujet. Et à ce triste spectacle je me contente de m'écrier avec le prophète : *Ubi gloria Israël ?* Où est la gloire d'Israël ? où est la grandeur de la France ? où est cette florissante noblesse ? où est cette puissante armée ? où est ce grand monarque qui commandoit à tant de légions ? Et au même moment que je fais ces demandes, il me semble que j'entends les voix confuses et ramassées de tous les hommes qui ont vécu dans les quatre siècles écoulés depuis sa mort, qui me répondent qu'il règne dans les cieux. Ah ! que ce dernier moment qui l'y a porté avec tant de gloire nous fournit d'exemples de constance, de fermeté, de générosité, de magnanimité vraiment chrétienne! Toutes les paroles par lesquelles il a fini sa belle vie, et par lesquelles je prétends finir ce discours, sont autant de caractères illustres d'une mort toute grande, tout héroïque, toute sainte.

Ce grand monarque adressa ces paroles au Roi son fils et son successeur sur la terre, dans le lit de la mort; et je dois croire qu'il les adresse présentement à Votre Majesté encore avec plus de force, du ciel où il est dans la gloire. *Audi, fili mi, disciplinam patris tui.* Ecoutez, sire, mais écoutez attentivement: voici les paroles originales du testament de votre père.

Sachez que vous êtes roi pour rendre la justice, et que vous la devez également aux pauvres et aux princes et par vous et par vos officiers, des actions desquels vous rendrez compte à Dieu. Soulagez votre peuple, conservez sa franchise, écoutez ses plaintes, et inclinez d'ordinaire du côté du moins riche, parce qu'il y a apparence qu'il est le plus oppressé; faites-vous justice à vous-même dans vos intérêts, afin que vos officiers n'aient pas lieu de se persuader qu'ils vous puissent plaire en faisant des injustices pour votre service. N'entrez jamais en guerre contre aucun prince chrétien, que vous n'y soyez obligé par des considérations très-pressantes. Pardonnez les fautes qui ne regarderont que votre personne, et soyez inexorable pour celles qui toucheront la divine majesté. Punissez les blasphémateurs, et ayez aversion pour les hérétiques; soyez libéral de votre bien, et soyez ménager de celui de vos sujets. Maintenez les bons réglemens et les anciennes ordonnances de votre royaume, et corrigez avec soin les mauvais usages. Ne donnez jamais les bénéfices qu'à ceux qui seront capables d'en faire les fonctions et d'en soutenir la dignité. Demeurez dans le respect que vous devez au Saint-Siége, et conservez inviolablement les priviléges et les immunités de l'Eglise. Entendez souvent la parole de Dieu, et fréquentez les sacremens avec les dispositions nécessaires. Enfin faites régner Jésus-Christ en votre cœur et dans votre royaume, afin qu'après une longue vie il vous fasse régner avec lui dans la vie éternelle, *où vous conduise le Père*†, *le Fils*†, *et le Saint-Esprit*†. *Ainsi soit-il.*

LA CONJURATION

DU COMTE

JEAN-LOUIS DE FIESQUE.

Au commencement de l'année 1547, la république de Gênes se trouvoit dans un état que l'on pouvoit appeler heureux, s'il eût été plus affermi. Elle jouissoit en apparence d'une glorieuse tranquillité acquise par ses propres armes, et conservée par celles du grand Charles-Quint, qu'elle avoit choisi pour protecteur de sa liberté. L'impuissance de tous ses ennemis la mettoit à couvert de leur ambition, et les douceurs de la paix y faisoient revenir l'abondance, que les désordres de la guerre en avoient si long-temps bannie; le trafic se remettoit dans la ville avec un avantage visible du public et des particuliers; et si l'esprit des citoyens eût été aussi exempt de jalousie que leurs fortunes l'étoient de la nécessité, cette république se seroit relevée en peu de jours de ses misères passées, par un repos plein d'opulence et de bonheur. Mais le peu d'union qui étoit parmi eux, et les semences de haine que les divisions précédentes avoient laissées dans les cœurs, étoient des restes dangereux qui marquoient bien que ce grand corps n'étoit pas encore remis de ses maladies, et que sa guérison étoit semblable à la santé apparente de ces visages bouffis sur lesquels un peu d'embonpoint cache beaucoup de mauvaises humeurs. La noblesse, qui avoit le gouvernement entre ses mains, ne pouvoit oublier les injures qu'elle avoit reçues du peuple dans le temps qu'elle étoit éloignée des affaires. Le peuple, de son côté, ne pouvoit souffrir la domination de la noblesse, que comme une nouvelle tyrannie qui étoit contraire aux ordres de l'Etat. Une partie même des gentilshommes qui prétendoient à une plus haute fortune envioit ouvertement la grandeur des autres. Ainsi les uns commandoient avec orgueil, les autres obéissoient avec rage, et beaucoup croyoient obéir parce qu'ils ne commandoient pas assez absolument; quand la Providence permit qu'il arrivât un accident qui fit éclater tout d'un coup ces différens sentimens, et qui confirma pour la dernière fois les uns dans le commandement, et les autres dans la servitude.

C'est la conjuration de Jean-Louis de Fiesque, comte de Lavagne, qu'il faut reprendre de plus loin, pour en connoître mieux les suites et les circonstances.

Au temps de ces fameuses guerres, dans lesquelles Charles-Quint, empereur, et François premier, désolèrent toute l'Italie, André Doria, sorti d'une des meilleures maisons de Gênes, et le plus grand homme de mer qui fût à cette heure-là dans l'Europe, suivoit avec ardeur le parti de la France, et soutenoit la grandeur et la réputation de cette couronne sur les mers, avec un courage et un bonheur qui donnoient autant d'avantage à son parti que d'éclat à sa gloire particulière. Mais c'est un malheur ordinaire aux plus grands princes de ne considérer pas assez les hommes de service, quand une fois ils croient être assurés de leur fidélité. Cette raison fit perdre à la France un serviteur si considérable; et cette perte produisit des effets si fâcheux, que la mémoire en sera toujours funeste et déplorable à cet Etat. En même temps que ce grand personnage fut engagé dans le service du Roi en qualité de général de ses galères, avec des conditions avantageuses, ceux qui tenoient les premières places de la faveur et de la puissance dans les conseils commencèrent à envier et sa gloire et sa charge, et formèrent le dessein de perdre celui qu'ils voyoient trop grand seigneur pour se résoudre jamais à dépendre d'autres personnes que de son maître. Comme ils jugèrent qu'il ne seroit d'abord ni sûr ni utile à leur dessein de lui rendre de mauvais offices auprès du Roi, qui venoit de témoigner une trop bonne opinion de lui pour en concevoir sitôt une mauvaise, ils prirent une voie plus délicate; et joignant les louanges aux applaudissemens publics que l'on donnoit aux premières armes que Doria avoit prises pour la France, ils se résolurent de lui donner peu à peu des mécontentemens que l'on pouvoit attribuer à la nécessité des affaires générales plutôt qu'à leur malice particulière, et qui néanmoins ne laissèrent pas de faire l'effet qu'ils prétendoient. Ils s'appliquèrent à donner à cet esprit altier et glorieux matière de s'échapper, pour avoir un moyen plus aisé de le ruiner dans l'esprit du Roi;

et les affaires que sa charge lui donnoit dans le conseil ne fournirent, à ceux qui y avoient toute l'autorité, que trop d'occasions de le désobliger. Tantôt l'on trouvoit les finances trop épuisées pour fournir à de si hauts appointemens ; tantôt on le payoit en mauvaises assignations ; quelquefois ses demandes étoient trouvées injustes et déraisonnables. A la fin ses remontrances sur les torts qu'on lui faisoit furent rendues si criminelles auprès du Roi, par les artifices de ses ennemis, qu'il commença d'être importun et fâcheux ; et peu à peu il passa auprès de lui pour un esprit intéressé, insolent et incompatible. Enfin on le désobligea ouvertement, en lui refusant la rançon du prince d'Orange son prisonnier, que son neveu Philippin Doria avoit pris devant Naples, et que le Roi avoit retiré de ses mains. On lui demanda même avec des menaces le marquis Du Guast et Ascagne Colone, pris à la même bataille. On ne parla plus de lui tenir la parole qu'on lui avoit donnée de rendre Savone à la république de Gênes ; et comme on vit que cet esprit prenoit feu, au lieu de cacher ses dégoûts sous une modération apparente, ses ennemis n'oublièrent rien pour les accroître. M. de Barbezieux fut commandé pour se saisir de ses galères, et même pour l'arrêter s'il étoit possible. Cette faute étoit aussi pleine d'imprudence que de mauvaise foi ; et l'on ne sauroit assez blâmer les ministres de France d'avoir préféré leurs intérêts au service de leur maître, et ôté à son parti le seul homme qui pouvoit le maintenir en Italie : et puisqu'ils vouloient le perdre, on peut dire qu'ils furent fort malhabiles de ne l'avoir pas perdu tout-à-fait, et de l'avoir laissé dans un état où il étoit capable de nuire extrêmement à la France et à eux-mêmes, par le chagrin que le Roi pouvoit prendre de leurs conseils, et par les mauvaises suites qu'ils avoient attirées contre son royaume.

Doria, se voyant traité si criminellement, fait un manifeste de ses plaintes, proteste qu'elles ne procèdent pas tant de ses intérêts particuliers que de l'injustice avec laquelle on refusoit à sa chère patrie de lui rendre Savone, qui lui avoit été tant de fois promise par le Roi. Il traite avec le marquis Du Guast, son prisonnier ; se déclare pour l'Empereur, et accepte la généralité de ses mers. La conduite de ce vieux politique fut en cela pour le moins aussi malicieuse que celle des ministres de France, mais beaucoup plus adroite et plus judicieuse. On ne le peut excuser d'une ingratitude extraordinaire de s'être laissé emporter aux mouvemens d'une si dangereuse vengeance contre un prince à qui l'on peut dire qu'il avoit obligation de tout son honneur, puisqu'il en avoit acquis les plus belles marques en commandant ses armées; et il est difficile de le justifier d'une trahison lâche et indigne de ses premières actions, d'avoir commandé à Philippin Doria, son lieutenant, de laisser entrer des vivres dans Naples, alors extrêmement pressé par M. de Lautrec, au moment même qu'il protestoit encore de vouloir demeurer dans le service du Roi. Mais il faut avouer aussi que ce même procédé le doit faire passer pour un homme fort habile dans la politique intéressée, en ce qu'il mit avec tant d'adresse les apparences de son côté, que ses amis pouvoient dire que le manquement de parole dont il se plaignoit pour sa patrie étoit la véritable cause de son changement ; et que ses ennemis ne pouvoient nier qu'il n'y eût été poussé par des traitemens trop rudes et trop difficiles à souffrir : outre qu'il n'ignoroit pas que le moyen d'être en beaucoup de considération dans un parti étoit celui d'y apporter d'abord un grand avantage. En effet, il prit si bien son temps, et ménagea sa révolte avec tant de conduite, qu'elle sauva Naples à l'Empereur, que les Français lui alloient ravir en peu de jours, si Philippin Doria eût continué de les servir fidèlement. Ce changement fut cause de la perte d'un des plus grands capitaines qui fût jamais sorti de la France, et mit enfin la république de Gênes sous la protection de la couronne d'Espagne, à qui elle est si nécessaire à cause du voisinage de ses Etats d'Italie. Aussi fut-ce la première action d'André Doria pour le service de l'Empereur, après qu'il se fut ouvertement déclaré contre le Roi.

 Cet homme habile et ambitieux, connoissant au point qu'il faisoit les intrigues de Gênes et les inclinations des Génois, ne manqua pas de ménager des esprits qu'on a de tout temps accusés d'aimer naturellement la nouveauté. Comme il avoit beaucoup d'amis et de partisans secrets dans la ville qui lui rendoient compte de ce qui s'y passoit, il avoit soin aussi d'y confirmer les uns dans le mécontentement qu'ils témoignoient du gouvernement présent, et d'essayer d'en faire naître dans l'esprit des autres;

de persuader au peuple que les Français ne lui laissoient que le nom de la souveraineté pendant qu'ils en retenoient tout le pouvoir. Il faisoit représenter à la noblesse l'image du gouvernement ancien, qui avoit toujours été entre ses mains; et enfin il insinuoit à tout le monde l'espérance du rétablissement général des affaires dans un changement.

Sa cabale étant faite, il s'approcha de Gênes avec ses galères; il mit pied à terre, et rangea ses gens en bataille, sans trouver aucune résistance. Il marcha dans la ville, suivi de ceux de son parti qui avoient pris les armes au signal arrêté. Il occupa les principaux lieux, et s'en rendit maître presque sans mettre l'épée à la main. Théodore Trivulce, qui y commandoit pour le Roi, perdit avec Gênes toute la réputation qu'il s'étoit acquise dans les guerres d'Italie, parce qu'il négligea de rompre les pratiques qui s'y étoient tramées, quoiqu'il en fût averti; et qu'il aima mieux, pour sauver sa vie et son argent, faire une honteuse composition dans le châtelet, que de s'ensevelir honorablement dans les ruines de cette place si importante au service de son maître.

Les Français ne furent pas plus tôt chassés de Gênes, que l'on entendit crier dans les rues le nom de Doria : les uns, suivant dans ces acclamations leurs véritables sentimens, les autres essayant de cacher par des cris de joie dissimulés l'opinion qu'ils avoient donnée en diverses occasions, que leurs pensées n'étoient pas conformes à la joie publique. Et la plupart se réjouissoient de ces choses (comme c'est l'ordinaire des peuples), par la seule raison qu'elles étoient nouvelles.

Doria ne laissa pas refroidir cette ardeur : il assembla la noblesse, lui mit le gouvernement entre les mains; et protestant qu'il n'y prétendoit aucune part que celle qui lui seroit commune avec tous les autres gentilshommes, il donna lui-même la forme à la république; et après avoir reçu tous les témoignages imaginables des obligations que lui avoient ses concitoyens, il se retira dans son palais pour y goûter en repos le fruit de ses peines passées : et la république lui érigea une statue, avec le titre de *père de la patrie* et de *restaurateur de la liberté*.

Il y a beaucoup de personnes qui croient qu'en effet Doria avoit terminé toute son ambition au présent qu'il faisoit à son pays de la liberté, et que l'applaudissement général qu'il recevoit des siens lui donnoit plutôt la pensée de jouir de cette gloire avec tranquillité, que de s'en servir pour des desseins plus élevés. D'autres ne se peuvent imaginer que le grand emploi qu'il avoit pris tout de nouveau dans le service de l'Empereur, et le soin continuel qu'il avoit toujours eu de tenir la noblesse de Gênes attachée à sa maison, partissent d'un esprit enclin au repos, et absolument désintéressé. Ils croient qu'il étoit trop habile homme pour ne pas voir qu'un souverain dans Gênes ne pouvoit plaire au conseil d'Espagne, et qu'il vouloit seulement l'entretenir par une modération apparente, et remettre de plus hautes entreprises à des temps plus favorables.

Sa vieillesse néanmoins eût pu diminuer justement l'appréhension que l'on avoit de son autorité, si l'on n'eût pas vu un autre lui-même dans une puissance presque égale à la sienne. Jeannetin Doria, son cousin et son fils adoptif, âgé d'environ vingt-huit ans, étoit extrêmement vain, altier et insolent : il avoit en survivance toutes les charges de son père, et tenoit par ce moyen la noblesse de Gênes dans ses intérêts. Il menoit une façon de vie plus éclatante que celle d'un citoyen qui ne veut pas s'attirer de l'envie, et donner de l'ombre à la république. Il témoignoit même assez ouvertement qu'il en dédaignoit la qualité. L'élévation extraordinaire de cette maison produisit le grand mouvement dont nous allons parler, et donna ensuite un exemple mémorable à tous les Etats de ne souffrir jamais dans leurs corps une personne si éminente, que son autorité puisse faire naître le dessein de l'abaisser, et le prétexte de l'entreprendre.

Jean-Louis de Fiesque, comte de Lavagne, sorti de la plus illustre et de la plus ancienne maison de Gênes, riche de plus de deux cent mille écus de rente, âgé de vingt-deux ans, doué d'un des plus beaux et plus élevés esprits du monde, ambitieux, hardi et entreprenant, menoit en ce temps-là dans Gênes une vie bien contraire à ses inclinations. Comme il étoit passionnément amoureux de la gloire, et qu'il manquoit d'occasions d'en acquérir, il ne songeoit qu'aux moyens d'en faire naître : mais quelque peu de matière qu'il en eût alors, il eût pu se promettre néanmoins que son mérite lui auroit ouvert le chemin de la gloire où il aspiroit en servant son pays, si l'extrême pouvoir de Jeannetin Doria, dont nous avons déjà parlé, lui eût laissé quelque lieu d'y espérer de l'emploi. Mais comme il étoit trop grand par sa naissance et trop estimé par ses bonnes qualités pour ne donner pas de l'appréhension à celui qui vouloit attirer à lui seul toute la réputation et les forces de la république, il voyoit bien qu'il ne pouvoit avoir de prétentions raisonnables en un lieu où son rival étoit presque le maître; parce qu'il est certain que tous ceux qui prennent de l'ombrage dans les premières places ne songent jamais aux intérêts de celui qui le donne, que pour le ruiner. Voyant donc qu'il devoit tout appréhender de l'élévation de Doria, et qu'il n'avoit rien à espérer pour la sienne, il crut être obligé de prévenir par son esprit et par son courage les mauvaises suites d'une grandeur si contraire à celle de sa maison : n'ignorant pas qu'il ne faut jamais rien attendre des personnes qui se font craindre, qu'une extrême défiance, et un abaissement continuel de ceux qui ont quelque mérite, et qui sont capables de s'élever.

Toutes ces considérations mettant dans le cœur de Jean-Louis de Fiesque le désespoir de s'agrandir dans le service de sa patrie, lui firent prendre le dessein d'abattre la puissance de la famille de Doria avant qu'elle eût acquis de plus grandes forces : et comme le gouvernement de Gênes y étoit attaché, il forma la résolution de joindre le changement de l'un à la perte de l'autre.

Les grands fleuves ne font jamais de mal tant que rien n'empêche leur cours; mais au moindre obstacle qu'ils rencontrent, ils s'emportent avec violence, et la résistance d'une petite digue est cause bien souvent qu'ils inondent les campagnes qu'ils arroseroient avec utilité.

Ainsi l'on peut juger que si le naturel du comte de Fiesque n'eût point trouvé le chemin de la gloire traversé par l'autorité des Doria, il fût assurément demeuré dans les bornes d'une conduite plus modérée, et auroit employé utilement pour le service de la république les mêmes qualités qui pensèrent la ruiner.

Ces sentimens d'ambition furent entretenus dans l'esprit du comte par les persuasions de beaucoup de personnes qui espéroient de trouver leurs avantages dans les désordres publics; mais surtout par les sollicitations pressantes des Français, qui lui firent porter quantité de paroles, et faire des offres considérables : premièrement, par César Fregoze et Cagnino Gonzague, et ensuite par M. Du Bellai, qui eut des entretiens secrets avec lui par l'entremise de Pierre-Luc de Fiesque.

L'opinion commune de ce temps-là étoit que le pape Paul III, espérant d'abattre d'un même coup André Doria qu'il haïssoit pour quelques intérêts secrets, et ôter à l'Empereur déjà trop puissant un partisan redoutable dans l'Italie, avoit travaillé soigneusement à nourrir l'ambition de Jean-Louis de Fiesque, et lui avoit inspiré les plus forts mouvemens du dessein d'entreprendre sur Gênes.

Il n'y a rien qui flatte si puissamment un homme de cœur, et qui le porte à des résolutions si hasardeuses, que de se voir recherché par des personnes qui sont beaucoup au dessus des autres, ou par leur dignité, ou par leur réputation. Cette marque de leur estime lui remplit d'abord l'ame d'une grande confiance de lui-même, et lui fait croire qu'il est capable de réussir dans les plus grandes affaires. Celle que Jean-Louis avoit dans l'esprit devoit par cette raison lui paroître glorieuse et facile, puisqu'il s'y voyoit poussé par le plus grand prince de l'Europe et par le plus habile homme de son temps. L'un fut François premier, qui donna ordre à Pierre Strozzi, en passant les montagnes voisines de Gênes avec des troupes, de l'en solliciter de sa part; et l'autre fut le cardinal Augustin Trivulce, protecteur de France à la cour de Rome, duquel il reçut tous les honneurs imaginables au voyage que le comte y fit pour se divertir en apparence, mais en effet pour communiquer plus aisément son dessein au Pape, et s'instruire mieux de ses sentimens.

Ce cardinal, qui étoit en grande réputation, et qui passoit pour un homme fort éclairé dans les affaires d'Etat, sut animer Jean-Louis par une émulation à laquelle il n'étoit que trop sensible, en lui mettant devant les yeux, avec tout l'art qui pouvoit exciter sa jalousie, la grandeur présente de Jeannetin Doria, et celle dont il commençoit à s'assurer par les profondes racines qu'il donnoit à son autorité : et augmentant ainsi l'envie qu'il avoit contre l'une, et la crainte qu'il avoit conçue de l'autre, il lui représenta combien il est insupportable à un homme de cœur de vivre dans une république, où il ne peut trouver aucun moyen légitime de s'élever, et où le mérite ne met presque pas de différence entre des personnes illustres et les hommes les plus ordinaires.

Après qu'il l'eut bien confirmé dans son dessein, il lui offrit toutes les assistances possibles de la part de la France ; et il pressa si fortement cet esprit déjà ébranlé, qu'enfin il témoigna d'accepter avec beaucoup de joie la proposition qui lui fut faite de lui donner la paie et le commandement de six galères pour le service du Roi, de deux cents hommes de garnison dans Montobio, d'une compagnie de gendarmes, et de douze mille écus de pension ; demandant néanmoins le délai pour en rendre une réponse assurée jusqu'à son retour à Gênes : tant il est vrai qu'il n'y a rien de plus difficile en des affaires d'importance que de prendre sur-le-champ une dernière résolution, parce que la quantité de considérations qui se détruisent l'une l'autre, et qui viennent en foule dans l'esprit, font croire que l'on n'a jamais assez délibéré.

Les actions extraordinaires ressemblent aux coups de foudre : le tonnerre ne fait jamais de violens éclats ni des effets dangereux que quand les exhalaisons dont il se forme se sont long-temps combattues ; autrement ce n'est qu'un amas de vapeurs qui ne produit qu'un bruit sourd, et qui, bien loin de se faire craindre, a de la peine à se faire entendre. Il en est ainsi des résolutions dans les grandes affaires, lorsqu'elles entrent d'abord dans un esprit, et qu'elles y sont reçues sans y trouver que de foibles résistances. C'est une marque infaillible qu'elles n'y font qu'une impression légère et de peu de durée, qui peut bien exciter quelque trouble, mais qui ne sera jamais assez forte pour produire aucun effet considérable.

On ne peut pas désavouer avec raison que Jean-Louis de Fiesque n'ait considéré très-mûrement et avec beaucoup de réflexion ce qu'il avoit envie d'entreprendre : car lorsqu'il fut de retour à Gênes, quoiqu'il eût un désir violent d'exécuter son dessein, il balança long-temps néanmoins sur les diverses routes qui le pouvoient conduire à la fin qu'il s'étoit proposée. Tantôt l'assistance d'un grand roi le faisoit pencher vers le parti de se jeter entre les bras des Français ; tantôt la défiance naturelle que l'on a des étrangers, jointe à certain chatouillement de gloire qui fait toujours souhaiter avec passion de ne devoir qu'à soi-même les belles actions que l'on veut faire, le portoient à chercher dans ses propres forces des moyens qui eussent quelque proportion à de si grandes pensées : et peut-être que ces divers mouvemens eussent plus long-temps agité son esprit, et tiré quelque temps les choses en longueur, s'il n'eût eu à tous momens de nouveaux et de justes sujets d'indignation contre l'orgueil extraordinaire de Jeannetin Doria, qui, portant son insolence jusqu'à mépriser généralement tout le monde, traita le comte de Fiesque, depuis son retour, avec des façons si hautaines, qu'il ne put s'empêcher de prendre feu ouvertement, et de témoigner qu'il ne consentoit pas à la servitude honteuse de tous ses concitoyens.

Les politiques ont repris cette conduite de peu de jugement, suivant en ceci la règle générale qui veut que l'on ne fasse jamais la moindre démonstration de colère contre ceux que l'on hait, que dans le moment que l'on porte le coup pour les abattre. Mais s'il a manqué de prudence dans cette occasion, il faut avouer que c'est une faute ordinaire aux grands courages, que le mépris irrite trop violemment pour leur donner le temps de consulter leur raison, et de se rendre maîtres d'eux-mêmes. Cette faute a servi du moins à le mettre à couvert du blâme que quelques historiens lui ont voulu donner, en disant qu'il avoit l'esprit naturellement couvert et dissimulé ; qu'il étoit plus intéressé qu'ambitieux, et plus amoureux de la fortune que de la gloire. Cette chaleur, dis-je, que l'on a remarquée dans son procédé fait voir qu'il ne s'est porté à cette entreprise que par une émulation d'honneur et une ambition généreuse, puisque tous ceux qui se sont engagés dans de semblables desseins par un esprit de tyrannie, et des intérêts qui ne vont point à la grande réputation, ont commencé par une patience toujours soumise, et des abaissemens honteux.

Il est certain que l'insolence de Jeannetin Doria alloit jusqu'à un excès insupportable, et qu'il suivoit en toutes choses cette méchante maxime qui dit que les rudesses et la fierté sont les plus sûrs moyens pour régner, et qu'il est inutile de ménager par la douceur ceux que l'on peut retenir dans leur devoir par la crainte et par l'intérêt. Cette conduite augmenta de telle force l'aversion que le comte Jean-Louis avoit pour lui, qu'elle avança la résolution qu'il avoit prise de le perdre, et lui donna lieu de se servir utilement contre lui des effets de cet orgueil avec lequel Jeannetin prétendoit abattre tout le monde.

Le cardinal Augustin Trivulce, qui savoit bien qu'il ne faut pas en ces occasions laisser refroidir les esprits des jeunes gens, lui envoya incontinent, après son retour à Gênes, Nicolas Foderato, gentilhomme de Savone et allié de la maison de Fiesque, pour tirer la réponse de ce qu'il avoit résolu. Celui-ci l'ayant trouvé plus aigri que jamais, et dans l'état que nous venons de dire, lui fit signer tout ce qu'il voulut, et s'en retourna aussitôt pour faire ratifier le traité par les ministres du Roi qui étoient à Rome. Mais il n'eut pas fait trente ou quarante lieues, qu'il fut rappelé en grande diligence, le comte ayant fait réflexion qu'il s'étoit trop précipité, et qu'il ne devoit pas conclure une affaire de cette importance sans en conférer avec quelques-uns de ses amis dont il connoissoit la capacité. Il en appela trois sur la fidélité desquels il pouvoit s'assurer, et qu'il estimoit extrêmement pour leurs bonnes qualités; et après leur avoir déclaré, en général, la résolution qu'il avoit prise de ne plus souffrir le gouvernement présent de la république, il les pria de lui dire leur avis sur ce sujet.

Vincent Calgagno de Varèse, serviteur passionné de la maison de Fiesque, et homme de jugement; mais d'un esprit assez timide, commença son discours avec la liberté que lui donnoient ses longs services; et s'adressant au comte, il parla de la sorte:

« Il me semble que l'on a beaucoup de raison de plaindre le
« malheur de ceux qui sont embarqués dans les grandes affaires,
« parce qu'ils sont comme sur une mer agitée où l'on ne dé-
« couvre aucun endroit qui ne soit marqué par quelque naufrage.
« Mais il est juste de redoubler ses frayeurs quand on voit de
« jeunes personnes que l'on aime exposées à ce danger, puis-
« qu'elles n'ont pas assez de force pour résister à une navigation
« si pénible, ni assez d'expérience pour éviter les écueils, et se
« conduire heureusement au port. Tous vos serviteurs doivent
« être sensiblement touchés des mouvemens où vous porte votre
« courage. Permettez-moi de vous dire qu'ils sont au dessus de
« votre jeunesse, et de l'état où vous êtes. Vous pensez à des choses

« où l'on a besoin d'une considération dans le monde à laquelle
« la réputation d'un homme de votre âge, quelque grande qu'elle
« puisse être, ne sauroit s'élever ; et vous formez un dessein qui
« demande des forces qu'un des plus grands rois de la terre n'a
« pu encore jusqu'à présent mettre sur pied. Ces pensées naissent
« dans votre esprit de deux faux raisonnemens qui sont comme
« attachés à la nature de l'homme. Il se considère trop lui-même,
« c'est-à-dire que de ce qu'il croit pouvoir il fait la règle de ce
« qu'il peut, et qu'il juge toujours peu sûrement des autres, parce
« qu'il en juge par rapport à lui plutôt qu'à eux ; et qu'il regarde
« comme ils le peuvent servir, et non pas comme ils le doivent
« ou comme ils le veulent pour leur intérêt. Le premier est très-
« dangereux, parce que, comme on ne fait pas une grande af-
« faire tout seul, et que l'on a besoin de la communiquer à beau-
« coup de gens, il est très-important qu'ils la croient raisonnable
« et possible ; ou autrement celui qui l'entreprendra trouvera
« peu d'amis qui veuillent suivre sa fortune. Le second est encore
« plus général et n'est pas moins dangereux, parce que dans les
« mêmes personnes de qui on prétend tirer du secours on trouve
« assez souvent les plus fortes résistances. Prenez donc garde que
« les grandes lumières que la nature vous a données, et que vous
« croyez peut-être avec justice pouvoir suppléer au défaut de
« l'expérience, ne vous fassent tomber dans le premier inconvé-
« nient ; et songez que, quelque brillantes qu'elles soient, il est
« bien malaisé qu'elles vous acquièrent, dans les esprits même
« les mieux disposés à vous servir, une estime proportionnée à
« l'exécution d'une affaire si difficile et si dangereuse. Mais il
« n'est pas croyable qu'elles éblouissent vos ennemis jusqu'au
« point de les empêcher de se servir avec utilité contre vous du
« prétexte que leur donnera votre jeunesse. Prenez garde que la
« grandeur de votre naissance et la réputation que vos bonnes qua-
« lités vous ont acquise, l'abondance de votre bien et les secrètes
« intelligences que peut-être vous avez ménagées, ne vous jettent
« dans le second inconvénient, et ne vous fassent croire que le
« secours de ceux qui vous ont promis ne peut vous manquer au
« besoin. Changez donc cette pensée ; ou si vous l'avez, né con-
« sidérez plus les autres par rapport à vous, mais par rapport à

« eux-mêmes ; regardez leurs intérêts : songez que c'est ce qui
« fait agir presque tous les hommes ; que la plupart de ceux
« qui vous estiment et qui vous aiment s'aiment encore mille
« fois mieux, et craignent beaucoup plus leur perte qu'ils ne
« souhaitent votre grandeur. Enfin représentez-vous que ceux
« qui vous font espérer leur assistance sont ou étrangers, ou de
« votre pays même. Les plus considérables entre les premiers
« sont les Français, qui ne sauroient l'entreprendre parce qu'ils
« sont assez empêchés maintenant à se défendre dans leur propre
« pays des armées de l'Empire et de l'Espagne ; et que ceux qui
« le peuvent, qui sont les Génois, ne le voudront pas, parce
« que la peur fera appréhender aux uns les dangers qui sont
« attachés aux affaires de cette nature, et que l'intérêt fera
« craindre aux autres la perte de leur repos et de leur fortune.
« La plupart de ceux qui n'ont point ces considérations sont
« des gens d'une si petite naissance et de si peu de pouvoir,
« que l'on n'en peut rien espérer d'avantageux à votre parti.
« De sorte que la trop grande puissance de Doria et la mauvaise
« condition du temps, qui vous donnent des pensées de révolte,
« vous en devroient donner de patience, puisqu'elles ont telle-
« ment abattu les esprits des Génois qu'ils se font présentement
« un honneur de soumettre, par reconnoissance, à l'autorité
« d'André la liberté qu'il leur a rendue, et qu'il n'avoit arra-
« chée des mains des étrangers que pour en usurper la domina-
« tion. Ne voyez-vous pas que cette république n'a eu depuis
« long-temps que l'image d'un gouvernement libre, et qu'elle
« ne sauroit plus se passer de maître ? Ne voyez-vous point que
« la maison de Doria attache à ses intérêts la meilleure partie de
« la noblesse par les emplois qu'elle lui donne sur la mer ; et
« qu'à la faveur de l'Empire et de l'Espagne, elle tient tout le
« reste dans la crainte ? Ne voyez-vous pas, dis-je, que tous les
« Génois sont comme ensevelis dans une profonde léthargie, et
« que les moins lâches ne croient point qu'il soit déshonnête de
« céder à cette haute puissance, pourvu qu'ils ne l'adorent pas ?
« Je ne prétends point justifier ici l'imprudence de la république,
« qui a permis l'élévation de cette maison, qu'elle ne sauroit plus
« souffrir sans honte, ni abattre sans danger. Mais j'ose sou-

« tenir qu'un particulier ne peut songer avec raison de changer
« lui seul une nécessité qui a pris de si fortes racines ; et que
« tout ce qu'un homme généreux peut faire en cette rencontre
« est d'imiter les sages mariniers qui, au lieu de s'opiniâtrer
« contre les vents pour prendre port, se rejettent à la mer, et se
« laissent emporter au gré de la vague et de l'orage. Cédez donc
« au temps lorsque la fortune le veut ; ne cherchez point de re-
« mèdes où l'on n'en peut trouver que de ceux qui sont pires que
« le mal ; attendez-les de la Providence, qui dispose comme il
« lui plaît du changement des Etats, et qui ne manquera jamais à
« cette république. Jouissez paisiblement du repos et des avan-
« tages que votre naissance vous donne, ou prenez des emplois
« légitimes pour exercer votre valeur, dont les guerres étran-
« gères vous fourniront assez d'occasions. N'exposez point aux
« suites d'une révolte criminelle cette grande fortune que vous
« possédez, et qui contenteroit toute autre ambition que la
« vôtre ; et songez que si Jeannetin a de la haine ou de l'envie
« contre votre mérite, vous ne sauriez l'obliger davantage qu'en
« suivant les pensées que vous avez maintenant, puisque vous lui
« donnerez lieu de couvrir son ressentiment particulier sous le
« prétexte du bien général, et de vous perdre avec l'autorité de
« la république ; et qu'enfin vous travailleriez vous-même à élever
« les trophées de sa gloire et de sa grandeur sur vos propres
« ruines. Ces fortunes qui s'élèvent sans peine à des degrés émi-
« nens tombent presque toujours d'elles-mêmes, parce que ceux
« qui ont l'ambition et les qualités propres pour y monter n'ont
« pas, d'ordinaire, celles qu'il faut avoir pour s'y soutenir ; et
« lorsque quelqu'un de ceux que le bonheur a portés à ces élé-
« vations précipitées atteint le comble sans broncher, il faut
« qu'il ait trouvé, dès le commencement, beaucoup de difficultés
« qui l'aient formé peu à peu à se soutenir sur un endroit si
« glissant. César avoit au souverain degré toutes les qualités né-
« cessaires à un grand prince : et néanmoins il est certain que
« ni sa courtoisie, ni sa prudence, ni son courage, ni son élo-
« quence, ni sa libéralité ne l'eussent pas élevé à l'empire du
« monde, s'il n'eût trouvé de grandes résistances dans la répu-
« blique romaine. Le prétexte que lui fournit la persécution de

« Pompée, la réputation que leurs démêlés lui donnèrent oc-
« casion d'acquérir, le profit qu'il tira des divisions de ses con-
« citoyens, ont été les véritables fondemens de sa puissance : et
« cependant il semble que vous ayez dessein d'ajouter à l'établis-
« sement de la maison de Doria le seul avantage qui lui man-
« quoit ; et que, à cause que son bonheur lui a trop peu coûté
« jusqu'ici pour être bien assuré, vous ayez impatience de l'af-
« fermir par des efforts qui, étant trop foibles pour le renverser,
« ne serviront qu'à justifier ses entreprises, et à mieux établir
« son autorité. Mais je donne, si vous voulez, à vos sentimens,
« que vous ayez heureusement exécuté toutes vos pensées : ima-
« ginez-vous la maison de Doria massacrée, toute la noblesse qui
« suit ses intérêts dans les fers ; représentez-vous tous vos en-
« nemis abattus, l'Espagne et l'Empire dans l'impuissance ; flattez-
« vous de triompher déjà dans cette désolation, si vous pouvez
« trouver quelque douceur dans ces images funestes de la ruine
« de la république. Que ferez-vous au milieu d'une ville désolée,
« qui vous regardera comme un nouveau tyran plutôt que comme
« son libérateur ? Où trouverez-vous des fondemens solides qui
« puissent appuyer votre nouvelle grandeur ? Pourrez-vous pren-
« dre de la confiance dans les bizarreries d'un peuple, lequel,
« dès l'heure même qu'il vous aura mis la couronne sur la tête,
« si vous en avez la pensée, concevra peut-être de l'horreur pour
« vous, et ne songera plus qu'aux moyens de vous l'ôter ? Car,
« comme je vous l'ai déjà dit, il ne sauroit jouir de la liberté, ni
« souffrir long-temps un même maître. Ou, si vous remettez
« Gênes sous la domination des étrangers, si elle leur ouvre en-
« core les portes par votre moyen, au premier mauvais traite-
« ment qu'elle recevra d'eux elle vous considérera comme le
« destructeur de son pays, et comme le parricide du peuple.
« Ne craignez-vous point que ceux qui sont maintenant les
« plus échauffés à votre service ne soient peut-être les premiers
« à travailler à votre perte par le dépit de vous être soumis ? Et
« quand même cette considération ne les y porteroit pas, vous ne
« pouvez ignorer que ceux qui servent un rebelle croient l'obliger
« si fortement, que n'en pouvant jamais être récompensés selon
« leur gré, ils deviennent presque toujours ses ennemis. Comme

« ceux qui roulent d'une montagne sont fracassés par les mêmes
« pointes des rochers auxquelles ils s'étoient pris pour y monter ;
« de même ceux qui tombent d'une fortune extrêmement élevée
« sont presque toujours ruinés par les moyens qu'ils avoient em-
« ployés pour y arriver. Je sais bien que l'ambition chatouille
« incessamment les personnes de votre condition, de votre âge
« et de votre mérite ; et qu'elle ne vous met devant les yeux, en
« cette occasion, que des images pompeuses et éclatantes de
« gloire et de grandeur. Mais en même temps que votre ima-
« gination vous représente tous les objets de cette passion qui
« fait les hommes illustres, il faut que votre jugement vous la
« fasse connoître aussi pour celle qui les rend d'ordinaire les plus
« malheureux, et qui renverse les biens assurés pour courir après
« des espérances incertaines. Songez que si son juste usage fait
« les hautes vertus, son excès fait aussi les grands crimes. Ima-
« ginez-vous que c'est elle qui a autrefois mêlé tant de poisons
« et affilé tant de poignards contre les usurpateurs et les tyrans,
« et que c'est elle-même qui vous pousse maintenant à être le
« Catilina de Gênes.

« Ne vous flattez pas que le motif que vous avez de sauver la
« liberté de la république puisse être autrement reçu dans le
« monde que comme un prétexte commun à tous les factieux ; et
« quand il n'y auroit en effet que le zèle du bien public qui vous
« porteroit à ce dessein, n'espérez pas que l'on vous fasse la justice
« de le croire, puisque dans toutes les actions qui peuvent être
« attribuées indifféremment au vice ou à la vertu, quand il n'y a
« que la seule intention de celui qui les sait qui peut les justifier, les
« hommes, qui ne sauroient juger que par les apparences, expliquent
« rarement les plus innocentes en bonne part. Mais en celle-ci,
« de quel côté que l'on se tourne, il est impossible d'y voir autre
« chose que des massacres, des pillages, et des objets funestes que
« la meilleure intention du monde ne sauroit justifier. Apprenez
« donc à régler votre ambition ; souvenez-vous que la seule qui
« doit être suivie est celle qui se dépouille de son propre inté-
« rêt, et qui n'a pour but que son devoir. Il s'est trouvé bien des
« conquérans qui ont ravagé des Etats et renversé des couronnes,
« qui n'avoient pas cette grandeur de courage qui fait regarder

« d'un œil indifférent les élévations et les abaissemens, le bonheur
« et le malheur, les plaisirs et les peines, la vie et la mort; et ce-
« pendant c'est cet amour de la belle gloire et cette hauteur
« d'ame qui fait les hommes véritablement grands, et qui les élève
« au-dessus du reste du monde. C'est la seule qui peut vous ren-
« dre parfaitement heureux, quand même les dangers que vous
« vous figurez vous environneroient de toutes parts, puisque vous
« ne sauriez avoir l'autre sans vous noircir du plus grand de tous les
« crimes. Embrassez donc celle-ci par prudence et par générosité,
« puisqu'elle est plus utile, moins dangereuse, et plus honorable. »

Le comte fut extrèmement touché de ce discours, parce que les raisons lui en paroissoient fortes, et que la confiance qu'il avoit eue, dès sa plus grande jeunesse, en celui qui le faisoit y ajoutoit encore beaucoup d'autorité. Verrina, qui étoit un de ceux qui furent appelés à ce conseil, homme d'un esprit vaste, impétueux, porté aux grandes choses, ennemi passionné du gouvernement présent, presque ruiné par ses grandes dépenses, attaché fortement et par intérêt et par inclination à Jean-Louis, prit la parole pour répondre, et parla ainsi :

« Je m'étonnerois qu'il y eût un seul homme dans Gênes ca-
« pable des sentimens que vous venez d'entendre, si mes étonne-
« mens n'étoient épuisés par la considération de ce que souffre la
« république. Tout le monde endurant l'oppression avec une sou-
« mission si lâche, il est bien naturel que l'on cache ses déplaisirs,
« et que l'on cherche des excuses à sa foiblesse. Cette insensibi-
« lité néanmoins est une marque de la déplorable condition de
« cet Etat; et Vincent Calcagno l'a bien judicieusement touchée
« comme le symptôme qui donne le plus de témoignages de la
« violence de notre maladie. Mais il me semble qu'il n'est pas
« raisonnable de ne tirer aucun fruit de la connoissance que l'on
« a de son mal, puisque la nature même nous enseigne que nous
« sommes obligés de nous en servir pour y apporter les remèdes
« nécessaires. Néanmoins la santé de cette république n'est pas
« encore désespérée jusqu'au point que tous ses membres soient
« corrompus; et le comte Jean-Louis, que la fortune a élevé
« en grandeur, en biens et en naissance au dessus de tous ceux
« de cet Etat, se porte, par les lumières de son esprit, jusqu'où

« les vues trop affoiblies des Génois ne sauroient aller ; et s'élève,
« par son courage, au dessus de la corruption générale. Pour
« connoître si un homme est né pour les choses extraordinaires,
« il ne faut pas seulement le considérer selon les avantages de
« la nature et de la fortune, parce qu'il s'est trouvé quantité
« de personnes qui ont possédé parfaitement les uns et les autres,
« et qui sont néanmoins demeurées toute leur vie dans le train
« d'une conduite fort commune ; mais il faut remarquer si un
« homme de condition, se trouvant dans des conjonctures extrê-
« mement mauvaises, et dans un pays où une tyrannie se forme,
« conserve alors les semences des vertus, et les belles qualités
« que sa naissance lui a données. Car s'il ne les perd pas dans
« ces rencontres, et s'il résiste à la contagion de ces maximes
« lâches qui infectent tout le reste du monde, et particulièrement
« les esprits des grands (parce que les tyrans prennent plus de
« peine à les corrompre, comme ceux qu'ils craignent davantage) ;
« alors on doit juger que sa réputation sera un jour égale à son
« mérite, et que la fortune le destine à quelque chose de mer-
« veilleux. Cela étant, monsieur, je ne crois pas qu'il y ait ja-
« mais eu personne de qui la république ait pu attendre avec
« justice de si grandes choses qu'elle en doit espérer de votre
« courage. Vous êtes né dans des temps qui ne vous produisent
« presque aucun exemple de force et de générosité qui n'ait été
« puni, et qui nous en représentent tous les jours de bassesse et
« lâcheté qui sont récompensés. Ajoutez à cela que vous êtes dans
« un pays où la puissance de la maison de Doria tient le cœur de
« toute la noblesse abattu par une honteuse crainte, ou engagé
« par un intérêt servile : et cependant vous ne tombez point dans
« cette bassesse générale. Vous soutenez ces nobles sentimens
« que votre illustre naissance vous inspire, et votre esprit forme
« des entreprises dignes de votre valeur. Ne négligez donc point
« ces qualités admirables ; n'abusez pas des grâces que la nature
« vous a faites ; servez votre patrie ; jugez, par la beauté de vos
« inclinations, de la grandeur des actions qu'elles peuvent pro-
« duire ; songez qu'il ne faut qu'un homme seul de votre condi-
« tion et de votre mérite pour redonner cœur aux Génois, et
« les enflammer du premier amour de leur liberté. Représentez-

« vous que la tyrannie est le plus grand mal qui puisse arriver
« dans une république. L'état où est la nôtre tient de la nature
« de ces maladies qui, malgré l'abattement qu'elles causent, ex-
« citent dans l'esprit des malades de violens désirs pour la guérison.
« Répondez aux souhaits de tout le peuple, qui gémit sous l'injuste
« autorité de Doria. Secondez les vœux de la plus saine partie de
« la noblesse, qui déplore en secret le malheur commun des Gé-
« nois; et songez enfin que si la foiblesse et la lâcheté s'augmentent
« tous les jours parmi eux, on ne blâmera pas tant Jeannetin
« Doria d'en être cause par son orgueil, que le comte Jean-Louis
« de Fiesque de l'avoir souffert par son irrésolution. La grande
« estime que vos bonnes qualités vous ont donnée a déjà fait le
« coup le plus important de cette affaire. Qu'on ne me parle
« point de votre jeunesse comme d'un obstacle au succès d'un
« dessein si glorieux : c'est un âge où la chaleur du sang, qui
« fait les plus nobles mouvemens du courage, n'inspire que de
« grandes choses; et dans les actions extraordinaires on a toujours
« plus besoin de vigueur et de hardiesse, que des froides réflexions
« d'une prudence timide qui en découvre les inconvéniens. Mais,
« outre cela, votre réputation est si bien établie, que l'on peut
« dire, sans vous flatter, qu'avec tout ce que la jeunesse a de
« charmes pour attirer des amis, vous avez acquis cette créance
« dans le monde, que l'on n'obtient d'ordinaire que dans un
« âge plus avancé. C'est pourquoi vous êtes dans une heureuse
« obligation de soutenir cette haute idée que l'on a conçue de
« votre vertu. Vous connoissant désintéressé au point que vous
« l'êtes, je ne sais si je dois ajouter, aux considérations du mal-
« heur de notre république, des motifs qui vous regardent en
« particulier : mais puisqu'il y a des rencontres où l'intérêt se
« trouve si attaché avec l'honneur, qu'il est presque aussi hon-
« teux de ne le considérer pas qu'il est quelquefois glorieux de
« le mépriser, je vous supplie de jeter les yeux sur l'état où vous
« serez, si le gouvernement présent dure encore quelque temps.
« Ceux qui joignent un grand mérite à une grande naissance ont
« toujours dans le monde deux puissantes ennemies : l'envie des
« courtisans, et la haine de ceux qui occupent les premières
« places. Il est extrêmement difficile de ne s'attirer pas la pre-

« mière quand on a de grands établissemens ; mais il est impos-
« sible d'éviter la seconde quand on a beaucoup de cœur et de
« considération dans le monde. La prudence et l'honnêteté peu-
« vent bien diminuer la jalousie que l'intérêt fait naître entre
« les égaux ; mais elles ne peuvent jamais ôter tout l'ombrage
« que met dans l'esprit des supérieurs le soin de leur sûreté. Il
« y a des vertus si belles, qu'elles forcent l'envie même de leur
« rendre hommage. Mais en même temps qu'elles remportent
« une victoire sur celle-ci, elles augmentent les forces de l'autre.
« La haine s'accroît à mesure que le mérite s'élève ; et la vertu
« ressemble, dans ces rencontres, aux vaisseaux agités de la
« tempête, qui n'ont pas sitôt surmonté une vague, qu'ils sont
« incontinent attaqués par une autre plus violente que la pre-
« mière. Pouvez-vous ignorer que Jeannetin Doria n'ait une en-
« vie secrète contre votre naissance, beaucoup plus élevée que la
« sienne ; contre vos biens, plus légitimement acquis que ceux
« qu'il possède ; et contre votre réputation, qui passe de bien
« loin toute celle qu'il peut espérer en sa vie ? Quel sujet avez-
« vous de croire qu'une envie que ces considérations ont fait
« naître, et qui est animée par une ambition violente, ne pro-
« duira, dans l'esprit de cet insolent, que des pensées foibles
« et languissantes, et qu'elle n'ira pas directement à votre ruine ?
« Avez-vous raison d'espérer que quand, par votre prudence et
« par l'effort de votre vertu, vous auriez surmonté cette envie,
« vous pussiez éviter cette haine que la différence de vos humeurs
« lui donne pour vous ; et que cet esprit altier, que jusqu'ici
« la sagesse d'André a un peu retenu, souffrît plus long-temps
« celui qui est le seul obstacle de ses desseins ? Pour moi, je
« suis persuadé que les suites en sont inévitables, parce que vous
« ne sauriez vous défaire des qualités qui vous les attireront, ni
« vous dépouiller de votre naturel, et cesser d'être généreux. Mais
« quand il seroit en votre pouvoir de cacher, sous un extérieur
« modeste, cette hauteur d'ame qui vous élève si fort au dessus
« du commun ; croyez-vous que Jeannetin Doria, soupçonneux
« comme il est, et comme le sont tous les tyrans, ne fût pas
« dans une défiance continuelle de votre conduite ? Toutes les
« marques de votre modération et de votre patience lui paroî-

« troient des artifices et des piéges pour le perdre : il ne pourroit
« s'imaginer qu'un homme du nom de Fiesque fût capable d'une
« pareille bassesse ; et, jugeant avec raison de ce que vous seriez
« par ce que vous devez être, il se serviroit, pour votre ruine,
« de cette soumission apparente que vous affecteriez auprès de
« lui pour votre sûreté. Toute la différence qu'il y auroit donc
« entre ce que vous êtes à cette heure, et ce que vous seriez
« alors, feroit seulement que vous auriez une assurance certaine
« de périr avec une honte éternelle ; au lieu qu'en suivant les
« sentimens généreux où votre inclination vous porte, vous êtes
« assuré que le seul malheur qui vous puisse arriver sera de mou-
« rir dans une entreprise glorieuse, et d'acquérir en mourant tout
« l'honneur qu'un particulier ait jamais acquis. Si vous voyez ces
« choses, comme sans doute vous les pouvez voir plus clairement
« que moi, je n'ai que faire de les exagérer davantage : je vous
« supplie seulement d'en tirer deux conséquences importantes.
« La première est de reconnoître la fausseté de ces maximes qui
« défendent de prévenir le coup d'un ennemi qui ne songe qu'à
« nous perdre, et qui nous conseille d'attendre qu'il se perde
« lui-même. C'est se tromper que de croire que la fortune ne
« fasse monter ceux que nous haïssons au comble du bonheur
« que pour nous donner le plaisir de les voir tomber. Toutes les
« grandeurs ne sont pas voisines des précipices, tous les usurpa-
« teurs n'ont pas été malheureux, et le ciel enfin ne punit pas
« toujours les méchans à point nommé pour réjouir les bons, et
« les garantir de la violence de ceux qui les veulent opprimer.
« La nature, plus infaillible que la politique, nous enseigne
« d'aller au devant du mal qui nous menace : il devient incurable,
« pendant que la prudence délibère sur les remèdes. Que nous
« servira d'examiner avec tant de délicatesse les exemples qu'on
« nous a proposés ? Ne savons-nous pas que la trop grande sub-
« tilité du raisonnement amollit le courage, et s'oppose souvent
« aux plus belles actions ? Toutes les affaires ont deux visages
« différens ; et les mêmes politiques qui blâment Pompée d'avoir
« affermi la puissance de César en l'irritant ont loué la con-
« duite de Cicéron dans la ruine de Catilina. L'autre fruit que
« vous devez tirer de ces considérations est que les belles con-

« noissances que la nature vous a données ne doivent pas ressem-
« bler à ces lumières foibles et stériles qui n'ont qu'un peu d'éclat,
« et qui n'ont aucune chaleur. Il faut qu'elles soient comme la
« lumière du soleil, qui produit ce qu'elle éclaire. Il faut que les
« grandes pensées soient suivies de grands effets, et que dans
« l'exécution aussi bien que dans le projet de cette entreprise,
« votre courage ne trouve rien qui l'empêche de vous rendre le
« dompteur des monstres, le vengeur des crimes, l'asyle des af-
« fligés, l'allié des grands rois, et l'arbitre de l'Italie. Mais si,
« dans le moment que je vous parle, cette apparence de liberté
« que l'on voit encore dans notre république se présente à votre
« esprit, je crains, avec quelque sujet, qu'elle n'arrête le cours
« de votre ambition: car je sais qu'une ame aussi délicate que la
« vôtre, et aussi jalouse de la gloire, aura peine à souffrir de se
« voir ternie par ces noms terribles de rebelle, de factieux et de
« traître. Cependant ces fantômes d'infamie que l'opinion pu-
« blique a formés pour épouvanter les ames du vulgaire ne cau-
« sent jamais de honte à ceux qui les portent pour des actions
« éclatantes, quand le succès en est heureux. Les scrupules et la
« grandeur ont été de tous temps incompatibles ; et ces foibles
« préceptes d'une prudence ordinaire sont plus propres à débiter
« à l'école du peuple qu'à celle des grands seigneurs. Le crime
« d'usurper une couronne est si illustre, qu'il peut passer pour
« une vertu. Chaque condition des hommes a sa réputation par-
« ticulière : l'on doit estimer les petits par la modération, et les
« grands par l'ambition et par le courage. Un misérable pirate qui
« s'amusoit à prendre de petites barques du temps d'Alexandre
« passa pour un infâme voleur : et ce grand conquérant, qui ra-
« vissoit les royaumes entiers, est encore honoré comme un héros ;
« et si l'on condamne Catilina comme un traître, l'on parle de
« César comme du plus grand homme qui ait jamais vécu. Enfin
« je n'aurois qu'à vous mettre devant les yeux tous les princes qui
« règnent aujourd'hui dans le monde, et à vous demander si ceux
« dont ils tiennent leurs couronnes ne furent pas des usurpateurs.
« Mais si ces maximes ont quelque chose qui ne s'accommode pas
« avec votre délicatesse ; si l'amour de votre pays est plus fort
« dans votre cœur que celui de votre gloire ; s'il vous reste encore

« quelque égard pour l'autorité mourante de la république,
« voyons quel honneur vous reviendra de la respecter, lorsque
« vos ennemis la méprisent; et si c'est un parti fort avantageux
« pour vous que de vous exposer à devenir leur sujet. Plût à Dieu
« qu'elle fût dans son premier éclat ! Personne alors ne vous dis-
« suaderoit plus fortement que moi du dessein où je vous anime
« présentement. Si cette république, qui n'a presque plus rien
« de libre que le nom, pouvoit conserver son autorité, toute lan-
« guissante qu'elle est, dans l'état où nous la voyons, j'avoue
« qu'il y auroit quelque raison de souffrir notre malheur avec pa-
« tience ; et que s'il n'étoit ni sûr ni utile, il seroit au moins gé-
« néreux de sacrifier nos propres intérêts à cette vaine image qui
« nous reste de sa liberté. Mais à présent que les artifices d'André
« Doria ont renfermé tous les conseils de la république dans sa
« seule tête, et que l'insolence de Jeannetin en a mis toutes les
« forces entre ses mains; à cette heure que Gênes se trouve dans
« le période où elle doit changer, par cette fatalité secrète mais
« inévitable qui marque de certaines bornes à la révolution des
« Etats ; à cette heure que les esprits de ses citoyens sont trop
« désunis pour pouvoir vivre davantage sous le gouvernement de
« plusieurs ; à présent, dis-je, qu'on ne peut résister à la ty-
« rannie qu'en établissant une monarchie légitime, que ferons-
« nous dans cette extrémité ? Tendrons-nous la gorge à ces bour-
« reaux qui veulent joindre notre perte à celle de la liberté pu-
« blique ? Le comte Jean-Louis de Fiesque verra-t-il avec pa-
« tience Jeannetin Doria monter insolemment sur le trône de sa
« patrie, où sa fortune et son ambition le portent, sans avoir
« aucune qualité pour le mériter? Non, non, monsieur; il faut
« que votre vertu lui dispute un avantage qui n'est dû qu'à vous
« seul. C'est une chose rare et souhaitable tout ensemble, de se
« trouver dans une occasion où l'on soit obligé, comme vous
« l'êtes aujourd'hui par le motif du bien public et de votre gloire
« particulière, de vous mettre une couronne sur la tête. Ne
« craignez point que cette action vous donne le nom d'inté-
« ressé : au contraire, il n'y a que la crainte du danger, qui est
« le plus bas de tous les intérêts, qui vous puisse empêcher
« de l'entreprendre ; et il n'y a que la gloire, qui est directe-

« ment opposée à l'intérêt, qui soit capable de vous porter à un
« si grand dessein. Si vous êtes délicat jusques au point de ne
« pouvoir souffrir l'apparence du blâme, qui vous empêchera de
« rendre à votre république la liberté que vous lui aurez acquise,
« et de lui remettre entre les mains la couronne que vous aurez
« si bien méritée ? Alors il ne tiendra qu'à vous de donner un té-
« moignage éclatant du mépris que vous faites de tous les intérêts
« du monde, quand vous les pouvez séparer de l'honneur. La
« seule chose qui me reste à vous représenter, c'est qu'il me semble
« que vous ne devez pas vous servir des Français. Les intelli-
« gences avec les étrangers sont toujours extrêmement odieuses :
« mais celle-ci, dans les conjonctures présentes, ne vous sauroit
« être utile, parce que, comme Calcagno l'a remarqué, la France
« est maintenant assez empêchée à se défendre contre les forces
« de l'Empire et de l'Espagne, qui l'attaquent puissamment de
« tous côtés. Mais quand vous en pourriez tirer de l'assistance,
« songez que la condition où vous passeriez ne seroit qu'un chan-
« gement de servitude, et que vous seriez l'esclave des Français,
« au lieu que vous pouvez être leur allié. Jugez enfin si c'est le
« parti d'un homme habile, de mérite et de qualité, comme
« vous êtes, de se résoudre à tout souffrir, et d'être la victime
« de l'insolence de Doria; ou bien, en hasardant toutes choses
« pour secouer le joug de sa tyrannie, de vous exposer sans
« besoin à devenir l'esclave d'une puissance étrangère, et de
« vous renfermer, comme auparavant, dans les bornes de la
« fortune d'un particulier. »

Raphaël Sacco, qui servoit de juge dans les terres de la maison de Fiesque, et qui étoit le troisième qui fut appelé à ce conseil,
voyant bien que le comte penchoit absolument du côté des sentimens de Verrina, crut qu'il seroit inutile de les contredire : et
jugeant d'ailleurs que cette action étoit extrêmement périlleuse, il
ne voulut pas lui conseiller de l'entreprendre, et ne déclara point
ses pensées sur ce sujet, se remettant entièrement, pour le gros
de l'affaire, aux volontés de son maître. C'est pourquoi il ne songea
qu'à soutenir seulement que si elle étoit entièrement résolue, il
étoit nécessaire de se servir des Français, disant que ce seroit une
imprudence extraordinaire de ne pas employer tout son crédit et

toutes ses forces où le comte hasardoit toute sa fortune. Qu'il ne pouvoit comprendre comment on conseilloit à Jean-Louis de résister lui seul aux armes de l'Empire, de l'Espagne et de l'Italie, qui s'uniroient assurément contre lui ; que l'on pouvoit bien prendre une ville par une entreprise, mais non pas assurer un Etat ; que le dernier ne se pouvoit faire sans une longue suite d'années, des forces et des alliances ; et que la pensée de se rendre souverain de Gênes, dans la disposition où se trouvoient les affaires de l'Europe, étoit une résolution téméraire, que l'on vouloit faire passer sous le nom d'une entreprise glorieuse. Verrina résista de tout son pouvoir à ce raisonnement de Raphaël Sacco, et remit dans l'esprit du comte les raisons qu'il avoit apportées sur ce sujet dans son discours ; en lui représentant, plus fortement qu'il n'avoit fait, que les amitiés des princes ne duroient jamais davantage que leurs intérêts; et qu'encore que la faveur de la maison d'Autriche semblât inséparablement attachée aux Doria, parce qu'ils lui étoient utiles, elle finiroit dès qu'ils ne le seroient plus. Au lieu que si l'Empereur voyoit Jean-Louis en état de le servir ou de lui nuire, il oublieroit bientôt les services des autres pour rechercher son amitié : mais que s'il appeloit les Français, outre qu'ils se lassent aisément de toutes choses, et que leur application aux affaires étrangères est sujette aux révolutions fréquentes du dedans du royaume, et dépend du génie de ceux qui gouvernent, il se fermeroit toutes les voies d'accommodement avec l'Empereur, dont la puissance étoit plus considérable en Italie que la leur; qu'il suffiroit enfin de rechercher le secours de la France lorsqu'il se verroit entièrement exclus de l'alliance de l'Empire ; et qu'elle auroit en ce cas tant d'intérêt à ne le point abandonner, qu'elle ne manqueroit pas de le secourir ; parce que le comte Jean-Louis demeurant le maître de Gênes, les Français seroient toujours dans la crainte qu'il ne s'accordât avec leurs ennemis, s'ils lui refusoient les assistances nécessaires pour sa défense : qu'au reste il n'étoit pas besoin de plus grandes forces pour réussir dans ce dessein que celles qu'il pouvoit avoir de lui-même, puisqu'il savoit bien qu'il n'y avoit que deux cent cinquante hommes de guerre dans Gênes, et que les galères de Jeannetin Doria étoient entièrement désarmées. Ces raisons donnèrent le dernier coup dans l'esprit du comte, parce qu'elles étoient conformes à l'inclination naturelle qu'il avoit toujours eue pour la gloire, et à cette grandeur d'âme qui faisoit qu'aucune chose ne lui paroissoit difficile, pourvu qu'elle fût honorable : il se résolut enfin d'entreprendre celle-ci avec ses propres forces, et de n'y employer que les amis et les serviteurs que sa haute naissance, sa courtoisie extraordinaire, sa libéralité inépuisable, et toutes ses autres bonnes qualités, lui avoient acquis.

Il se trouve assez de personnes qui ont du mérite, du courage et de l'ambition, et qui roulent dans leur esprit des pensées générales de s'élever, et de rendre leur condition meilleure : mais il s'en rencontre rarement qui, après les avoir formées, sachent faire le choix des moyens qui sont propres à l'exécution, et qui ne se relâchent pas du soin continuel qu'il faut avoir pour les faire réussir : ou quand ils s'en donnent la peine, c'est presque toujours à contre-temps, et avec trop d'impatience d'en voir le succès. Et cela est si vrai, que, dans les affaires de la nature de celle-ci, la plupart des hommes prennent d'ordinaire plus de loisir qu'il ne faut pour s'y résoudre ; mais ils n'en prennent jamais autant qu'il est nécessaire pour exécuter ce qu'ils ont résolu. Ils ne songent pas d'assez loin à disposer toutes leurs actions pour la fin qu'ils se sont proposée, à conduire tous leurs pas sur le plan qu'ils ont formé une fois, à s'établir un fonds de réputation, à s'acquérir des amis, et faire enfin toutes choses en vue de leur premier dessein. Au contraire, on les voit souvent changer de vue tout à coup ; leur esprit paroît inquiet, et surchargé du secret et du poids de leur entreprise ; et, dans les changemens et l'irrégularité de leur conduite, ils laissent toujours échapper quelque chose qui peut donner prise à leurs surveillans, et de l'ombrage à leurs ennemis.

Le comte Jean-Louis de Fiesque remédia très-sagement à ces inconvéniens : car se connoissant d'un esprit porté aux grandes choses, et voyant bien qu'il seroit un jour capable de ramener ses inclinations générales à quelque dessein particulier et important pour son élévation, il se donna tout entier à cette pensée : et comme il avoit de lui-même une ardeur incroyable pour la gloire, et beaucoup d'adresse pour accroître sa réputation, il vivoit de manière que toutes les grandes qualités que l'on remarquoit en lui paroissoient venir du fonds de son naturel, et non pas d'une conduite étudiée. Il avoit un air toujours égal, ouvert, agréable, et même enjoué : il étoit civil avec tout le monde, mais avec des distinctions obligeantes, selon le mérite et la qualité. Sa libéralité étoit si grande, qu'il alloit au devant du besoin de ses amis : il gagnoit de la sorte les pauvres par ses largesses, et les riches par son honnêteté. Il observoit religieusement ses paroles : il avoit une chaleur à obliger qui ne se relâchoit jamais : sa maison et sa table étoient ouvertes à tous venans. Il étoit magnifique en toutes choses jusqu'à la profusion ; et jamais personne n'a été mieux persuadé que lui que l'avarice, la sécheresse et l'orgueil ternissent les plus belles qualités des grands hommes. Mais ce qui donnoit un lustre merveilleux aux siennes, c'est qu'il étoit bien fait de sa personne, et que tout ce qu'il faisoit étoit accompagné d'un air noble et grand qui sentoit sa naissance illustre, et qui attiroit l'inclination et le respect de tout le monde.

Cette conduite lui assura tellement les cœurs de ses amis, que pas un de ceux qui lui avoient promis de le servir ne manqua de foi ni de discrétion dans une affaire si délicate : chose extraordinaire à la vérité dans les conjurations, où il faut tant d'acteurs et tant de secret, que quand il n'y auroit point d'infidèle, il est malaisé qu'il ne s'y trouve toujours quelque imprudent. Mais ce qu'il y eut de plus admirable en celle-ci, ce fut que ses ennemis voyant son procédé toujours égal, ils n'en prirent aucun ombrage, parce qu'ils attribuoient plutôt ce qu'il y avoit de trop éclatant dans ses actions à son humeur naturelle qu'à un dessein formé.

Ce fut sans doute une des causes du mépris que fit André Doria des avis qu'il reçut de Fernand Gonzague et de deux ou trois autres, touchant cette entreprise ; je dis une des causes, parce qu'encore que la conduite de Jean-Louis contribuât à ôter la méfiance de l'esprit de ce vieux politique jaloux de son autorité, il falloit néanmoins qu'il y eût quelque autre raison d'un si grand aveuglement. Mais il est difficile de la pénétrer, si nous ne la rapportons à la Providence, qui prend plaisir de faire connoître la vanité de la prudence humaine, et de confondre l'orgueil de ceux qui se flattent de pouvoir démêler les replis du cœur des hommes, et d'avoir un discernement infaillible pour toutes les choses du monde.

Cette présomption n'est jamais plus ridicule que dans ces grands génies qu'une étude continuelle, une profonde méditation et une longue expérience ont tellement élevés au dessus du commun, et enivrés de la bonne opinion d'eux-mêmes, qu'ils se reposent sur la foi de leurs propres lumières dans les affaires les plus difficiles, et n'écoutent les conseils d'autrui que pour les mépriser. Il est vrai que la plupart de ces hommes extraordinaires, que les autres vont consulter comme des oracles, et qui pénètrent si vivement dans l'avenir sur les intérêts qui leur sont indifférens, deviennent presque toujours aveugles sur ceux qui leur importent davantage. Ils sont plus malheureux que les autres, en ce qu'ils ne sauroient se conduire ni par leur raison, ni par celle de leurs amis.

L'action de libéralité qui donna le plus de partisans au comte Jean-Louis de Fiesque parmi le peuple fut celle qu'il fit aux fileurs de soie, qui forment un corps d'habitans considérable dans Gênes. Ils étoient alors extrêmement incommodés de la misère des guerres passées. Le comte ayant appris de leur consul l'état où ils se trouvoient, il témoigna beaucoup de compassion de leur pauvreté, et lui commanda en même temps d'envoyer en son palais ceux qui avoient le plus de besoin de son secours. Il leur fournit abondamment de l'argent et des vivres, et les pria de ne point faire éclater ses présens, parce qu'il n'en prétendoit aucune récompense, que la satisfaction qu'il sentoit en lui-même de secourir les affligés; et accompagnant ces choses d'une courtoisie et d'une douceur civile et caressante qui lui étoient naturelles, il gagna tellement les cœurs de ces pauvres gens, qu'ils furent depuis ce jour-là entièrement dévoués à son service.

Mais s'il s'attiroit par ces bienfaits l'amour et l'estime du menu peuple, il n'oublioit pas de se rendre agréable à ceux qui étoient les plus considérables dans cet ordre, par des paroles de liberté qu'il laissoit couler adroitement dans ses discours, qui leur faisoient comprendre qu'encore qu'il fût du corps de la noblesse, il étoit trop raisonnable pour ne pas compatir avec beaucoup de douleur à l'oppression du peuple.

Quelques personnes accusent la république d'avoir manqué de conduite en cette occasion, et soutiennent que ce fut une imprudence extrême au sénat de souffrir que Jean-Louis obligeât ainsi tout le monde, et s'acquît avec tant de soin les cœurs de ses citoyens. Je ne puis désavouer que la maxime qui sert de fondement à cette opinion ne soit un trait de fine politique ; et il semble qu'ayant pour but la médiocrité des particuliers, elle doive avoir pour effet la sûreté générale : mais je suis persuadé qu'elle est fort injuste, en ce qu'elle corrompt la nature des bonnes qualités, qui deviennent par cette raison nuisibles ou dangereuses à celui qui les possède. Je la crois même pernicieuse, parce qu'en rendant le mérite suspect elle étouffe toutes les semences de la vertu, et dégoûte tellement de l'amour de la gloire, qu'on ne se porte jamais qu'avec crainte aux belles actions, et que l'on se détourne de celles qui pourroient être utiles à l'Etat, pour éviter de donner de l'ombrage au gouvernement. Il arrive aussi qu'au lieu de retenir les hommes de grand cœur dans les bornes de cette égalité qu'elle prescrit, elle les porte quelquefois à donner un cours plus libre à leur ambition, et à prendre des résolutions extrêmes pour secouer le joug d'une loi si tyrannique.

Le comte ne se fioit pas tellement aux bonnes qualités de cette populace, que cette confiance l'empêchât de s'assurer des gens de guerre, qui sont principalement nécessaires pour de semblables entreprises. Il partit au commencement de l'été, en apparence pour visiter ses terres ; mais, dans la vérité, ce fut pour remarquer les gens de service qui se trouvoient alors parmi ses sujets, et pour les accoutumer aux exercices de la guerre, sous prétexte de la crainte qu'il disoit avoir alors du duc de Plaisance. Il vouloit aussi donner les ordres nécessaires au dessein qu'il avoit de faire entrer secrètement du monde dans Gênes quand il seroit temps, et s'assurer des sentimens de ce duc, qui lui promit deux mille hommes de ses meilleures troupes.

Le comte, revenant sur la fin de l'automne, ajouta à sa vie ordinaire une profonde dissimulation pour ce qui regardoit la maison de Doria : témoignant, en toutes les rencontres, une grande vénération envers la personne d'André, et une amitié très-étroite à Jeannetin, afin de faire connoître à tout le monde que ses divisions passées étoient entièrement assoupies, et de leur donner toutes les marques imaginables d'une liaison extrêmement assurée.

S'il est vrai ce que dit le comte Jean-Louis de Fiesque, le jour même qu'il exécuta son entreprise, qu'il étoit averti depuis long-temps que sa perte étoit résolue dans l'esprit de Jeannetin ; et que cet homme injuste et violent, qui n'étoit retenu que par la prudence d'André, voyant que son oncle étoit sujet à de grandes maladies, avoit commandé au capitaine Lercaro de se défaire de tous les Fiesques dans le moment qu'André Doria mourroit ; qu'il avoit des lettres convaincantes par lesquelles il lui étoit aisé de prouver que le même Jeannetin avoit essayé de l'empoisonner par trois diverses fois ; et qu'il étoit, avec cela, très-assuré que l'Empereur étoit prêt de lui mettre entre les mains la souveraineté de Gênes ; si, dis-je, tout cela est vrai, je ne pense pas que l'on puisse blâmer avec justice la dissimulation du comte, parce que, dans les affaires où il s'agit de notre vie et de l'intérêt général de l'Etat, la franchise n'est pas une vertu de saison : la nature nous faisant voir, dans l'instinct des moindres animaux, qu'en ces extrémités l'usage des finesses est permis pour se défendre de la violence qui nous veut opprimer.

Mais si les plaintes de Jean-Louis n'étoient que des calomnies inventées contre la maison de Doria pour donner des couleurs plus honnêtes à son dessein, et pour aigrir les esprits, on ne peut désavouer que ces fausses marques d'amitié, données avec tant d'affectation, ne fussent des artifices indignes d'un grand courage comme le sien. Et sans doute il seroit difficile de justifier une pareille conduite, si ce n'est par la raison de cette nécessité que l'insolence et le pouvoir de Jeannetin lui avoient imposé de vivre de la sorte.

Le comte avoit acheté quatre galères du duc de Plaisance, et les entretenoit de la paie du Pape, sous le nom de son frère Hiérôme. Jugeant bien que la chose la plus nécessaire à son entreprise étoit de se rendre maître du port, il en fit venir une à Gênes, sous prétexte qu'il la vouloit envoyer en course au Levant ; et prit en même temps l'occasion de faire entrer dans la ville, sans soupçon, une partie des soldats qui lui venoient de ses terres et de l'Etat de Plaisance, dont les uns passoient comme étant de la garnison, les autres comme aventuriers qui demandoient à prendre parti, quelques-uns comme mariniers, et beaucoup même comme forçats.

Verrina fit couler adroitement, dans les compagnies de la ville, quinze ou vingt soldats qui étoient sujets du comte, et en gagna d'autres de la garnison. Il se fit promettre par les plus considérés et les plus entreprenans d'entre le peuple toutes sortes d'assistances pour exécuter, leur disoit-il, un dessein particulier qu'il avoit contre quelques-uns de leurs ennemis. Calcagno et Sacco travailloient de leur côté avec beaucoup de diligence et de soin; et il me semble que l'on ne peut mieux exprimer l'adresse avec laquelle ces quatre personnes conduisirent cette entreprise, qu'en disant qu'ils y engagèrent plus de dix mille hommes, sans en découvrir le véritable sujet à aucun.

Les choses étant ainsi disposées, il ne manquoit qu'à choisir le jour pour les exécuter : à quoi il se trouva quelques difficultés. Verrina étoit d'avis que l'on priât à une nouvelle messe André et Jeannetin Doria, et Adam Centurione, avec ceux de la noblesse qui étoient les plus affectionnés à ce parti. Il s'offroit de les tuer lui-même. Cette ouverture fut aussitôt rejetée par le comte, qui conçut une telle horreur de cette proposition, qu'il s'écria que jamais il ne consentiroit à manquer de respect au mystère le plus saint de notre religion, pour faciliter le succès de son dessein. L'on proposa ensuite de prendre l'occasion des noces d'une sœur de Jeannetin Doria avec Jules Cibo, marquis de Masse, beau-frère du comte; et l'on trouvoit que l'exécution en seroit facile dans cette rencontre, parce que Jean-Louis auroit le prétexte de faire un festin à tous les parens de cette maison, et la commodité entière de les perdre tous à la fois. Mais la générosité du comte s'opposa encore à cette noire trahison, ainsi que beaucoup de personnes l'assurent, et qu'il est aisé à croire d'un homme de son naturel, quoique les partisans de Doria aient publié qu'il avoit résolu de se servir de ce moyen, si une affaire qui engagea ce même jour Jeannetin à un petit voyage hors de Gênes ne lui en eût fait changer la pensée. Enfin, après plusieurs délibérations, la nuit du second jour de janvier fut choisie pour cette entreprise, et en même temps les ordres nécessaires furent donnés pour cet effet avec beaucoup de conduite; Verrina, Calcagno et

Sacco disposant de leur côté ceux qu'ils avoient pratiqués. Le comte fit apporter chez lui secrètement grande quantité d'armes, et envoya remarquer les lieux dont il falloit se rendre maître. Il fit passer peu à peu et sans bruit, dans un corps de logis séparé du reste de son palais, les gens de guerre qui étoient destinés pour commencer l'exécution; et le jour étant arrivé, le comte, pour mieux couvrir son dessein, fit quantité de visites, et alla même sur le soir au palais de Doria, où, rencontrant les enfans de Jeannetin, il les prit l'un après l'autre entre ses bras, et les caressa long-temps en présence de leur père, qu'il pria ensuite de commander aux officiers de ses galères de ne donner aucun empêchement à la partance de la sienne, qui devoit, la même nuit, faire voile au Levant: après quoi il prit congé de lui avec ses civilités ordinaires, et en retournant à son palais il passa chez Thomas Assereto, où il rencontra plus de trente de ces gentilshommes que l'on appeloit populaires, que Verrina avoit fait trouver par adresse en son logis, d'où le comte les emmena souper avec lui. Quand il fut arrivé, il envoya Verrina par toute la ville, au palais de la république et à celui de Doria, pour observer si l'on n'avoit aucune lumière de son dessein; et après avoir appris que toutes choses étoient dans le calme accoutumé, il commanda que l'on fermât les portes de son logis, avec ordre néanmoins d'y laisser entrer tous ceux qui le demanderoient, et défense d'en laisser sortir qui que ce soit.

Comme il s'aperçut que ceux qu'il avoit conviés étoient extrêmement étonnés de ne trouver, au lieu d'un festin préparé, que des armes, des gens inconnus et des soldats, il les assembla dans une salle; et faisant paroître sur son visage une fierté noble et assurée, il leur tint ce discours:

« Mes amis, c'est trop souffrir de l'insolence de Jeannetin et de
« la tyrannie d'André Doria. Il n'y a pas un moment à perdre, si
« nous voulons garantir nos vies et notre liberté de l'oppression
« dont elles sont menacées. Y a-t-il quelqu'un ici qui puisse igno-
« rer le danger pressant où se trouve la république? A quoi pen-
« sez-vous que soient destinées les vingt galères qui assiègent
« votre port; tant de forces et d'intelligences que ces deux ty-
« rans ont préparées? Les voilà sur le point de triompher de

« notre patience, et d'élever leur injuste autorité sur les ruines
« de cet Etat. Il n'est plus temps de déplorer nos misères en se-
« cret, il faut hasarder toutes choses pour nous en délivrer :
« puisque le mal est violent, les remèdes le doivent être ; et
« si la crainte de tomber dans un esclavage honteux a quelque
« pouvoir sur vos esprits, il faut vous résoudre à faire un ef-
« fort pour briser vos chaînes, et prévenir ceux qui vous en
« veulent charger : car je ne puis m'imaginer que vous soyez
« capables d'endurer davantage de l'injustice de l'oncle, ni de
« l'orgueil du neveu. Je ne pense pas, dis-je, qu'il y ait au-
« cun d'entre vous qui soit d'humeur d'obéir à des maîtres qui
« se devroient contenter d'être vos égaux. Quand nous serions
« insensibles pour le salut de la république, nous ne pouvons
« pas l'être pour le nôtre : chacun de nous n'a que trop de sujet
« de se venger, et notre vengeance est légitime et glorieuse tout
« ensemble, puisque notre ressentiment particulier est joint au
« zèle du bien public, et que nous ne pouvons abandonner nos
« intérêts sans trahir ceux de notre patrie. Il ne tient plus qu'à
« vous d'assurer son repos et le vôtre : vous n'avez qu'à vouloir
« être heureux pour le devenir. J'ai pourvu à tout ce qui pouvoit
« traverser votre bonheur ; je vous ai facilité le chemin de la
« gloire, et je suis prêt de vous le montrer, si vous êtes dis-
« posés à me suivre. Ces préparatifs que vous voyez doivent
« vous animer à cette heure plus qu'ils ne vous ont surpris ; et
« l'étonnement que j'ai remarqué d'abord sur vos visages doit se
« changer en une glorieuse résolution d'employer ces armes avec
« vigueur pour travailler à la perte de nos ennemis communs,
« et à la conservation de notre liberté. J'offenserois votre cou-
« rage si je m'imaginois qu'il fût capable de balancer entre la
« vue de ces objets et l'usage qu'il en doit faire. Il est sûr, par
« le bon ordre que j'ai mis à toutes choses ; il est utile, par l'avan-
« tage que vous en tirerez ; il est juste, à cause de l'oppression que
« vous souffrez ; et il est glorieux enfin, par la grandeur de l'en-
« treprise. Je pourrois justifier, par les lettres que voici, que
« l'Empereur a promis à André Doria la souveraineté de Gênes,
« et qu'il est prêt d'exécuter sa parole. Je pourrois vous faire voir
« par d'autres, que j'ai entre mes mains, que Jeannetin a voulu

« suborner, par trois fois, des gens pour m'empoisonner. Il
« me seroit facile de vous prouver qu'il a donné ordre à Ler-
« caro de me massacrer avec tous ceux de ma maison, au mo-
« ment que son oncle viendroit à mourir. Mais la connoissance
« de ces trahisons, quoique noires et infâmes, n'ajouteroit rien
« à l'horreur que vous avez déjà pour ces monstres. Il me semble
« que j'aperçois dans vos yeux cette noble ardeur qu'inspire une
« vengeance légitime; je vois que vous avez plus d'impatience que
« moi-même de faire éclater votre ressentiment, d'assurer vos
« biens, vos repos, et l'honneur de vos familles. Allons donc,
« mes chers concitoyens, sauvons la réputation de Gênes, con-
« servons la liberté de notre patrie, et faisons connoître aujour-
« d'hui à toute la terre qu'il se trouve encore des gens de bien,
« dans cette république, qui savent perdre les tyrans. »

Les assistans se trouvèrent extrêmement étonnés de ces paroles;
mais comme ils étoient presque tous passionnés pour le comte de
Fiesque, et que les uns joignoient à cette amitié les hautes espérances
dont ils se flattoient au cas que l'entreprise réussît, et que les autres
craignoient son ressentiment s'ils refusoient de suivre sa fortune,
ils lui promirent toutes sortes de services. Il n'y en eut que deux
de ce nombre assez considérable, qui le prièrent de ne les point
engager dans cette affaire, soit que leur profession éloignée des
périls, et leur humeur ennemie des violences, les rendît incapables
(comme ils disoient) de servir dans une action où il y avoit beaucoup de dangers à essuyer et de meurtres à commettre, soit qu'ils
couvrissent de l'apparence d'une peur simulée l'affection véritable
qu'ils avoient pour la maison de Doria, ou pour quelques uns de
son parti. Il est certain que le comte ne les pressa pas davantage,
et qu'il se contenta de les enfermer dans une chambre, afin de leur
ôter le moyen de découvrir son dessein. La douceur dont il usa
envers ces deux personnes fait que je ne puis croire ce que quelques historiens passionnés contre sa mémoire ont publié, qui est
que le discours qu'il fit dans cette assemblée ne fut rempli que de
menaces contre ceux qui refuseroient de l'assister; et je crois que
l'on peut avec raison faire le même jugement des paroles impies et
cruelles qu'ils l'accusent d'avoir dites le soir de son entreprise. Car
quelle apparence y a-t-il qu'un homme de sa condition, né avec

une passion extraordinaire d'acquérir de la gloire, se soit laissé emporté à des discours dont il est impossible de se ressouvenir sans horreur, et qui ne servoient en façon du monde à ses desseins? Quoi qu'il en soit, dès qu'il eut achevé de parler à ces gentilshommes, et qu'il les eut informés de l'ordre de son entreprise, il s'en alla dans l'appartement de sa femme, qu'il trouva dans les pleurs, prévoyant bien que ces grands préparatifs qui se faisoient dans sa maison ne pouvoient être destinés par son mari qu'à quelque action dangereuse. Il crut donc qu'il ne devoit pas lui en cacher plus long-temps la vérité : mais il essaya de diminuer ses craintes par toutes les raisons dont il put s'aviser, en lui représentant à quel point les choses étoient engagées, et l'impossibilité où il étoit de s'en retirer. Elle fit tous les efforts imaginables pour le détourner de cette action, et se servit du pouvoir que lui donnoit sur son esprit la tendresse qu'il avoit pour elle ; mais ni ses larmes ni ses prières ne purent ébranler sa résolution. Paul Pansa, qui avoit été son gouverneur, et pour lequel il avoit une grande vénération, se joignit à la comtesse, et n'oublia rien pour le ramener dans les bornes du devoir d'un citoyen, et lui représenter tout ce qu'il hasardoit dans cette occasion. Le comte fut aussi peu touché des conseils de son gouverneur que des caresses et des pleurs de sa femme. Il avoit, comme on dit de César, passé le Rubicon ; et rentrant dans la salle où il avoit laissé ceux qui avoient soupé avec lui, il donna les derniers ordres pour l'exécution de son entreprise. Il commanda cent cinquante hommes choisis entre ce qu'il avoit de gens de guerre, pour aller dans cette partie de la ville que l'on appelle le Bourg, où il les devoit suivre, accompagné de la noblesse. Corneille, son frère bâtard, eut ordre, dès qu'on seroit arrivé au Bourg, de se séparer avec trente hommes détachés, pour marcher à la porte de l'Arc et s'en rendre maître. Hiérôme et Ottobon ses frères, avec Vincent Calcagno, eurent charge de prendre celle de Saint-Thomas, en même temps qu'ils entendroient le coup de canon que l'on tireroit de sa galère commandée par Verrina, qui étoit toute prête pour serrer la bouche de la Darse, et investir celle du prince Doria. Le comte devoit se rendre par terre à cette porte, après avoir laissé des corps de garde en passant à l'Arc de Saint-André, de Saint-Donat, et à la place des

Sauvages, avec le moins de bruit qu'il se pourroit. Thomas Assereto fut commandé pour se saisir de cette porte, en donnant le mot qu'il pouvoit aisément savoir, parce qu'il avoit charge sous Jeannetin Doria. Comme cette action étoit le point le plus important de l'entreprise, parce que, si elle ne réussissoit pas, ceux qui étoient sur la galère de Fiesque ne pouvoient avoir de communication avec les autres conjurés, on jugea à propos, pour la rendre encore plus aisée, que Scipion Borgognino, sujet du comte et déterminé soldat, se jetât dans la Darsène avec des felouques armées, et mît pied à terre de ce côté-là, en même temps que Thomas Assereto attaqueroit cette porte par dehors. Il fut aussi résolu qu'au moment que Hiérôme et Ottobon de Fiesque se seroient rendus maîtres de la porte de Saint-Thomas qui est proche du palais de Doria, l'un d'eux l'iroit forcer et tuer André et Jeannetin. Et parce qu'il y avoit quelque sujet de croire que Jeannetin, s'éveillant au bruit qui se feroit aux portes, pourroit se mettre sur la felouque de Louis Giulia pour y venir donner ordre, on laissa trois felouques armées pour y prendre garde. A ces ordres il en fut ajouté un général, que tous les conjurés appelassent le peuple avec le nom de Fiesque, et criassent liberté, afin que ceux de la ville de l'affection desquels on étoit assuré ne se trouvassent point surpris, et que voyant que le comte étoit auteur de cette affaire, ils se joignissent à ses gens.

Il n'est pas aisé de décider s'il n'eût point été plus avantageux et plus sûr de ne faire qu'un gros de toutes ces troupes, qui étoient séparées en tant de quartiers différens et éloignés les uns des autres, que de les désunir, parce que le nombre en étoit assez considérable pour croire que, si elles fussent entrées par un même endroit dans la ville, elles auroient poussé tout ce qui se seroit présenté devant elles, et auroient attiré le peuple en faveur du parti victorieux partout où elles auroient passé : au lieu qu'étant divisées, elles ne pouvoient agir que foiblement, au hasard de faire des contre-temps, et d'être défaites l'une après l'autre. Car il est certain qu'il faut une grande justesse pour accorder l'heure des attaques, et bien du bonheur pour qu'elles réussissent également. Tant de bras et de têtes doivent en ces rencontres concourir à une même action, que la moindre faute déconcerte bien souvent tout le reste : de même que le désordre d'une seule roue peut arrêter le mouvement des plus grandes machines. Cependant il est fort difficile que durant la nuit, et parmi le tumulte qui accompagne d'ordinaire ces entreprises, le cœur ou le jugement ne manque à quelqu'un des conjurés ; et que, trouvant le péril de près plus terrible que de loin, il ne se repente de s'y être engagé. Mais lorsqu'ils marchent tous ensemble, l'exemple anime et rassure les plus timides, qui sont contraints de se laisser entraîner par le nombre, et de faire par nécessité ce que les braves font par valeur.

Ceux qui sont d'une opinion contraire soutiennent que dans ces entreprises qui se font la nuit dans une ville où l'on a de grandes intelligences, et la plupart du peuple favorable, et où les conjurés peuvent se rendre maîtres des postes principaux avant que leurs ennemis soient en état de les disputer, il vaut mieux former divers corps et faire des attaques différentes en beaucoup d'endroits, parce qu'en donnant plusieurs alarmes à la fois en des lieux éloignés, on oblige ceux qui se défendent à séparer leurs forces, sans savoir combien ils en doivent détacher ; et l'épouvante que ces surprises causent ordinairement est bien plus forte lorsque le bruit vient de tous côtés, que quand il ne faut pourvoir qu'à un seul. Outre que, dans des rues étroites comme sont celles de Gênes, un nombre médiocre fait autant d'effet que le plus grand ; et que dix hommes, à la faveur de la moindre barricade, n'étant attaqués que de front, y peuvent en arrêter cent fois autant des plus braves gens du monde, et donner le loisir à ceux qui sont derrière eux de se rallier. Enfin ceux qui sont de la dernière opinion croient que, dans une entreprise comme celle-ci, il est moins avantageux au parti des conjurés d'unir leurs forces en un seul corps que de les répandre en divers endroits de la ville, ayant la faveur de la plupart des habitans ; parce que l'on soulève tout à la fois, et qu'ils prennent plus aisément les armes quand ils se voient appuyés, et sont plus capables de servir lorsqu'ils ont des troupes réglées, et des personnes de créance à leur tête.

Toutes ces raisons étant justement balancées de part et d'autre, je crois que le comte de Fiesque en usa très-judicieusement : car

il me semble qu'en cette occasion les inconvéniens que nous venons
de dire étoient moins à craindre qu'ils ne sont d'ordinaire, parce
que son parti n'étoit pas seulement composé de gens de guerre et
de noblesse, mais encore d'un grand nombre de peuple dont il
étoit assuré. De sorte qu'ayant dans tous les quartiers de Gênes des
forces considérables, il avoit sujet de croire que la garnison, qui
étoit extrêmement foible, et ceux qui ne lui étoient pas favorables, ne pourroient apporter aucun obstacle à ses desseins, ni
faire résistance qui fût capable d'ébranler ceux qui combattoient
pour lui. C'est pourquoi étant sorti de son palais, il divisa ses
gens selon l'ordre qu'il avoit résolu; et en même temps que le
coup de canon qui avoit été donné pour signal fut tiré de sa galère,
Coranille surprit la garde qui étoit à la porte de l'Arc, et s'en
rendit maître sans aucune peine. Ottobon et Hiérôme, frères du
comte, accompagnés de Calcagno et de soixante soldats, ne trouvèrent pas tant de facilité à celle de Saint-Thomas, par la résistance de Sébastien Lercaro, capitaine, et de son frère, qui firent
ferme assez long-temps. Mais celui-ci ayant été tué et l'autre pris,
quelques-uns même de leurs soldats qui étoient de l'intelligence
ayant tourné leurs armes en faveur des Fiesques, ceux de la garde
lâchèrent le pied, et abandonnèrent leur poste aux ennemis. Jeannetin Doria éveillé, ou par le bruit qui se fit à cette porte, ou par
les cris qui se faisoient en même temps dans le port, se leva en
grande hâte; et, sans être accompagné d'autre personne que d'un
page qui portoit un flambeau devant lui, il accourut à la porte
Saint-Thomas, où ayant été reconnu par les conjurés, il fut tué
en arrivant.

Cette précipitation de Jeannetin sauva la vie à André Doria, et
lui donna le temps de monter à cheval et de se retirer à quinze
milles de Gênes, parce que Hiérôme de Fiesque, qui avoit eu ordre
de son frère de forcer le palais de Doria incontinent après qu'il se
seroit saisi de la porte de Saint-Thomas, voyant que Jeannetin
s'étoit fait tuer par son imprudence, préféra la conservation des
richesses immenses qui étoient dans le palais, et qu'il eût été bien
malaisé de sauver des mains des soldats, à la prise d'André Doria,
qu'il ne considéroit plus que comme un vieillard cassé dont la perte
devoit être indifférente. Pendant que ces choses se passoient au

quartier de la porte de Saint-Thomas, Assereto et Scipion Borgognino exécutèrent ce qui leur avoit été commandé avec toute sorte de bonheur. Ils tuèrent ceux qui firent quelque résistance à la porte de la Darsenne, et poussèrent les autres si vivement, qu'ils ne leur donnèrent pas le loisir de se reconnoître, et s'assurèrent enfin d'un lieu si considérable.

Le comte, après avoir laissé en passant de grands corps de garde dans les places qu'il jugeoit les plus importantes, se rendit dans la Darsenne, dont il trouva l'entrée tout-à-fait libre, et se joignit à Verrina, qui avoit déjà investi avec sa galère celles du prince Doria. Il les trouva presque toutes désarmées, et s'en rendit maître avec beaucoup de facilité. Mais craignant que dans cette confusion la chiourme ne relevât la capitane, sur laquelle il entendoit beaucoup de bruit, il courut en diligence pour y donner ordre; et comme il étoit sur le point d'y entrer, la planche sur laquelle il passoit venant à se renverser, il tomba dans la mer. La pesanteur de ses armes et la vase qui étoit profonde en cet endroit l'empêchèrent de se relever; et l'obscurité de la nuit, jointe au bruit qui se faisoit de toutes parts, ôta aux siens la connoissance de cet accident : en sorte que, sans s'apercevoir de la perte qu'ils avoient faite, ils achevèrent de s'assurer du port et des galères.

Ottobon, qui étoit venu en ce lieu après avoir exécuté son premier dessein, y demeura pour commander; et Hiérôme qui l'avoit suivi laissa Vincent Calcagno à la porte de Saint-Thomas, et sortit du port avec deux cents hommes pour émouvoir la populace dans les rues, et rallier auprès de lui le plus de gens qu'il pourroit. Verrina fit d'un autre côté la même chose; et ainsi un grand nombre de peuple s'étant rangé auprès d'eux, personne n'osa plus paroître dans la ville sans se déclarer pour le parti de Fiesque. La plus grande partie de la noblesse demeura renfermée pendant le bruit, chacun craignant le pillage de sa maison : les plus courageux se rendirent au palais avec l'ambassadeur de l'Empereur, qui avoit été sur le point de s'enfuir de la ville, sans les remontrances de Paul Lasagna, homme de grande autorité parmi le peuple. Le cardinal Doria et Adam Centurione s'y trouvèrent aussi, et résolurent avec Nicolas Franco, en ce temps-là chef de la république, parce qu'il n'y avoit point de duc, d'envoyer Bo-

niface Lomellino, Christophe Pallavicini, et Antoine Calva, avec
cinquante soldats de la garnison, pour défendre la porte de Saint-
Thomas. Mais ceux-ci ayant rencontré une troupe de conjurés,
et se trouvant abandonnés d'une partie de leurs gens, ils furent
obligés de se retirer dans la maison d'Adam Centurione, où ayant
trouvé François Grimaldi, Dominique Doria, et quelques autres
gentilshommes, ils reprirent cœur, et retournèrent encore à la
même porte par un chemin différent. Mais ils la trouvèrent si bien
gardée, et ils furent chargés avec tant de vigueur, qu'ils laissèrent Boniface Lomellino prisonnier, qui se fit remarquer en cette
action par son courage, et se sauva heureusement des mains des
conjurés.

Le sénat ayant éprouvé que la force ne réussissoit pas, eut recours aux remontrances; députa Hiérôme de Fiesque, parent du
comte, et Hiérôme Canevale, pour lui demander le sujet qui le
portoit à ce mouvement; et incontinent après le cardinal Doria
son allié, assisté de deux sénateurs, dont l'un étoit Jean-Baptiste
Lercaro, et l'autre Bernard Castagna, se résolut, à la prière du
sénat, d'aller parler au comte pour essayer de l'adoucir. Mais
voyant que les choses étoient dans une si grande confusion que,
s'il sortoit par la ville, il exposeroit inutilement sa dignité à l'insolence d'un peuple furieux, il ne voulut point passer outre, et
demeura dans le palais : si bien que le sénat donna cette commission à Augustin Lomellino, Hector de Fiesque, Ansaldo Justiniani, Ambroise Spinola, et Jean Balliano; lesquels voyant une
troupe de gens armés venir à leur rencontre, crurent que c'étoit
le comte, et s'arrêtèrent à Saint-Siro pour l'attendre. En même
temps que les conjurés les aperçurent, ils les chargèrent, et firent
fuir Lomellino et Hector de Fiesque. Ansaldo Justiniani tint ferme;
et s'adressant à Hiérôme, qui conduisoit cette brigade, il lui demanda, de la part de la république, où étoit le comte? Les conjurés venoient d'apprendre sa mort. Verrina, après l'avoir cherché long-temps en vain, s'étoit remis sur sa galère comme déses-
péré, parce que les nouvelles qui venoient de tous les quartiers de
la ville portoient qu'il ne paroissoit en aucune part. Cela fit que
Hiérôme répondit audacieusement et avec une extrême imprudence, à Justiniani, qu'il n'étoit plus temps de chercher d'autre

33.

comte que lui-même, et qu'il vouloit que tout présentement on lui remît le palais.

Le sénat, ayant appris par ce discours la mort du comte, reprit courage, et envoya douze gentilshommes pour rallier ceux de la garde et du peuple qu'ils pourroient mettre en état de se défendre. Quelques-uns des plus échauffés même pour le parti de Fiesque commencèrent à s'étonner. Plusieurs, qui n'avoient pas tant d'affection ni de confiance pour Hiérôme qu'ils en avoient eu pour son frère, se dissipèrent au seul bruit de sa mort; et le désordre se mettant parmi les conjurés, ceux du palais s'en aperçurent, et délibérèrent s'ils les iroient charger, ou s'ils traiteroient avec eux. Le premier avis fut proposé comme le plus honorable, mais le second fut suivi comme le plus sûr. Paul Pansa, homme extrêmement considéré dans la république, et attaché de tout temps à la maison de Fiesque, fut choisi comme un instrument très-propre pour cet effet. Le sénat le chargea de porter à Hiérôme un pardon général pour lui et pour tous ses complices; il consentit à cet accord par les persuasions de Pansa. L'abolition fut signée en même temps, et scellée avec toutes les formes nécessaires par Ambroise Senaregua, secrétaire de la république : et ainsi Hiérôme de Fiesque sortit de Gênes avec tous ceux de son parti, et se retira à Montobio. Ottobon, Verrina, Calcagno et Sacco, qui s'étoient sauvés sur la galère de Fiesque, tinrent la route de France, et se rendirent à Marseille, après avoir renvoyé à la bouche du Vare, sans leur faire aucun mal, Sébastien Lercaro, Manfredo Centurione, et Vincent Vaccaro, qu'ils avoient pris à la porte de Saint-Thomas. Le corps du comte fut trouvé au bout de quatre jours; et ayant été laissé quelque temps sur le port sans sépulture, il fut enfin jeté dans la mer par le commandement d'André Doria. Benoît Centurione et Dominique Doria furent députés le lendemain vers André, pour lui faire compliment, au nom de la république, sur la mort de Jeannetin, et le reconduire dans la ville, où il fut reçu avec tous les honneurs imaginables. Il se rendit au sénat le jour suivant, où il représenta par un discours véhément, et qu'il prit soin d'appuyer du crédit de ses amis, que la république n'étoit point obligée de tenir l'accord qu'elle avoit fait avec les Fiesque, puisqu'il avoit été conclu contre toutes les formes, et signé, pour ainsi dire, l'épée à la main. Il exagéra fort combien il étoit dangereux de souffrir que les sujets traitassent de la sorte avec leur souverain, et que l'impunité d'un crime de cette importance seroit un exemple fatal à la république. Enfin André Doria sut couvrir avec tant d'adresse ses intérêts particuliers sous le voile du bien général, et soutenir si fortement sa passion par son autorité, qu'encore qu'il y eût beaucoup de personnes qui ne pouvoient approuver que l'on manquât à la foi publique, le sénat déclara néanmoins tous les conjurés criminels de lèse-majesté; fit raser le superbe palais de Fiesque; condamna ses frères et les principaux de sa faction à la mort; punit de cinquante ans de bannissement ceux qui avoient eu la moindre part à cette entreprise; et ordonna que l'on feroit commandement à Hiérôme de Fiesque de remettre entre les mains de la république la forteresse de Montobio. Le dernier point n'étoit pas si aisé à exécuter que les autres; et comme la place étoit bonne par sa situation et par ses fortifications, auxquelles on travailloit encore continuellement, on jugea plus à propos d'essayer toutes les voies de la douceur pour la tirer des mains de Fiesque, avant que d'en venir à la force, dont l'événement est toujours douteux. Paul Pansa eut commandement du sénat de s'y rendre au plus tôt, et d'offrir des conditions raisonnables à Hiérôme de la part de la république. Mais elle ne reçut de lui, pour toute réponse, que des reproches de la foi violée envers les siens, et un refus assez fier d'entrer en aucun traité avec les Génois. L'Empereur, qui craignoit que les Français ne se rendissent maîtres de ce château, très-important à la sûreté de Gênes, pressa fortement le sénat de l'assiéger, et lui donna pour cet effet toutes les assistances nécessaires. Augustin Spinola, capitaine de réputation, eut cet emploi, investit la place, la battit quarante jours durant, et obligea ceux qui étoient dedans de se rendre à discrétion.

Quelques historiens accusent Verrina, Calcagno et Sacco d'avoir conseillé à Hiérôme une capitulation si peu honorable, à cause des dégoûts qu'ils avoient reçus en France, d'où ils étoient revenus pour se jeter dans la place. Cette prise fit naître dans la république de nouveaux désordres, par la diversité qui se trouva dans les avis des sénateurs touchant la punition des prisonniers. Beaucoup de personnes penchoient du côté de la douceur, et vouloient que l'on pardonnât à la jeunesse de Hiérôme, soutenant que le crime de cette famille avoit été suffisamment puni par la perte du comte, et par celle de tous ses biens. Mais André Doria, passionnément animé contre elle, l'emporta encore une fois sur la clémence du sénat, et fut cause qu'il fit exécuter Hiérôme de Fiesque, Verrina, Calcagno et Assereto; et que l'on donna le sanglant arrêt contre Ottobon, qui porte défenses à sa postérité, jusqu'à la cinquième race, de s'approcher de Gênes.

Arrêtons-nous ici, et considérons exactement ce qui s'est passé dans l'exécution de ce grand dessein. Tirons, s'il nous est possible, de ce nombre infini de fautes que nous y pouvons remarquer, des exemples de la foiblesse humaine; et avouons que cette entreprise, considérée dans ses commencemens comme un chef-d'œuvre du courage et de la conduite des hommes, paroît dans ses suites toute pleine des effets ordinaires de la bassesse et de l'imperfection de notre nature. Car, après tout, quelle honte n'a-ce pas été pour André Doria d'abandonner la ville au premier bruit, et de ne pas faire le moindre effort pour essayer d'apaiser par son autorité cette émeute populaire? Quel aveuglement d'avoir négligé les avis qui lui venoient de beaucoup d'endroits sur l'entreprise du comte? Quelle imprudence fut celle de Jeannetin de venir seul et dans les ténèbres de la nuit à la porte de Saint-Thomas, pour remédier à un désordre qu'il n'avoit pas raison de mépriser, puisqu'il en ignoroit la cause? Quelle timidité au cardinal Doria de n'oser sortir du palais, pour essayer de retenir le peuple par le respect de sa dignité? Quelle imprudence au sénat de n'assembler pas toutes ses forces à la première alarme, pour arrêter d'abord le progrès des conjurés dans les postes principaux de la ville, au lieu d'y envoyer de foibles secours qui ne pouvoient faire aucun effet considérable? Et quelle conduite enfin étoit celle-là de vouloir ramener par des remontrances un rebelle déclaré, qui avoit les armes à la main, et qui se voyoit le plus fort? Mais après avoir traité dans les formes, quelle maxime a ce même sénat de violer la foi publique, et de contrevenir à une parole si solennellement donnée à Hiérôme et Ottobon de Fiesque? Car si la crainte d'un pareil traitement peut être utile à un Etat, en ce qu'elle retient

dans le devoir ceux qui auroient quelque pensée de révolté; celle
peut aussi lui être pernicieuse, en ce qu'elle ôte toute espérance
de pardon à ceux qui se sont révoltés. En effet, il est malaisé de
comprendre comment ces politiques, qui passoient pour avoir de
l'habileté, n'appréhendèrent pas de désespérer par cet exemple
Hiérôme de Fiesque, qui tenoit encore la Roque de Notombio,
qu'il pouvoit mettre entre les mains des étrangers, et dont la
perte étoit d'une extrême importance à la ville de Gênes. Mais si
ceux dont nous venons de parler firent des fautes remarquables
en cette occasion, nous pouvons dire que les conjurés en firent
encore de plus grandes après qu'ils eurent perdu leur chef. Sa
valeur et sa bonne conduite, qui étoient comme les suprêmes intelligences de tous les mouvemens de son parti, venant à manquer par sa mort, il tomba tout à coup dans un désordre qui
acheva de le ruiner. Hiérôme de Fiesque, qui, par beaucoup de
raisons, étoit obligé de cacher la mort de son frère, fut le premier à la publier; et par cette nouvelle il redonna cœur aux ennemis, et jeta l'épouvante dans l'esprit des siens. Ottobon, Verrina, Calcagno et Sacco, qui s'étoient sauvés sur la galère,
remirent en liberté, presque au sortir de Gênes, les prisonniers
qu'ils avoient entre leurs mains, sans prévoir qu'ils leur pourroient être nécessaires pour leur accommodement. Verrina ayant
appris la mort du comte, se retira dans sa galère, et abandonna
lâchement une affaire de cette importance à la conduite de Hiérôme, qui n'avoit ni assez d'expérience ni assez d'autorité parmi
les conjurés pour l'achever. Ce même Hiérôme fit un traité avec
le sénat, et consentit à rentrer dans la condition d'un particulier,
après s'être vu sur le point de se rendre souverain. Il fit ensuite
une capitulation honteuse dans Montobio, sur la parole de ceux
qui lui en avoient déjà manqué. Verrina, Calcagno et Sacco, les
principaux ministres de cette conjuration, et les plus criminels
de tous les complices du comte, le portèrent à cette bassesse, sur
l'espérance qu'on leur donna de l'impunité, aimant mieux s'exposer à mourir par la main d'un bourreau que de périr honorablement sur une brêche.

Ainsi finit cette grande entreprise : ainsi mourut Jean-Louis de
Fiesque, comte de Lavagne, que les uns honorent de grands éloges,

et les autres chargent de blâme, et que plusieurs excusent. Si l'on considère cette maxime, qui conseille de respecter toujours le gouvernement présent du pays où l'on est, sans doute que son ambition est criminelle. Si l'on regarde son courage et toutes les grandes qualités qui éclatèrent dans la conduite de cette action, elle paroît noble et généreuse. Si l'on a égard à la puissance de la maison de Doria, qui lui donna un juste sujet d'appréhender la ruine de la république et la sienne propre, elle est excusable. Mais de quelque façon que l'on en parle, les langues et les plumes passionnées ne sauroient désavouer que le mal qu'elles en peuvent dire ne lui soit commun avec les hommes les plus illustres. Il étoit né dans un petit Etat, où toutes les conditions particulières étoient au dessous de son cœur et de son mérite ; l'inquiétude naturelle de sa nation, portée de tout temps à la nouveauté ; l'élévation de son propre génie, sa jeunesse, ses grands biens ; le nombre et la flatterie de ses amis ; la faveur du peuple, les recherches des princes étrangers, et enfin l'estime générale de tout le monde, étoient de puissans séducteurs pour inspirer de l'ambition à un esprit encore plus modéré que le sien. La suite de son entreprise est un de ces coups que la sagesse des hommes ne sauroit prévoir : Si le succès en eût été aussi heureux que sa conduite fut pleine de vigueur et d'habileté, il est à croire que la souveraineté de Gênes n'eût pas borné son courage ni sa fortune, et que ceux qui condamnèrent sa mémoire après sa mort auroient été les premiers à lui donner de l'encens durant sa vie. Les auteurs qui l'ont noirci de tant de calomnies pour satisfaire la passion des Doria, et justifier la mauvaise foi du sénat de Gênes, auroient fait son panégyrique par un intérêt contraire, et la postérité l'auroit mis au nombre des héros de son siècle : tant il est vrai que le bon ou le mauvais événement est la règle ordinaire des louanges ou du blâme que l'on donne aux actions extraordinaires. Néanmoins je crois que nous pouvons dire, avec toute l'équité que doit garder un historien qui porte son jugement sur la réputation des hommes, qu'il n'y avoit rien à désirer dans celle du comte Jean-Louis qu'une vie plus longue, et des occasions plus légitimes pour acquérir de la gloire.

AVIS

A M. le cardinal Mazarin, sur les affaires de M. le cardinal de Retz.

Monseigneur,

Vous douterez peut-être de la véritable intention que j'ai eue de faire voir ce discours à Votre Eminence, et du sujet qui m'oblige à lui parler d'une manière si peu conforme à sa conduite, et si contraire aux sentimens de tous ceux qui l'approchent. L'appréhension dans laquelle je suis, aussi bien que plusieurs autres, de voir renaître dans Paris les premiers troubles et les divisions qui ont si long-temps et si malheureusement troublé le repos général de toute la France, est la seule et véritable raison qui m'a fait mépriser toutes les autres, et par laquelle je me suis enfin résolu de faire voir à Votre Eminence les dangers presque inévitables où elle précipite la fortune de l'Etat et la sienne particulière, en donnant lieu à un schisme dans la capitale du royaume, dont les sujets ne peuvent être que funestes, puisque tout ce que nous voyons de semblable ou d'approchant dans notre histoire nous représente en même temps l'image d'une désolation publique, qui ne manque jamais d'être l'effet de la fureur ordinaire qu'allume dans les esprits le zèle de la religion, pour laquelle on méprise toutes les autres considérations de l'honneur, de la fortune et de la vie.

Ne vous imaginez pas, monseigneur, que je sois un des partisans du cardinal de Retz. Je proteste à Votre Eminence que je n'ai jamais eu aucune part dans ses affaires passées; et si je fais quelque réflexion sur sa conduite et sur ses grandes qualités, ce n'est que dans la crainte que j'ai qu'elles ne puissent encore l'aider dans ses desseins présens, et contribuer au retour de cet état déplorable que j'appréhende pour le public, pour ma fortune, et pour celle de mes amis.

Je ne prétends point, monseigneur, examiner la question, ni toutes les raisons qui sont écrites de part et d'autre, ou pour ou contre la démission de M. le cardinal de Retz. Je m'en remets à la décision de vos plus confidens, et à ce que vous en pensez vous-même. Je ne veux point pareillement faire impression sur votre esprit par les maximes de la conscience et de l'Eglise : je sais bien que ces sortes de raisons sont toujours les dernières dans l'esprit des ministres et des politiques. Il me suffit de faire voir à Votre Eminence que toute l'opposition que l'on forme, sous le nom de Sa Majesté, au retour de M. le cardinal de Retz dans l'archevêché de Paris, est un biais qui lui met les armes à la main, dont les suites seront sans doute fâcheuses au royaume et à votre personne particulière ; qu'en lui accordant au contraire dans cette occasion ce que l'on ne lui peut justement refuser, on lui ôte toutes sortes de prétextes, on évite tous les mauvais pas que l'on trouveroit indubitablement dans la suite de l'affaire ; et qu'enfin ceux qui donnent ces sortes de conseils à Votre Eminence sont les mêmes qui, pour leur intérêt particulier et pour se rendre considérables, l'ont précipitée dans toutes les disgrâces passées : qu'ils cherchent peut-être de donner dans cette conjoncture le dernier coup à votre fortune, dont ils espèrent être les successeurs ; et qu'ils le font avec d'autant plus d'avantage et de sûreté, que c'est sous le prétexte de conseil, de secours et d'amitié.

Je supplie donc Votre Eminence de considérer l'état présent du royaume ; et la disposition des esprits qui composent tout ce grand corps. On peut dire en vérité qu'il n'y en a guère qui ne conserve dans son ame un reste de cette haine qui parut lors de la guerre de Paris contre votre ministère et contre votre personne ; et si nous voyons présentement et depuis le retour du Roi dans Paris quelque calme extérieur dans les esprits, il n'y a personne qui ne sache bien que la seule raison de ce repos apparent, que l'on peut appeler un assoupissement plutôt qu'un véritable sommeil, est bien plus la lassitude des maux passés que la satisfaction de l'état présent où l'on se trouve.

On a vu fort peu de campagnes, depuis trois ou quatre années, dans lesquelles on n'ait fait des vœux publics pour la prospérité des armes de M. le prince. En effet, n'est-il pas facile de croire, à qui voudra juger des choses sans flatterie et sans passion, qu'il est impossible que tous les Français ne conservent un venin secret contre un ministre étranger qu'ils voient, malgré leurs souhaits et leurs désirs, le tyran de leurs vies : pendant que les princes du sang n'ont aucune part dans la direction du royaume, pendant qu'ils sont exilés ou obligés de chercher un refuge chez les ennemis de l'Etat, et pendant que cinq ou six fripons, qui abusent du sacré nom du prince, triomphent impunément sur le pavé de Paris de la dépouille du royaume, se moquant en eux-mêmes de la facilité du ministre qui les souffre?

Je ne veux point m'étendre sur les sujets de mécontentement des peuples. Je dirai seulement en passant qu'il n'y a presque point de famille dans Paris qui, outre les maux généraux, ne soit intéressée par l'exil ou la persécution particulière de quelques-uns des siens. Cela étant, Votre Eminence peut-elle s'imaginer que cette grande ville, qui donne le branle et le mouvement à tout le royaume, puisse long-temps retenir ses inquiétudes et ses chagrins; et que ce feu qui couve sous la cendre ne rallume pas enfin quelque embrasement funeste? Quelle occasion plus belle peut-on donner aux mécontens, et de quel prétexte plus légitime pourroit-on armer leur révolte, que des violences que l'on fait à leur conscience et à leur religion? C'est un mouvement qui tombe dans les esprits avec force, et qui fait ordinairement plus d'impression sur ceux qui lui résistent. Qui peut, dans la circonstance présente, douter dans Paris que M. le cardinal de Retz n'en soit véritable et légitime pasteur? Peut-il rester quelque scrupule, après les déclarations publiques d'un pape (1) que tous les peuples connoissent si amateur de la justice et de la paix? Le *pallium* que Sa Sainteté a donné à M. le cardinal de Retz, et les défenses qu'il a fait faire par son nonce au chapitre de s'immiscer dans la juridiction spirituelle du diocèse, sont des décisions qui n'ont point de réponse. J'ose même ajouter que dans cette occasion le peuple ne témoigne pas seulement une soumission pure et simple aux ordres du Saint-Siége : il est vrai de dire qu'il le fait avec joie, et qu'il y est comme porté par avance, par l'inclination qu'il a pour M. le cardinal de Retz.

Tous les placards et les libelles qu'il voit affichés ou publiés dans les rues, contre l'honneur et la conduite de son prélat, ne

(1) On parle ici du pape Alexandre VII.

servent qu'à lui faire connoître avec plus d'effet l'injustice des violences que l'on exerce contre sa personne et contre sa dignité. Et s'il est vrai de dire que la division qui a été entre lui et M. le prince suspendit pour quelque temps le crédit qu'il avoit dans Paris, il est certain maintenant que la haine et la persécution du ministre lui redonnent avec abondance cette première grâce du peuple, et l'estime qu'il n'a jamais perdue de ses rares qualités et de son mérite.

Toutes ces dispositions se trouvant dans Paris, on peut dire, monseigneur, qu'il ne faut presque qu'un souffle contraire au vent de votre bonne fortune pour en arrêter le cours. Cependant il semble qu'elle vous importune, et que vous vouliez vous-même travailler à sa destruction. Quel autre effet peuvent produire ces arrêts du conseil, tout pleins des entreprises de la justice séculière sur l'autorité spirituelle? A quoi bon tant d'efforts pour faire reprendre au chapitre de Paris une juridiction qu'il a abandonnée, qu'il ne tenoit qu'en l'absence de son évêque, et sous son sceau? Votre Excellence pense-t-elle que, lorsqu'elle sera à bout dans ses desseins contre les défenses du nonce, le Pape souffre cet établissement violent; qu'il n'emploie pas tous les foudres de l'Eglise pour venger son autorité méprisée; et qu'il ne choisisse pas les têtes criminelles qui seront les premiers auteurs de cette division dans le royaume de Jésus-Christ, si injurieuse au temps de son pontificat? Et quand cela ne seroit pas, les censures, les interdits et les autres armes spirituelles qui sont en la main de M. le cardinal de Retz, et qui deviennent toutes nécessaires par la résistance que vous y apportez, tomberont-elles sur Paris sans effet, sans y mettre du moins le trouble dans les consciences, et sans y produire peut-être ces révolutions subites et dangereuses, qui ne laissent pas même le temps de s'en garantir par les remèdes et les moyens que l'on avoit prévus?

Votre Eminence s'imagine possible que la longueur du temps réduira l'esprit de M. le cardinal de Retz au point où vous le souhaitez, et que le défaut de subsistance l'obligera de se rendre aux choses que vous prétendez de lui. Mais y a-t-il apparence, outre les secours de tant d'amis et de gens intéressés dans sa fortune présente et dans le succès d'une meilleure, qu'il ne reçoive pas du nouveau Pape (1) les mêmes assistances d'argent qui lui furent accordées par le défunt pape Innocent x, dès qu'il entra dans la ville de Rome? Et Votre Eminence, qui accuse tous les jours M. le cardinal de Retz d'intelligence avec les ennemis de l'Etat, peut-elle croire, si elle est bien persuadée de ce qu'elle dit, qu'au pis-aller ils ne lui puissent pas fournir une subsistance annuelle et fort médiocre, après lui avoir fait des offres immenses dans son passage, qu'il ne tint constamment qu'à lui d'accepter?

Je m'imagine que l'on dit aussi tous les jours à Votre Eminence que la continuation des injures et du procédé que l'on exerce contre M. le cardinal de Retz lui donneront enfin quelques mouvemens d'inquiétude et d'impatience qui l'obligeront de se rendre à vos volontés; et qu'en tous cas vous en serez quittes pour le souffrir, quand il vous plaira, dans la possession libre de son archevêché, au delà duquel vous savez qu'il n'a point d'autres intérêts ni d'autres prétentions. Mais croiriez-vous, monseigneur, que cet homme, de la fermeté ou de l'obstination duquel vous avez eu tant de marques en d'autres occasions, et que vous croyez le plus ambitieux du royaume, fût capable de céder un titre que la prison et les menaces de la mort n'ont pu lui arracher des mains qu'involontairement et contre son gré? Pensez-vous qu'il veuille perdre la seule considération qui lui reste, et jeter les seules armes qu'il a contre la persécution que vous lui faites, au hasard de la voir renaître avec plus de violence et moins de ressource qu'auparavant? D'ailleurs Votre Eminence peut-elle s'imaginer que le succès ayant tant soit peu favorisé les desseins du cardinal de Retz, il demeure dans les mêmes bornes où l'on dit qu'il est présentement, et qu'il ne prenne pas tous les avantages du temps et de la conjoncture pour s'en prévaloir contre celui qu'il croit être l'auteur de sa prison et de ses disgrâces passées? Il y aura même des momens où les fureurs populaires ne pourront plus être retenues par personne; et Dieu veuille que le prétexte de la religion ne tire point après lui une infinité de clameurs et de plaintes, que les mécontentemens publics et particuliers ont coutume de faire éclater en ces occasions!

(1) Alexandre vii, au conclave duquel il se trouva quelques semaines après son arrivée à Rome.

S'il est donc vrai, monseigneur, que la conduite que tient Votre Eminence ne peut pas réduire le cardinal de Retz au point où vous le désirez ; s'il est résolu, comme tous ses partisans le publient, de n'abandonner son archevêché qu'avec la vie ; s'il en a trop donné d'assurances au public, et s'il s'est à lui-même lié les mains sur ce sujet ; s'il est aussi véritable que le chemin que vous prenez augmente les forces et la défense de M. le cardinal de Retz ; s'il est impossible, quelque lenteur que vous supposiez dans les résolutions du Pape, qu'il n'en vienne enfin aux dernières extrémités ; et si tout ce que vous pouvez prétendre de plus avantageux dans cette occasion est de mettre les choses dans les termes d'un schisme et d'une division qui ne vous peut être que pernicieuse, sur quoi peut-on appuyer le conseil que l'on vous donne ? Et quel intérêt peut trouver Votre Eminence, en se mettant au hasard de rallumer dans le royaume les premiers feux et les troubles que les pernicieux avis de ceux qui vous approchent y avoient excités ?

Je ne dis rien à Votre Eminence qui ne soit parfaitement connu de tous ses partisans, et de ceux qui se disent ses véritables amis ; et puisqu'ils ne veulent pas se rendre à des raisons si claires et si apparentes, Votre Eminence devroit, ce me semble, mieux juger de leurs intérêts et de leurs véritables intentions, et ne pas s'assujettir si fort à ces petits tyrans de son ministère.

J'entends parler de ceux qui, sous prétexte de vous servir, disoient pendant votre absence tous les jours à la Reine qu'il ne falloit pas tout-à-fait se conduire à votre mode ; que vous n'étiez pas assez décisif ni assez entreprenant ; et bien d'autres discours qui peut-être avoient quelque fin plus secrète et plus cachée que celle de votre service, quoiqu'ils voulussent persuader qu'ils n'avoient point d'autre motif. Ce sont ces mêmes personnes qui, se voyant quelquefois plus reculées de l'honneur de vos bonnes grâces que leurs compétiteurs, avec qui ils entretiennent des divisions qui vous sont si préjudiciables, font afficher, sous le nom des partisans de M. le prince ou de M. le cardinal de Retz, des placards contre Votre Eminence ; et qui, pour en tirer le mérite, les font arracher avec éclat, et vous les présentent de leurs mains propres, comme un témoignage de la diligence avec laquelle ils exercent la charge que vous leur avez commise, de surintendant de tous les espions du royaume. Cependant ils songent bien plus à leur considération particulière qu'à la sûreté des affaires de Votre Eminence; et comme la division qui est entre vous et le cardinal de Retz est la chose du monde qu'ils voient vous être la plus sensible, ils n'ont point sur ce sujet de bornes dans leurs emportemens : non pas pour vous y servir, mais pour vous en donner toutes les apparences; se souciant peu du succès, portant même leurs espérances au delà de votre fortune, et en formant encore de plus grandes sur les engagemens les plus secrets, et les cabales particulières dans lesquelles on sait qu'ils sont engagés. C'est pour cela que l'on voit quelquefois quelques-uns d'entre eux qui parlent si indifféremment de Votre Eminence, qui ne veulent pas reconnoître les grâces et les bienfaits qu'ils tiennent de sa main, et qui sont assez insolens pour se dire les seuls artisans de leur bonne fortune.

Enfin, monseigneur, ce sont ces sortes de gens qui vous ont conseillé le siége de Paris, la prison de M. le prince, celle de M. le cardinal de Retz. C'est eux qui veulent incessamment profiter du retranchement des rentes de l'hôtel-de-ville; qui inventent mille nouveaux édits contre lesquels ils font eux-mêmes soulever le parlement par les cabales qu'ils y entretiennent; qui vous obligent d'y mener le Roi en justaucorps et en équipage de guerre, pour y faire une action qui n'a jamais eu d'exemple, et dont il faut que la majesté royale fasse comme une espèce de satisfaction à ses sujets. C'est eux aussi qui vous font traiter avec Cromwell d'une manière si basse et si injurieuse à toute la nation française; qui vous conseillent de baisser notre pavillon devant ses vaisseaux, et qui veulent bien lui accorder la qualité de protecteur des religionnaires de ce royaume. C'est eux qui ont dressé cet arrêt du conseil qui adjuge à Votre Eminence les prétendus dix millions qu'elle dit avoir employés de ses deniers au service de la couronne; et c'est eux enfin qui vous flattent du mariage de l'une de vos nièces avec Sa Majesté, et qui voudroient quasi nous faire croire que vous seriez assez téméraire pour mêler votre sang parmi celui des dieux, et pour vous associer à notre empire.

Certes, monseigneur, toutes ces choses, et une infinité d'autres qu'il seroit trop long de ramasser, sont celles qui vous ont donné cette haine et ce mépris général de tous les Français. Vos prétendus conseillers essaient de vous faire faire encore, en ce rencontre, un mauvais pas; mais je vous avertis qu'il n'y a plus de ressource, et que l'on n'a jamais mis impunément en France les armes à la main du peuple, sur le fait de la religion.

Considérez aussi qu'un accommodement avec le cardinal de Retz sur le fait de son archevêché ne vous peut nuire. Croyez-vous qu'étant paisible dans son bénéfice il hasarde une seconde prison pour son retour dans Paris? Craignez-vous que son titre lui donne quelque avantage sur la place que vous tenez, et puisse le remettre à votre préjudice dans les bonnes grâces de Sa Majesté? Craignez-vous qu'il se serve du pouvoir que lui donne son caractère pour brouiller les affaires dans Paris? Comme s'il n'étoit pas certain que pour lors vous auriez la justice de votre côté; que vous opposeriez, aux mandemens extraordinaires de ses grands vicaires, ou aux siens, toute l'autorité du bras séculier, qui en ce cas n'a que trop de force et de moyens pour réprimer les choses qui sont contre l'ordre et la tranquillité publique! Au lieu qu'à présent la résistance que l'on apporte à son titre, qui ne lui peut être disputé, rend légitimes tous les ordres qui viennent de sa part; aigrit de plus en plus l'esprit du Pape et celui des peuples, qui s'irritent toujours par l'opposition que l'on apporte aux choses qu'ils ont souhaitées, et qu'ils ont cru être raisonnables.

N'écoutez donc plus, monseigneur, les pernicieux conseils de ces confidens infidèles; appréhendez que la main de Dieu, qui vous a miraculeusement tiré de tant de bourbiers où ils vous avoient précipité, ne soit enfin une main vengeresse qui s'arme contre vous pour la défense de ses autels, et la protection de son ministre.

Il ne sert de rien d'objecter au cardinal de Retz les crimes et les révoltes dont vous l'accusez. Comme ces mouvemens lui ont été communs avec tous les peuples du royaume, les parlemens et les compagnies souveraines de l'Etat, le reproche que vous lui en faites tourne bien plus dans leur esprit à son honneur et à son avantage, qu'à sa honte et à sa confusion.

Recevez, s'il vous plaît, l'avis que je vous donne ; faites voir que vos ressentimens particuliers sont moindres que la passion que vous avez pour le repos du public ; et si les mauvais conseils de ceux qui vous environnent ont attiré sur le royaume la guerre et toutes les malédictions passées, faites qu'une conduite plus sage et plus prudente détourne ce second et plus cruel orage dont il est menacé. Enfin ne donnez point lieu, en méprisant les raisons que je vous représente, aux justes plaintes que tous les gens de bien feroient contre vous. Ils vous regarderoient, dans les suites, comme l'auteur des maux dans lesquels vous auriez laissé tomber toute la France, après en avoir été si précisément averti.

Pardonnez, monseigneur, à la liberté que j'ai prise de vous parler, dans ce petit discours, en des termes qui peut-être ne seront pas tous agréables à Votre Eminence. La nécessité du sujet, et de lui représenter le véritable état des affaires, m'a donné cette hardiesse : ne doutant pas aussi qu'elle ne reçoive bien tout ce qu'on lui représente pour le bien de l'État et son avantage particulier, quand il vient principalement de ceux qui sont, comme je suis, avec respect, monseigneur, de Votre Eminence le très-humble, etc.

FIN DES MÉMOIRES DU CARDINAL DE RETZ.

TABLE DES MATIÈRES

CONTENUES

DANS LE QUARANTE-SIXIÈME VOLUME.

MÉMOIRES DU CARDINAL DE RETZ.

Suite du Livre quatrième.	Pag. 1
Livre cinquième.	295
Procès-Verbal de la Conférence de Ruel.	389
Le Courrier burlesque de la guerre de Paris.	429
Sermon de saint Louis, roi de France.	463
La Conjuration du comte de Fiesque.	476
Avis au cardinal Mazarin.	521

FIN DU TOME QUARANTE-SIXIÈME.